GEOFF DYER
The Last Days of Roger Federer
제프 다이어
라스트 데이즈

THE LAST DAYS OF ROGER FEDERER
Copyright © 2022 Geoff Dyer
All rights reserved

Korean Translation Copyright © 2025 EULYOO PUBLISHIING Co., Ltd.
This Korean Edition is published by arrangement with THE WYLIE AGENCY(UK), Ltd.

이 책의 한국어판 저작권은 THE WYLIE AGENCY(UK), Ltd와 독점 계약한
(주)을유문화사에 있습니다. 저작권법에 의하여 한국 내에서 보호를 받는
저작물이므로 무단적재와 무단복제를 금합니다.

GEOFF DYER
THE LAST DAYS
OF ROGER FEDERER

제프 다이어
라스트 데이즈

서민아 옮김

라스트 데이즈

초판 1쇄 발행 2025년 6월 25일
초판 2쇄 발행 2025년 9월 30일
지은이 제프 다이어
옮긴이 서민아
펴낸이 정상준
펴낸곳 (주)을유문화사
창립일 1945년 12월 1일
주소 서울시 마포구 서교동 469-48
전화 02-733-8153
팩스 02-732-9154
홈페이지 www.eulyoo.co.kr

ISBN 978-89-324-7562-2 03840

* 이 책의 전체 또는 일부를 재사용하려면 저작권자와 을유문화사의 동의를 받아야 합니다.
* 책값은 뒤표지에 있습니다. 잘못된 책은 구입하신 곳에서 바꾸어 드립니다.

리베카를 위하여

그녀는 매무새를 가다듬고 갑판 난간을 잡고 섰다. 벌써 어둠이 깔리고 있었다. 어둠이라기보다는 늦은 저녁의 황혼이 슬그머니 밤으로 깊어지는 모습이었다.

—애니타 브루크너

라스트 데이즈

시작이 그토록 어렵다면, 그 끝이 어떨지
상상해 보라.

— 루이즈 글릭

01

⟨끝 The End⟩은 도어즈의 데뷔 앨범에 수록된 마지막 트랙이다. 앨범 녹음은 밴드가 결성된 지 1년 남짓 된 1966년 8월에 이루어졌고, 한참 지나 1967년 1월에 발표되었다. 이 곡은 할리우드에 위치한 록 뮤직클럽 '위스키어고고'에서 여러 차례 라이브 공연을 하는 동안 발전해 갔지만, 그 변형 과정을 알 수 있는 녹음은 남은 것이 없다. 고고에서 공연하던 초창기 시절부터 짐 모리슨은 '끝'—도어즈의 노래 ⟨끝⟩뿐만 아니라—에 지나치게 사로잡혀 있었다. ⟨음악이 끝나면 When the Music's Over⟩*은 음악이야말로 "끝까지" 당신의 유일한 친구라는 확언을 반복하며 끝난다. 이런 식으로 끝을 숙고하거나 선언하는 것은 안전한 방법이다. 결국 당신이 옳았음이 증명될 테니까.

---

* 도어즈의 두 번째 앨범 《스트레인지 데이스 Strange Days》에 수록된 마지막 곡.

〈끝〉은 1970년 12월 12일, 이 4인조 밴드가 뉴올리언스의 웨어하우스에서 라이브로 공연한 마지막 곡이었다. 이듬해 3월 스물일곱 살의 모리슨은 파리로 거처를 옮겼고, 7월 3일 자신의 아파트 욕조에서 숨진 채 발견되었다.

02

〈우울 속에 뒤얽혀Tangled Up in Blue〉의 한 버전에서는 익명의 연인이 밥 딜런에게 (혹은 누구든 노래의 화자에게) 말한다. "이건 끝이 아니야 / 우린 언젠가 그 거리에서 다시 만날 거야…………"

그녀가 옳았다. 그녀가 이 말을 꺼낸 시점은 아직 끝이 다가오기 한참 전이었으니까. 이 구절은 앨범 《블러드 온 더 트랙스Blood on the Tracks》에 수록된 긴 오프닝 트랙의 2절에 나온다. 딜런은 앨범의 테스트 프레싱* 작업을 마치고 발매 준비를 끝낸 뒤에도 계속해서 여러 방식으로 곡을 손보았고, 마지막 순간에 이 버전을 버리고 미니애폴리스에서 다른 뮤지션들과 함께 재녹음한 더 리듬감 강한 버전의 〈우울 속에 뒤얽혀〉를 선택했다. (변경 작업이 너무 늦게 이루어져 앨범은 기존에 인쇄된 표지대로 출시되었고, 그 바람에 작업에 참여한 뮤지션들 이름을 올리지 못했다.) 이후로도 그는 이따금 이

---

* test pressing, 녹음된 음원의 사운드 수정을 위해 만드는 테스트용 음반.

곡의 가사와 음을 대폭 수정해 가며 1천6백 회 이상 라이브로 공연했다.

03

도어즈가 밴드를 시작한 지역인 로스앤젤레스의 베니스 비치 중심가에 내 단골 이발소가 있는데, 그 한쪽 벽면에는 영원히 자를 필요가 없을 것 같은 풍성한 검은 머리카락과 맨 어깨를 드러낸 짐 모리슨의 벽화가 걸려 있다. 내가 자주 오가는 그 거리 오른편에 최근 비슷한 벽화가 하나 더 등장했다. 실제로 베니스 비치 곳곳에서는 도마뱀 왕*의 흔적들, 음악의 신 디오니소스에 대한 헌사들을 볼 수 있다. 데크가 깔린 산책로에는 항상 〈브레이크 온 스루Break on Through〉나 도어즈의 또 다른 히트 곡을 공연하는 거리 음악가가 적어도 한 명쯤 있다.

04

2019년 1월 10일 화요일. 나는 끝을 주제로 하는 이 책을 어떻게 시작해야 할지 몰라 망설이고 있었다. 그날, 앤디 머리는 호주 오픈 대회 1라운드 시작 전 기자 회견에서 은퇴 의

---

* Lizard King, 짐 모리슨의 별명.

사를 밝혔다. TV를 보는 내 가슴이 아프다 못해 비통했다. 첫 질문은 무난한 것이었음에도 그는 도저히 감당하기 힘들었던지 답을 하지 못했고, 한동안 회견장을 벗어나 마음을 진정시켜야 했다. 이 경기가 끝이라고, 그는 회견장으로 돌아와 말했다. 그는 7월 윔블던 대회 때 은퇴하고 싶지만 과연 그때까지 제대로 경기를 할 수 있을지는 자신이 없다고 말했다. 그렇다면 호주 오픈 대회가 그의 마지막 대회가 될 수도 있다는 의미냐고 또 다른 기자가 묻자, 머리는 아마 그렇게 될 거라고 답했다. 다시 말해 월요일―내가 있는 로스앤젤레스에서는 일요일―로베르토 바우티스타 아구트와의 시합이 그의 마지막 시합이 될 수도 있다는 의미였다. 회견장에서 머리는 최고 수준의 테니스 시합을 펼치는 것은 고사하고 집에서 양말과 신발을 신는 일조차 몹시 고통스럽다고 설명하고 있었다.* 이런 기자 회견들이 대개 그렇듯이, 그의 상식적인 답변은 질문들을 다소 무의미하게 만들었다. 스포츠 심리 상담을 받아보았습니까? 네, 하지만 통증이 계속되는 걸 보면 도움이 안 된 것 같습니다. 심리 상담으로 통증이 사라졌다면 그의 컨디션이 한결 좋았을 것이다. 전체적인 상황은 너무도 참혹했지만, TV를 보는 내내 완전히 몰입할 수밖에 없었다. 훈련, 재활, 통증…… 어느 것 하나 끝

---

* 앤디 머리는 선천적으로 슬개골이 갈라진 이중슬개골 질환을 앓는 한편 2012년에 고관절 수술을 받아 육체적·정신적으로 몹시 고통스러운 상태였다.

이 보이지 않는다고, 언제 다시 정상의 자리로 돌아갈 수 있을지 알 수 없다고, 그러니 이번 시합이 마지막이라고 머리는 말했다. "로마의 고통의 황야에서 길을 잃은"* 이 검투사 같은 선수를 보던 내 머릿속에서 〈끝〉의 가사가 맴돌았다.

끝을 맞이하는 상황, 예술가의 마지막 작품, 얼마 남지 않은 시간이라는 주제에 내가 관심을 갖게 된 한 가지 이유는 오랫동안 궁금하게 여긴 로저 페더러의 최종 은퇴 문제 때문이었다. '빅 4' 남자 선수들** 중 첫 번째로 은퇴할 선수의 퇴장이 임박하자, 예상치 못한 간접적인 긴박감이 감돌았다. 특히 자신보다 여섯 살 어린 선수***가 라이벌로 떠올랐을 때는 로저의 시간도 차츰 끝에 다다르는 것 같았다.

작가들은 대개 한 권의 책을 완성하기 위한 최종 기한을 염두에 둔다. 어떤 작가들은 제안서를 내고 원고 제출 기한이 명시된 계약을 체결해 글을 쓰기도 한다. 하지만 그런 부류에 속하지 않는 나는 호주 오픈에서 머리가 예상대로 언제나처럼 힘겹게(이미 첫 두 세트를 내준 상태로) 5세트 경기를 치른 끝에 바우티스타 아구트에게 패하고 영광의 불길 속으로 퇴장하는 장면에 온 정신을 집중했다. 나이가 들수

---

* 도어즈의 〈끝〉에 나오는 가사이다.
** 로저 페더러, 라파엘 나달, 노박 조코비치, 앤디 머리 등 네 선수를 일컫는 명칭. 이 선수들은 2005년부터 2013년까지 각종 메이저 대회를 휩쓸면서 현대 남자 테니스의 황금기를 일구었다.
*** 조코비치를 말한다.

록 변해 가는 나 자신의 경험을 바탕으로 한 책을 로저가 은퇴하기 전에, 로저 경력의 긴 황혼기에 완성하는 것이 중요할 것 같았다.* 어디에서, 언제, 어떻게 끝날지 전혀 감도 잡히지 않지만 작업을 시작할 때가 되었다. 우리가 알던 삶이 끝나 가는 동안 결국 쓰게 될 한 권의 책을.

05

1972년 국제청소년성취포상제**의 브론즈 활동 기간, 나는 글로스터셔의 어느 지역에서 캠핑을 했다. 함께 캠핑하던 무리 중 여덟 명가량은 그래머스쿨***에 다니고 있었다. 라디오 뉴스에서 조지 베스트가 축구를 그만둔다는 소식이 들렸다. 당시 그는 스물여섯 살이었을 것이다. 나는 열네 살이었다. 우리는 아직 술을 마시지 않았다. 집을 벗어나 부모님과 떨어져 시골에 있다는 사실만으로도 캠핑은 우리를 충분히 짜릿하게 만들었지만, 이 뉴스가 유독 기억에 남는 이유

---

* (원주) 그렇다, '페더러'가 아닌 '로저'다. 나는 한 번도 그를 만난 적이 없지만, 나에게는 언제나 오직 로저다.
** Duke of Edinburg's Award Expedition, 1956년 영국 에든버러 공작 필립공이 설립하여 현재 144개국에서 진행하는 청소년 리더십 프로그램. 브론즈(3~6개월), 실버(6~9개월), 골드(12~18개월) 등 일정 기간 필요한 활동을 충족하면 그에 상응하는 상을 받는다.
*** 대학입시를 위해 교육하는 영국의 7년제 인문계 중등학교.

는 베스트에 관한 내용이었기 때문이다. 사실 그는 은퇴 후 다시 복귀했고, 1974년 1월 1일에 마침내 맨체스터 유나이티드에서 마지막 경기를 뛰었으며, 이후 술에 찌들어 방황하는 긴 쇠락의 세월을 보냈다. 누군가의 경력이 막을 내린다는 소식을 들은 것이 그때가 처음은 아니었지만, 자신이 사랑했던 일, 자신의 인생을 의미 있게 만든 일을 그만두는 사람을 알게 된 것은 처음이었다. 그리고 누군가의 은퇴 아닌 은퇴, 그러니까 이미 은퇴해서 그만둔 일을 재개한다는 소식을 들은 것도 그때가 처음이었다. 베스트의 경우, 술을 끊었다가 금주 시도를 포기하는 패턴이 반복되었다.

06

내가 자란 세계, 즉 박봉에 종종 고되고 보람 없는 일을 해야 했던 세계에서 살아 왔던 내 친척들은 상당히 젊은 나이부터 은퇴를 고대했다. 은퇴는 일종의 승진이었고, 사실상 야망이었다. 하지만 지금 내가 속한 작가 세계에서 은퇴는 거의 들어 본 적도 없거니와 어쨌든 거의 인정되지도 않는다. 만일 은퇴를 한다면, 그러니까 더 이상 글을 쓸 수 없거나 쓴 글을 아무 데서도 출판해 주지 않는다면 혼자서만 알고 있으면 된다. 아무도 원하지 않으니 혼자서만 원고를 간직하면 되는 것이다. 어차피 집에서 의자에 앉아 편안하게 책을 읽는 것이 일의 일부라면, 무릎에 담요를 덮고 독서를 하다 보면—날씨와 관계없이 권하지 않는 일이지만—일과 은퇴의 차이를 느끼지 못할 것이다.

07

내가 다니던 학교에서 국제청소년성취포상제는 큰 행사였다. 아마도 이 행사는 축구가 아닌 럭비가 공식 스포츠였던 그래머스쿨에 공립학교의 인격 형성 기풍 같은 것을 도입하기 위한 여러 가지 작은 시도들 중 하나였을 것이다. 나는 더 엄격한 요구 사항과 고된 탐험을 요하는 실버와 골드 활동은 진작에 포기했다. 초등학교 때의 브론즈 활동 이후 개인 생존 수영 배지를 아예 포기했던 것처럼 말이다. 브론즈 때 나는 질식할 정도로 염소 소독약을 들이부은 피트빌 공원 수영장 물에 드러누워 등으로 헤엄치면서 거의 모든 필수 구간을 간신히 통과했다. (물 위에 누워서 헤엄을 치긴 했지만 흔히 말하는 배영은 아니었다. 거의 수영이라고 할 수도 없었지만, 두 다리를 미친 듯이 차고 두 손으로 양옆을 정신없이 파닥거리면서 일반적으로 알려진 추진 방식으로 도달할 수 있는 거리보다 훨씬 먼 거리를 헤엄칠 수 있었다.) 엄마는 내 수영복에 브론즈 생존 패치를 멋지게 꿰매 주었고, 그걸로 끝이었다. 부모님은 수영을 할 줄 몰랐기 때문에 두 분 모두 이 정도면 내가 자신들이 갖추지 못한 많은 능력 중 하나를 갖췄다고 생각했고, 자식의 수중 생존 기술 3단계 인증에 흡족해하면서 세대 간 발전의 증거로 여겼다.

아빠는 늘 불만 많은 영원한 반왕당파였으므로 에든버

러 공작의 계획에 단 한 번도 열의를 보인 적이 없고, 오히려 멍청한 공작(정말 희한하게도 그와 아빠의 외형은 상당히 닮았다)이 이 계획을 통해 모종의 비밀스러운 방식으로 자기 주머니를 채우는 것이 틀림없다고 의심했기 때문에 내가 이 활동을 그만두었을 때 조금도 언짢아하지 않았다. 우리 가족에게는 브론즈만으로도 충분했다.

몇 년 뒤 나는 몇몇 라디오 방송국에 올림픽과 관련된 한 가지 단어를 주제로 한 에세이를 기고했다. 내가 어떤 단어를 선택했는지는 기억나지 않지만, 질리언 슬로보*가 '4등'이라는 단어를 선택한 것은 분명히 기억난다. 그녀는 간발의 차이로 메달을 놓치고, 그 결과 완전히 잊히고 인정받지 못한 채 사라진 선수들—사실상 그들의 뒤를 따라오는 익명의 무리들과 구분할 수 없게 된—을 중점적으로 다루었다. 그러므로 아쉽게 메달을 놓친 이 패자들에 대해 특별히 생각해 보자. 올림픽 성화가 꺼진 뒤 아무런 찬사도 받지 못한 채 집으로 돌아와 고된 훈련을 재개하거나 은퇴라는 불확실한 상황과 마주해야 하는 이들, 그러다 시상대의 영광을 누리던 세 명 중 누군가가 약물 복용으로 실격 처리되면 아무런 격식도 갖추지 못한 채 동메달로 격상되는 이들에 대해서.**

---

* Gillian Slovo, 남아프리카공화국 출신으로 런던에서 활동하는 작가이다.

08

"나는 늘 중도 포기자로 살아 왔다." T. C. 보일의 두 번째 소설 『싹트는 가능성들Budding Prospects』에서 화자는 이렇게 선언하지만, 정작 보일 자신은 중도 포기자와는 정반대인 사람이었다. 출판사들이 그의 작업량을 따라가느라 업무가 폭주할 정도로 그는 무서운 속도로 작업했다. 그는 이제 서던캘리포니아대학교에서 학생들을 가르치지 않으며, 그가 사용하던 사무실과 의자(학과장• 직위 말고)는 내가 차지하고 있다. 『싹트는 가능성들』의 첫 단락에는 화자가 중도에 포기한 모든 것들이 나열된다. "나는 보이스카우트를, 학교 합창단을, 행군 악대를 중도에 포기했다. 신문 배달을 포기했고, 교회에 등을 돌렸으며, 농구팀에서 도망 나왔다. 대학을 중퇴했고, 정신적으로 불안정하다는 이유로 불합격 판정을 받아 군복무를 피했다. 학교에 복학해서 잘 다녔고, 19세기 영국 문학으로 박사 과정을 시작했고, 맨 앞줄에 앉아 열심

•• (원주) 올림픽에서는 3위와 4위(동메달과 노메달)가 절대적으로 차이 나지만 월드컵에서는 그렇지 않다. 준결승에서 패한 두 팀이 3위 플레이오프 경기를 치르긴 해도 두 팀 모두 실망감에 사로잡힌 나머지 사실상 경기를 할 마음이 없고, 그들의 경기를 보고 싶어 하는 관중 또한 아무도 없다. 사실상 경기는 끝났고, 4위가 아닌 3위가 되었다고 해서 위안이 되지도 않는다.

• '의자'와 '학과장'을 가리키는 단어는 chair로 동일하다.

히 강의를 받아 적었고, 뿔테 안경을 샀고, 종합시험 전날 그만두었다." 장황한 성취를 압축한 이 이력서는 "내가 유일하게 포기하지 않은 한 가지는 여름 캠프였다"라는 선언으로 절정에 이른다. 그다음 단락은 단 네 어절로 이루어진다. "그것에 대해 말해 보겠다."

이렇게 쓰고 보니 모든 것이 참 쉬워 보인다.

09

나는 축구를 차츰 그만두었다. 처음엔 부상 때문에 경기를 뛰지 못하는 기간이 점점 길어졌고 결국엔 부상이 없는 짧은 동안만 경기를 했다. 지속적인 시간의 흐름은 여전히 여러 가지 방식으로 내 삶을 구분했지만, 차츰 폐기되다가 결국엔 잊히고 만 축구라는 표식은 쓰이는 일이 점점 줄어들다가 마침내 전혀 쓰지 않게 되었다. 마지막으로 축구 경기를 한 때가 언제인지 기억나지 않지만, 적어도 일 년에 두 번은 여전히 축구를 하는 꿈을 꾼다. 아내 말로는 내가 이 꿈을 꿀 땐 침대에서 발길질을 한다고 한다. 아내는 그러는 동안 내가 행복하다는 걸 알기 때문에 결코 나를 깨우지 않는다. 내가 악몽에 시달리며 신음할 때와 달리. 축구를 하는 꿈은 그해 최고의 꿈이다. 말은 이렇게 해도 나는 점점 꿈에서 골을 넣지 않게 되고, 심지어 힘찬 장거리 패스도 하지 않는다. 그러기는커녕 아예 제자리에서 꼼짝없이 드리블만 하는 기분이다. 마치 공이 내 두 발 사이에 끼거나 빽빽한 잔디 속에

박혀 버린 듯이 말이다. 어쩌면 침대에서 두 다리를 허우적 댄 것은 무의식 속에 깊이 뿌리박힌 모든 얽매인 것들로부터 벗어나려 애쓰고 있기 때문인지도 모르겠다.

테니스를 친 밤엔 종종 잠을 설치곤 한다. 그건 어느 정도는 집에 돌아오자마자 바로 긴 잠에 빠지거나 잠시 기절하듯 곯아떨어지는 탓이다. 그 때문에 온몸이 쑤시고(허리, 양 무릎, 왼쪽 어깨와 팔꿈치) 피곤한데도 정작 취침 시간에는 잠을 이루지 못하는 것이다. 게다가 침대에 누워 그날의 결정적인 장면과 포인트를 되새기는 것도 재미있다. 어느 정도까지는. 하지만 어느 순간부터는 어떤 장면을 재생할지 선택하거나 멈출 수가 없게 되고, 나는 점점 노란 공의 소용돌이 속에 고통스럽게 갇히며, 노란 공들은 차츰 슬레진저가 후원하는 유성우가 되어 우주 공간 속 사이드라인에서 휘몰아친다.

10

"오늘 밤 별똥별을 보았다······"•

1975년 밥 딜런의 롤링 선더 투어를 다룬 마틴 스코세이지의 다큐멘터리 영화••가 엊그제 넷플릭스에 올라왔다. 2019

• 밥 딜런의 노래 〈별똥별 Shooting Star〉의 가사.

년 7월 13일, 런던의 프린스 찰스 시네마에는 이 영화를 보기 위해 10대부터 딜런과 동년배 혹은 그 이상의 연배까지 상당히 다양한 연령대의 관객들이 가득 들어찼다. 실시간 공연 스트리밍도 아닌데 이만한 규모의 관객층을 끌어들일 수 있는 사람이 딜런 말고 또 누가 있을까? 〈이시스Isis〉의 클라이맥스부터 간헐적으로 박수가 터져 나왔다. 이 노래의 절정은 노래의 끝이 아닌 중간에, 4행으로 이어지는 놀라운 대화체 가사가 끝나고 "Yes"를 크게 외친 이후에 온다.

> 그녀는 말했지. "당신, 어디 있었던 거야?" 난 말했지. "그냥 여기저기."
> 그녀는 말했지. "당신, 달라 보여." 난 말했지. "음, 그런가."
> 그녀는 말했지. "당신은 떠났잖아." 난 말했지. "자연스러운 거야."
> 그녀는 말했지. "머무를 거야?" 난 말했지. "당신이 원한다면, 그렇게yes."

프린스 찰스 시네마의 불편하기로 악명 높은 좌석에 앉은 모든 관객들이 140분의 상영 시간 내내 온 정신을 집중하며 그 공연 실황을 보았다. 이 특별한 행사가 선사하는 집단

•• 〈롤링 선더 레뷰Rolling Thunder Revue〉를 말한다.

적 도취감 속에 빠진 나는 내 주변 모든 사람들이 나와 같은 질문을 스스로 던지고 있음을 분명히 느낄 수 있었다. 사람이 어쩌면 이토록 대단할 수 있을까? 비록 그 질문의 답은 찾지 못했지만, 이 질문 자체는 내 성년기에 지대한 영향을 미친 딜런이 내 안에서 끝없이 부활하도록 이끄는 데 중요한 역할을 했다. 반년쯤 그의 노래를 안 듣고 지내다가도 문득 〈내가 갖고 있을게I'll Keep It with Mine〉나 〈스페인산 가죽 부츠 Boots of Spanish Leather〉 같은 노래를 들었다 하면 나는 한순간에 다시금 완전히 빠져들어 버린다.

젊은 시절 하도 많은 음악을 듣다 보니 특정 트랙에 대한 호기심 — '흐음, 오늘은 〈즐기면서 살아〉*나 〈스페인의 폭탄들〉**이 어떻게 들릴지 궁금한걸' — 은 곡 중반쯤에서, 대개는 더 일찍 증발해 버린다. 하지만 딜런과 함께라면 아무리 불편한 좌석이라 해도, 노래를 다 외우고 있어도, 온전히 매료될 수밖에 없다(지루한 찬송가 같은 〈불어오는 바람 속에Blowin' in the Wind〉만 피한다면 말이다. 실제로 나는 이 곡을 처음 들었을 때부터 다시는 듣고 싶지 않았다. 아니 어쩌면 이 곡을 듣기도 전부터 이미 그렇게 생각했던 것 같다). 그의 음악이 결코 나이를 먹지 않는다는 말이 아니다. 오히려 그의 음악은 프레디 머큐리나 심지어 조 스트러머가 결코 하

- Keep Yourself Alive, 1973년 발매된 퀸의 싱글 앨범 대표곡.
- - Spanish Bombs, 영국의 펑크 록 밴드 클래시가 1979년에 발표한 곡.

지 않은 방식으로, 즉 우리의 나이 듦과 보조를 맞추어 나아간다. 그들이 젊은 나이에 세상을 떠났기 때문이 아니라, 우리가 나이를 먹어 그들의 음악으로부터 멀어졌기 때문이다. 《런던 콜링London Calling》은 훌륭한 앨범이다. 1980년 4월 루이섐에서 열린 클래시의 공연은 지금까지 내가 본 최고의 공연 중 하나지만, 요즘은 심지어 운전 중에도 그들의 노래 한 곡을 끝까지 듣기 힘들 만큼 인내심이 거의 바닥 나 있다.* 이제는 클래시의 음악 중에는 들을 게 아무것도 남아 있지 않다. 하지만 딜런만큼은 내가 40년 이상 들어 온 노래들의 새로운 버전과 예전 버전들을 변함없이 경이롭게 들을 것이다. 내 인생이 끝날 때까지, 혹은 딜런이 더 이상 우리 곁에 없을 때까지, 그가 존재한다는 사실이, 오늘 밤 어딘가에서 그의 연주를 보러 갈 수 있다는 놀라운 사실이 더 이상 유효하지 않을 때까지.

그렇지만 오늘 밤이나 내일 밤, 혹은 다른 날 밤에 그가 공연을 한다 해도, 심지어 가까운 장소에서 무료로 공연을 한다 해도 굳이 보러 가지는 않을 것이다. 알고 보니, 내가 프린스 찰스 시네마에서 스코세이지의 영화를 관람하고 한 달 뒤에 정말로 하이드 파크에서 그런 공연이 열렸다고 한다.

- (원주) 나는 1974년 3월 14일 첼트넘 타운홀에서 열린 퀸의 공연을 보고 그들의 두 번째 앨범 표지에 멤버 네 사람 모두의 사인도 받았다. 꽤나 가치 있을 이 유물은 나중에 분실되었다. (시간이 지나면 예전에 좋아하던 음악과 멀어지게 된다고들 하지만, 도어즈만은 단연코 예외다.)

11

영화는 롤링 선더 투어를 시작으로 딜런의 모든 공연을 연도별로 나열하면서 끝나는데, 그 목록은 마치 기념비에 새겨진 이름들처럼 (거의) 멈추지 않고 끝없이 계속 이어졌다(코로나가 모든 것을 끝낼 때까지). 나는 그 가운데 네 개의 공연을 보았다. 맨 처음 본 공연은 1978년 런던의 얼스 코트에서였고, 마지막으로 본 공연은 2015년 5월 6일 텍사스주 오스틴의 작은 공연장에서 열렸는데 그곳은 당시 내가 살던 곳에서 자전거로 대략 15분이면 갈 수 있었다. 밴드는 훌륭했고, 사운드도 최고였으며, 좌석 또한 말할 나위 없었다(1층 12번째 줄). 다 괜찮았는데, 한 친구가 딜런의 공연에 대해 했던 말이 계속 떠올랐다. "딜런은 완전히 끝났네." 그녀가 마지막으로 본 공연 역시 텍사스에서 열린 것이었다. 물론 딜런은 그때도 지금도 건재하다. 코로나가 허락하는 한 아직 해야 할 일이 많다.

그는 왜 공연을 하고, 누군가는 왜 그의 공연을 보러 가는 것일까? 두 번째 질문의 대답이 좀 더 쉽다. 사람들은 밥 딜런을 보러 가는 것이 아니라 그를 봤다는 경험을 하기 위해 간다. 나는 그런 충동을 이해하긴 하나 음악적 경험의 질을 무의미하게 만들 만큼 강한 충동에 휩싸인 적은 없다. 전성기가 한참 지난 예술가를 봐 봤자 얼마나 큰 만족감을 얻겠는가. 사실대로 말하면, 나는 밴 모리슨을 본 적이 있고 (약 20년 전 헤이 페스티벌에서), 1987년 6월 로열 페스티벌

홀에서 대단히 유연하게 다양한 장르를 연주하는 마일스 데이비스를 본 적도 있다. 두 공연 모두 기억할 만한 공연은 아니었는데, 친구들은 모리슨이 여전히 최상의 기량을 발휘하고 있다고 주장한다(그가 파시즘 같은 코로나 때문에 자기 권리가 짓밟혔다고 불평하는 신세가 되기 전까지는 말이다). 나는 그들의 주장은 어느 정도 믿을 수 있지만, 딜런의 끝없는 투어 중 최근 어느 공연이 환상적이었다는 사람들의 주장은 믿지 않는다. 2003년 브릭스톤 아카데미에서의 공연이 내가 마지막에서 두 번째로 본 딜런의 공연인데, 나는 그때 우연히 만난 다른 친구의 말이 옳다고 믿는다. 딜런은 마치 무언가에 의지하려는 듯 주로 키보드를 연주하고 있었다. 나는 딜런이 자신의 곡들을 다양한 방식으로 변주하는 것에 익숙했지만, 노래하는 그의 목소리와 공연장의 답답한 음향이 합해지자 그가 자신의 오래된 곡들 가운데 지금 어떤 곡을 훼손하고 있는지조차 알아차리기 어려울 지경에 이르렀다.

"너무 끔찍했어." 공연 이후 스톡웰 로드를 배회하면서 내가 말했다.

"공연이 형편없다고 생각했구나?" 친구가 말했다. "지난번 공연을 봤어야 돼." 그렇다, 어떤 공연은 다른 공연보다 더 형편없었다. 마이클 그레이는 『밥 딜런 백과사전 *The Bob Dylan Encyclopedia*』에서 각종 참고용 서적 중 단연 최고라 할 표제어 아래에 꽤나 전형적인 경험을 요약한다.

'무대에서 계란 프라이 하기'의 가능성: 1986년 일본에서 딜런은 이런 말을 했다고 한다. "누군가 두 시간이든 한 시간 반이든 당신을 보러 와요. (……) 그러니까 바로 당신을 보러 오는 거죠. 당신은 무대에서 어떤 짓이든 할 수 있을 겁니다. 계란 프라이를 할 수도 있고, 나무판에 못을 박을 수도 있고." 그가 700번째 〈우울 속에 뒤얽혀〉나 1500번째 〈망루를 따라서 All Along the Watchtower〉를 열창하는 대신 무대에 나와 계란 프라이를 하게 된다면 그 이상 마법 같은 일이 어디 있겠는가.

또 다른 특이한 참고용 서적에 대해 나중에 더 자세히 이야기하겠지만, 어쨌든 지금은, 혹은 아직은, 이유를 불문하고, 그렇다, 사람들은 딜런을 보러 모여들 것이다. 그는 왜 공연을 하는 걸까? "당신은 누군가를 섬겨야 한다"고, 한때 그는 노래했다.• 이 주장은 딜런의 특정 시기 즉 그가 거듭났던 무렵에만 유효한 것이었을 수도 있지만, 어쨌든 분명 당신은 무언가를 해야 한다. 다만 당신이 무엇이든 할 수 있고, 온 세상이 당신을 섬기고 당신을 보는 것 말고는 아무것도 원하지 않을 때 이는 문제를 불러일으킨다.

- 19집 앨범 《다가오는 완행열차 Slow Train Coming》(1979)에 수록된 첫 번째 곡 〈결국엔 누구든 누군가를 섬겨야 해 Gotta Serve Sombody〉를 말한다. 여기서 딜런은 돌연 기독교 신앙을 고백하여 일부 팬들에게 실망을 안겨주기도 했지만, 이 곡으로 그래미상을 받았다.

그가 무대를 즐기고 있을 수도 있다. 1997년에 본인이 주장했듯 무대가 "행복을 느끼는 유일한 장소"일 수도 있는 것이다. 그런데, 그렇다면 그는 왜 그 사실을 드러내지 않는 것일까? 오스틴 시티 리미츠 쇼가 끝날 때, 다른 아티스트들은 객석의 환호에 고개 숙여 인사했지만 딜런은 청중을 한참 동안 노려보았다. 공격성이나 적대감에서가 아니라 그저 무관심에서, 아니 심지어 아무런 의식 없이 나온 행동이었다. 창작자라면 모두 외출을 즐기는 법이건만, 딜런은 너무도 불행한 가정생활 때문에 자신에게 강한 인상을 주는 장소 그 어디에도 머물고 싶지 않은 것일까?* 어쩌면 돈이 도움이 될지도 모르지만 어느 단계가 되면 아무리 엄청난 액수라 할지라도 전혀 도움이 안 될 것이다. '이 모든 것을 두 번 겪는 것'에서 벗어날 방법은 그걸 2천 번쯤 겪는 것일까? 이상한 점은 딜런과 같은 삶이 도무지 이해되지 않을 뿐 아니라 더 나아가 거의 무의미하게 보인다는 것이다. 그의 노래들 속에 담긴 의미를 오랜 시간 고민해 온 사람들의 삶에

---

* (원주) 딜런의 가정생활은 상상만으로도 엄청난 매혹을 불러일으킨다. 가령 《디자이어Desire》에는 LA에 있는 집에서 혼자 저녁 7시 뉴스를 시청하는 모습 외에 그를 엿볼 수 있는 순간이 거의 없다. 〈블랙 다이아몬드 베이〉에서 그는 지진이 일어난 것 말고는 별다른 일이 없는 것을 확인한 다음 TV를 끄고 맥주를 한잔 더 마시러 나간다. 미래의 고고학 기술은 이 단편적인 텍스트 증거만으로도 그가 마시고 있던 맥주 상표가 무엇인지, 냉장고에는 또 무엇이 있는지, 그가 슬리퍼를 신고 있었는지…… 밝힐 수 있을까?

그의 노래들이 얼마나 큰 의미를 주었는지 깊이 생각한 결론이 이런 것이라니, 조금 당혹스럽기는 하다.

12

쉴 새 없는 투어 일정은 딜런의 목소리에 타격을 입혔는데, 목격자들의 증언에 따르면 가끔은 밤에 목소리가 회복되는 때도 있었다고 한다. 이후로 10년이 넘는 시간 동안, 죽 그 목소리는 마치 치료가 불가능한 데다 이상하리만치 오래 지속되는 변종 독감에 영구적으로 감염된 성대에서 나오는 것 같았다. 데이비드 보위는 그 목소리가 "모래와 접착제를 섞어 놓은 것처럼" 들린다는 유명한 묘사를 했다. 딜런의 목소리가 그의 가장 위대한 악기라고 여기는 전기 작가 이언 벨은 딜런의 후기 보컬에 "장엄한 폐허"의 "침식된 암반층" 이미지를 강력하게 덧입힌다. 여기에 역사가 깊이 배어든 이미지와 후기 앨범들의 의도된 복고풍 음악 스타일이 결합하자, 이미 전설적인 인물은 신화의 영역으로 승격되기에 이른다. 딜런은 1960년대의 원로이자 1860년대의 (여전히 활기 넘치는) 생존자로 추앙받는다. 누군가 딜런이 목구멍에 개구리가 걸린 도마뱀처럼 거친 목소리를 낸다고 말한다면, 또 그의 음악이 단조로운 로큰롤과 한물간 부기boogies로만 이루어져 있다고 말한다면, 그는 문화유산에 대한 자신의 감식안이 도니 오즈먼드* 수준에 머물고 있음을 증명할 뿐이다. 다만, 그러한 감상이 지적한 딜런의 '말기 단계'가 앞으로도 쉽게 끝나지 않고 길게 이어질 수 있다는 점이 문제긴 하겠다.

이 글을 쓰는 지금 다시 들으며 말하건대 그 목소리는…… 목을 그렇게 혹사시키는데, 롤링 선더 투어 내내 밤마다 혼자서 모든 노래를 있는 힘껏 부르느라 목에 말도 안 되는 부담을 가하는데, 어떻게 그 목소리가 엉망으로 망가지지 않을 수 있었겠는가? 구체적으로 말하면, 지금 나는 해적판으로 〈고잉, 고잉, 곤Going, Going, Gone〉 첫 소절을 듣고 있다. 여기에는 롤링 선더 투어 후반부에 녹음된 《하드 레인Hard Rain》 라이브 앨범(이 부분은 스코세이지 영화에 다루어지지 않았다)에서 제외된 곡이 수록되어 있다. 딜런이 "I've just reached a place"라고 부를 때, 우리는 바로 그 순간에, 그가 정말로 어떤 장소에 도착했다고 믿는다. 우리는 그 장소와 그 순간에, 그와 함께 있는 것이다. 혹은 앨범 《오 머시Oh Mercy》에 수록된 노래는 어떨까. 그가 "오늘 밤 별똥별을 보니 / 당신이 생각났어"라고 부를 때, 노래가 전개될수록 이 주장은 은밀히 약화돼 가지만, 우리는 그 말을 믿지 않을 도리가 없다. 그가 "엔진 소리를 들어 봐, 사이렌 소리를 들어 봐" 등의 구절을 생략하고 노래가 별똥별처럼 재빨리 덧없이 지나가게 했더라면, 그래서 거의 시작하자마자 끝나 버리게 했더라

• Donny Osmond, 미국에서 싱어송라이터, 배우, 방송 MC, 소설가 등으로 활동한다.

면—3분짜리 싱글 앨범에 필요한 길이에도 미치지 못할 만큼 순식간에 끝나게 했더라면—전체적인 간결함이 첫 소절에서 이야기하는 무상함과 잘 어울렸을 것이다. 요즘 그의 목소리를 듣다 보면, 그가 어떤 장소나 어떤 순간에 있든 그곳에 존재한다는 느낌이 좀처럼 들지 않는다. 심지어 느리게 노래를 부를 때조차 서둘러 끝내고 싶어 하는 것처럼 들린다. 그의 목소리가 더 이상 특정한 음들을 낼 수 없다는 것은 중요하지 않지만—그가 자신을 파바로티라고 여긴 적도 없으니까—어느 특정한 순간의 진실이 그를 통해 전례 없이 충실하게 스스로를 드러내는 순간은 이제 목격할 수 없는 것 같다.

사람들은 언제나 딜런을 저항의 목소리, 한 세대를 대변하는 목소리 등으로 믿어 왔기에 이런 이야기는 전혀 받아들여지지 않는다. 좀 더 자세한 사례를 들어 보자. 〈사라Sara〉에서 그가 "첼시 호텔에서 며칠을 머무르며 / 당신을 위해 〈슬픈 눈을 한 저지대의 여인Sad-Eyed Lady of the Lowlands〉을 쓰고 있었다"고 공개적으로 고백하면 우리는 그의 말을 믿게 된다. 클린턴 헤일린•이 지적했듯이, "그가 이 곡을 내슈빌에서 썼다는 제법 확실한 기록이 있음"에도 말이다. 〈나에게 달렸지Up to Me〉 마지막에 그가 "그 누구도 그 곡을 연주할 수

• Clinton Heylin, 영국 작가로 밥 딜런의 작품과 삶을 다룬 다수의 책을 썼다.

없어, 알다시피 그건 나에게 달렸으니까"라고 말할 때 우리는 그의 말을 믿는다. 우리는 그의 말을 반박할 수 없다. 전 세계 어느 법정도 그의 주장을 뒤집을 수는 없을 것이다.

그는 증인으로서 작사가의 선서하에 자신이 하는 어떠한 말도 신뢰할 수 없다고 거듭 증언해 왔는데, 그럼에도 우리는 그를 믿어 왔다. "아니, 아니, 아니, 그건 내가 아니야, 자기."*(노래라는 안식처 밖에서, 인터뷰 등에서 그가 하는 말에 진실은 거의 없다고 보아야 할 것이다.) 이 문제는 단순히 노래와 실제 생활(예술의 항소심에서 증거로 채택할 수 없는)에서 일어났을 수도 일어나지 않았을 수도 있는 일들이 일치하지 않는다는 정도에서 그치지 않는다. 그의 노래 자체가 유독 반대 심문에 취약해진 것이다. 〈우울 속에 뒤얽혀〉 속 그는 어디에서 일했고, 어떤 자격으로 채용되었나? 한 설명에 따르면 그는 LA의 "비행기 공장"에서 "트럭에 화물을 싣고" 있었고, 또 다른 설명에서는 "들라크루아 외곽의 고기잡이 배"에서 일하고 있었다. 고정된 듯 보이는 목적지조차—〈그녀를 보거든 안부 전해줘 If You See Her, Say Hello〉의 첫 소절에 나오는 탕헤르처럼—때로는 아무런 예고 없이 "사이공 북쪽"으로 바뀐다. 이 위치는 놀랍도록 정확하지만—그러니까, 사이공 서쪽도 남쪽도 아니지만—어쩌면 엄청나게 북쪽이라서 실제로는 하노이를 의미하는지도 모

• 〈그건 내가 아니야 It Ain't Me Babe〉의 가사이다.

른다. (딜런은 1984년 음반《리얼 라이브Real Live》에서 〈우울 속에 뒤얽혀〉 가사를 대폭 수정하면서 "모든 침대가 정리되지 않았다"고 선언한다. 반면에 1976년년 4월 플로리다 공연에서 부른 버전의 〈그녀를 보거든〉은 모든 것이 정돈되지 않았다고 노래한다. 가장 눈에 띄는 가사는 단연 "그녀와 사랑을 나눈다면 뒤에서 지켜봐"인데, 인터넷 포르노 시대에는 다소 불필요한 조언 같다.) 딜런이 분명하게 표현한 진실을 구성하는 소재와 본질은 계속 변하지만, 과거 우리에게 남겨진 선택지는 그를 믿느냐 마느냐 여부가 아니라 수많은 진실 중 어떤 버전―(공연이나 사건의) 어떤 장소―을 선호할 것이냐였다. 나는 누군가가 오래된 노래의 최신 버전을, 혹은 심지어 오래된 노래보다 새로운 노래를 더 좋아할 수 있다는 사실이 도무지 믿기지 않는다. 딜런의 새 앨범을 들을 때면 나는 1966년 앨버트 홀 공연에서 자신을 야유한 관객에게 딜런이 보인 반응을 인용하게 된다. "난 당신을 믿지 않아."•

• (원주) 역사적 사실이 변경되었음에도 불구하고, 혹은 수정되었음에도 불구하고('앨버트 홀' 공연이 아니라, 실은 그 열흘 전인 맨체스터 자유무역회관 공연에서 일어난 일이었다) 출처는 불분명하지만 사실임이 확실한 이 사건에 대해 더 이상 수정을 가할 수 없어서 유감스럽다. 딜런의 기개 넘치는 이 지칭이 〈구르는 돌멩이처럼Like a Rolling Stone〉을 "빌어먹도록 시끄럽게" 연주하기 전에 이루어진 것이 아니라, 글자 그대로 〈난 당신을 믿지 않아I Don't Believe you〉라는 제목을 가진 곡을 소개하는 퍼포먼스였다면 정말 좋았을 것 같다. 안타깝게도 그 곡은 이미 지나간 뒤였지만 말이다.

13

스코세이지의 영화에는 딜런과 앨런 긴즈버그가 매사추세츠주 로웰에 있는 잭 케루악의 무덤을 방문하는 장면이 나온다. 원래는 〈레날도와 클라라〉* 속 장면으로, 나는 1970년 후반에 나온 이 영화를 235분이라는 상영 시간에도 불구하고 두번이나 관람한 바 있다. 하지만 이 영화의 절반 이상은 볼 가치는 고사하고 촬영할 가치조차 없었다. 두 사람은 무덤 위에 적힌 글귀 "그는 명예로운 삶을 살았다"를 내려다본다. 〈레날도와 클라라〉에서는 이 장면이 더 길게 나오는데, 그들은 작가들의 무덤에 대해 이야기하면서 약간 말다툼을 벌인다. 딜런이 긴즈버그에게 체호프의 무덤에 가 봤느냐고 묻자 긴즈버그는 안 가 봤다고, 그렇지만 모스크바에 있는 마야콥스키**의 무덤엔 가 봤다고 말한다. 딜런은 파리에 있는 빅토르 위고의 무덤을 방문한 적이 있는 반면, 긴즈버그는 아폴리네르의 무덤을 방문해 봤고 보들레르의 무덤에 (당연히) 자신의 책 『울부짖음*Howl*』 한 권을 두고 왔다. 그리고 로마에 있는 키츠의 무덤에 새겨진 비문을 딜런에게 말해 준다. "물 위에 제 명성을 쓴 사람 여기에 잠들

- Renaldo and Clara, 1978년에 밥 딜런이 롤링 선더 레뷰 투어를 진행하면서 찍은 다큐멘터리·뮤지컬 영화이다.
- Vladimir Mayakovskii, 러시아의 혁명 시인.

다."(긴즈버그의 인용은 틀렸다. '명성'이 아니라 '이름'이 맞지만, 사소한 것에 얽매이는 태도는 낭만주의자들과 비트 세대의 정신에 맞지 않을 것이다.) 긴즈버그가 케루악의 무덤을 가리키며 딜런에게 이런 일이 그에게도 일어날지 묻자 딜런은 묘비 없는 무덤에 묻히고 싶다고 말한다.

존 버거가 각본과 주연을 맡은 영화 〈나를 집까지 데려다줘Walk Me Home〉(1993)에는 극중 버거가 누구의 소유도 아닌 땅에 묻히고 싶다고 말하는 놀라운 순간이 있다. 다시 스코세이지의 영화로 돌아가 보자. 딜런과 긴즈버그가 서 있던 무덤으로부터 스튜디오 인터뷰로 장면이 바뀌고, 이제는 나이가 들어 머리가 희끗희끗한 딜런이 "그는 길 위의 삶에 대해 말하고 있었다"라며 케루악의 위대한 소설에 대해 이야기한다.

14

존 코언•은 1959년에 케루악의 이 사진을 찍었다. 그가 이스트 빌리지에서 청년 딜런의 유명한 사진을 찍기 3년 전, 그리고 『길 위에서』가 출판된 지 채 2년이 되지 않았던 때였다. 당시 케루악은 서른여섯 혹은 서른일곱 살이었다. 그는 『길 위에서』가 '위대한 소설'이 되리라 확신했고, 마침내 바

• John Cohen, 미국의 음악가, 사진작가, 영화 제작자.

이킹출판사가 1957년 9월 출판을 수락하기 전까지 6년 동안 여러 출판사들로부터 거절을 받았을 때도 이 확신은 위협받기는커녕 오히려 더욱 단단해졌다. 1952년 초, 한 편집자로부터 "도저히 이해할 수 없는 엉망진창"이라는 평을 들었을 때 그는 책의 앞날을 이렇게 예측했다. "『길 위에서』는 다른 누군가에 의해 약간의 수정과 생략, 추가를 거쳐 출판될 것이다. 때가 되면 이 책은 최초의 현대 산문집, 즉 미국 최초의 현대 산문집 중 하나로 마땅히 인정받게 될 것이다." 그가 예상하지 못한 것은 이 예언이 이루어진 후 닥쳐올 작가이자 한 인간의 참담한 몰락이었다.

'즉흥적 산문' 형식을 완벽하게 장악하기 위한 힘겨운 노력 덕분에 케루악은 훌륭한 책을 쓸 수 있었지만, 동시에 남은 창작 인생 동안 쏟아 낸 책들에 대해서는 형편없다는 비난을 받아야 했다. 1961년에 그는 자신의 작품 스타일이 초래한 역설적인 그리고 감추어진 대가를 의식했다. "문제는, 내가 즉흥적 산문 형식을 공식적으로 발견한 순간 그것은 더 이상 즉흥적이지 않다는 것이었다!" 그는 계속해서 말을 이었다. "사실상 이제 나는 글 쓰는 방법을 잊어버린 것 같다." "야생적이고 즉흥적인 외침"이라는 자유로운 발상이 경직된 방식으로 굳어지자, 케루악은 스스로 해방시킨 "빌어먹을 자유"의 포로가 되었다. 즉흥성이 진부해질 수 있음을 자각하면서, 그는 첫 작품『마을과 도시*The Town and the City*』를 쓸 때처럼 신중한 글쓰기로 돌아가겠노라고 발표했다. 이 말대로 실행에 옮겼더라면, 그는 "소설을 쓰기 위해 엄청난 양의 벤제드린*을 복용하고, 복용 후 8시간 뒤에(그 8시간 동안 글을 쓴 후에) 벤제드린으로 인한 우울증을 상쇄하기 위해 페노바르비탈**을 한 움큼 복용하는" 습관성 약물 의존으로 스스로를 고갈시키기보다는 더 깊은 창작 세계라는 깊숙한 틈새로 들어섰을지도 모른다.

그는 LSD도 실험해 보았지만, 오랜 친구들인 앨런 긴즈버그와 닐 캐서디가 즐겁게 환각 혁명을 선동한 반면 케루악은 신흥 히피 운동의 마약에 취한 듯한 이데올로기적 주장에 점점 적대적으로 변해 갔다. 히피들이 비트 세대의 후예라는 사실, 그가 불교에 열정적으로 심취한 모습이 이후

- benzedrine, 각성제의 일종인 암페타민의 상품명.
- ** phenobarbital, 진정제, 수면제.

동양적인 모든 것에 매료된 히피들을 예견했다는 사실은 그의 혼란스러운 반동적 결심을 강화하는 데 기여할 뿐이었다. 티머시 리어리*가 회상했듯이 케루악은 "확고한 가톨릭 광신도이자, 히피 기질이라고는 전혀 없는 구식 보헤미안으로 남았다." 자신의 사상이 "유대인들에게 도용되고 있다"며 분노한 케루악은 편집증과 어리석은 알코올 중독의 늪에 빠졌다.

1962년에 그는 이렇게 썼다. "원하는 것은 무엇이든 할 수 있는 자유. 나는 거친 셔츠를 입고 고행하듯, 일부러 나를 구속했다. 왜 그랬는지 모르겠다." 숲속 오두막을 그리워하던 케루악은 플로리다나 매사추세츠 교외에 정착해 어머니와 함께 살았다. 그런 교외 지역은 "완벽한 새 집들이 끝없이 늘어서 있지만, 한 집도 예외 없이 생기 없는 주부들이 창밖을 내다보고 있으며, 누군가 상점까지 걸어가려고 감히 시도해 본다 하더라도 상점은 뜨거운 태양 아래 나무 한 그루 없는 평평한 황무지 너머 아주 멀리에 있었다. 으악." 이처럼 그가 사람들의 이목으로부터 멀어져 있을 때조차 비트 세대의 왕이 주변에 있다는 소문은 어김없이 돌았고, 케루악은 일주일 내내 술 마시러 나오라는 유혹을 받으며 "수백 명의 지인들과 돌아가면서 밤낮없이 술을 마시며 이야기를

---

* Timothy Leary, 미국의 심리학자이며 작가. 1960년대 미국 반문화의 핵심 인물로 환각성 약물의 긍정적 측면을 지지했다.

나누었다."

어느 날 자신의 스냅 사진을 보면서 그는 생각했다. "사람들에게 한껏 추앙받고 싼 똥이 나를 어떻게 만들었는가. 이것이 나를 빠르게 죽이고 있구나." 이런 영웅적인 대접도 그를 향한 비판적 공격을 막지 못했고, 그 사실은 그의 상황을 한층 더 견딜 수 없게 만들었다. 돌이켜보면 적대적인 비평들은 작가의 정당성을 입증하고 비평가의 과오를 드러내는 경향이 있지만, 케루악의 경우는 시간이 지날수록 『지하생활자들 The Subterraneans』이 "끔찍하게 단조롭다"는 도로시 파커의 평가가 정확했음이 증명되었다.

트루먼 커포티는 『길 위에서』가 글을 쓴 게 아니라 타이핑한 것이라는 가장 유명한 비평을 남겼는데, 이 비평은 1967년 케루악 자신이 "나는 예전처럼 타이핑할 수도 없고, 불행히도 예전처럼 글을 쓸 수도 없다"고 고백하면서 더욱 가슴 아픈 반향을 일으켰다. 이 시기는 그의 "인생에서 가장 끔찍한 시기"였다. 그의 어머니는 뇌졸중 이후 온몸이 마비되었다. 1959년 2월 자신이 "빠르게 망가져 가고 있으며 거의 무기력해지고 있다고 느꼈"던 케루악은 "크고 흐물흐물하고 슬프고 우울한 덩어리"가 되어 있었다. 빈털터리에 술은 "그 어느 때보다 많이" 마셔 댔으며 "도박장마다 쫓겨나 받아 주는 곳은 흑인 도박장 한 곳뿐이었는데 언제가는 여기서 머리가 깨질 게 뻔했다." 그는 이전에 당한 구타로 인해 뇌가 손상되었다고 의심했다. "한때 나는 친절한 술꾼이었을 테지만, 지금은 부상으로 인해 친절함의 밸브가 닫힌,

뇌가 꽉 막힌 술꾼이다." 그는 이후로 더 많은 구타를 당하다 1969년에 사망했다.

그러나 케루악의 삶을 재능을 탕진한 자의 비극으로 여기는 것은 고루한 생각이다. 『길 위에서』를 완성한 순간부터 케루악은 그가 저지르고 있거나 저지른 적 있는 심각한 실수에 대해 면책을 받았다. 인생의 가치는 시간순으로 평가될 수 없다. 그는 위대한 작가가 되기 위해 모든 것을 걸었고 결국 그렇게 됐다. 그 어떤 행위도 『길 위에서』의 성취와 승리를 무효로 만들 수는 없다. 1957년 9월 5일 『뉴욕 타임스』에 길버트 밀스타인의 평론이 실렸을 때 케루악은 조이스 글래스먼*과 맨해튼에 있었다. 평론은 "진정한 예술 작품"인 이 책의 출간이 "역사적 사건"이라고 극찬했다. 케루악의 전기 작가이자 그의 편지들을 편집한 앤 차터스에 따르면, 두 사람은 "자정 직전 브로드웨이 신문 가판대에서 신문 한 장을 사 들고, 콜럼버스 가에 있는 '도넬로의 아일랜드 바'에서 함께 평론을 읽은 다음, 다시 잠들기 위해 그녀의 아파트로 돌아왔다. 조이스는 '그날은 잭이 그의 인생에서 무명으로 잠든 마지막 날이었다. 다음 날 아침 잭은 전화 벨소리에 잠을 깼고, 유명해졌다'고 회상했다."

오랜 기다림 끝에 마침내 인정받은 그 순간 앞에서 다른

---

* Joyce Glassman, 결혼 후 성은 존슨Johnson이다. 미국의 소설가이자 논픽션 작가로, 1957년 앨런 긴즈버그의 소개로 잭 케루악을 만나 2년간 불륜 관계를 맺었다.

모든 것은—이전의 모든 것뿐만 아니라 이후에 찾아올 진창 같은 여파 속에서 마주하게 될 모든 것까지—무의미해진다. 비록 그의 "친절함의 밸브"가 닫혔다 해도, 그가 딘 모리아티*라는 인물 안에 구현한 영혼의 생생한 관대함은 그의 걸작 속 모든 문장에 녹아 있다.

15

내가 2018년 윔블던에서 보리스 베커를 보았을 때, 그는 센터 코트의 화장실 문을 열기 위해 버둥거리고 있었다. 딱하게도 그는 거의 걷기도 힘들 정도였다. 무릎과 고관절 문제에 탈모와 파산, 그리고 독일인치고는 상당히 이례적인 문제라 할 수 있는 '중앙아프리카공화국 외교관보로서의 면책 특권 상실'과 관련한 문제까지 한꺼번에 닥친 것 같았다. 코로나가 한창이던 2020년 여름에 찍힌 사진을 보면 테니스 엘보 증상과 함께 어느새 분홍색 배까지 (불룩하게) 나온 그의 모습을 볼 수 있다. 그의 테니스 엘보는 통증은 있지만 겉으로는 드러나지 않는 전형적인 형태와 달랐다. 축 늘어진 팔꿈치 안에 테니스공 하나가 이식된 것처럼 보이는 그의 상태는 일명 고환 엘보testicular elbow라고 불리는 전례 없는 증상이었다. 요트에서 찍힌 그의 몸 상태가 유독 형편없어

• 『길 위에서』의 주인공.

보인 건 타블로이드 신문들이 비키니 몸매라고 떠들 정도로 몸매를 과시했던 여자 친구 옆에 있었기 때문인지도 모른다. 그래서인지 기사 내용처럼 그의 팔꿈치에는 힘이 더 들어가 있었다. 여자 친구나 다른 모든 것을 제쳐두더라도, 그는 이비사 근처에서 (비욘 보리와 그의 파트너와 함께) 요트를 타지는 못했으며, 필립 라킨처럼 결국 어머니와 함께 킹스린에서 휴가를 보내야 했고, 부실한 다리와 팔꿈치 때문에 그 슬픔은 두 배로 커졌고, 머리카락은 사정없이 빠져 갔다. BBC에서 그가 진행했던 해설은 따분함 그 자체였다. 하지만 윔블던 3회 우승자라는 명백한 사실 앞에서 이 모든 것은 아무런 문제가 되지 않는다. 스물한 살 무렵 그는 이미 대단한 삶을 살았고, 이후로 그 어떤 어리석은 행보가 이어진다 해도 그 사실은 변하지 않는다.

16

"그리고 마지막인 나는, 함께하는 이 없이 떠나네,
그렇게 내 주위의 날들은 어두워지고"•

젊음의 빛나는 영광은 때로 개인적일 뿐 아니라 역사적이기도 하다. 『첫 번째 빛First Light』을 쓴 제프리 웰럼••은 제2차

• 앨프리드 테니슨, 「아서 왕의 죽음Morte d'Arthur」 중에서.

세계대전이 발발하기 몇 개월 전, 전투기 조종사가 되겠다는 꿈을 이루기 위해 첫 발을 내디디던 일을 이야기한다. 그는 열여덟 살에 영국 공군 조종사가 되어 브리튼 전투*에서 전투기 스피트파이어를 조종한다. 많은 전우들과 달리 웰럼은 이 전투에서는 물론이고 프랑스 상공으로의 수차례 출격에서도 모두 살아남는다. 그런데 임무를 마치고 1941년 9월에 복귀하자 곧바로 비행대 부대장이 '임무 해제'를 명했다. 그가 어떤 점에서 부족했기에? 오히려 너무 많은 일을 해내지 않았던가. "자네는 언덕을 지나 결승선 끝에 도착했으니 이제 할 일을 모두 마쳤네." 웰럼은 식당으로 가는 길에 부관인 '맥' 맥가윈과 마주친다. 웰럼이 감정에 북받쳐 울컥하는 모습에 맥은 그 시대 특유의 간결하고 무뚝뚝한 말투로 이렇게 말한다. "그따위 나약한 태도 집어치우지 못하겠나." 어쨌든 그는 계속해서 말을 잇는다. "곧 술집이 문을 열 시간이군. 아직 안 열렸으면, 젠장 우리가 열어서 자네 평생 본 적도 없는 아주 독한 스카치나 한잔씩 하세." 나중에 웰럼은 "마지막으로 술집 문을 나서면서" 국가의 최전성기 동안 공중전이라는 목숨을 위협하는 조마조마한 천국에서 쫓겨난 자기 신세를 돌아본다.

•• Geoffrey Wellum, 영국 전투기 조종사이자 작가.
• 1940년에 영국 상공에서 벌어진 영국과 독일의 전투.

한물간 존재. 더 이상 아무짝에도 쓸모없는 인간. 그저 생존자일 뿐 출격 대기용 막사에 비치된 전투 명령서에 더 이상 내 이름은 없다. 스무 살의 지친 전투기 조종사로서 나는 그저 살아가도록, 아니 기억에 의지해 존재하도록 남겨진 채 전투기 날개 뒤에서 지켜보는 신세로 전락했다.
내 조국 역사의 바로 그 시기에 스피트파이어 전투기 비행대의 최전선에서 경험한 것과 똑같은 진실한 감정과 전우애를 또다시 느낄 수 있을까? (……) 스스로에게 물어보라, 다시 또 무슨 쓸모가 있을지. 차라리 [모두 고인이 된] 피터, 닉, 로리, 로이, 부치, 빌, 존 그리고 나머지 사람들과 함께하는 것이 훨씬 나을 것을. 이제 내게는 아무런 목적도 남지 않았다. 이제 그 무엇이 그 오래전의 18개월을 대신하거나 심지어 버금갈 수 있으랴?

윌렘이 중년 시절 주로 집필한 『첫 번째 빛』은 그의 나이 여든인 2002년에 출간되었다.

17

케루악이 라디오를 켜고 귀를 기울이는 모습을 찍은 코언의 사진에는 순간뿐 아니라 인생 전체가, 한 남자뿐 아니라 하나의 전설이 담겨 있으며 그 반대의 경우도 마찬가지다. 케루악은 자신의 음성을, 자신의 성취에 대한 기록을 듣고 있지만 잃어버린 것을 찾으려 애쓰고 있다는 느낌도 든다. 한편으로는 성공 때문에, 또 한편으로는 나이 때문에, 그리고 다른 한편으로는 오직 거절당함으로써 커지는 간절함에 의해서만 동력을 얻을 수 있었기 때문에 잃어버린 것을. 그의 목소리는 존재하지만 그는 그것을 능동적으로 만들어 낼 수가 없다. 그는 오직 재생과 되감기만 할 수 있을 뿐이다. 자신의 전설이 남긴 흔적 속에서 살아갈 운명에 처한 그는 누군가의 기억에 남을 때조차 그 기억 속에서 메아리치며 사라져 가는 자신의 목소리를 되찾으려 애쓴다. 몸짓이기도 광경이기도 한 그 메아리에는 몸을 구부리고 앉아 나름의 비밥 운율에 맞추어 타자기를 두드리던 젊은 시절의 자기 자신 또는 피아노 건반 위로 구부리고 앉은 피아니스트 빌 에반스의 모습이 담겨 있다. 그 모습이 가슴 아프고 아름다운 이유는, 케루악 본인에게는 과거의 것에 불과했던 그 메아리가 라디오를 통해 미래로, 외로운 10대들의 침실로 전달되며 그들을 모험—길 위에서의 스릴 넘치는 모험뿐 아니라 작가가 되는 모험까지—에 대한 생각으로 가득 채웠기 때문이다. 라디오에서 수없이 들려온 어느 노래 가사에서 그것을 들을 수 있다. 딜런이 아닌 브루스 스프링스틴의 노래 〈어둠 속에서 춤을 Dancing in the Dark〉이다. 거기서 그는 노래한다. "이 책을 쓰려고 여기 앉아 있는 게 지겹다"고. 이건 그냥 책이 아니라 절대적으로 **훌륭한** 책이다. 케루악의 야망, 희망, 갈망이 살아 있는 책. 그 낭만은, 그리고 불행한 운명은 결코 죽지 않을 것이다. 지금도 그것을 볼 수 있다. 들을 수 있다.

나이가 들수록 상황은 달라진다. 지금 당장 나는 여기 앉아 이 책을 쓰는 것—더 정확히는 수정하는 것—말고는 아무것도 하고 싶지 않다.

18

비트 세대에 헌정하는 전시의 일환으로 파리에서 열린 코언의 사진전을 보았다. 진정한 세속적 유물이라 할 주요 작품은 케루악이 벤제드린에 취해 억제할 수 없는 창의력으로 폭발하듯 써 내려간 『길 위에서』의 초고를 두루마리처럼 펼쳐 놓은 모습이었다. 당시 즉흥적인 산문 형식에 집착했던 케루악은 소설을 더욱 즉흥적으로 만들기 위해 이 초고를 거듭 수정하며 성실하게 작업을 이어 나갔다. 거의 모든 작가들이 수정을 거쳐 작품을 개선하지만 어느 시점이 지나면 결국 작품을 개선하느라 스스로를 질식시키게 되는데, 케루악은 바로 이 점을 두려워했다.

딜런의 경우 어느 쪽이라고 말할 수 없을 것 같다. 수정으로 인해 발생하는 모든 손실에는 그에 따른 이득이 있고 그 반대도 마찬가지다. 〈멍청한 바람Idiot Wind〉의 몇 줄을 예로 들어 보자. 기록으로 남아 있는 첫 몇 개의 버전에서, 바람은 "그랜드쿨리 댐에서 마르디그라 축제까지 / 당신의 턱 주변을 원을 그리듯 불고 있었다." 다섯 번째 버전에서 마침내 바람은 "그랜드쿨리 댐에서 국회의사당까지 / 내 두개골 주위를 원을 그리듯" 불기 시작했다. 이는 딜런의 단어가 우리 의식에 각인되는 방식을 보여 주며, 그와 동시에—심지어 단어 수정을 멈춘 뒤에도—그 단어들이 시대의 변화에 발맞추어 스스로 변화하며 역사를 아우르는 모습을 보여 주는 최고의 사례라 할 수 있다. 《디자이어》 앨범 재킷에서 해설을 쓴 긴즈버그는 이 노래를 "환멸적인 국가에 바치는 위대한 운율"이라고 평했지만, 워싱턴 국회의사당에 축적된 어리석음의 힘이 드러난 때는 때마침 바람이 몹시도 거세게 불던 2021년 1월 6일*이 되어서였다. 변화한 가사가 의심할 여지 없이 기념비적인 예견으로, 성과로 자리매김한 것이다. 하지만 이전 버전의 가사 속에만 존재하던 운율이 이후의 녹음들에서는 사라지고 말았다. "어차피 널 잃었다고 생각했어, 왜 계속해야 하지, 무슨 의미가 있다고? / 너와 한마디라도 하려면 변명이라도 내놓았어야 했겠지." 이 가사들은 댐 건설로 인해 수몰되고 침수된 도시 또는 마을처럼 완전히 사라졌다. 이는 끔찍한 손실이다.

19

"아무것도 구할 것이 없다, 이제 모든 것을 잃었다." D. H.

---

* 도널드 트럼프 지지자들이 국회의사당에 난입해 폭동을 일으킨 날.

로런스는 말년에 단숨에 써 내려간 「팬지」라는 시에서 이렇게 말한다(로런스는 파스칼의 「팡세」를 시적이고도 다분히 신경질적으로, 즉 영국식으로 해석했다).

    J. C. 챈더 감독의 영화 〈올 이즈 로스트〉(2013)에서 로버트 레드포드는 고독한 선원 역할을 맡는다. 레드포드는 인도양에서 요트를 타고 항해하던 중인데, 어느 날 밤 잠을 자는 동안 바다 위를 떠돌던 컨테이너 한 대가 선체에 구멍을 낸다. 이후로 영화는 레드포드가 배와 자기 자신을 구하기 위해 사투를 벌이는 모습을 고통스럽게 담아낸다. 영화 〈필사의 도전〉(2020) 마지막 장면에서 갑작스럽고 치명적인 고장과 맞닥뜨린 척 예거*처럼—"A 시도 완료! B 시도 완료! C 시도 완료!"—레드포드는 옵션과 절차가 명시된 체크리스트에 따라 하나하나 방법을 시도해 본다. 숙련된 선원들은 레드포드가 내린 결정에서 몇 가지 오류나 혼자 조종해 본 경험이 많은 요트 조종사라면 결코 하지 않았을 실수들을 알아차렸을 테지만, 내겐 그의 결정이 그럴듯해 보였다(당연히 그래 보여야 했다). 대사도 거의 없는 이 영화가 그토록 매력적인 이유는 사고와 복구 과정을 항목별로 차근차근 신중하게 밟아 나가기 때문만은 아니다. 그것이 이 영화의 전부이긴 하지만 말이다. 영화에서 익명으로 등장하는 이 남자가 애초에 혼자 항해를 시작하게 된 배경 이야기

---

*   Chuck Yeager, 세계 최초로 음속 돌파에 성공한 신화적인 파일럿.

나 설명은 없다. 영화는 마지막 순간까지 상징적·종교적·비유적 의미라는 물살에 전혀 휩쓸리지 않고 철저히 실질적인 문제들에만 초점을 맞추며, 그 결과 그런 문제들을 더욱 크게 부각시킨다. (햄릿이 바다를 괜히 고난의 바다라고 부른 게 아니었다.) 바다 위의 삶을 다룬 이야기가 철저히 그 본질로만 압축될수록 이야기는 더 큰 울림을 전달하기가 쉬워진다. 이 점을 이해했던 헤밍웨이는 『노인과 바다』에서 극한까지 끌어낸 바 있다. 레드포드는 배를 수선하기 위해 쉴 새 없이 노력한다. 수선이 불가하자 배의 상태가 악화하는 속도를 늦추는 데 집중한다. 보이는 것이라고는 하얗게 빛나는 그의 치아가 전부인 한밤중에도 그는 여전히 힘겹게 몸부림친다. 이처럼 바다에 가라앉지 않기 위해 고군분투하는 레드포드의 모습은 알베르 카뮈가 우리는 '행복'을 상상해야 한다고 주장하며 등장시킨 인물 시시포스를 닮았다. 어느 시점에 이르러 연달아 정신없이 불운이 닥치자 레드포드는 "씨발"이라고 외치기 시작한다. 그러나 이것은 결코 하나의 단어로 완성되지 못하고, "씨이이……"라는 비통에 찬 긴 절규에 그치고 만다. 그 절규는 그가 기도에 가장 가까이 다가간 상태이다. 이후에 그는 갈라진 부분을 때우고, 물을 퍼내고, 망가진 곳을 고치고, 항해 계획을 세우는 등 피해 갈 수 없는 잡다한 일에 다시 착수한다. 그는 자신의 본분을 다한다. 이것이야말로 그가 바다로 나간 이유였을 것이다. 그가 쪽지에 쓴 운명적인 글귀 "모든 것이 끝났다"를 읽고 나서 시간을 초월한 병 속에 그것을 넣는 장면을 보고 그 행동을 후회의 고백으로 받아들인다면 그것은 잘못된 해석일 것이다. 그가 자신의 목적과 운명을 완수했다고 보는 것이 정확할 것이다.

신중하게 계획하고 모든 것을 정확하게 수행하지만, 어느 순간 예측할 수 없는, 우발적인, 전혀 뜻밖의 일이 일어난다. 우리는 그 일을 해결한다. 훗날 또 다른 좌절을 마주할 때까지 그렇게 계속 할 일을 해 나간다. 다큐멘터리 〈앤디 머리: 다시 코트로〉(2019)에서 앤디 머리는 "이런 말이 좀 재수 없게" 들린다는 것을 인정하면서도, 첫 번째 고관절 수술에 뒤이은 모든 재활 과정을 성실하게 이행한 후 자신이 "더 나은 결과를 얻을 자격이 있음"을 느꼈다고 말한다. 이처럼 우리 역시 모든 노력을 기울이고, 할 수 있는 모든 방법을 동원해 보지만, 어느 시점에 이르면 아무리 애써 봐도 선택지가 바닥나는 때가 온다. 생이 끝나 가거나, 영화 〈인사이더〉(2003)에서 알 파치노가 말한 것처럼 "이제 더 이상 마땅한 수가 없는" 상태가 되는 것이다. 이미 손에 쥔 패가 우리가 가진 전부이고, 그마저도 점점 줄어들고 있으며, 할 수 있는 일이라고는 피할 수 없는 결말을 잠시 미루는 것뿐인데 그 미룰 시간조차 점점 더 짧아지고 있음이 분명해지는 때가 온다. 하지만 우리는 그럴 때조차 뭔가 할 수 있는 일이 없다는 사실을 믿기 어렵다. 제라드 맨리 홉킨스는 이른바 '끔찍한 소네트' 중 한 편에서 "나는 할 수 있다"라고 쓴다. "나는 무언가를 할 수 있다, 희망하고, 소망할 수 있다, 그날이 오기를, 존재하지 않기로 선택하지 않기를."

B와 C를 시도해 본 뒤 이제 더는 마땅한 수가 없을 때, 예거에게는 아직 마지막 한 가지 선택이 남아 있다. 바로 탈출하기다. 바다 위에서 이것은 극단적이고 바람직하지 않은 선택이지만, 엄연히 체크리스트에 있는 선택지이기는 하다(탈출 기능은 항공기에 내장된 안전 장치 가운데 하나다). 레드포드의 경우 이 '탈출'을 실행하는 방법은 배를 버리고 구명 뗏목으로 이동하는 것이다. 그런데 그는 이후에 훨씬 더 과감한 선택을 한다(아니면 내 기억이 잘못된 것일지도 모른다). 그는 구명 뗏목에 몸을 맡기는 대신 방금 자기 곁을 지나간 배가 불길을 보길 희망하며 뗏목을 부숴 불을 붙인다. 사실은 지나가는 배의 주목을 끌려고 애쓰다가 뜻하지 않게 구명 뗏목에 불을 지르게 된 거지만, 어쨌든 결과는 마찬가지다. 그러므로 이제 남은 것은 죽음을 준비하는 것, 세상에서 잊히는 일에 대비하는 것뿐이다.

20

로런스 사후에 출간된 『마지막 시집 Last Poems』에 수록된 시들 중 가장 긴 시 「죽음의 배 The Ship of Death」는 그가 "망각을 향한 긴 여정"을 숙고하는 것으로 시작한다. 이 가능성을 마주하는 로런스의 솔직한 상상력은 그의 일상적인 태도와 극명한 대조를 이룬다. 로런스는 자신이 죽어 가고 있을지도 모른다는 사실을 마지막 순간까지 누구에게도, 심지어 자기 자신에게조차 거의 털어놓을 수가 없음을 깨달았다. '긴'

이라는 단어가 암시하는 바에 대해 트집을 잡을 수도 있겠지만―이 시는 로런스의 삶이 고작 3개월 남은 1929년 11월에 완성되었다―그보다는 로런스 자신이 판단한 것처럼 그에게 "선천적인 기관지" 문제가 있었음을 떠올려 보는 쪽이 더 적절할 것이다. 로런스는 열여섯 살에 폐렴을 앓았고, 약 10년 뒤에 다시 양측 폐렴을 앓았다. 아내 프리다와 함께 여행하면서 때때로 잠깐씩 세계 곳곳에 정착하던 로런스의 삶은 건강한 낙관주의와 자족감, 불만 섞인 중얼거림, 다소 심각한 질환, 요양, 회복, 그리고 다시 병 드는 패턴으로 자리 잡았다. 종종 병을 회복할 필요 즉 고도와 공기가 건강에 도움이 되는 어딘가―한동안 뉴멕시코가 모든 면에서 완벽했다―로 떠나야 할 필요가 생길 때면 그는 특정한 지역으로 향하기로 결정했다. 실론섬("평생 그렇게 아픈 적은 처음"이었던)에서 로런스는 예거의 A-B-C 체크리스트를 전 세계적으로 확장한 방식으로 자신의 선택 사항들을 정리했다. "오스트레일리아 서부가 마음에 안 들면 시드니로 갈 것. 그곳도 마음에 안 들면 캘리포니아로 갈 것. 미국이 마음에 안 들면 영국으로 갈 것." 그의 생애 마지막 몇 년 동안은 환경과 상황을 급격히 변화시킬 여지가 줄어들었기 때문에, 그는 기회가 될 때마다 자신이 아프지 않다고 부인하거나("하지만 난 아프지 않아."), 적어도 자신이 어떤 병을 앓게 될 수 있음을 인정하려 들지 않았다. 1927년 수차례 이어질 출혈을 예고하는 첫 번째 출혈을 겪은 뒤에도 자신의 건강이 악화한 이유는 어쩌다 걸린 질병이나 나쁜 습관 때문이라고 얼버무리는 것이 그가 자신의 건강에 대해 갖는 핵심적인 생각의 골자였다.

   그는 자신을 괴롭히는 것이라면 무엇이든 가볍게 이야기한다. 친구들에게는 아팠다고 말하는 대신 "기운이 좀 없었다"는 말로 잠깐 몸이 좋지 않았던 것처럼 보이려 한다. 설사 병이 났다고 인정하더라도 그 상태를 지긋지긋하고 짜증 나는 여행 동료쯤으로 치부해 버린다. "건강 때문에 아주 성가시다네. 정말 꼴도 보기 싫어." 자신의 병을 어떻게든 자신과는 별개인 외부적인 것으로 보려는 이런 경향은 병이 내면화되었을 때에도 그대로 이어졌다. "나는 아무 데도 아프지 않지만, 내 기관지와 천식이 나를 우울하게 만든다." 그는 이렇게 썼다. "내 병이 나와 별개인 듯한 느낌이 매우 강하다. 나 스스로는 완벽하게 건강하고 아무런 문제가 없는 느낌인 것이다. 하지만 이토록 끔찍하게 고통스러운 가슴이 내 위에 얹혀 있고, 나하고는 아무런 관계도 없는 악마가 그곳에 의기양양한 기세로 살아 있는 것만 같다." 만일 그가 독감이나 감기에 걸리면, 그는 누구나 다 병에 걸린다고, 자신이 병에 걸린 것이 결코 특별한 일이 아니며 단지 몸이 좀 아픈 사람들 무리에 합류한 것뿐이라고 애써 강조한다. 자신의 곤혹스러운 현실을 직시하지 않으려 갈망했던 그는 멕시코에서 시달렸던 말라리아가 재발했을 때 그것을 농담의 소재로 삼았을 정도였다. 그는 "말라리아로 인한 오한"이 재발했을 때 리스 데이비스에게 말한다. "내 이가 캐스터네츠처럼 딱딱 부딪쳤다네. 지금껏 내가 해 온 유일하게 제대로 된 스페인적인 행동이었지." 그의 누이 에밀리 킹에게는 자신의 "이가 재봉틀처럼 재잘거린다"고, 좀 더 가정적인 비유를 자주 든다.

그가 어떤 질병을 앓든 언제나 신경과민이나 남성 갱년기 및 울분에 의해 초래된 증상—천식, 고질적인 '기관지염'—이 반드시 동반한다. "나는 내 모든 병이 어떤 분노에서 비롯되었다고 믿는다." 그는 1929년 11월 프랑스에서 이렇게 쓴다. "이제 나는 유럽이 내 내면에 분노를 일으켜 기관지에 지긋지긋한 염증을 남겨 놓는다는 것을 깨닫는다." 비난의 대상은 언제나 장소—그곳이 어디든 때마침 병에 걸린 시점에 머문 곳—이다. 멕시코의 오아하카와 그가 결국 머물게 된 프랑스 방스의 아드아스트라 요양원은 둘 다 "끔찍한" 곳이다. 더 포괄적으로 말하면, 그가 반복해서 주장하듯 "나를 이토록 병들게 만든 것은 바로 유럽이다."

이는 그가 자기 몸이 아프다는 사실을 직접적이고도 분명하게 인정하는 증언이다. 다만 그는 친구인 얼 브루스터˙가 언급하듯 "자신의 회복을 의심한다는 인상을 준 적은 한 번도 없었다." 언제나 문제는 계속 앞으로 나아가는 것, 그게 불가능하다면 버티는 것이었다. 심지어 병이 심해지면서 몸이 더 약해지는 단계조차 이겨내고, 회복하고, 떨쳐 낼 수 있었다. 그러나 무엇이든 할 수 있었던 그의 능력은 차츰 그

˙ Earl Brewster, 미국의 화가, 작가.

를 떠나고 있었다. 그게 현실이었다. 그는 『채털리 부인의 연인』 이후로 더 이상 소설을 쓰지 않겠노라고 선언했다. 그러고도 시, 에세이, 편지 등 짧은 글들을 계속해서 쏟아 냈고, 특히 요한계시록에 관한 프레더릭 카터의 책에 쓴 서문은 독자적인 한 권의 얇은 책이 되었다. 이것이 바로 그의 마지막 작품 『아포칼립스*Apocalypse*』다. 지난 12년 동안 거의 쉼없이 세계를 횡단하며 항상 다음 장소를 고대하곤 했던(결국 그 장소를 향해 떠났던) 한 남자의 세계는 가차 없이 축소되었지만, 그는 여전히 뉴멕시코로 돌아가려는 생각을 소중히 간직했고, 심지어 "달에 갈 수 있길" 소망했다. 그는 조금이라도 멀리 걸으면 어김없이 피곤해졌고 숨이 가빠졌고 피곤해졌다. 그는 집안일을 하고, 프리다와 함께 정착한 집을 살기 좋게 만들면서 뿌듯해했지만 그 모든 일들은 더 이상 감당하기 힘들어졌다. 그의 마지막 소설은 성적 희열과 회복을 찬양하는 찬가였으나 그것은 욕망 없는 삶을 받아들이는 과정의 일부였다. "내 안의 욕망은 죽고, 침묵이 자랐다." 그는 점점 체중이 줄었다. 결국 그는 "글도 쓰지 않고 그림도 그리지 않은 채, 시곗바늘이 돌아가도록 내버려두게" 되었다. 이런 과정에 특별할 것은 없다. 결국엔 누구에게나 일어날 일이지만 로런스에게는 40대 초반에 일어났을 뿐이다.

로런스는 자신이 보고 냄새 맡고 만진 모든 것을 섬세하게 그리고 의도적으로 자유분방하게 쓰고 기록했다. 그는 결코 글로 써서는 안 된다고 여겨지던 몸에 대한 이야기들을 인쇄물에 실어서는 안 된다고 여겨지던 단어들 속에 담앓다는 점 때문에 악명이 높아졌다. 하지만 그가 자기 자신과 몸에 대해 차마 사용하지 못하는 단어가 하나 있었다. 바로 '결핵'이었다. 그것은 감히 말할 수 없는, 입에 담을 수 없는 단어였다.

어떤 면에서 그는 얼마쯤 모순적인 생각에 늘 쉽게 빠져들어, 자신을 병들게 만든 여러 원인 중 하나인 나이가 동시에 병을 막아 주기도 했다고 믿었다. 또한 영국에 대한 강렬한 분노 역시 그의 활력과 떼어 놓을 수 없는 동인이었다. 그의 친구 올더스 헉슬리는 이렇게 썼다. "지난 20년 동안 그는 더 이상 자신의 존재를 정당화할 연료가 없다는 사실을 무시한 채 기적적으로 계속해서 타오르는 불꽃 같았다." 이 말은 사실이지만, 로런스라는 불길에 연료가 되었던 건 바로 그의 삶 자체였다.

1929년, 런던 매독스 가의 워런 갤러리에서 그의 회화전이 열렸다. 6월 14일에 시작한 이 전시회는 외설적인 작품을 보려고 몰려든 여러 관람객과 적대적인 언론을 마주했고, 이후 경찰의 습격을 받아 스물다섯 점의 그림 중 열세 점을 압수당했다. 로런스에게 이 일은 1915년 『무지개』를 발표하자마자 판매가 금지되고 억압과 검열을 받았던 이후 가장 최근에 일어난 사건이었다. 11월 13일 보 스트리트 법원은 그의 모든 작품에 대해 압수 및 폐기 명령을 내렸고, 이 일로 로런스는 1919년에 "영국을 결코 용서하지 않겠다"고 맹세했다. 거절, 굴욕, 불의 등 인생이 그에게 내던질 수 있는 모든 악의에 직면할 때마다 로런스는 그것이 자신의 인생에서 가장 중요한 힘이 되고 있다고 주장했다. 그 생각은 이후로도 그의 마음속에 희미하게나마 남아 있었다. "하지만 나는 내 삶이 나를 떠나고 있다고 느끼기에, 그리고 죽음 직전의 이 늙은 유럽이 사람을 죽이려 든다고 믿기에, 내 건강을 위해 무언가 꼭 하고 싶다." 그러나 그는 곧 자신이 수동적인 존재가 되었음을 받아들이게 되었다. "그들이 나를 요양원에 집어넣으려 한다." 1930년 1월 23일에 그는 이렇게 쓴다. 아드아스트라 요양원에 가기 직전, 그는 "침대에 누워 아무것도 할 수 없는" 상태였다. 그는 이 강제된 게으름에 순응했는데, 그래야만 더 빨리 회복, 즉 일어나서 다시 주변을 돌아다닐 수 있을 것이기 때문이었다.

2월 14일 당시 그의 몸무게는 "돌멩이 여섯 개를 조금 넘는 정도"에 불과했고, 그는 "아주 약간 결핵 문제가 있다"고 인정한다. 이 내용은 그의 『서간집』 7권 648쪽에서 볼 수 있다. 그때 그에게 남은 시간은 2주였다.

21

로런스는 마지막 항해를 떠나는 작은 배를 노래한 「죽음의 배」에서 이미 끝을 상상했다. 배가 항해를 계속할수록, 운항을 가능하게 하는 모든 부표와 지점들은 차츰 사라진다. 이 시는 언어를 이용해 의식 소멸의 경험을 최대한 가까이서 묘사한 사례다.

모든 것이 사라졌다. 육체는 완전히
밑으로 사라졌다. 사라졌다. 완전히 사라졌다.
위쪽 어둠은 아래쪽 어둠만큼이나 무겁고,
두 어둠 사이에서 작은 배는
사라졌다
작은 배는 사라졌다.

이것은 끝이다, 이것은 망각이다.

로런스는 여기서 끝내지 않는다.

그럼에도 영원으로부터, 한 가닥 실이
나와 암흑 속에서 자신의 모습을 드러낸다,
수평의 실 한 가닥이
어둠 위로 창백하게 가느다란 연기를 피워 올린다.

이것은 환상인가? 아니면 저 창백한 연기가
조금 더 높이 떠 있는 것일까?

아 잠깐, 잠깐, 동이 트는 동안,
잔인한 새벽이 망각으로부터
다시 살아 돌아온다.

22

〈올 이즈 로스트〉에서는 마지막 순간에 손 하나가 미켈란젤로처럼 뻗어 내려와 레드포드를 구하는데, 영화는 바로 그 두 손이 접촉하는 순간 끝이 난다. 대학에서 비극을 공부하던 시기에 읽었던 I. A. 리처즈의 언급이 떠오른다. "그게 어떤 방식이든, 비극적 영웅에게 그 보상으로 천국을 제시하는 신학이 조금이라도 개입하면 치명적이다." 그러나 익사도 마찬가지로 치명적이다. 그리고 어쨌든 레드포드가 비극적 영웅이라 할 만한 암시도 없다. 그는 어느 날 아침 일어나 어쩌다 보니 무수한 곤경에 처하게 된 이름 없는 인물일 뿐이다.

23

지난 몇 년 동안 갖은 허리 문제를 겪었던 나는 마치 유리처럼 부서지거나 콘크리트 안에 갇힌 듯한 느낌 속에서 지냈다. 때로는 두 가지 느낌이 동시에 들기도 했다. 그런데 정작 내 건강의 아킬레스건은 목이었다. 길고 약한 내 목은 잠을 자는 동안에도 경련·긴장·결림 등 온갖 종류의 질환에 취약해서, 밤에 기분 좋게 잠자리에 들었다가도 다음 날 아침에 일어나면 8시간 만에 80세 노인이 되어 버린다. 이 기린 목의 장점은 부상에 취약한 만큼 회복력도 좋아서 어딘가 문제가 생겼다가도 언제 그랬냐는 듯 언제든지 다시 회복할 준비를 마친다는 것이다. 최근의 근육 경련은 이러다 내 테니스 인생이 끝나는 것 아닌지 불안하게 만든 일들에 비하면 사소한 것이었다. 2019년 봄, 런던에서였다. 10년 전 한 해 동안 테니스를 쉬게 만든 손목 부상이 재발한 것 같아 걱정이 되었고, 그러자 이제는 정말 끝이라는 느낌이 들었다. 처음 부상을 당했을 땐 (연골이 파열되어) 수술을 해야 했기 때문에, 나는 그때 수술해 준 전문의를 다시 찾아갔다. 그동안 그는 수천 명의 환자를 진료하고 고쳐 주었겠지만, 내 손목을 수술한 사람은 그가 유일했기 때문에 나로서는 우리가 마지막으로 만난 때가 그리 멀게 느껴지지 않았다. 다른 사람들과 마찬가지로 그는 나이가 들면서 살이 조금 찐 반면, 나는 점점 말라 가는 것 같았다. 그는 금융계나 그의 직업군에 종사하는 남자들 사이에서 유행하는 옷차림을 하고 있었다. 흰색 칼라가 달린 줄무늬 셔츠와 경쾌한 모양의 넥타이. 그가 내 손목을 압박하고, 찌르고, 비틀고, 늘리고, 손바닥을 위로 아래로 돌렸다.

"아프세요?"

"별로요."

"이렇게 하면요?"

"전혀요."

그는 더 세게 눌렀고, 더 길게 늘렸다. "지금은 어떠세요?"

"다 하신 건가요?" 내가 물었다. 내 기억에 우리는 늘 잘 지내 왔다. 그가 검사와 촉진을 계속하는 동안 나는 일반적으로 수술 예상 시간이 얼마나 되느냐고 물었다. 그는 계속 찌르고 구부리면서 어깨를 으쓱해 보였다. 나는 물었다. "수술해도 평생 괜찮아지지는 않겠지요?"

"그런 건 없지요. 지금은 온통 자라 같은 패스트패션 시대잖아요. 평생 지속되는 건 없어요. 심지어 생명도요."

"사실 평생 보증되는 건 그거 하나뿐이지요." 내가 말했다. "삶의 질을 보장할 수 없어서 그렇지."

다행히 손목 건강은 예상보다 좋았다. 파열된 곳은 없었다. 코르티손 주사를 맞았으니 계속 움직일 수 있을 터였다. 그는 일주일 정도 손목을 쉰 다음 느낌이 괜찮으면 다시 테니스를 쳐도 좋다고 말했다. 병원을 나설 땐 손목에 이상한 감각(욱신거리고 저린 느낌)이 있었지만, 테니스를 재개할 수 있다는 생각에 문득 기분이 좋아졌다. 또한 로런스의 『마지막 시집』에 실린 어느 시와 거리를 두게 됐다는 생각 역시 발걸음을 가볍게 했다.

> 그리고 만일, 인간의 삶이 변화하는 단계에서
> 내가 질병과 비참함에 빠진다면
> 내 손목이 부러지는 것 같고 심장은 죽은 듯하며
> 힘은 사라지고, 그리하여 그 삶이
> 한낱 어느 삶의 잔재로만 남는다면

24

"증발하는 현실의 마지막 연기……"

1928년 12월부터 1929년 1월까지 워런 갤러리에서 열릴 회화전을 앞둔 로런스는 도록에 실을 장문의 에세이를 작업했다. 이 「소개 글」*은 매우 독창적이고 편향된 서양 미술사의 형식을 취했는데, 그러니까 앞선 미술사 전체가…… 그의 그림을 위한 서문임을 암묵적으로 시사했다! 다시 말해, 로런스식으로 표현하면 서양 미술의 전통은 그가 그저 여흥을 위해 그린 그림들에서 모종의 완성을 이루었다고 말할 수 있었다.

다른 한편, 이 에세이는 그가 서양 미술사를 탐구하고자 1914년에 시작했다가 중단한 『토머스 하디 연구Study of Thomas Hardy』**의 일부를 확장하고 발전시킨 것이었다. '세상의 빛'이라는 장에서 그는 예술의 특정한 유형이 "우리 자신의 터너 안에서 절정에 이르렀다"고 말한다.

그는 언제나 **빛**을 추구했다, 빛이 몸속에 스며들게

---

* 정확한 제목은 '이 그림들에 대한 소개 글Introduction to These Paintings'이다.
** 로런스는 이 책의 출간을 포기하고 자필 원고를 폐기하기까지 했으나 친구가 타이핑하여 보관 중이던 사본이 사후에 출간되었다.

하기 위해, 몸이 사라져 핏빛 얼룩으로만 남을 때까지, 흰 햇빛 속 붉은 햇빛의 붉은 얼룩이 될 때까지. 이것은 터너에게서 완벽한 완성을 이루었으며, 몸이 사라질 때, 붉은빛은 수정같이 맑은 빛과 완벽하게 융합하여 완전한 새벽, 완전한 황금빛 노을, 모든 생명의 극치에 이르고, 그곳에서 모든 것은 **하나, 하나의 존재**, 완벽하게 빛나는 **일체**가 되었다. (……)
만일 터너가 자신의 마지막 그림을 그렸다면, 그것은 눈부시게 환한 흰색 표면이었을 것이다. 시작할 때부터 완성할 때까지 같은 흰색인 그림, 모든 색의 범위를 거쳐 무無로부터 무로 나아가는 그림 말이다.

이 "몸이 사라질 때"라는 구절에는 「죽음의 배」의 전조가 담겨 있다. 또한 그가 훗날 발표한 시에 묘사된 어두운 망각들은 모든 것을 소멸시키는 이 글 속 흰색의 환영처럼 읽힌다. 하디에 관한 책을 집필하기 시작하던 단계의 로런스는 "터너의 완벽한 성취"를 이 화가에게 근본적으로 잘못된 지점이 있다는 신호로 여겼다. 터너의 그림에서 자기 환영의 완벽한 반영을 발견한 자신에게 문제가 있으리라고 생각하지는 않았던 것이다. 로런스는 이렇게 썼다. "터너의 후기 그림을 볼 때면 나 자신을 추상화하지 않을 수 없고, 나에게 팔다리, 무릎, 허벅지와 가슴이 있다는 사실을 부인하지 않을 수 없다. 「노럼 성」을 보고서 내 무릎과 가슴을 의식한다면 그 그림은 나에게 아무런 의미가 없을 것이다"라고 썼다. 로런스는 주장한다. 그 완벽함으로 인해, "터너는 거짓"이라고.

터너가 로런스의 주장에 암묵적으로 동의한 것은 얼마나 완벽한 일인가. 로런스에 따르면 이처럼 영혼의 완성을 이루기 위해 터너의 예술이 부정해야 했던 육체는, 늘 그렇듯 예술가의 삶에서뿐만 아니라—터너는 연인 사라 댄비와의 사이에서 두 자녀를 낳았다—그의 작품 안에서도 피할 수 없는 존재감을 갖고 있었다. 1857년에 존 러스킨은 고인이 된 예술가의 작품을 목록으로 만드는 대대적인 작업을 하다가 터너의 에로틱한 그림들을 발견했다. "특정한 정신 질환 상태에서" 그려진 이 그림들을 러스킨은 "정신적 장애의 증거"로 보았는데, 로런스는 전혀 다른 이유에서나마 이 의견에 동의했을 것이다. 여성 생식기 및 성교하는 인물에 대한 연구들을 포함하여 1845년까지 제작된 드로잉들에 기록된 충동을 부인하는 것. 로런스가 보기에는 이것이야말로 터너의 정신이 악화된 원인이자 증상 그 자체였다. 그 육체적 삶—로런스가 다른 곳에서 "성에 대한 감추고 싶은 작은 비밀"이라고 불렀던—은 이 예술가의 육체적 존재가 사라진 뒤에야 비로소 알려졌다. 러스킨은 불행스럽게 발견한 충격적인 스케치들을 불태움으로써 이를 부인했고, 그럼으로써 육체의 거친 욕망은 로런스가 환기했던 바로 그 빛의 섬광으로 잠시 변형되었다.

아니 어쩌면 그렇게 보였는지도 모른다. 러스킨의 부인

자체는 겉으로 보이는 것보다 더 복잡했을 수도 있다. 그는 실제로 일어난 적 없는 일을 고백하거나 허위로 자백했을지 모른다. 러스킨은 굳이 형식적이고 준準 법적인 "그리고 이로써 선언한다"는 문구를 써서 자기가 스케치들의 파괴를 목격했다고 주장했는데, 이는 오히려 그가 스케치들을 지키기 위해 선택한 방법이었을지도 모른다. 문제적인 그림들이 이제 존재하지 않는다고, 더는 도덕성에 위협을 가하지 않는다고 알린다면 그림들은 검열의 위협으로부터 벗어날 수 있었을 테니까 말이다.

사후에 뒤늦게나마 어떤 형식으로든 둘의 재회가 이루어질 수도 있지 않을까. 부인되고, 겉으로 보기엔 파괴되었지만, 그럼에도 불구하고 살아남은 그림 중 한 점이 로런스의 마지막 대표 소설 『채털리 부인의 연인』 재판본에 사용된다면 말이다.

25

터너의 후기 작품에 드러나는 물리적 세계의 해체, 즉 성, 궁전, 사람, 심지어 지형과 같은 유형의 물체들이 섬광과 쏟아지는 빛 속에 부옇게 뒤덮이는 현상. 이는 당시엔 터너가 점차 약해진다는 징후로, '노인의 노쇠 현상'으로 여겨졌다. 일찍이 1829년에 벤저민 로버트 헤이든•은 "터너의 그림들은 항상 양손 없이 태어난 사람이 그린 것처럼 보인다"고 주장했다. 1838년에 터너는 "광란 속을 날뛰는 재능"이라는 평가를 받았다. 이런 평가들이 성급해 보일 수도 있겠지만—다음 해에 왕립 아카데미에서 「전함 테메레르The Fighting Temeraire」가 전시되었다—1843년에 왕립 아카데미에서 「그림자와 어둠Shade and Darkness」과 「빛과 색채Light and Colour」를 본 시인 로버트 브라우닝은 "터너는 절망적으로 끝났다"고 결론을 내렸다. 심지어 그를 가장 열성적으로 지지했던 러스킨조차 그날 일부 후기 작품들을 "나태하고 난잡하다"고 평했다. 러스킨은 1846년 이후에 제작된 터너의 그림들을 "정신 질환의 징후" 혹은 "점진적인 도덕적 타락의 증거"로 간주했다.

시간이 흐르자 동일한 작품들이 다른 평을 받게 되었다.

• Benjamin Robert Haydon, 19세기 영국 화가로 역사화와 초상화를 주로 그렸다.

한 예술가가 시장의 물질적 요구와 당대의 예술적 구속에서 벗어나 "과감하게 행동을 취할" 준비를 마쳤다는 뚜렷한 증거로 보인다고 말이다. 우리가 자주 들어 온 것처럼, 터너는 당대의 관습이나 후원자들의 취향에 구애받지 않고 자신이 원하는 대로 그림을 그리기로 결심했다. 때마침 예술 시장이 변화하고 있었기 때문에, 그는 작품에 대해 충분한 보상을 받기로 결심했음에도 어느 정도 자신이 원하는 대로 자유롭게 그릴 수 있었다. 이전까지는 그림을 의뢰한 후원자들이 마땅히 자신들의 기대와 요구에 부합하는 결과를 기다렸다면, 이제는 그가 독자적으로 창작한 작품에 기꺼이 대가를 지불할 수집가들―부유한 사업가 혹은 러스킨의 아버지 같은 상인들―이 소수나마 꾸준하게 유입되고 있었다. 그림 중개인들은 미술품 판매 시스템에서 점점 중요한 존재가 되었다. 그들은 터너처럼 화가 본인이 "그 그림들이 더 비싸게 치이지 않는다는 거요?"라는 천박한 질문을 던지지 않아도 되게끔 원하는 대답을 미리 가져다주었다. 그림들이 성취한 탈세속적인 특성, 우리가 기리는 그 특성은 자신을 둘러싼 세속적 조건과 상황 들을 말해 준다. 애초에 그 탈세속성 자체가 세속으로부터 탄생한 것이기도 하고 말이다.

일시적인 빛의 효과를 포착하려는 터너의 헌신적인 노력은 1870년대에 런던에서 그의 작품을 보았던 모네와 피사로를 포함한 이들로부터 찬사를 받았다. 이들은 미래에 인상파 회화를 구축할 인력들이었다. 그들은 언론에서 조롱하던 바로 그 특성들을 높이 평가했지만, 터너를 비웃는 대중의 농담—그의 그림은 거꾸로 걸려 있든 바로 걸려 있든 상관없다, 미술관에 엎지른 어느 제빵사의 쟁반인지 터너의 그림인지 분간이 가지 않을 것이다 등등—역시 그가 더 멀리 나아갔음을, 오로지 혼자 힘으로 추상을 향해 나아갔음을 시사해 주었다. 에이드리언 스토크스•는 "하늘과 물이 물감 자체와 동일시되었다"라고 쓰면서, 터너가 물감이 그림의 주제가 되는 추상의 시대를 내다보는 동시에 더 직접적으로는 "세상이 빛으로 깨끗하게 씻기는" 그 자신의 "위대한 마지막 시기"를 예견했다고 표현했다. 이처럼 터너는 자신의 시대를 앞서갔을 뿐만 아니라 예술사라는 혹독한 제약을 뛰어넘은 사람이 되었다. 특히 20세기에 이르러서는 신화·역사·항해 장면을 묘사하는 화가라는 단순한 평가를 월등히 뛰어넘는 평가를 받게 되었다.

추상화를 향한 그의 급격한 변화는 매우 극단적으로 보이는데, 그렇게 된 이유는 의외로 단순했다. 1806년 초, 조지프 패링턴은 「빅토리호 우현 뒤 돛대에서 본 트라팔가해전 The Battle of Trafalgar, as Seen from the Mizen Starboard Shrouds of the Victory」을 "매우 조잡하고" "완성되지 않은" 작품이라고 평가했다. 그러자 터너는 이 의견에 암묵적으로 동의했고, 그림을 재작업해 2년 뒤에 다시 전시했다. 전기 작가 프래니모일은 터너의 작품들이 미완성으로 보이기도 한다는 사실

• Adrian Stokes, 영국의 미술 평론가.

에 대해 이렇게 썼다. "터너 역시 자신의 동시대 사람들이 일반적으로 미완성이라고 받아들인 작품들을 자신의 갤러리에 걸어 두기 시작했다. 아직 진행 중인 작품으로 보이도록 전시해 놓았던 것이다. 이로써 완성도 문제는 더욱 복잡해졌다." 그의 후기 회화 작품들 중 일부가 추상적으로 보인 이유는 미완성된 상태로, 다시 말해 덜 추상적이 되는 과정에서 중단된 채로 남겨졌기 때문이었던 것이다. 하지만 이런 비실체성은 예술가가 초기 추상 화가로서의 명성을 유지하고 입증하며 완성하는 데 도움이 되었다. 20세기에 완성된 작품과 미완성 작품이 나란히 걸리면서, 모호함이라는 특성—구상과 추상 사이, 완성과 미완성 사이—은 작품 안에 담긴 해체의 과정을 더욱 공고하게 만들었다. 비평가들은 「호수 위의 일몰Sun Setting over a Lake」(1840~50년경)과 같은 작품들이 완성작인지 혹은 진행 과정에서 중단된 것인지에 대해 합의에 이르지 못했다"고 테이트브리튼 갤러리에서 열린 〈터너의 후기 작품: 화법의 자유Late Turner: Painting Set Free〉* 전시 도록에서 밝혔다. 풍경은 아직 시야에 드러나지

---

* (원주) 터너의 후기 작품들이 미래를 가리킨다면, 이 작품들에 관한 논쟁은 우리를 반대 방향, 즉 과거로도 이끈다. 괴테는 티치아노가 "전에는 구체적으로 묘사했던 소재들을 노년에 이르러 추상적으로만 묘사했다"고 지적하면서 일반적으로 후기에 나타나는 양식에 대해 결정적인 의견을 제시했다. 예를 들어, 벨벳 소재 자체가 아닌 벨벳의 개념만을 묘사한 것이다. 미술사학자 프랜시스 해스켈은 이런 '가장 후기 그림들' 중 일부를 두고 다음과 같이 의문을 제기한다. 이 그림들은 "그의 사망 당시에 단순

않았거나, 아직 존재하지 않았거나, 혹은 J. K. 위스망스˚가 1887년에 전시를 관람한 뒤 썼던 것처럼 작업 과정에서 "증발해 버렸다." 아직 이루어지지 않은 것과 이미 지나간 것이 구별되지 않는 것, 이것이 바로 영원에 대한 기본적인 정의다.

26

로런스가 에세이에 쓴 그 놀라운 문장으로 돌아가 보자. "만일 터너가 자신의 마지막 그림을 그렸다면……" 이 얼마나 놀라운 발상인가. 터너는 어쨌든 마지막 그림을 그릴 기회를 갖지 못했고, 인용된 많은 평론가들이 그의 작품이 늘 선언해 왔다고 주장했던 신적 완성에 결코 도달하지 못했다. 그리하여 인상파와 모더니즘의 선구자인 터너는 전형적인 낭만주의자로 남아 육체 속에 갇히는 형을 선고받았다. 「노럼 성, 일출Norham Castle, Sunrise」(1845년경)에 대해 로런스는 이렇게 쓴다. "오직 생명의 가장 희미한 그림자만이 빛을 얼

히 미완성으로 남겨진 것일까, 아니면 자유롭게 흔들리는 그의 화법과 때로는 자연의 모습을 임의적으로 처리한 방식이 일종의 '후기 양식'을 나타내고, 이 양식을 통해 화가는 자신의 가장 깊은 감정을 극도로 개인적인 느낌으로 전달하려 한 나머지 후원자들의 이해를 훨씬 뛰어넘는 모험을 감행한 것일까?"

• J. K. Huysmans, 프랑스의 작가, 미술 비평가.

룩지게 한다. 그것은 이글거리는 영원의 침묵 앞에서, 발화될 수 있는 마지막 단어다." 의식적으로든 아니든 여기에서 로런스는 "생명은, 마치 다채로운 색깔의 유리 돔처럼, / 영원의 흰 광채를 얼룩지게 한다"는, 키츠에 대한 애가에서 한탄했던 셸리의 구절을 되새기는 것 같다.

터너는 결코 마지막 그림을 그리지 않았다는 로런스의 의견은 그림을 감상하는 감상자의 경험을 예술가와 그의 캔버스에 투영한 것으로도 볼 수 있다. 러스킨의 친구인 트리벨리언 부인*은 간략하게 이렇게 표현했다. "당신은 결코 터너 그림의 마지막에 닿을 수 없습니다."

27

1828년 첫 공개 후 재작업을 거쳐 1837년에 전시된 「레굴루스Regulus」는 제1차 포에니 전쟁에서 패배해 카르타고 군에 포로로 잡힌 로마 집정관 레굴루스의 이야기에서 유래한다. 레굴루스는 포로 교환 문제를 협상하기 위해 가석방되어 로마로 돌아갈 수 있었지만 로마에 이러한 협상에 반대하는 조언을 했고, 이후 카르타고로 다시 돌아와 포로들에게 로마의 휴전 거절 소식을 전했다. 카르타고 군은 가석방 조건을 준수한 레굴루스의 모습에 감명받았지만, 제안이 거

---

* Lady Trevelyan, 영국의 화가로 라파엘전파의 중심 인물.

절당한 데 대해 극도의 불만을 표출하며 레굴루스의 눈꺼풀을 잘랐다. 북아프리카의 태양에 눈동자가 타들어 가도록. 그러나 이것은 시작에 불과했으니, 눈꺼풀 없는 레굴루스는 결국 카르타고에서 가시 박힌 통 속에 갇혀 도시 곳곳을 고통스럽게 굴러다녀야 했다.

그림 속 작은 인물들 가운데 누가 레굴루스인지(그가 실제로 그림 안에 있다면), 묘사된 장면이 그가 카르타고로 돌아오는 모습인지 로마를 향해 막 떠나려는 모습인지(눈꺼풀이 온전한 채로)에 관해 약간의 논쟁이 있었다. 둘 중 하나를 선택할 필요는 없다. 기록된 연대기(전과 후)에서 자유로운 이 그림은 전체 서사를 무너뜨리고 새롭게 담아내, 우리가 아는 레굴루스에게 앞으로 닥칠 사건과 그에게 이미 닥친 것으로 알려진 사건에 대한 주관적인 경험을 대신 재현한다. 그가 로마를 향해 떠나는 중일지라도, 결국 그가 돌아올 때를 위해 왼쪽 하단 구석에 통이 굴러가고 있다. 한편 태양은 모든 것을 지우기 시작한다. 태양은 황반변성의 원인이 되어 주변 시력만 비교적 온전하게 남길 뿐이다. 중심부는 온통 부옇게 탈색된다. 그리고 태양―로런스가 완성을 상징하기 위해 일상적으로 소환하는―은 결국 점점 많은 것을 삼켜 버릴 것이다. 그림은 터너의 작품에서 익숙한 '전형적'인 신화-역사적 장면을 묘사한다. 건물이나 사람 같은 모든 식별 가능한 요소는 불에 타 사라지고 증발하여, 우리에게는 터너 특유의 거의 특징 없는 불길만 남는다. 그림은 주장한다. 잠시 이곳에 서 있으면, 당신이 보는 것 가운데 점점 많은 부분이 당신의 시각을 가능하게 하는 것에 의해 지워질 거라고. 그러고 보니 터너의 눈이 "자신의 눈부신 색채에 의해 멀어 버린 것은 아닌가?"라고 묻던 『블랙우드 매거진』 비평가의 조롱 섞인 우려가 떠오른다. 그러므로 이 그림은 눈부신 화염과 광휘로 끝나는, 혹은 귀결되는 터너의 예술 궤적을 극적인 형태로 재현한 것이라고 볼 수 있다. 이후에 우리에게는 「호수 위의 일몰」 같은 극단적인 그림이 남겨질 것이다. 1840년과 1845년 사이에 제작된 이 그림은 모든 면에서 로런스가 상상했거나 회고적으로 예언한 '마지막' 그림에 가깝다.

28

로런스가 터너는 결코 자신의 마지막 그림을 그리지 않았다는 견해를 제기했으므로, 우리는 이 마지막 그림의 가능성이 언제쯤 드러났는지 물을 수 있겠다. 그 실현되지 못한 절정기로부터 그러한 가능성이 처음 제시된 순간으로 거슬러 올라가면서 거꾸로 추론해 볼 수 있을까?

터너의 초창기 후원자 중 한 사람인 윌리엄 벡퍼드는 1844년에 사망을 얼마 남겨 두지 않은 터너가 "이제 마치 그의 뇌와 상상력을 비눗물과 비누 거품과 함께 팔레트 위에다 섞어 놓은 것처럼 그린다"고 불평했다.

터너에 대해 막연하게만 알았던 내가 제대로 관심을 갖게 된 건 존 버거의 에세이 『본다는 것의 의미』를 읽고 나서였다. 에세이에서 버거는 터너의 아버지가 이발소를 했다는 것을 상기시키면서, 명확한 인과관계를 분석하지 않은 채 이렇게 질문을 던진다.

> 그의 후기 그림들 일부를 살펴보고 뒷골목 가게 안을 상상해 보라. 물, 거품, 증기, 반짝이는 금속, 뿌연 거울들, 이발사의 붓으로 휘저어지고 침전물이 쌓인 하얀 그릇이나 대야. 사람들의 비판과 통상적 쓰임에는 아랑곳하지 않고 터너가 그토록 광범위하게 사용하길 고집했던 아버지의 면도날과 팔레트 나이프의 동질성을 생각해 보라. 더 깊이 들어가—어린 시절 환영의 차원에서—이발소, 하면 언제나 연상되는 피와 물, 물과 피의 조합을 상상해 보라.

그러므로 로런스가 상상한 터너의 마지막 그림은 그가 첫 번째 그림을 그리기 훨씬 이전부터 그의 의식 속에 끓어오르고 있었다.

29

영원의 그림들은 우리 인간들처럼 시간 속에서 살아남아야 한다. 테이트브리튼 갤러리에 우직하게 걸려 있는 「레굴루스」는 나를 기대하게 만든 설명들만큼 인상적이지는 않았다. 직접 마주한 그 원본은 책 속의 복사본을 보는 것보다 월등히 벅찬 경험을 주지는 않았다. 그림은 시간이 지나면서 빛이 바랬는지 누런빛을 띠었는데, 이는 그 자체로 터너의 첫 번째 전기 작가가 그의 "혼탁한 눈"이라고 부른 것과 어울린다. 의학적으로 말하면, 터너의 작품에서 누런색이 점차 두드러지는 이유는 어쩌면 태양을 응시하는 습관으로 인해 발병한 백내장 때문인지 모른다. 이런 맥락에서 백내장은 눈꺼풀이 없는 레굴루스의 고통과 상반되는, 태양을 바라보는 고통을 보완하거나 보상하려는 자연의 시도가 아닐까.

30

존 버거는 80대에 백내장 제거 수술을 받았다. 이틀 뒤 그는 자신이 글을 쓰고 있는 흰 종이가 "지금까지 익숙하게 보아

왔던 그 어떤 것보다 하얘"졌다는 것을 알아차렸다. 그는 어린 시절 어머니의 부엌에 있던 사물들이 놀랍도록 하얬다는 것을, "자신이 미처 의식하지 못하는 사이에 그 하얀색이 차츰 희미하게 바래 갔음을" 떠올린다. 백내장 수술 이후 "종이의 하얀색이 내 눈을 향해 달려들고, 내 두 눈은 오랫동안 소식을 듣지 못했던 친구처럼 그 하얀색을 끌어안는다." 로런스가 「노럼 성」을 바라보면서 자신의 무릎과 팔다리를 의식했던 것처럼, 버거는 다시 건강해진 눈을 새롭게 의식하면서, 이제 육체를 옹호하는 로런스의 더 큰 호소에 응답한다. (나는 오랫동안 소식을 듣지 못한 친구가 바로 로런스라고 말하고 싶다!) 이제 그 하얀색이 선명하게 눈에 감지된다.

31

「빛과 색(괴테의 이론)」*은 1843년 왕립 아카데미에서 전시되었다. 사각형의 소용돌이, 원심력 안에 갇힌 색채들. 터너는 러스킨에게 수수께끼처럼 "빨강, 파랑, 그리고 노랑"이라고 설명했다.

    그에 앞선 11년 전, 임종을 앞둔 괴테는 "더 많은 빛"을 요구했다고 한다. 터너는 그의 말을 그대로 받아들였다고 할

- 전체 제목은 "빛과 색(괴테의 이론) — 대홍수 다음 날 아침, 창세기를 기록하는 모세 Light and Colour (Goethe's Theory) — The Morning after the Deluge — Moses Writing the Book of Genesis"이다.

수 있다.

그러므로 이제 우리가 물어보자. 터너와 함께 다른 무엇이 사라졌는가? 영국 미술에서 환영적이고 초월적인 욕구—'갈망'이라는 낭만적인 표현 대신 '욕구'라는 거친 표현이 더 적절하다—는 그 이후로 다시는 돌아오지 않았다. 언제까지…… 아니, 아예 돌아오지 않았다. 이 욕구는 터너와 함께 소멸했다(그는 심지어 이 욕구가 무덤으로 끌려가는 모습을 보여 주었다고도 할 수 있다). 매년 수여하는 그의 이름을 딴 상은 그 영향력이 매우 강력해, 우리는 미련 없이, 그리고 결정적으로 욕구를 다시 불러일으켜 줄 수도 있는 상실감조차 없이, 이 욕구를 잊을 수 있게 되었다.

32

「비, 증기, 그리고 속도: 대 서부 철도Rain, Steam, and Speed: the Great Western Railway」는 터너가 69세였던 1844년, 영국의 '철도 열풍'이 한창이던 시기에 완성되었다. 그림의 배경은 그가 자주 그렸던 템스강의 한 구간인 메이든헤드 부근으로, 5년 전 부르넬*이 이곳에 강을 가로지르는 철교를 건설했다. 왼쪽에는 오래된 메이든헤드 도로용 교량이 보인다.

철로의 첫 번째 구간은 1825년에 개통했고, 1830년대에

---

* Isambard Kingdom Brunel, 영국의 토목 기술자.

는 영국 전역으로 철도가 뻗어 나갔다. 이처럼 전례 없는 에너지를 특징으로 하는 기차라는 비교적 새로운 현상은 말년에도 전혀 식지 않은 터너 특유의 강렬함과 그에 버금가는 힘으로 그려졌다. 이 그림이 제시하는 질문을 두 가지 측면에서 정리해 보면 이렇다. 기차는 진보의 동력인가, 아니면 조지 엘리엇의 표현대로 "소들이 깜짝 놀라 멈추는 일 없이 평화롭게 풀을 뜯던" 오래되고 안정적이며 목가적인 영국을 파괴하는 도구인가? 이 그림은 조상 대대로 내려오던 템스강과 농촌 생활—계절의 느린 리듬에 맞추어 쟁기질하는 농부가 상징하는—의 소멸에 대한 애도인가, 아니면 철도 시대의 저항할 수 없는 영웅적 에너지에 대한 비전인가? 물론 둘 다이다.

어느 기록에 따르면, 그레이트웨스턴 열차의 한 승객은 어느 남자가 의자에서 벌떡 일어나 창밖으로 고개를 내밀고는 엄청난 속도감을 느끼는 것을 목격했는데, 알고 보니 그 남자가 바로 터너였다고 한다. 이 이야기는 터너의 초창기 그림「눈보라: 항구 어귀에서 멀어진 증기선 Snow Storm: Steam-Boat off a Harbour's Mouth」의 폭풍 장면을 묘사하기 위해 폭풍이 몰아치는 동안 돛대에 매달려 있었다는 터너 자신의 이야기만큼이나 믿기지 않을지 모르지만, 적어도 이 그림의 목적이 인상이 아닌 속도감을 전달하는 것임을 분명하게 알려준다. 우리는 외부에서 기차를 보고 있지만—마치 기차가 돌진하는 모습을 보는 것처럼—그 기차 안에 타고 있는 사람들의 감각적 경험을 공유한다.

이 그림이 다큐멘터리적 가치를 지닌다면, 그것은 지각의 본질에서 일어나는 변화—즉 속도에 의해 시간과 공간에 대한 우리의 지각이 어떻게 변화하는지—를 기록하는 데 있다. 『허영의 시장』을 쓴 윌리엄 새커리가 볼 때, 기차의 에너지는 캔버스라는 한계를 넘어서는 것이었다. "기차가 실제로 시속 180킬로미터의 속도로 움직이면서 당신을 향해 다가오고 있으니, 독자는 기차가 그림 밖으로 돌진해 맞은편 벽을 뚫고 채링크로스로 사라지기 전에 기차를 보도록 최대한 서둘러야 할 것이다." 이 말대로라면, 이 그림이 선사한 효과는 50년 뒤 뤼미에르 형제의 영화가 성취한 효과를 예견했다고 할 수 있다. 영화 속 기차가 역에 도착하는 모습을 본 관객들이 기차가 스크린을 뚫고 나와 객석을 향해 돌진할까 봐 두려워서 몸을 움찔거렸던 모습 말이다.

이 광경은 뤼미에르 형제의 영화가 상연된 지 반세기가 지난 뒤에 필립 라킨이 쓴 유명한 시 「성령강림절」*에서 기차를 탄 라킨의 모습과는 거리가 멀다. 마침내 기차가 움직이기 시작하자 그에게 다가온 가장 뚜렷한 느낌은 "서두른다는 감각이 / 모두 사라졌다"는 것이었다. 역사적으로 이 서두름의 감각은 이미 사라진 지 오래였다. 이것은 터너 작품의 제목에 언급된 마지막 요소인 '속도'가 겪는 가장 놀라운 양상이다. 철도는 잠시나마 풍경을 파괴하는 것으로 보

---

* 정확한 제목은 "성령강림절의 결혼식들The Whitsun Weddings"이다.

였지만, 놀랍도록 빠르게 그 안에 녹아들면서 이내 매력적이고 장식적이며 다소 평온한 풍경의 일부가 되었다. 모네와 피사로가 런던에서 「비, 증기, 그리고 속도」를 본 것은 거의 확실하지만, 그들이 그린 철도에는 터너의 그림에서 느껴지는 재난 앞에서의 흥분과 위협이 전혀 드러나지 않는다. 그들의 그림은 하루 동안 기차를 타고 떠나는 전원의 매력을 광고하는 목가적인 포스터에 더 가깝다. 풍경을 황폐하게 만드는 것으로 보였던 철도는 이제 풍경의 일부가 되어 풍경을 더욱 돋보이게 했다. 칙칙폭폭 소리를 내며 기분 좋게 달리는 작은 기차들은 장면의 조화를 위한 중심 역할을 한다. 이는 토머스 그레이의 「어느 시골 묘지에서 쓴 비가Elegy Written in a Country Churchyard」에서는 중요한 존재로 묘사되던 쟁기질하는 농부가 터너의 「비, 증기, 그리고 속도」에서는 장면을 지배할 힘은커녕 거의 알아볼 수도 없는 주변 인물로 묘사되는 것과 대비된다.

어쨌든 인상파 화가들은 사회적 교류의 장소인 기차역을 선호했다. 거기서는 비교적 짧은 시간 안에 영국 해협을 건넜다가 다시 기차로 돌아오는 여정을 경험할 수 있었다. 이때 기차는 영국을 영국답게 만드는 방식으로 시골과 도시가 어른거리며 어우러지는 모습을 정확하고도 느긋하게 관찰할 수 있는 장소였다.

    오데온 극장이 지나가고, 냉각탑이 보인다,
    그리고 누군가 공을 던지기 위해 달려온다•

33

「성령강림절의 결혼식들」을 읽고 있노라면 기차에 대한 향수에 연쇄적으로 빠져들기 쉽다. 이 향수는 비칭의 무자비한 철도 노선 폐선** 이전 시절만을 향한 것이 아니다. 영국 국유 철도가 사기업 철도 독점 사업권으로 분할되면서 이익은 물론이고 통근자의 불만까지 극대화하기 위해 서로 경쟁하는 양상을 보이기 이전의 국가 철도 시스템이라는 개념 자체에 대한 것이기도 하다. 확실히 기차는 내 의식적인 삶 대부분에서 애가적인 상징이 되었다. 아버지는 나에게 기차가 도착해 칙칙폭폭 역을 빠져나가는 모습을 보여 주려고 10분 거리에 있는 렉햄프턴 역으로 나를 데려가곤 했다고 말씀하셨는데, 실제로 어린 시절 기억들 중 일부를 더듬어 보면 나는 버려진 역 건물과 선로 주변의 황무지 같은 곳에서 놀고 있었다. 그 기억들은 얼마 후의 다른 기억들, 더 크고 더 분주한 첼트넘스파 역에 대한 기억들—객차 대신 조금은 사적인 객실이, 바-뷔페 대신 차츰 자취를 감춘 식당차가 달려 있던—과 나란히 자리 잡고 있다. 그리고 그 기억은 곧장 현재로, 이제는 멸종 위기에 처한 사색의 마지막 도

- 필립 라킨의 「성령강림절의 결혼식들」 중에서.
- ** 1960년대에 영국철도청의 의장이었던 리처드 비칭Richard Beeching은 수익이 나지 않는 노선을 폐선하기로 결정하고 대대적인 철도 개혁을 감행했다.

피처인 '조용한 객차Quiet Carriage'가 조금씩 사라지고 있는 지금으로 이어진다. 그러다 보니 이제 기차는 온갖 종류의 한탄을 싣는 수단이 되어 가고 있다. 거기에는 전화 벨소리와 일방적인 대화—"나 지금 기차 탔어!"—에 방해받지 않고 피터 애크로이드가 쓴 윌리엄 터너 전기를 읽을 수 있는 기회를 잃어버렸다는 한탄이 포함돼 있을 것이다. 이제 기차 여행에 대해 말할 수 있는 가장 큰 장점은 우등 버스를 타는 것보단 낫다는 것 정도다.

영국에서 기차를 타면 침울해지게 되는 현상에는 뿌리 깊은 역사가 있다. 1972년 라킨의 시 「고잉 고잉Going, Going」—"영국은 사라질 것이다"—은 토머스 그레이의 비가나 올리버 골드스미스의 「황폐한 마을The Deserted Village」에서 볼 수 있는 시적 탄식을 비교적 최근에 다시 꽃피운 작품이다. 이들 사이에는 어떤 차이가 있을까? "지금 이 순간, / 너무도 빠르게 일어나고 있는 것 같다." 라킨은 긴급함이나 공포가 거의 느껴지지 않을 만큼 당당한 어조로 침울해한다. 그러나 그런 라킨조차 회한의 완전한 만개는 여전히 미래의 일로 보고 있다(영국은 사라질 것이다). 워즈워스가 이미 폐허가 된 오두막을 우연히 발견하는 특유의 낭만적인 경험을 했다면, 라킨은 도처에서 다가올 파멸의 징후를 본다. 그 결과는 이후 「새벽의 노래Aubade」에서 묘사한 죽음 자체만큼이나 확실하거나 불가피할지 몰라도, 아직 일어나지 않았으며 여전히 일어나는 과정에 있다.

에이드리언 스토크스는 터너에게도 그와 유사한 지점

이 있었음을 암시한다. 터너가 "영국의 많은 도시와 마을이 놀랍도록 아름다웠던 시기, 때로는 커다란 변화의 위협을 내포하고 있었기에 가슴 아프도록 아름다운 순간"에 그림을 그리고 있었다고 지적한 것이다. 어쩌면 레이먼드 윌리엄스가 『시골과 도시 The Country and the City』에서 주장한 틀을 뒤집는 논의가 필요한 건지도, 혹은 그럴 시점이 이미 지나 버렸는지도 모르겠다.• 사라진 영국 풍경에 대한 최근의 비탄이 자신이 몇 년 전에 읽었던 무언가를 상기시킨다는 것을 깨달은 윌리엄스는 예전의 참고문헌을 찾아보았고, 그 쇠퇴의 순간—방금 지나온 목가적 시절—을 계속 추적하기 위해 마지막 정차역 즉 흠 하나 없는 종착역인 에덴동산까지 과거로, 과거로 거슬러 올라갔다.

거꾸로 거슬러 올라가는 방식의 연구는 파멸에 대한 두려움이 미래를 향해 점진적·지속적으로 갱신되고 투사되는 과정을 역순으로 보여 주게 되며, 이 과정은 미래라는 개념 자체의 파멸을 수반하는 기후 위기에서 절정에 이를 것이다. 이런 작업을 수행하려면 〈나는 전설이다〉(2007)와 〈28일 후〉(2002) 같은 영화에서 묘사된 종말 이후의 미래를 참고할 필요가 있다. 코맥 매카시의 『로드』를 제외하면, 이런

• 레이먼드 윌리엄스 Raymond Williams는 영국의 문화 비평가이자 소설가다. 『시골과 도시』에서 그는 잉글랜드의 도시와 시골을 연구한 결과 시골을 유기적 공동체, 이상적이고 목가적인 공동체로 이상화하는 풍조가 도시적 발전을 저해하고 있다고 비판했다.

시나리오들에서 가장 눈에 띄는 점은 비록 잠깐씩이지만 여러 번에 걸쳐 목가적인 분위기를 담는 방식이다. 슈퍼마켓에서는 줄을 서지 않고, 고속도로의 교통 체증도 런던 도심의 인파도 없다. 디스토피아적 미래에 대한 이런 상상 가운데서 자주 언급되는 또 다른 측면은 SF 영화에서 그려진 재앙의 대기 시간이다. 과거에는 재앙이 상상할 수 없을 만큼 먼 미래로 예정되었다면, 이제는 그 시간이 점점 줄어들어 마침내 임박한 현실의 문을 초조하게 두드리고 있다는 것이다. 따라서 코로나 봉쇄라는 현실에 의해 2020년 4월 런던의 텅 빈 거리에 고립되었을 때(사진작가 크리스 돌리브라운이 남긴 기록을 보라), 인류의 미래와 파멸을 연구하던 사람들은 자신들의 노력이 예기치 못한 사건들에 의해 실패하고 좌초해 버렸다고 생각했을 것이다.

34

"키오스크는 모두 닫혔고, 상징적인 기차는 대기
중이었으며, 시곗바늘은 매 분마다 툭툭 끊기듯
움직였다."

클래시 공연을 보기 위해 친구와 함께 옥스퍼드에서 루이셤으로 향하는 기차를 탔을 때 우리는 런던의 지리를 몰랐고, 루이셤이 패딩턴에서 그렇게 멀리 떨어진 곳인 줄은 상상조차 하지 못했다. 버스와 지하철을 갈아타며 어렵사리 패딩턴으로 왔지만, 시간이 어찌나 오래 걸렸던지 옥스퍼드행 마지막 기차를 놓치고 말았다.●

 아, 마지막 기차를 놓치다니! 저녁 시간이 예상대로 마무리되어 역으로 가서 마지막 기차를 타거나, 느긋하게 더 이른 시간대의 기차를 탈 수 있었다면 좋았으련만. 그러나

● (원주) 결국 우리는 이제는 더 이상 존재하지 않는 운송 수단을 이용해 여행하게 되었으니, 진날 밤 마지막 여객 열차와 다음 날 첫 정기 운행 열차 사이의 어정쩡한 시간대를 느릿하게 달리던 완행열차가 그것이었다. 이 열차는 아주 이른 시각에 출발했고, 역마다 전부 정차하는 데다 역과 역 사이를 달팽이처럼 느릿느릿 움직여서 발이 묶인 여행객들에게나 유용한 수단이었다.

대체로 기차 시간은 저녁 내내 통행금지처럼, 사회적 처벌을 하겠다는 위협처럼 들이닥친다. 1989년 다른 친구와 함께 자전거를 짊어지고 케임브리지로 향하는 기차를 타던 때가 아직도 기억에 남는다. 우리는 자전거를 타고 그란체스터로 가서 루퍼트 브룩의 시처럼 근사한 오후를 보냈는데, 사실 그 여행의 진짜 목적은 콘익스체인지에서 열리는 맥코이 타이너 트리오(드럼에 루이스 헤이스, 베이스에 에이버리 샤프)를 보는 것이었다. 공연은 환상적이었지만, 우리는 아쉽게도 공연이 끝나기도 전에, 〈영혼으로 걷고, 영혼으로 말하라Walk Spirit, Talk Spirit〉가 연주되는 동안 공연장을 빠져나와야 했다. 그리고 킹스크로스로 돌아가는 마지막 기차 시간에 맞추기 위해 역까지 전력 질주해야 했다.

데이비드 린 감독의 영화 〈밀회〉(1945)에서 로라(셀리아 존슨)와 알렉(트레버 하워드)은 함께할 시간이 충분하지 않다. 로라는 케츠워스를 향해, 알렉은 반대 방향인 철리를 향해 각자 기차를 타야 하고, 그러기 위해 항상 서둘러야 한다. 그래도 두 사람은 그렇게 서두르기 전이나 후에 항상 밀퍼드 환승역 간이식당에서 차 한잔 마실 시간을 갖는다. 단 한 번의 특별한 경우를 제외하면, 그들이 서둘러 타는 기차는 그날의 마지막 기차가 아니다. 단지 날이 너무 일찍 어두워져 그렇게 보일 뿐이다. 그들은 누아르 영화에서처럼 어두운 기차역 지하도를 정신없이 달리며 플랫폼으로 향하고, 그러는 가운데 무의식적인 열정이 분출한다(하지만 그들의 진한 키스를 누군가에게 들킬지 모른다는 로라의 걱정을 걷어

갈 만큼 어둡지는 않다). 그들은 더 늦은 시간대의 기차를 탈 수도 있었지만 습관과 행동 패턴이 워낙 강력해서, 거의 불륜과 같은 이 관계가 시작되기 전과 동일한 시간대의 기차에 오르는 일을 방해하는 것은 전혀 용납되지 않는다.

아니, 거의 용납되지 않는다. 알렉이 오늘은 기차를 타지 않고 친구 스티븐이 빌려준 아파트로 돌아가겠다고 말했지만, 로라는 유혹을 뿌리치고 평소처럼 기차에 오른다. 그리고 기차가 막 출발하려는 순간, 로라는 뛰어내려 아파트로 향한다. 우리는 엘리베이터의 쇠창살과 창문의 금속 창살 사이로 로라가 아파트 계단을 올라가는 모습을 보지만, 그녀가 감옥으로 들어가려는 것인지 결혼 생활의 단조로운 구속으로부터 벗어나려는 것인지 분간하기 어렵다. 아파트 문이 열리고 그녀가 안으로 들어선다. 보이지 않는 비에 젖은 그녀는 알렉에게 오래 머물 수 없다고 말하면서도 젖은 코트와 모자를 벗는다. 두 사람은 자연스럽게 그녀가 얼마나 젖었는지에 대해 한참 동안 이야기를 주고받는다. 평소에 그녀는 세련되고 보수적인 여러 겹의 보호막—코트, 재킷—을 두르고 단추를 끝까지 채우고 있다. 가장 친밀한 지금 이 순간에도 그녀에게는 그들의 열정으로부터 자신을 보호하기 위한 몇 겹의 옷이 남아 있다. 한편 시간은 또다시 그들에게 불리하게 작용해 플롯에 긴박감을 준다. 스티븐이 뜻밖에 일찍 아파트에 돌아온 것이다. 로라는 그에게 들키지 않기 위해 서둘러 나갔지만, 스티븐은 무슨 일이 있었는지 짐작한다. 알렉은 도덕적 오점이 남고, 로라는—나중에 알렉은 역에서 로라를 따라잡는다―부끄러움과 모멸감을 느낀다. 이 예기치 않은 개입으로 인해 로라는 비운의 선구자인 엠마 보바리와 안나 카레니나의 치명적인 전철을 따르지 못하게 되고, 그리하여 영화의 도덕적·극적·감정적 중추는 성공적으로 와해된다. 역에서 두 사람이 마지막으로 만나는 날, 로라는 안나처럼 열차 아래로 몸을 던지려고 간이식당에서 뛰쳐나가지만, 차마 용기를 내지 못하고 기진맥진한 채 후줄근한 모습으로 돌아온다. 로렌스는 톨스토이가 안나를 기차 아래로 밀어 넣은 이유는 그가 관습에 대한 도전을 즐겼기 때문이라고 믿었다. 노엘 카워드의 대본은 로라가 자신의 어리석음을 완성하기 전에 그녀를 무사히 아파트 밖으로 몰아낸다. 모두가 공유하는 존중받는 관습들―옷, 가정, 남편, 아이들, 『타임』지 십자말풀이, 『옥스퍼드 영어 시집』 등―은 라흐마니노프의 피아노 협주곡 2번이 감정을 뒤흔들 때조차 굳건하게 유지된다(로라가 가정용 축음기에 이 곡을 올리고 소리를 크게 높이자 남편 톰은 그녀에게 소리를 줄여 달라고 자연스럽게 요청한다).•

고무적인 가정을 해 보면, 아내로서 가정에 헌신하는 평

• (원주) 『채털리 부인의 연인』의 주인공 채니와 멜러스와 달리 알렉과 로라는 같은 계급에 속하지만 결혼뿐 아니라 더 큰 사회적 기반이 위협받는다는 강박적인 느낌에 휩싸여 있고, 결국 이 느낌은 재확인된다. 자기 계급에 적합한 행동 기준에 저촉되는 일탈 행위의 확대된 규모는 이 영화의 첫 대사, 즉 3등석 티켓으로 1등석을 이용하려는 승객에 대한 일화

범한 일상으로 돌아온 로라에게는 이제 다시 어떠한 일탈도 일어나지 않을 것이다. 낭만적이고 거의 성적인 모험을 즐기던 날들은 이제 끝났다. 하지만 그녀의 내면에는 무언가가 깨어났거나, 적어도 꿈틀거리고 있다. 알렉에게 빠져든 직후 집으로 돌아오던 어느 날, 로라는 열차 창문을 응시하다가 어두운 유리에 비친 자기 모습을 물끄러미 바라본다. 그와의 짧은 만남은 에밀리 디킨슨이 "자신과의 마주침"이라고 말할 만한 순간이기도 하다. 그때부터 그녀는 남편과 친구들에게 쉽게 거짓말을 하고, 행복을 느낀다. 이 모든 과정을 통해 그녀는 지금껏 숨어 있다가 마침내 드러난 또 다른 자아를 생전 처음 깨닫게 된다. "우리 자신 뒤에 감추어진, 우리 자신"을.•

를 통해 중요한 키로 설정된다. 이 키는 모든 것이 제자리에 안전하게 보관되도록 잠그는 열쇠라는 의미이며, 그와 동시에 작품 전체의 분위기를 드러낼 음조 혹은 음색이라는 음악적 의미도 담고 있다. 계급 위반자들은 적발되어 처벌받을 것이다! 이 짧은 일화는 우리의 관심을 집중시키고, 연인들의 만남—영화에서 첫 만남을 회상하는 장면 이전에 나오는, 사실상 마지막 만남—이 배경에서 은밀히 전개되는 동안 말 그대로 전면에 부각된다. 제2차 세계대전의 오랜 투쟁 속에서 고전하며 버티던 건 영국이라는 국가만이 아니었다. 그 내부의 사회적-성적 현상 또한 간신히 버티고 유지되는 중이었다(영화 개봉 당시인 1945년 11월 무렵 총선에서 노동당의 압도적인 승리로 의회 혁명에 가까운 변화가 일어나긴 하지만).

• 이 구절과 위의 구절 모두 에밀리 디킨슨의 시 「방이 아니어도 유령은 나타나지 One Need Not be a Chamber to be Haunted」에 나온다.

35

이 이미지들, 즉 디킨슨의 이미지와 창문에 비친 자기 모습을 응시하는 로라의 의미지를 마음에 담고서 느릿느릿 나아가는 서사의 완행열차를 타고 이곳에서 몇 정거장쯤 더 가면 우리는 토리노에 도착하게 된다. E. M. 시오랑은 토리노에서 썼다. "광기가 시작될 무렵, 니체는 거울로 달려가, 자신을 바라보고, 돌아선 다음, 다시 바라보았을 것이다. 그를 바젤로 데리고 가는 기차 안에서 그가 항상 찾은 한 가지는 거울이었다. 그는 자신이 누구인지 더 이상 알지 못했기에 계속해서 자신을 찾았고, 자신의 정체성을 간절히 지키고 싶었던, 자기 자신을 너무도 갈구했던 이 남자에게는 이제 가장 조악하고 가장 통탄할 방편 말고는 아무런 도구도 남아 있지 않았다."

36

노퍽의 윈덤 역 카페는 밀퍼드 환승역의 간이식당을 본떠서 만들었다. 나는 처음엔 이 카페가 영화 〈밀회〉의 촬영 장소인 줄 알았는데, 영화 속 장소를 모방했을 뿐이었다. 그렇긴 해도 윌리엄스가 『시골과 도시』에서 그토록 가슴 뭉클하게 묘사한 종류의 시골 저택에서 매해 열리는 파티에 참석한 후 런던으로 돌아가는 기차를 기다리기엔 꽤 괜찮은 장소였다. "그것을 노동의 관점으로 생각해 보라, 그러면 그 많은 집들을 그런 규모로 지어 올리기 위해, 얼마나 오랜 세월 얼마나 체계적으로 착취와 강탈이 이루어져야 했을지 알게 될 것이다." 그것을 쾌락주의 관점에서 생각해 보라. 지하실에 일곱 대의 음향 시스템과 함께 레이저와 연막 장치를 설치하고, 지하 통로 전체를 단 하룻밤 열리는 클럽으로 만들어 상상할 수 있는 최고의 파티를 여는 것이다. 더 이상 파티를 열 수 없을 때까지. 파티를 여는 비용이 막대했고(티켓 가격이 비쌌는데도), 노퍽의 탁 트인 들판 위 드넓은 하늘 너머 수 킬로미터까지 퍼져 나가는 소음 때문에 이웃들의 항의도 있었다. 우리 파티 참석자들도 점점 나이를 먹어 가고 있었다. 물론 그로 인해 파티에 대한 모두의 애정은 훨씬 깊어져, 파티는 일 년 중 단연코 최고의 밤이 되었다. 참석자 중 많은 사람들은 매년 여름밤의 대부분을 그와 비슷한 광란 속에서 (아마도 이비사섬에서) 보내 왔을 텐데도 말이다.

형식은 언제나 같았다. 우리는 그 집의 매우 아름다운 부지에서 야영했고, 토요일 오후면 그곳에서 빈티지 비행기들의 곡예비행 쇼를 보았다. 잠시 후 우리가 그해에 지정한 색깔로 전부 옷을 갖추어 입고 하트 모양 대열로 잔디에 모이면, 누군가가 지붕 위에서 사진을 찍어 주었다. 사진을 찍고 나면 대규모지만 차분한 음료 파티가 이어졌고, 그런 다음 사람들은 식사를 하기 위해, 그리고 옷을 차려입고 본격적인 행사를 준비하기 위해 하나둘씩 흩어졌다. 행사는 해가 진 직후 집 지붕에서 폭죽이 터지는 것으로 시작되었고, 그러고 나면 문이란 문을 활짝 열고 모두들 지하실로 모여

들었다. 메인 룸인 트랙터 셰드*에 가장 강력한 음향과 조명 시스템이 갖추어져 있었지만, 모든 방들이 재미있었고 모든 것이 환상적이었다. 심지어 어디에서도 음악에 몰입할 수 없어서 어딘가 더 나은 곳을 찾아 방황하는 시간, 돌로 된 축축한 복도를 지나거나 슐로스아들러 성만큼이나 좁고 가파른 계단을 오르며 여러 방 사이를 떠도는 그 막간의 시간조차 즐거웠다. 그 새벽, 중년이라는 것은 축복이었다!** 하지만 새벽이 너무나 빨리 찾아왔다는 것이 문제였다. 온밤이 순식간에 지나갔다. 나는 지하실에 들어간 지 5분도 채 되지 않아 기다리고 있던 햇살 속으로 다시 나왔다. 눈을 휘둥그레 뜨고 바라보니, 엑스칼리버를 숨긴 호수 주위를 낮게 둘러싼 안개가 건고한 나무들과 잔디를 집어삼키고 있었다. 이렇게 표현하니 고요한 것 같지만, 이웃들의 불만을 입증해 줄 지하실의 음악 소리가 여전히 쿵쿵대며 울려 오고 있었다. 나는 아직 남아 있을지 모를 소란의 흔적을 찾아 다시 안으로 뛰어 들어가야 할지 고민에 빠졌다.

---

* Tractor Shed, 시골 저택에서 트랙터를 보관하던 헛간을 개조해 호텔 방, 공연장 등으로 사용하기도 한다.
** 윌리엄 워즈워스의 장시 「서곡The Prelude」에 나오는 구절 "그 새벽, 살아 있다는 것은 축복이었다Bliss was it in that dawn to be alive"를 변형한 것 같다.

37

마틴 에이미스의 소설 『임신한 과부*The Pregnant Widow*』에 등장하는 한 인물은 "50대라는 고속열차를 타고 무사히 출발"한다. 나는 이제 막 그 열차에서 내려 60대를 향해 돌진하는 연결 열차에 올랐다. 갈수록 속도가 빨라지고 어쩌면 최고 속도에 이를 수 있음을 감안하면, 내려야 할 정류장을 놓치거나 소지품을 두고 내리지 않도록 지금부터 주변을 잘 살피는 것이 좋다. 아니면, 이다음 열차가 사실은 같은 열차, 어린 시절부터 천천히 다가온 그 열차라면, 어쩌면 나는 그냥 자리를 지키고 계속 버티면서 아무도 내 나이가 찍힌 티켓을 보여 달라고 요청하지 않길 바랄지도 모른다. 바로 일 년 전 베를린의 킷캣클럽에서도 이런 느낌이었다. 베를린은 주말에는 마지막 기차가 따로 없다. 클럽에서 몇 시에 나오든 항상 U-Bahn이나 S-Bahn을 타고 집까지 갈 수 있다. 어디선가 나는 W. H. 오든•이 자신은 언제나 방에서 가장 어린 사람이라고 믿었다는 글을 읽은 적이 있다(천 살도 넘은 것 같은 그의 얼굴을 감안하면 대단한 성과다). 그 망상은 내가 공감할 수 있는 종류는 아니었지만, 나 역시 클럽에 있을 때만큼은 한 번도 나이에 대해 남의 시선을 의식한 적이 없었다. 그러다 코로나가 닥치자 줄줄이 이어지던 파티도 클럽도 기

• Wystan Hugh Auden, 영국계 미국인 시인.

차도 모두 중단되었고, 나는 우울한 퇴직자가 된 기분이었다. 삶이 밋밋해져 해변이나 산책하고, 지나치던 여자아이들이 흘끔거리며 '저 노인네'가 어쩌구 하고 수군대는 그런 사람 말이다.

38

2013년, 플로리다의 스텟슨대학교에서 열릴 낭독회를 위해 마이애미 공항에 도착했다. 주최자인 작가 마크 파월이 수화물 컨베이어벨트에서 기다리고 있었다. 함께 그의 차를 향해 걸어가던 중에 그가 양해를 구할 일이 있다고 말했다. 머뭇거리는 그를 보면서 나는 그가 뭔가 부적절한 일, 상당히 불편한 무언가를 제안할까 봐 불안했다. 그는 어머니가 곧 공항의 다른 터미널에 도착할 예정인데 기다렸다가 어머니를 모시러 가도 괜찮을지 물었다. 나는 당연히 괜찮다고 말했다. 그의 어머니가 탄 비행기가 정시에 도착해, 우리 셋은 곧바로 시원하고 넓은 차를 타고 공항을 빠져나왔기 때문에 실제로도 괜찮았다. 이 매력적인 할머니가 미국식으로 깍듯하게 예의를 갖추어 한사코 뒷좌석에 앉겠다고 고집한 데다 나를 계속 다이어 선생님이라고 불렀기 때문에 조금 어색하긴 했다. 그렇다고 '제프라고 불러 주세요'라고 말하는 것도 너무 바보 같아서, 몇 킬로미터를 가며 꽤 많은 대화를 나눈 뒤에야 나는 거만하게 들리지 않도록 말할 방법을 찾을 수 있었다.

긴 여정이 예정되어 있어, 30분 정도 기분 좋은 대화가 오간 뒤 마크는 우리에게 음악을 듣는 것이 어떻겠느냐고 물었다. 아주 좋은 생각 같았고, 그는 차의 완벽한 음향 시스템으로 어떤 여자가 테네시와 딕시에 대해 노래하는 CD를 재생했다. 평소 같으면 도저히 참을 수 없는 알트-컨트리 풍의 형편없는 음악이었지만, 이번에는 곧장 사랑에 빠졌다. 이 CD가 제공하는 사운드트랙이 너무도 완벽해서 갑자기 우리 셋이 저예산 독립 영화 초반부에 출연한 기분마저 들었다. 영화에서 트위드 재킷을 입은 영문학 교수는—나는 트위드 재킷을 입지도 않았고 영문학 교수도 아니었지만, 영화에서 이 정도 조정은 충분히 양해 가능한 것이리라—미국의 어느 대학 캠퍼스에서 테니슨이나 워즈워스에 관해 따분한 강연을 할 예정이지만, 그렇게 드라마틱하지도 않고 그렇다고 영화 〈서바이벌 게임〉(1972) 식의 큰 사건도 아닌 일련의 자잘한 사건들 때문에 강연 대신 주최자 및 그의 어머니와 함께 긴 자동차 여행을 떠나게 된다. 그러던 중 입고 있던 트위드 재킷을 벗어 던지고 카우보이 셔츠를 입고 모자를 쓰고서 내슈빌의 그랜드 올 오프리*에서 위풍당당하게 낭독을 한다. 그게 그 영화의 하이라이트일 것이다.

• Grand Ole Opry, 테네시주 내슈빌에서 열리는 컨트리 음악 행사.

39

내가 질리언 웰치를 처음 들은 때는 2013년이다. 부끄러울 정도로 뒤늦은—심지어 데이비드 캐머런보다 나중에—시기였다. 그녀는 여러 가지 이유에서 매우 훌륭한데, 그중 하나는…… 나는 그녀가 딜런에게 깊이 몰입하기 때문이라고 말하려 했지만, 딜런에게 몰입하는 사람이 워낙 많으니 딱히 그것을 정확한 이유로 보기는 어려울 것 같다. 그녀가 훌륭한 이유는 딜런에게서 매우 딜런 같은 방법론을, 무엇보다 과거의 이런저런 미국적인 것들을 까다롭게 고르고 선택하는 딜런의 까치 같은 능력을 취했기 때문이다. 또한 늘어지는 발성과 불분명한 발음(특히 음반《영혼의 여행 Soul Journey》에 수록된 〈레킹 볼 Wrecking Ball〉과 〈원숭이 한 마리 One Monkey〉에서 두드러지는 특징이다), 지나친 생략으로 모호해진 성격을 띠는 곡들도 딜런을 떠올리게 한다. 심지어 딜런(의 음악)을 직접적으로 암시하는 듯한 요소들도 있다. 나 혼자만의 생각일지 모르지만 그녀가 〈계시자 Revelator〉에서 "행운의 여인 fortune lady"을 부르는 방식은 마치 시간을 건너뛰어 딜런의 〈황량한 거리 Desolation Row〉 속 "점쟁이 여인 fortune-telling lady"을 직접 소환하는 듯하다. (이쯤 되면 딜런이 이 가사를 씀으로써 훗날 이를 암시할 웰치를 이미 예견했다고 주장하고 싶을 정도다.) 〈원숭이 한 마리〉에서 웰치는 "완행열차가 다가온다……"라고 느리게 질질 끌면서 반복해서 노래한다. 이 기차가 어디로 향할지는 분명하지 않지만, 어디로부터 왔는지 우리는 분명하게 알 수 있고, 정확하게 들을 수 있다. 또한 그녀의 〈저지대Lowlands〉는 딜런의 〈저지대의 슬픈 눈을 한 여인Sad-Eyed Lady of the Lowlands〉이나 〈하이랜드Highlands〉에 대한 응답이다. 〈하이랜드〉가 앞선 곡에 대한 딜런 자신의 응답이라고 보는 이들도 있다.

40

시오랑에 따르면 "니체의 크나큰 행운은 극도의 희열 속에서 생을 끝낸 것!"이었다. 시오랑—치매로 허무하게 생을 마감한—은 니체가 실제로 생을 마감한 1900년 8월 25일을 언급하는 것이 아니다. 니체는 처음엔 어머니의 보살핌을 받다가 이후엔 누이동생에게 무력한 인형처럼 보호받으며 10년 이상을 지냈다. 엘리자베트는 오빠의 육체뿐만 아니라 비극적이게도 그의 작품 전체에 대한 통제권을 장악하면서 "저주받은 반유대주의가 나와 내 누이 사이를 근본적으로 단절시킨 원인"이었다고 썼던, 그리고 거의 일관성 없는 생의 마지막 말들에서조차 "모든 반유대주의자들은 총살당해야 한다"고 주장했던 작가를 히틀러와 나치즘과 떼려야 뗄 수 없는 인물로 탈바꿈시키며 그 전 과정을 감독했다. 리처드 월린은 『불합리의 유혹The Seduction of Unreason』에서 "생전에 불행했던 니체는 사후에 여러 가지 면에서 훨씬 더 불행해졌다"고 썼다.

무력한 철학자와 그의 누이는 바이마르 언덕의 빌라 질

버블리크를 안식처로 삼았고, 누이동생은 문서보관소를 설치해 니체의 작품을 통제했다. 니체는 이 집의 2층 방에 누워 지냈는데, 방문자들은 위층에서 새어 나오는 울부짖음을 듣곤 했다. 그 비명소리는 정신적 고통을 표출하는 것처럼 들렸지만, 사실은 살아 있기에 소리를 내는 것이라는 생물학적 사실 외에 아무런 의미가 없었다. 그 비명에는 어떠한 고통스러운 기억도, 소멸해 버린 통찰력도, 심지어 망가진 정신의 잔재조차도 담겨 있지 않았다. 저명하거나 유독 헌신적인 순례자들은 그를 보도록 위층으로 안내되었으며, 그는 "그를 구루처럼 보이게 하는 흰색 리넨 가운을 입고" 기대어 앉거나 누워 있었다. 우리에게는 이 모습이 원래 니체의 모습처럼 보이기도 하는데, 바로 이 시기에 한스 올데가 니체의 상징적인 초상화들을 스케치했기 때문이다(내가 맨 처음 소유한 니체의 책 『차라투스트라는 이렇게 말했다』 펭귄 클래식 판본의 표지에도 이 초상화가 실렸다). 1888년 8월, 니체는 어느 길게 쓴 편지에 "어떤 사람들은 사후에 태어난다"는 추신을 달았지만, 그의 생애 마지막 10년은 아직 관념적으로 살아 있는 동안에도 이미 사후의 삶이 시작될 수 있다는 섬뜩한 가능성을 제기한다. 그리고 그는 그런 삶을 미리 대비하고 있었다. 그는 이렇게 썼다. "불멸을 위해 크나큰 대가를 치러야 한다. 살아 있는 동안 수차례 죽어야 한다."

41

그러므로 시오랑이 언급한 때는 니체 생애의 끝이 아니라 그가 토리노에서 마부가 말을 채찍질하는 장면을 목격하던 시기, 즉 그의 '삶'이 끝난 시기인 1889년 1월 3일이다. 니체는 그 말을 끌어안고 쓰러졌다. 그는 의식을 되찾았지만 다시는 온전한 정신으로 돌아오지 못했다.

이 일이 일어나기까지의 시기 동안 토리노의 하늘은 어둠이 깊어지는 동시에 점점 밝아졌는데, 마치 태양이 다가오는 구름을 찬란한 검은 빛으로 타오르게 하는 것 같았다. 니체는 자신이 "끔찍한 고발로 인류 전체에 도전하는" 중대한 일을 맡고 있음을 알았다. 또한 그는 자신의 "이름에는 말로 표현할 수 없는 거대한 운명이 붙어 있으므로" 그가 내린 "결정"이 어떤 방향으로 흐르든 고발자인 자신 역시 그에 상응하는 끔찍한 형벌을 받을 것임을 이미 알았다. 『이 사람을 보라』에서 니체는 농담—그는 자신이 '광대'로 여겨지는 것을 기꺼이 받아들이며, 자신의 차라투스트라에 비하면 단테는 '한낱 신앙인'에 불과하다고 주장한다—과 자신의 '운명'에 대한 진지한 성찰 사이를 분주히 오간다. "언젠가 내 이름과 관련하여 어떤 무서운 기억이, 지구상에 전례 없던 위기의 기억이 떠오를 것이다."

1888년 10월 15일부터 11월 4일까지 3주도 안 걸려 쓴 『이 사람을 보라』는 이처럼—뛰어나게, 무시무시하게, 허무맹랑하게, 익살맞게, 장엄하게, 슬프게—금방이라도 붕

괴될 것처럼 위태롭다. 니체가 신경쇠약 직전에 쓴 편지들을 보면 잠시 빛이 깜박이는가 싶다가도, 다음 문장의 의미 없고 모호한 말들에 의해 그 빛은 이내 소멸하고 만다. 1월 5일, 별안간 정신이 명료해진 니체는 야코프 부르크하르트●에게 "나는 역사 속의 모든 이름이다."라고 쓴다. 나는 이 말의 의미를 모르지만, 이 말을 처음 접한 때를 기억한다. 전사자들 이름이 빼곡히 열거된 제1차 세계대전 기념비에는 이름이 더 이상 기억나지 않는 어느 작가의 글이 새겨져 있는데, 그 글에 이 부분이 인용되어 있었다. 그러므로 니체의 이 글에는 그가 쓴 다른 많은 글과 마찬가지로 예언적 성격이 있거나, 좀 더 미묘하게 표현하면 과거가 끊임없는 메아리의 형태로 존재하게 되는 미래의 어느 시기를 암시하는 예시적 능력이 있는 것 같다.

이것은 니체 자신이 가장 중요한 사상이라고 여긴 영원회귀의 증상이거나 적어도 부작용이다. 니체는 우리가 영위하는 삶의 모든 순간이 영원토록 반복되며 다시 살아지게 될 것이라고 주장했다. 이 개념을 깊이 연구해 보면, 끝은 없다―즉 어떠한 끝도 있을 수 없다―는 결론을 얻게 될 것이다. 영원회귀는 모든 순간이 끝없이 되살아난다고 주장하므로, 니체의 마지막 단계인 희열euphoria―그의 망상과 명료한

● Jacob Burckhardt, 니체가 바젤대학교에서 교수로 재직하던 시절 무척 매료되었던 동료 역사학자이다.

정신이 혼재된—은 순식간에 사라지고, 뒤이어 침 흘리는 산송장처럼 보낸 10년의 기간이 지나가고, 다시 그의 소년 시절이, 지독한 외로움에 시달리던 기나긴 낮과 밤들이, 끊임없는 질병과 두통이, 재개된 희망 이후 번번이 뒤따르는 새로운 절망이, 처참하게 무시당했다는 생각(그리고 이에 수반하는 팽창하는 과대망상증)이 찾아올 것이다. 끝없이 돌아가는 이 회전목마에 포함되지 않는 단 한 가지는 마침내 그가 사후에 얻게 될 세계적인 명성과 영향력에 대한 확인, 즉 가장 깊은 망상에 빠진 순간까지 포함해 자기 자신에 대해 예언한 모든 것이 실현될 것임을 알게 되는 만족감이리라. 혹시 그 만족감을 얻지 못함으로써 얻게 되는 이익도 있을까? 히틀러가 의례상 그의 문서보관소에 방문하던 날, 엘리자베트가 오빠의 지팡이를 그에게 선물한 1933년 11월 2일에 대한 모든 일들을 니체는 알지 않아도 될 것이다. 니체는 『이 사람을 보라』에서 누이동생 엘리자베트가 계속해서 출현할 가능성이 영원회귀에서 "최악의" 측면이라고 썼다.

42

많은 비평가들, 특히 학자들은 영원회귀 사상을 당혹스럽게 여겨 왔다. 밀란 쿤데라는 니체 자신이 '신비롭다'고 여기는 이 "광기어린 신화"에 대해 다른 철학자들 역시 "당혹스러워했다"고 지적한다. 나는 철학적 훈련이 부족하지만, 매우 자연스럽게 이 사상에 흥미를 가졌다. 역설적으로, 무엇보다 영원회귀 사상은 우리에게 오직 한 가지 삶만 존재한다고 주장한다. 이 말은 이번 삶에 매여 완전히 봉인된 우리 존재에 다른 대안은 주어지지 않는다는 의미다.

즉, 사후 세계는 없을뿐더러, 결정적으로, 죽음을 피할 탈출구 또한 없으며, 아무리 끔찍한 삶일지라도 언젠가는 끝이 있고 다 지나갈 것이라고 주장함으로써 상황을 가볍게 여길 수 있는 방법 또한 없다. 증명할 수는 없지만, 이따금, 언제나 예기치 못한 순간에, 우리는 이 삶을 이전에 살아본 적이 있다는 어렴풋한 느낌을 갖는다(그리고, 니체에 따르면, 앞으로도 계속해서 이런 느낌을 갖게 될 것이다). 이것은 내가 니체에 대해 처음으로 깊은 인상을 받은 부분 가운데 하나다. 영원회귀 사상을 통해 데자뷔 감각―순간적으로 스치는 예감인 동시에 기억―을 설명하는 내용이었다. 데자뷔의 가장 이상한 측면은 그 감각이 항상 우리가 그렇게 인식한 순간보다 약간 더 오래 지속되어, "나 방금 데자뷔를 느꼈어."라고 말하는 순간까지 포함된다는 점이다. 그리하여 우리는 마치 삶의 끝없는 고리 안에 갇힌 것처럼 그 순간의 고리에 잠시 갇히게 된다.

영화 〈사랑의 블랙홀〉(1993)은 영원회귀 사상의 전제를 건드리지만, 여기서는 시간이 지나고 반복이 거듭될수록 조금씩 상황이 개선되고 학습도 가능하다. 이 사상을 영화적으로 가장 잘 표현한 작품은 크리스티안 마클레이의 〈시계 The Clock〉(2010)다. 여기서는 24시간이 영원히 정확히 똑같이 반복되며, 도중에 몇 차례 절정이 있지만 정각에도, 정오에도, 심지어 하루의 끝인 자정에도 피날레는 찾아오지 않는다. 멈추는 일도 없다. 자정이 지나는 순간 동일한 하루―8만 6천 초의 동일한 무한 루프―가 이미 다시 반복되고 있다.

43

토리노는 여러 가지 이유로 내가 늘 다시 찾게 되는 도시 중 한 곳이다. 처음 이곳에 머물렀던 1990년대 초에는 도착하자마자 니체가 살았던 카를로 알베르토 광장으로 향했다. 광장 벽에 걸린 명판에 새겨진 글을 대충 번역하면 다음과 같다.

> 이 집에서
> 페데리코* 니체는
> 미지의 것에 도전하는
> 정신의 충만함,
> 즉 영웅을 이끄는
> '권력에의 의지'를 알았다.
> 자신의 위대한 운명과
> 천재성을 증명하듯, 이곳에서,

---

* Federico, 프리드리히의 이탈리아식 이름.

그는 그의 인생의 책

『이 사람을 보라』를 썼다.

1888년 봄 /가을

창작의 시간을

기념하며.

그의 탄생 100주년을 맞이하여

토리노 시는 [이 기념비를] 세웠다.

1944년 10월 15일

    이처럼 이 기념비는 무솔리니(히틀러와 달리 젊은 시절 니체 '전문가이자 추종자'였던) 몰락 이후에 세워졌지만, 여전히 파시슴적 입장에서 그를 기리는 기념물이었다. 그럼에도 어쨌든 기념비가 있기에 나는 이 도시로 돌아올 때면 매번, 때로는 우연히, 이곳을 지나쳤다.

    2013년에 재즈 페스티벌에 참석하기 위해 토리노를 방문했을 땐 그 익숙했던 광장이 대대적인 보수 공사에 들어가면서 잠시 낯설게 느껴졌다. 내가 카를로 알베르토 광장으로 알던 이곳의 모퉁이 건물 일부를 골이 진 청색 울타리가 차단한 것이다. 머피의 법칙에 따라 나는 이 차단막 뒤에 명판이 가려졌을 것이라고, 그러므로 이 순례자는 자신이 간절히 원했던 인증 과정─마음의 여권에 찍는 도장, 카메라 없이 찍는 셀카─을 거부당할 것이라고 예상했다. 그런데 광장으로 들어서는 길모퉁이에서 그 명판을 보게 되었다. 건축 공사로 인한 혼란은 영웅이니 권력에의 의지니 하는 전쟁 당시의 준파시즘적인 과장된 표현으로부터 니체를 해방하기 위해 새로운 기념비가 필요하다는 것을 그 어느 때보다 분명하게 보여 주었다. 이곳에는 니체가 마부에게 채찍질 당한 불쌍한 말을 끌어안은 순간을 묘사한 조각상이 있어야 했다. 사실주의적인 조각일 필요는 없지만, 분명 그 이 사건은 작업을 의뢰할 때 가장 중요한 부분이 될 것이다.

나는 명판 앞에 서서, 조각가들에게 바로 이런 예술 작품을 위한 아이디어를 요청하는 공모전을 구상해 보았다. 머릿속에서는 마치 내가 토리노 시의회의 영향력 있는 의원이 된 것처럼 생각이 돌아가고 있었지만, 바로 다음 순간 이런 주요 사업에 수반되는 복잡한 관료적 절차를 줄이려면 토리노 시장, 아니, 이상적으로는 무소불위의 권한을 가진 독재자가 되는 쪽이 더 낫겠다는 판단이 들었다. 아마도 바로 이 지점에서 권력에의 충동이 드러나기 시작할 것이다. 내가 옳다는 믿음, 그렇게 하는 것 — 광장에 니체의 조각상을 세우는 것 — 이 마땅히 최선의 행적이라는 믿음, 다른 이들의 의견이란 곧 가능한 신속히 무자비하게 짓밟고 뛰어넘어야 하는 방해 요인에 불과하다는 믿음.

어쨌든 니체를 위한 새 조각상을 만든다는 발상은 확실히 괜찮아 보였는데, 왜냐하면 광장 한가운데에 이미 말 조각상이 있었기 때문이다. 주춧돌 위에는 말을 타고 검을 높이 치켜든 장군의 조각상이, 이런 조각상들이 으레 그렇듯 어디로도 가지 않지만 어딘가로 가는 것처럼 보이는 조각상이 있다. 그는 구식의 모자 비슷한 것을 쓰고 이탈리아 리소르지멘토 국립박물관을 마주보고 있다. 유럽 대부분의 주요 도시들과 마찬가지로, 토리노는 이런 조각상들로 가득하다. 이런 식의 삼류 조각상을 세우는 것도 독립국 지위를 획득한 뒤에야 가능한 프로젝트의 일환이자 일종의 보상이지만, 어쨌든 틀에 박힌 이 조각상들은 니체 조각상에 의해 보완됨으로써 더 나은 모습으로 부활하게 될 터였다. 나는 또 다른 의뢰 조건을 떠올리고 있었다. 니체 조각상은 다음과 같은 방식으로 제작될 터였다.

a) 받침대 위가 아닌 지면에
b) 실물 크기로
c) 눈에 띄지 않는 구석에 설치할 것(니체가 거의 완벽한 은둔 속에 사는 동안 지상을 뒤흔드는 작품을 창조했듯이)

이것은 기막힌 아이디어였고 의회도 공감할 터였다. 왜냐하면 이 오래된 조각상이 광장을 장악하고는 있었지만, 광장의 일부는 대중교통("나는 운전하지 않습니다, 기사가 있으니까요"라는 문구를 붙이고 호화로운 설비를 갖춘 버스)과 자전거 이용을 장려하는 환경보호 포스터들의 임시 전시회장이 되어 있었기 때문이다. 토리노는 전체가 평지라서 자전거 타기에 완벽한 도시이므로(그러니까, 무시무시한 자갈길과 치명적인 전차 선로만 없다면), 브래지어와 팬티 같은 옷가지가 널브러져 있는 잔디 위에 자전거 한 대가 가만히 누워 있는 목가적인 풍경을 보여 줌으로써 '자전거를 타면 더 좋은 연인이 된다'고 주장할 만도 했다.

 새로운 니체 기념물—결코 기념이 되지 않을—은 이런 분위기에 발맞추어 우리가 자연의 정복(말에 걸터앉은 군인으로 대표되는)으로부터 자연과의 화해(말의 목을 끌어안은 철학자의 모습을 통해)로 전환했음을 나타낼 것이다. 또한 이 새 기념물은 '영웅'이자 초인 사상의 선포자로 알려진 니체의 명성이(비록 그의 글 어디에도 그가 학대받는 동물들에 관심을 보인 흔적은 없지만) 동정심 많은 인간이자 말과 교감하는 인간의 원형으로 전환되었음을 상징할 것이다. 아이러니한 사실은 채찍질 당한 말은 분명 니체의 개입을 반겼을 테지만 실제로 도움과 연민, 사랑이 필요한 쪽은 가여운 니체였다는 것이다. 내 상상은 어느새 공모전을 조직하고 심사하는 수준을 넘어서 버렸다. 만약 독재자들이 그러는 것처럼 내가 직접 제안서를 내서 만장일치로 우승작으로 만들어 버린다면, 아마도 그제야 말과 인간이 서로를 위로하며 포옹하는 조각상을 만드는 작업이 가능하지 않을까 생각했던 것이다. 나는 계속 걸음을 옮겼고, 이 공공사업과 생태도시 재생 프로젝트에 동시에 고무되어 다른 생각은 아무것도 하고 싶지 않았다. 이 조각상을 위한 성대한 개막식과 제막식을, 이어서 그날 밤 늦은 시각, 내가 인내심을 갖고 끝까지 본 적 없는 벨라 타르의 마지막 영화 〈토리노의 말〉(2011) 상영하는 모습을 상상하는 것 말고는.

44

1889년 1월 그날, 카를로 알베르토 광장에서 정확히 무슨 일이 일어났는지는 알 수 없지만, 그런 것은 중요하지 않다. 니체가 채찍질 당한 말을 끌어안았다는 이야기의 사실 여부에 대해 다양한 각색물을 통해 추적을 시도했지만, 신뢰할 만한 목격자와 동시대의 출처를 바탕으로 한 자료들에서는 아무런 증거도 찾지 못했다. 이 사건에 대한 최초의 인쇄 기록은 13년이 지난 뒤에야 나타났다. 그러나 이 이야기는 확증된 사실에 의해 반박되지도 않았다. 여기에는 타당한 면이 있는데, 슈테판 츠바이크의 표현대로 니체의 고독이 그를 비극적인 모노드라마 같은 자기 인생의 "유일한 목격자"로 만들었기 때문이다. 우리는 진실을 유지하는 신화의 영역 안에 있다. 그날 일어났던 일에 대한 이 해석은 그것이 만들어 낸 현실에 부합한다. 그날의 사건을 기념하는 조각상도 그래야 할 것이다.

그리고 또 다른 작업도 이루어져야 한다. 다시 말해, 니체의 업적을 인정하는 한편 그의 처참한 실패, 즉 반 고흐만큼이나 극심한 실패와 운명의 변화에 대해서도 강조해야 한다. 전기 작가 커티스 케이트는 니체가 토리노에 도착하기 몇 년 전 그가 출판한 책들의 운명에 대해 자세히 설명한다. 1886년에 『인간적인, 너무나 인간적인』 1권은 인쇄 부수 1천 권 가운데 절반이 판매되었다. 2권은 인쇄 부수의 3분의 1이, 『방랑자와 그의 그림자』는 인쇄 부수의 5분의 1이 팔린 것에 비하면 높은 판매량이었다(역시 각각 1천 부씩 인쇄되었다). 『아침놀』과 『즐거운 학문』은 동일한 인쇄 부수 가운데 각각 216부와 212부가 판매되었다. 『차라투스트라』는 1, 2권 중 어느 것도 판매 부수가 1천 부를 넘지 못했다. 1914년과 비교하면, 당시 독일 군인들이 전투에 가져갈 수 있도록 인쇄된 포켓 크기의 특별 판형 『차라투스트라』는 15만 부가 인쇄되었다.

잔인한 아이러니는 니체가 정신을 놓기 직전에야 그를 거부했던 독자들이 비로소 그에게 관심을 보이기 시작했다는 것이다. 1888년에 덴마크 학자 게오르그 브라네스Georg Brandes가 그의 작품에 관해 수차례 강연을 진행했다. 욀린은 "갑자기 모든 코펜하겐 시민의 입에서 니체의 이름이 오르내렸다"라고 쓴다. 이는 거의 우스울 만큼 평범한 진술처럼 들리지만, 이 강연들은 결과적으로 니체의 운명을 크게 뒤바꿀 변화의 시작이었다. 온갖 찬사에 굶주렸던 작가는 이 소식을 듣고서야 자신이 전 세계에서 얼마나 널리 읽히는지 그리고 얼마나 높이 평가받는지 인식하게 되었으며, 이는 그에게 충분한 격려가 되었다. "내 독자들 중에는 진정한 천재들도 있다. 빈, 상트페테르부르크, 스톡홀름, 코펜하겐, 파리, 뉴욕 등 전역에서 나는 그들을 발견할 수 있었다." 『이 사람을 보라』에서 자신이 아직 "유럽의 평지인 독일"에서 받아들여지지 않음을 인정하지 않을 수 없었던 그는 『우상의 황혼』에서는 자신을 알아보지 못하는 것이야말로 왜 "독일이 점점 유럽의 평지로 간주되는지"에 대한 확실한 증거라고 보았다. 이 표현은 그가 영원회귀 사상을 처음 떠올렸던 "인간과 시간을 초월한 해발 1천8백 미터"의 높은 봉우리와 극명한 대조를 이루었다. 『즐거운 학문』에서 그는 높은 곳과 낮은 곳이라는 그의 마니교적 이원 대립에 타협의 요소를 도입했다.

> 낮은 지대에 머물지 말라!
> 하늘 높이 오르지도 말라!
> 세상이 가장 아름답게 보이는 곳은
> 중간 높이에서니까.

45

"가장 무거운 무게."

2013년에 토리노를 방문했을 땐 처음 이틀은 비가 내렸지만—엔리코 라바가 금요일 밤 폭우가 쏟아지는 가운데 주요 광장 한쪽에서 연주를 했었다—일요일엔 비가 그쳐 흐리고 따뜻했다. 나는 전날 오후에 폭우의 대가를 치렀고(낭독회의 참석률이 저조했다), 일요일엔 저녁 늦게 런던으로 돌아가기 전까지 하루 종일 시간이 비었다. 재즈에 질린 참이라 질리언 웰치의 〈저지대〉를 들으며 도시를 걸었다. 신중하게 두드리는 드럼 비트가 인상적인 〈저지대〉는 우울함에 대한 노래로("무엇이 내 마음을 이토록 무겁게 하는 걸까?"), 어느 순간부터 우울함에 너무도 익숙해진 나머지 자신이 우울하다는 사실마저 잊게 되고, 열정 없는 이런 상태를 삶에 대한 일상적인 반응이자 삶의 조건으로 받아들이게 된다는 내용을 담고 있다. 이뿐만이 아니다. 이 노래는 우울함을 거의 좋아하게 되고, 그 익숙한 묵직함에 위안을 얻기도 한다. 1883년 봄, 로마에서 체류하며 "그저 삶을 견딜 뿐"이었던 니체의 시간 역시 이와 같았다. 최근 한 전기 작가가 토리노를 두고 "그가 영원히 명랑한 기분을 느끼던 햇살 가득한 고지대"라고 표현한 것과는 정반대였다. 비록 아직 남아 있는 가능성들—탈출, 연애, 새로운 전망들—이 손짓하고 있긴 하지만, 이에 대해 로런스는 "**시간**의 새로운 방향으로 미세한 바람이 불고 있다"고 황홀하게 선언할 수 있었던 반면 당황한 웰치는 그저 이렇게 물을 수 있을 뿐이다. "이 낯선 시간 감각은 무엇일까?" 자신의 상황이나 틀어진 일에 대해 다른 사람을 탓하는 것이 우울증의 증상이라면, 웰치가 "그것은 어느 누구의 잘못도 아닌 나 자신의 잘못"이라고 인정하는 모습은 회복할 가능성이 있다는 신호일 것이다.*

비록 마지막 부분에 고양감, 다시 말해 니체가 『즐거운 학문』에서 찬양했던 회복으로 이어지는 도약—"미래에 대한 갑작스런 감각과 기대"—은 나타나지 않지만, 이것은 노

• (원주) 이런 모습은 딜런과 크게 다르다. 딜런이 부르는 러브레터는 수신자가 도저히 좋아할 수 없는 찬사로 악명이 높다. 노래에 열거된 내용에 따르면, 당신이 아무리 매력적일지라도 딜런은 항상 당신을 탓할 것이다.

래이고, 특히 질리언이 데이브 롤링스와 사랑스러운 조화를 이루며 부른 노래인 만큼 그 노골적인 체념에는 아름다움과 그것을 암시하는 모든 것을 받아들이겠다는 최면 같은 안도감이 담겨 있다. 노래는 저지대에 머무르는 동안에조차 저지대를 잊어버릴 수도 있음을 드러낸다. 나는 도시를 걷고 있었고, 이렇게 노래 한 곡을 반복해서 들을 때면 으레 그렇듯이 이 노래가 내 상태를 정확하게 묘사하는 것 같았다. 노래와 배경 덕분에 기분이 고양되는 것 같긴 했지만.

46

1888년 5월 23일, 니체는 브라네스에게 이렇게 썼다. "이따금 나는 내가 살아 있다는 것을 잊는다네."

이것은 지극히 평범한 마음 상태에 대한 탁월한 관찰인 것 같다. 건강의 특징 중 하나가 건강하지 못하고 아플 때만 건강을 의식하게 되는 것이라면, 우리는 살아 있다는 사실을 의식하지 못한 채 삶의 많은 시간을 보낼 것이다. 로런스는 이와는 정반대로 이렇게 주장했다. "온전히 사는 것이야말로 살아야 할 유일한 이유이다." 비록 병이 들었지만, 로런스는 다시 건강해질 수 있는 능력이 다할 때까지 이 신념

당신이 그저 친구일지라도("너는 참 뻔뻔했어") 언제나 잘못은 당신에게 있고, 당신이 그를 배신했으며("너의 손길로"), 그가 쓰러졌을 때 비웃으며 서 있었고, 그의 앞길을 가로막는다 등등.

을 잃지 않았다. 토리노에서 니체는 이런 믿음이 사라져 가는 것을 의식했다. 그는 1888년 7월 4일에 친구 오버베크*에게 이렇게 썼다. "생명력이 더 이상 온전하지 않다네."

47

나는 2017년 11월에 다시 토리노를 찾았고, 이전까지 그런 오후의 빛을 본 적이 없었다. 너무도 연약하고 예리해서 건물 하나하나가 무척 인상적이면서도 비현실적으로 보였다. 아케이드와 광장은 원근법적으로 뒤로 물러나 있어서 모든 특징들이 완벽하게 드러났다. (그때 나는 구름에 덮여 지친 빛으로 가득한 런던이 아닌 로스앤젤레스에서 왔기 때문에 파란 하늘이 낯설지 않은데도 매우 인상적이었다.) 저 멀리 하얗게 펼쳐진 알프스는 지구상 어디에서도 이보다 더 또렷한 시야를 상상할 수 없을 만큼 선명했다. 무한을 측정할 수 있는 날이 있다면 이날이 그날이었다. 서정성은 은은하게 번지는 빛의 잔영, 희미하게 퍼지는 소리의 잔향을 남기는 경향이 있다. 그러나 이날의 빛은 달랐다. 그것은 절대적인 서정성이었다.

1888년 4월 니체가 토리노에 도착했을 땐 날씨가 궂었

• 신학자이자 니체의 지적 동반자였던 프란츠 오버베크 Franz Overbeck를 말한다.

지만, 이내 "한 도시가 빛을 통해 이토록 아름다워질 수 있으리라고는 상상도 할 수 없었다"고 말할 정도로 좋아졌다. 10월이 되자 "날마다 한없이 완벽하고 햇빛 찬란한 새벽이 찾아오는" 장엄한 날씨가 오래도록 이어졌다. 『이 사람을 보라』에서 니체는 무한성을 투영하여, 매일 동일하게 이어지는 무한한 완벽함을 표현한 클로드 로랭의 풍경에 이 도시를 비유했다. 니체가 한 친구에게 편지로 썼듯이 그것은 "아름다움과 빛의 진정한 기적"이었다. 서서히 어두워지는 정신의 황혼 속에서, 차츰 짧아지는 정신의 낮 속에서 끝없는 가능성들을 비추며 타오르던 그의 빛.

48

"물리적인 도시의 형이상학적 거리에서……"

2019년 7월, 또 다른 공연 일 등으로 다시 토리노에 와서 하룻밤 머물렀다. 여러 차례 일정이 지연되는 바람에 자정이 지나서야—행사가 끝나고 행사 후 만찬과 만찬 후 술자리까지 다 끝난 뒤에야—호텔에 도착했다. 도시를 제대로 둘러보지 못했기 때문에, 나는 숙소에 짐을 풀고 다시 밖을 나섰다. 여행자 특유의 결연한 무목적성을 갖고 혼자서 거리를 거니는 몇몇 사람들을 제외하면 도시는 한산했다. 이들 중 누군가와 내가 천천히 분수를 향해 다가갔을 때는 마치 우리 둘이 허공을 유유히 표류하고 있는 것 같았다. 우연한 만

남과도 같은 이 상황을 위협하는 것은 아무것도 없었다. 이따금 눈에 띄는 사람의 존재는 데 키리코의 그림 속에 깃들어 있는 것과 같은 공허함을 더할 뿐이었다. 예술가의 작품 속을 걷는 듯한 강렬한 느낌을 받은 적은 비토리오 베네토 광장을 거닐던 그날 밤이 처음이었다. 평소에는 현실에서 몽환 속으로 빠져드는 과정을 수많은 인파가 가로막고 있었기 때문에, 토리노에 데 키리코의 그림과 같은 분위기가 있다는 것을 전혀 인식하지 못했었다. 하지만 이제 도시는 어느새 그렇게 바뀌어, 원근법과 꿈들이 만들어 낸 그림자들이 도처에 드리워졌다. 늦은 오후처럼 따뜻했는데, 그 따뜻함 역시 데 키리코가 그린 형이상학적 도시를 말할 때 종종 언급되는 낮의 일부였다. 낮의 '시간'이 아닌 '일부'라고 표현하는 이유는 다양한 시곗바늘들이 특정한 숫자를 가리키지만 시계가 움직인다는 느낌, 시계가 시계 화면을 돌 수 있다는 느낌이 들지 않기 때문이다. 무의식에는 시간이 없는데 시곗바늘이 어떻게 움직일 수 있겠는가? 기차들이 있지만―아니 항상 동일한 기차처럼 보이므로, 기차 한 대라고 해야 할까―그것들은 정시에 운행되기는커녕 오히려 시간을 붙잡고 있는 듯하다.

데 키리코는 스물한 살이던 1910년에 친구에게 이렇게 썼다. "나는 니체를 진정으로 이해하는 유일한 사람이야. 내 모든 작업이 이를 증명하지." 니체의 독자들이라면 누구나 인정할, 우리 모두의 공통점 중 하나는 바로 오직 나만이 니체를 이해한다고 주장하는 것이다. 이런 느낌이 들지 않는다면 니체를 공부했을지언정 결코 경험하지는 못한 것이다.

데 키리코의 그림 「토리노의 봄Turin Spring」(1914)에는 카를로 알베르토 광장이 묘사되고, 기마병 동상이 무언가에 대한 전조인 듯 어렴풋이 드러난다. 혹시⋯⋯ 니체의 몰락에 대한 전조일까? 우리는 실제로 그것이 무언가의 전조가 되길 바라고, 더구나 데 키리코의 그림에서는 모든 사물이 불쑥 나타난다. 원근법은 우리로부터 멀어질 뿐 아니라 우리를 향해 다가오는 것처럼 보이기도 한다. 하나의 소실점에서 수렴하는 대신 불확실한 시점들이 계속해서 출현한다. 우리는 보고 있지만, 우리가 보는 모든 것 또한 우리를 보고 있다는 느낌, 침범당한 느낌이 든다. 1913년에 데 키리코는 이렇게 썼다. "침묵과 고요가 절대적으로 지배했다. 모든 것이 신비롭고 의문을 품은 눈빛으로 나를 응시했다." 이때 그는 베르사유의 어느 오후를 생각하고 있었지만, 보는 이와 보이는 이 사이에 오가는 감정은 이른바 많은 형이상학적 회화들의 특징이기도 하다. 그는 "모든 것 안에서 눈을 발견해야 한다"고 충고하는 한편, "모든 것을, 심지어 인간조차 사물로 보아야 하며, 이것이 바로 니체의 방식이다"라고 강조했다. 그럴지도 모르지만, 데 키리코의 원근법적 수렴 효과를 가장 잘 환기하는 것은 괴테의 구절이다. "가까이 있는 모든 것은 멀어진다." 그 반대도 마찬가지다.

우리는 데 키리코의 그림 속을 영원히 걸어도 우리가 가고 있다고 생각한 곳에 도착하지 못할 수도, 몇 시간 동안 걷다가 주위를 돌아보니 출발 지점이었던 조각상이 불과 몇 미터 뒤에 있는 것을 발견할 수도 있다. 특히나 그가 그린 각각의 그림은 다른 그림에서도 발견되는 세상의 일면을 어렴풋이 보여 주기 때문에, 그 세계에서는 우리가 방향을 가늠하기 위해 의지하는 지형물들이 오히려 우리가 얼마나 길을 잃었는지, 얼마나 철저하게 방향 감각을 잃었는지 더욱 분명하게 알려주는 지표가 된다. 이 그림들을 전부 조합하면 이 이름 없는 도시, '수수께끼'라고 불리는 도시에 대해 어느 정도 완벽한 시각적 지도를 만들 수 있다. (실제로 데 키리코는 수수께끼를 자주 언급하는 경향이 있다. 그의 글은 항상 이것도 수수께끼, 저것도 수수께끼, 다른 것도 수수께끼라서, 그 결과 오히려 글의 수수께끼적인 요소를 상당 부분 희석해 버린다.) 하지만 우리가 보는 것은 다양한 각도에서 관찰되는 몇 가지 기본적인 요소―아케이드, 광장, 아치형 구조물, 동상―가 전부일 수 있으므로, 우리는 여전히 도시의 크기를 짐작할 수 없을 것이다. 그리고 도시의 크기와 관계없이 도시를 떠나는 것은 영원히 불가능할 것이다. 「시간의 수수께끼The Enigma of the Hour」에서 시계는 3시 6분 전을 가리키지만, 한 시간 뒤에 돌아와도 시간과 청록색 하늘은 여전히 동일할 것이다. 그래서 어쩌면 우리는 하루 종일 멀리 떠나 있었던 것처럼 생각하게 될 수도 있다. 그렇게 되면 얼마나 멀리까지 걸어 왔는지 확신을 잃을 것이다. 보통 시간과 공간은 서로 의존하지만―정확히 말하면, 우리가 하나를 다른 하나에 비추어 참조하며 그 둘에 의지한다―데 키리코의 그림에서는 이것이 불가능하다. 어느 곳이나 항상 같고 시간은 언제나 지금이다.

49

니체가 데 키리코에게 영향을 미쳤음은 의심할 여지가 없다. 데 키리코는 "정신적 힘과 회화적 구성에서 지금까지 인간의 예술에서 시도된 모든 것을 뛰어넘는" 형이상학적 예술을 발견했고, 그 전례 없는 중요성은 차라투스트라의 창조자가 사용한 어조를 똑같이 모방하며 회고적으로 선언된다. 그의 글은 니체에게서 비롯한 문구, 직관, 상징으로 가득하다. 마치 꿈의 공간과도 같은 그의 도시는 "영원과 무한의 차원, 선, 형태"로 가득하다. 장소에 대한 그의 묘사에서 우리는 영원회귀에 상응하는 시각적인 무언가를 직관하도록 끊임없이 권유받는다. 그는 「화가의 명상록Meditations of a Painter」에서 이렇게 쓴다. "아케이드는 영원히 이곳에 있다. 오른쪽에서 왼쪽으로 드리워진 그림자도, 망각을 일으키는 신선한 바람도. 신들은 모두 죽었다." 데 키리코는 1910년 피렌체에서 그에게 분명해진 무언가를 표현하는 데 완벽하게 성공했다. 그는 "니체에게서 발견한 강렬하고 신비로운 감정 즉 이탈리아 도시들의 아름다운 가을 오후에 느껴지는 멜랑콜리"를 분명하게 드러낸다. 사실 나는 그의 그림들에서 니체의 사상을 전혀 찾아볼 수 없다. 니체의 사상이 그림을 구상하는 데 영향을 미친 요소 중 하나라고 해서 완성된 캔버스 자체에 그 사상이 고스란히 드러나는 것은 아니다. (물론 그것이 나쁘다는 것은 아니다.) 심지어 시간 속에서 길을 잃거나 좌초하는 감각조차 오히려 『의지와 표상으로서의 세계』에서 쇼펜하우어가 환기한 영원한 현재—"현재만이 모든 삶의 형태다."—의 발현처럼 보인다. 데 키리코는 우리를 니체에게로 안내하고, 거기 드리운 니체의 긴 그림자는 교육자이자 영향력 있는 인물, 우리가 왔던 곳으로 우리를 되돌려 보내는 거울인 쇼펜하우어를 가리킨다. 불가피성의 느낌은 영원회귀의 증상일 수 있지만, 그것과 별개로, 그리고 그림들에 토리노의 많은 건축적 특징들이 포함되어 있다는 사실과 별개로 니체는 암시적인 존재로만 남아 있다. 그러니까, 우리가 영원회귀를 더 냉소적인 시각으로 보지만 않는다면 말이다.

50

소설 내용에 따르면, V. S. 나이폴은 윌트셔의 시골집에 살던 어느 날 데 키리코의 그림 열두 점이 아주 작게 복제된 소책자 한 권을 우연히 발견했다. "이따금 신비로운 느낌이 가볍게 가미된" 그림들은 그에게 별다른 인상을 남기지 못했지만, 「도착의 수수께끼 The Enigma of Arrival」라는 제목 때문인지 그림 한 점이 그의 주의를 사로잡았다. 장면은 지중해 혹은 고대 로마 시대의 선창이었다. "이 장면은 (오려 낸 것 같은 모양의) 벽과 입구 너머로 고풍스러운 선박의 돛대 상단을 드러내 보여 준다. 전경에는 아무것도 없는 텅 빈 거리에 두 인물이 서 있다. 둘 다 옷으로 온몸을 감싸고 있으며, 한 사람은 아마도 방금 도착한 이방인일 것이고, 다른 한 사람은 아마도 이 포구의 현지인일 것이다. 이 장면은 황량함과 신비로움을 자아내며, 도착의 신비를 이야기한다."

그림을 본 나이폴은 이 의아하고 묘한 장면을 글로 써야겠다고 생각했다. 그는 한 남자가 고대 로마 시대의 항구에 도착해 옷으로 온몸을 두른 인물들을 지나 "입구인지 문인지" 모를 곳으로 향해 다가가는 모습을 상상했다. 문을 열고 안으로 들어서면 그는 북적거리는 도시의 소음과 삶에 집어삼켜질 터였다. 여행자는 차츰 자신이 어디로도 갈 수 없다고, 이곳에서 달아나야 한다고 느낀다. 어느 순간 그는 문 앞에 다다라 문을 열지만 자신이 도착했던 선창으로 되돌아오며 "오려 낸 듯한 벽과 건물 들 너머에 돛대도, 돛도 없다"는 사실만 발견할 뿐이다. "고풍스러운 선박은 사라졌다. 여행자는 이곳에서 생을 마쳤다."

나이폴은 이 이야기를 쓰지 않았다. "이야기라기보다 스케치에 가까운" 이야기였다. 이후 그는 "8~9개월 동안" 『자유 국가에서』를 집필하면서 어쩌면 이 이야기에 담긴 불안들 혹은 두려움들의 흔적이 『자유 국가에서』에 드러나 있을지 모른다는 것을 깨닫는다. 2년 동안 다른 책을 집필했지만 "책을 의뢰한 출판사를 흡족하게 만들지 못한 재앙"을 겪은 이후의 일이었다. "마침내 나는 무너졌다." 나이폴은 이렇게 쓴다. "내 정신은 부서졌다." 이 일련의 경험들을 허구적으로 구성한 그의 작품 속에는 이 시기가 정확히 드러나 있지 않지만, 어느 정도의 오차를 감안하면 대략 1970년으로 추정된다. 다시 그 이후, 그가 데 키리코의 그림을 본 지 아주 많은 시간이 흐른 뒤, "이 작품의 구상이 내 삶에서 다시금 떠올랐다. (……)「도착의 수수께끼」이야기의 또 다른 버전으로." 이 작품은 1987년에 출간되었다. 그림과 같은 제목을 달고, 그림의 일부를 표지에 실은 '다섯 개 장으로 이루어진 소설'이었다. 위의 인용문들은 모두 2장 '여행'의 도입부에서 발췌한 것이다.

51

데 키리코는 아흔 살까지 살았지만 1919년 무렵 이후로는 별다른 작품 활동을 하지 않았다. 명성을 안겨 준 지속적인 창작 기간이 그리 길지 않았기에—1910년부터 10년이 채 되지 않았다—이후로 그는 상당히 긴 기간 동안 생계를 유지하면서 작품 활동을 해야 했고, 그런 시기가 길어지다 보니 때로는 자신의 작품을 위조하며 시간을 보내기도 했다. 이미 1924년에 그는 「불안하게 하는 뮤즈들The Disquieting Muses」의 '복제본'을 원본 소유자가 요구했던 가격의 3분의 1도 안 되는 금액으로 폴 엘뤼아르와 그의 아내를 위해 제작했다. 이것은 시작에 불과했다. 로버트 휴스가 평론을 쓴 1982년 현대미술관MOMA 전시 도록에는 「불안하게 하는 뮤즈들」의 복제본 18점이 추가로 포함되어 있는데, "모두 1945년에서 1962년 사이에 제작된"것들이다. 휴스에 따르면 "이탈리아 미술상들은 마에스트로의 침대가 지면에서 1.8미터 정도 높이 떠 있었다고 말하곤 했는데, 그가 계속해서 '찾아낸' 초기 작품들을 모두 그 아래에 보관하기 위해서였다." 데 키리코의 형이상학적 회화 이후 시기의 작품을 복원하기 위해 다양한 시도들이 이루어졌지만—예를 들어 테이트 갤러리의 전시와 도록 『온 클래식 그라운드On Classic Ground』를 통해—이러한 시도들은 의도치 않은 효과를 불러 왔다(이런 일은 종종 일어난다). 그들이 약화하려 했던 합의를 공고히 하거나, 후기 작품에 대한 지금까지의 공통된 평가가 오히려 지나치게 관대했다는 증거를 제공하게 된 것이다.

52

그러므로 나이폴이 포기한—시도조차 하기 전에 포기한 것으로 보이는—이야기 혹은 우화는 결국 데 키리코의 경력을 매우 정확하게 묘사했다고 볼 수 있다. 그는 형이상학적 장면을 뒤로 하고, 고전적 탁월함이 가득한 세계로 들어간 다음, 다시 형이상학적 회화로—자기 복제의 형태로—돌아가려 시도한다. 그러나 배는 떠났다. 미술사는 이미 다음 단계로 넘어갔고, 그는 초기 그림들에 담겨 있던 기이하고 고요한 에너지를 되찾을 수도, 새롭게 만들 수도 없다. 그는 뒤처진 채 고립된다. 그의 창조적 삶은 지나가 버렸기에, 그는 이런 장면들을 구상했던 예술적 경지의 순간을 재현하며 시간을 보내면서도 그 시기에 그린 그림들이 계속해서 자신의 주요 업적으로 평가받고 있다는 사실을 받아들이지 못했고, 그 상태로 자신의 그림들을 복제하는 운명에 처하게 됐다.

바로 여기에 영원회귀에 대한 암시가 있다. 문제는 데 키리코의 초기 성공이 완벽하다는 데 있다. 인기, 가치, 비평가들의 찬사라는 측면에서가 아니라, 그가 세계를 빈틈없이 철저하게 재현했다는 점에서 말이다. 배와 기차는 환상적인 사물이면서(따라서 어디로도 떠날 수 없다) 동시에 너무나도 사실적인, 영원히 거기 있는 사물이다. 그의 그림으로부터 빠져나갈 길은 없다. 그의 그림들은 프레임에 의해 완벽하게 둘러싸인 세계를 재현하지만, 그 세계는 프레임을 훨씬 넘어서서 또 다른 광장까지, 나아가 의식의 가장자리까지 확장된다.

53

나이폴은 자신이 어떻게 트리니다드에서 런던으로, 제국의 변방에서 대도시 중심으로 오게 되었는지, 그리고 그곳에서 어떻게 (자신의 아버지는 결국 이루지 못했던) 위대한 작가가 되었는지를 모든 책에서 계속 되풀이해 썼다. 재능, 훈련, 극도의 직업적 헌신. 얼마 지나시 않아 이 이야기는 나이폴에게 단 하나의 이야기, 다시 말해 다른 모든 이야기들—사실상 그의 모든 소설들이 다루었던 이야기들을 포함해—을 포괄하는 이야기가 되었다. 그의 후기 소설 가운데 『작가의 사람들 A Writer's People』(2007)은 회상과 반성이 다소 냉담하게 결합된 작품이다. 여기서 그는 앤서니 '토니' 파월과의 우정에 대해 이야기한다. 파월은 어린 나이폴에게 매우 친절하고 관대했다. 파월의 사망 후 나이폴은 한 문학 주간지로부터 파월에 관한 글을 기고해 달라는 의뢰를 받았다. 그는 파월의 저서들에 대해 거의 알지 못했고 그 책들을 읽기엔 너무 바빴기 때문에 의뢰를 거절해야 했지만, "파월에 관한 글을 쓴다는 생각에 매료되어 편집자에게 조금 기다려 달라고 부탁했다." 얼마 후 그는 제대로 마음을 먹고 『시간의 음악에 맞추어 춤을*A Dance to the Music of Time*』* 중후반부 여섯 권을 연속으로 읽어 나갔다. 결과는? 나이폴은 "경악"했다. "서사 기법이랄 것이 없다. 터무니없는 실패작이다." 그는 생각한다. 어쩌면 "지금껏 우정을 지속할 수 있었던 이유는 내가 그의 작품을 검토해 보지 않았기 때문"이라고.**

54

약 10년 전(날짜를 확인해 보니, 정확히는 14년 전이었다), 나는 파월의 책 5권『카사노바의 중국식 레스토랑*Casanova's Chinese Restaurant*』다음으로『시간의 음악에 맞추어 춤을』을 읽다가 포기했다. 무려 1천2백 페이지를 읽어 냈으니 내가 파월에게 기회를 주지 않았다고 말할 사람은 없을 것이다. 내 장인어른은 사실상 그렇게 말하긴 했지만 말이다. 파월은 그 작품이 6권부터 본격적으로 시작한다고 주장했으니, 만

- 파월이 쓴 대하소설로, 1951년부터 1975년까지 총 12권이 출간되었다.
- (원주) 파월은 오만하기로 유명했는데, 몹시 추운 1월 어느 날, 파열된 수도관을 수리하기 위해 파월 씨 댁에 찾아온 배관공이 눈치 없게도 파월을 '로웰Lowell'이 아닌 '타월towel'과 운을 맞추어 발음했다는 이유로 그를 문전박대했다. 그러나 상류층 출신이라는 영원하고 견고한 이점과 탁월한 문학적 재능을 갖춘 나이폴 또한 오만하기로 둘째가라면 서러운 사람이었다. 따라서 그는 명예 학위 수여식에서 파월과 "그의 아내 바이올렛이 자신의 사진을 여러 장 찍어 주었고, 그들은 특히 이류 시인 필립 라킨과의 만남을 즐거워했다"고 전한다. 이건 오만함이 너무 심한 거 아닌지.

일 내가 『친절한 사람들』(6권)을 끝으로 포기를 선언했다면, 그는 7권 『뼈의 계곡』을 계속 읽어 보라고 했을 것이다. 나는 이 대하소설이 본격적인 이야기에는 영원히 들어가 보지도 못한 채, 이런 식으로 끝도 없이 이어질 것 같다는 인상을 받았다. 재치도 재미도 없었고, 시간 낭비와 거의 동의어인 시간 때우기에 용이하다는 점을 제외하면 장점이라고는 눈곱만큼도 찾아볼 수 없을 것 같았다. 파월의 지루한 이야기는 애초에 상류층을 배경으로 한 데다 에너지 절약 모드로 맞추어져 있어서 최소한의 노력으로도 12권에 걸친 방대한 분량을 뽑아 낼 수 있었다. 등반가들이 정상에 가까워질수록 고산지대의 희박한 공기로 인해 더 많은 노력이 필요할 때를 대비해 베이스캠프를 출발할 때 일정한 속도를 유지하는 것 같은 그런 의도는 전혀 느껴지지 않았다. 아주 약간 경사졌을 뿐 내내 평지인 길을 꾸물꾸물 나아갈 게 분명했다. 나는 계속 읽을 기분이 나지 않았다. 그만두었을 때 유일하게 후회한 것은 더 일찍 포기하지 않은 것, 아니 아예 시작조차 하지 않은 것이었다.

그러나 무슨 이유에서인지, 코로나 봉쇄 기간이 『시간의 음악에 맞추어 춤을』에 다시 한번 도전해 볼 절호의 기회일지 모른다는 생각이 들었다. 특히 페리 앤더슨이 2018년 『런던 리뷰 오브 북스』에 파월에 관해 2부에 걸쳐 기고한 에세이가 떠올랐다. 그러고보니 그때도 1권 중반쯤 읽다가 포기했었다. 이 말은 즉 그의 책을 처음부터 다시 시작해야 한다는 뜻이었다. 앞 책의 여운이 머릿속에 충분히 생생하게 남아 있는 동안에만 나머지 시리즈의 모든 분위기를 제대로 감상할 수 있으니 말이다. 그래서 나는 이전까지 전혀 즐기지 못했던, 나머지 일곱 권도 계속 읽을 이유가 없다고 믿게 만들고 그 한 번조차 읽지 말걸 싶었던 1천2백 페이지 분량의 소설 다섯 권을 다시 읽기 시작했다. 여기에는 어떤 의도적인 무의미함이 있었고, 그것은 봉쇄 조치가 불러낸 더 폭넓은 감정과 완벽하게 조화를 이루었다.

나는 다시 포기했고, 이번엔 고작 세 권을 읽은 뒤였다. 그의 책들은 오히려 처음보다 더 철저히 장점이 사라진 것 같았다.

55

지금까지의 이야기는 파월을 진지하게 비평적으로 재평가하기 위한 서막이 아니다. 이 책의 더 큰 주제인 포기의 한 부분, 즉 '포기한 독서'를 소개하기 위한 것이다. 나는 『특성 없는 남자』, 프루스트(7권 중 1권, 두 번), 『카라마조프가의 형제들』(방금 확인해 보니 2012년에 볼로냐의 어느 음식점에서 받은 영수증 한 장이 80쪽과 81쪽 사이에 끼어 있었다. 좀 더 최근에 읽었더라면 더 잘 읽지 않았을까 싶다), 『대사들』(어째서인지 매번 문장을 읽고 있노라면 자꾸만 돋보기 도수가 낮아지는 것 같은 흐릿하면서도 강한 확신에 사로잡히곤 했다), 그리고 포크너의 작품 대부분을 여러 번 포기했다. 스무 살에 『팔월의 빛』을 읽은 것 같은데(메모에 그렇게 나와 있다), 예순 살엔 50쪽까지 읽고서 또다시 읽기를 포기했다.『소리와 분노』를 포기하기는 아주 쉬웠다. 세 쪽만 읽어도 절대 완독할 수 없으리라고 확신하기에 충분했다. 나는『소리와 분노』가 2부부터, 혹은 이상적으로는 전체를 두 번째 읽을 때 비로소 훌륭한 작품이라는 것을 알게 된다는 사람들의 말을 믿지만, 1부를 한 번에 완독하는 방법에 대해서는 거의 듣지 못했다.『특성 없는 남자』와 도스토옙스키의 전작을 20대 초반에 읽었더라면 좋았을 것이다. 이상하게도 책과 독서에 대해 잘 몰랐을 때 어려운 책 읽기가 더 쉬웠던 것처럼 말이다. 도스토옙스키의 경우는 참으로 흥미로운데, 모두가 동의하듯 그는 가장 위대한 작가지만, 그를 읽기에 최적의 시기는 취향이 형성되는 10대 후반인 것 같다. 도스토옙스키 같은 작가들을 읽은 경험에 의하면 그렇다. (우리는 지금 특정 작가와『호밀밭의 파수꾼』이나『캐치-22』같은 책을 통한 성장을 이야기하는데, 어쩌면 작가와 책 들은 어린 시절 집 문틀에 키를 적어 놓은 키 성장 눈금처럼 우리가 스스로를 뛰어넘어 얼마나 멀리 성장하도록 도와주었는지를 나타내 주는 지표인지도 모른다.) 나는 지난 20년 동안 몇 차례 해외여행에『카라마조프가의 형제들』을 챙겨 갔을 뿐만 아니라 이 책에 집중하기 위해 일부러 다른 책은 빼놓기도 했는데, 그 바람에 하는 수 없이 볼로냐에서 가장 가까운 서점의 비싸고 변변찮은 영어 책 코너에서 다른 책을 찾아야 했다. 아무래도 『카라마조프가의 형제들』을 아예 건드리지도 못한 채 무덤에 갈 가능성이 점점 커질 것 같다.

56

 나이를 먹을수록 예술가의 후기 작품이 더 의미 있게 다가올 것이라고들 한다. 나는 베토벤이 후기 사중주 작품들을 작곡한 때와 거의 비슷한 나이에 그 곡들을 진지하게 듣기 시작했고, 그 시도는 나쁘지 않았던 것 같다. 그때도 앞으로도 영원히 그 작품들을 음악적으로 이해할 수 없을 테지만, 다른 방식으로 이해할 준비는 되어 있었다. 스물다섯 살에 나는 『비둘기의 날개』나 『대사들』을 시도조차 하지 않았다. 헨리 제임스의 이런 후기 작품들—어느 학자가 "제임스의 후후기 작품들"이라고 일컬은 작품들은 말할 것도 없고—이나 그보다 더 뒤에 나온 작품들은 일부러 미루어 두었는데, 지금 읽기엔 너무 늦었다.

 지금 나는 내 책장을, 제임스와 조이스를, 대학 시절에 읽었던 판본의 『율리시스』(당시에 단 두 권만 출간되었던 펭귄 모던 클래식 대형 판본 중 한 권으로, 다른 한 권은 카뮈의 『반항하는 인간』이었다)를 보고 있다. 나는 이 책들을 다시 읽지 않을 터이므로 없앨 수도 있다. 물론 절대 그럴 일은 없겠지만. (『피네건의 경야』? 읽지도 않았고 그놈의 것을 다시 펼칠 일도 없을 것이다.) 젊을 땐 결코 읽어 낼 수 없을 것 같았다가 나중에 읽을 수 있게 된 책들과, 젊을 땐 어떻게든 완독할 수 있었으나 나중엔 불가능해진 책들의 비율은 어떻게 될까? 대략 1 대 5 정도일 것 같다. 오랜 세월을 미룬 덕분에 이해력이 향상된 책들의 비율은? 조지프 브로드스키를 처음 시도하고 그에게 완전히 빠져들기까지 4년을 기다렸던 기억이 난다. 하지만 스물네 살부터 스물여덟 살까지의 그 시기는 지금 돌이켜보면 그렇게 긴 기간도 아니었고, 내 독서 인생에서 그런 기간은 늘 있었다.

루이즈 글릭의 경우도 비슷했다. 나는 『시 1962~2012 Poems 1962~2012』가 출간되었을 때만 해도 별다른 진전을 이루지 못했지만, 그녀의 노벨상 수상을 계기로 이 책을 다시 펼쳤고, 그 결과 지금은 그녀의 엄격하게 구현된 의식, 그 쓸쓸한 관능성, 화강암처럼 단단한 서정성 안에 들어와 있다. 작품에서 느껴지는 다가가기 힘든 친밀함은 어느 정도 독자의 망설임을, 적절히 머뭇거리는 반응을 거의 강요하는 듯하다. 두 손에 책을 들고 있으면, 이따금 아버지가 퇴근 후에 자석을 가지고 집에 오시던 때가 생각난다. 빨간 말굽 모양 자석이 아니라 단단한 금속 블록 모양 자석이었다. 그 자석들을 한 방향으로 정렬하면 서로를 향해 다급히 움직이다가 찰싹 달라붙곤 했다. 방향을 바꾸면 자석과 자석 사이의 공기가 눈에 보이지 않는 으스스하면서도 끈적끈적한 성질을 띠게 되었고, 그 힘은 두 손으로 아무리 붙이려 해도 붙지 않을 만큼 강력했다. 글릭의 글에 압도당할 때면 이따금 그런 저항력의 잔재가 느껴진다. 아마도 그 이유는 내가 그녀의 의식 안에 있다고 주장함으로써 오히려 그렇지 않은 방향으로 나아가기 때문인 것 같다. 물론 그녀는 내 의식 안에 있고 내 의식을 확고하게 재구성하고 있지만 말이다. 그런 일은 10대와 20대에는 거의 인식조차 하지 못할 만큼 아주 흔하게 일어났다. 『미들마치』를 처음 읽었을 때의 그 거대하고도 미묘한 효과를 떠올려 보라. 나이가 들수록 그런 일이 정확히 격변처럼 다가오지는 않지만—내가 니체에게 맨 처음 강렬한 충격을 받았을 때처럼—뒤늦게나마 근본적인 무언가가 이루어지는 느낌이 든다. 이런 상황을 가장 잘 설명할 수 있는 방법은 인생이 더 발전할수록 전향할 것이 점점 줄어든다는 시오랑의 현명한 발언을 빌리는 것이다. 지극히 독특하고 심오한 세계관을 지닌 일부 작가들은 한때 전향하고자 하는 충동이 자리했을 우리의 정신적 공간에 지금도 영향을 미칠 정도로 매우 강렬하다. 우리는 전향이 곧 퇴행이며 해당 작가에 대한 어리석은 모욕이 될 것임을 알면서도 그 힘에 반응한다.* 나는 리베카 웨스트(『검은 양과 회색 매 Black Lamb and Grey Falcon』)와 (당연하게도) 애니 딜러드에게 이런 식으로 반응했다.

그리고 주장하건대, 글릭을 사 놓고 제대로 읽지 않은 8년 동안 내 독서 경향이나 전반적인 독서 능력에는 아무런 변화가 없었다. 다시 기간을 연장해 보면, 서른 살에는 읽지 못했지만 지금은 읽을 수 있는 책은 렌 데이턴 Len Deighton 의 『폭격기 Bomber』를 제외하고는 떠오르는 것이 없다. 아마도 그 이유는 종류를 막론하고 어려운 책을 읽어 낼 능력이 높

---

* (원주) 자석처럼 추종자들을 끌어모았던 로런스는 그들에게서 전향의 낌새를 느끼는 순간 곧바로 사이가 틀어지는 경향이 있었다.

아져 전에는 나를 뛰어넘었던 책들을 장악할 수 있게 되어서가 아니라, 이전까지의 엄격한 진입 요건들(문체 및 문학적 가치 측면에서)을 낮출 준비가 되었기 때문일 것이다. 진 리스와 이브 배비츠Eve Babitz의 거의 모든 책들, 메이비스 갤런트Mavis Gallant의 단편들, 저평가된 엘리자베스 보엔과 엘리자베스 테일러Elizabeth Tayler의 소설 몇 권, 래리 맥머트리의 『외로운 비둘기Lonesome Dove』, 제임스 존스의 『신 레드 라인』(테런스 맬릭 감독의 영화와 비교해서 어떻게 다른지 알아보기 위해) 등 나중에 알게 된 작가와 책 들이 있지만, 이 책들을 몇 살에 접했든 나는 즐겁게 읽었을 것이다. 내 독서력이 어떻게, 어떤 식으로 향상되었는지 알 수 있는 확실한 예가 있을까? 셜리 해저드Shirley Hazzard 의 『금성 횡단The Transit of Venus』이 있긴 하다. 이 책을 들여다보니, 처음 섣불리 시도했던 때로부터 내가 걸작을 읽고 있다는 것을 깨닫기까지 1980년대 초반부터 2004년까지 20년 이상의 공백이 있었음을 알 수 있었다. 하지만 2004년은 내 독서 인생의 말년으로 치부하기에는 너무 이른 시기인 것 같다. (나는 방금 이 책을 세 번째 읽었는데도 모든 페이지, 모든 단락에 흐르는 힘 때문에 거의 온몸이 떨릴 지경이었다.) 나는 다시 책장을 훑어보고 있다. 커스터 장군*에 대해 다룬 에번 S. 코널의 책 『샛별의 아

---

* George Armstrong Custer, 미국의 남북 전쟁 당시 북군으로서 인디언을 토벌한 장군.

들 Son of the Morning Star』은 어떨까? 페이퍼백을 받고 읽기까지 30년의 공백이 있었지만, 우편으로 도착하자마자 시작했더라면 무척 즐겁게 읽었을 것이다. 정말이지 그랬다면 좋았으련만. 지금 읽기엔 글자가 너무 작아서…… 유일하게 가능한 후보는 아이비 콤프턴버넷Ivy Compton-Burnett인데, 젊은 시절엔 이해하느라 꽤나 애를 먹었을지 몰라도 그 병적인 코미디에 끌렸을 것이다. 독자들은 그녀가 정말 웃기다고들 하지만 코미디는 정말 알 수가 없다. 다시 말해, 언제 먹힐지는 알아도 뭐가 먹힐지는 결코 알 수가 없는 것이다. 솔직히 말해서 파월의 팬들은 몇 번째 권이든 어떤 파티 장면이든 위드머풀이 자기 머리에 설탕을 붓는 따위의 장면에서 정말로 웃음이 터지는 것일까, 아니면 그 장면이 코믹하다는 것을 인식하는 것만으로도 충분한 보상이 되는 것일까? 무언가가 웃기려 한다는 것을 알면서도 웃고 싶은 욕구가 생기지 않는 것만큼 괴로운 일은 없다. 콤프턴버넷의 소설들은 P. G. 우드하우스의 소설들과 유사하다. 가스파 노에 감독의 영화 〈클라이맥스〉에서 등장인물들은 술에 약물이 섞인 것을 알아차리기 시작한 그 순간 궁지에 몰려 당황하는데, 지브스와 우스터˚는 이런 상황에 자주 직면한다. 이런 두려운 자각은 오직 억압된 광기가 지배하는 계급과 시대가 제공하는 간결한 언어 형태 안에서만 표현될 수 있다. 나는 지

• 우드하우스의 '지브스와 우스터Jeeves and Wooster' 시리즈의 주인공들.

금 권위가 크게 부족한 상태에서 이 말을 하고 있는데, 실제로 최근에야 우드하우스를 시도해 볼 짬을 냈기 때문이다. 나는 실컷 깔깔대며 웃길 고대하고 있었지만, 1백 페이지가 지나도록 한 번도 깔깔대지 못했다. 기꺼이 실컷 깔깔대며 웃어 주겠다던 마음은 이내 깔깔대길 주저하는 마음으로 바뀌다가 아예 깔깔대길 거부하는 마음으로 굳어졌고 더 이상 깔깔대길 포기하고는ㅡ이름이 W로 시작하는 작가들에 계속 머물면서ㅡ대신 조이 윌리엄스의 단편들을 다시 읽었다. 그녀에게서 재미를 발견하지 못한다면, 유머 감각을 가져 봐야 아무런 의미가 없을 것이다. 그녀의 작품을 통해 구축된 하나의 철학적 체계는 세상을 완전히 새롭게 만들겠지만, 그 세상은 개소되기 이전과 정확히 똑같은ㅡ유쾌하고, 끔찍하고, 멋진ㅡ모습일 것이다.

「기차Train」*에서 어린 소녀 다니카는 자신과 제인이 영원히 친구로 남게 될지 친구의 아버지에게 묻는다. 그들은 워싱턴에서 플로리다로 향하는 기차의 텅 빈 '별빛 휴게실'에 앉아 있다. 늦은 시각. 음료는 더 이상 제공되지 않지만, 뮤어헤드 씨는 마지막으로 블러디메리 칵테일을 마시고 있다. 그는 대답한다. "절대로 안 될 거다. 제인에게 친구는 없을 거야. 남편들, 친구들, 변호사들은 있겠지. (……) 네가 여름을 즐겁게 보냈다니 기쁘구나, 댄. 어린 시절도 그렇게

---

* 조이 윌리엄스의 단편소설이다.

즐겁게 보내길 바란다. 어른이 되면 그림자가 드리워진단다. 모든 것이 맑다가도 빌어먹을 이렇게 커다란 날개 같은 게 머리 위를 지나가지." 댄이 기대하던 대답은 아니지만 그녀는 "아"라는 간단한 말로 그의 말을 받아들인다.

책장의 윌리엄스 옆에는 이디스 워튼이 비좁게 끼어 있다. 나는 어릴 때 이디스 워튼을 읽지 않은 것을(물론 충분히 읽을 수 있었지만) 다행이라고 생각한다. 그 날개인지 뭔지 하는 종류의 즐거움이 자주 찾아오지 않는 예순 살에 이 책을 읽은 것이 더없는 기쁨이기 때문이다.

57

더 젊은 시기에 특정한 종류의 책들을 더 읽을 수도 있었지만 사실 그러지 않았고, 이유는 소설을 읽느라 너무 바빴기 때문이다. 우리는 읽고 싶은 종류의 책을 쓰되, 그렇다고 해서 자기가 쓰는 책과 유사한 종류의 책을 읽는 것은 아니다. 우리는 주로 자신이 못 쓰는 종류의 책을 읽는 경우가 더 많다. 가령 로버트 캐러가 1200페이지라는 방대한 분량에 걸쳐 쓴 로버트 모지스•에 관한 전기 『파워 브로커 *The Power Broker*』, 리처드 로즈의 『원자 폭탄 만들기』(천 페이지에 가까

• Robert Moses, 1960년대 미국의 도시 계획가이자 행정가로 뉴욕 메트로폴리탄 지역을 설계했다.

운 분량), 브렌다 와인애플의 『열광하는 국가 Ecstatic Nation』, 윌리엄 로이드 개리슨*에 대한 헨리 메이어의 전기 『모든 것이 불타다 All on Fire』, 질 레포어의 『진실들 These Truths』 등등. 이런 대작들을 읽는 시간은 언제나 유익하다. 많은 것을 배울 수 있다. 하지만 문제는 책을 다 읽고 나면 이 '많은 것들' 가운데 머릿속에 남는 것이 거의 없다는 것이다. '거의 없다'는 때로는 '아무것도 없다'의 완곡한 표현이다. 친구에게 토니 주트의 『전후 유럽』에 대해 떠들어 대다가 중간에 멈칫했던 일이 선명하게 기억난다. 그 책이 제2차 세계대전 이후 세계의 엄청난 역사를 다루었는지(그나마 이 전쟁 부분은 제대로 이해했다) 아니면 단순히 유럽의 역사 전반을 다루었는지 전혀 기억이 나지 않았다. 아, 그래, 이제 기억난다. 유럽 역사다. 그리고 왜 그때 기억이 안 났는지도 기억난다. 나는 주트를 다 읽자마자 라마찬드라 구하의 역사서 『간디 이후의 인도 India After Gandhi』를 읽었고, 그 바람에 유럽과 인도가 잠시 뒤죽박죽 뒤섞였으며, 이 혼란을 틈타 내 머릿속에서는 전후 시기의 전 세계를 포괄하는 일종의 연합체를 만들어 버린 것이다.

　『전후 유럽』을 읽는 과정이 얼마나 힘들었는지도 기억난다. 그 힘든 시간이 자세히 기억나지는 않지만, 분명히 어떤 식으로든 그 시간을 보내기 전보다 더 많은 것을(유럽에

---

* William Lloyd Garrison, 미국의 노예제 폐지론자, 사회운동가, 언론인.

대해서든 다른 내용에 대해서든) 알게 된 기분이었다. 이 지식을 전달하려면 그 힘든 과정을 다시 묵묵히 거쳐야 하겠지만. 아니면 그와 같은 시기나 그 이전 시기를 다루는 더 많은 책들(가령 내가 읽은 이언 커쇼의 『유럽 1914~1949』 등)을 힘겹게 읽어 내야 할 것이다. 이처럼 나이가 들수록 지식을 흡수하는 다른 과정이 만들어진다. 한 접시에 모든 것을 한 번에 담을 수는 없다. 여러 권의 방대한 저서들에서 같은 사건들을 반복해서 읽고, 같은 주제들을 힘들게 파고들어야 한다. 예를 들어 데이비드 W. 블라이트가 최근에 출간한 프레더릭 더글러스*의 전기를 통해 개리슨에 대한 메이어의 설명이 보완되고 수정되는 것이다. 인도의 독립운동에 대해 어떤 설명은 간디의 비타협성을 강조하고, 또 다른 설명은 그의 고무적인 영향력을 강조한다. 어느 책이 주장하는 것을 다른 책은 반박하고 또 다른 책은 그 반박을 다시 뒤집는다……. 하지만 이 과정이 다가 아니다. 무엇보다 지식은 뇌 속에서 중첩되고 교차되며 층층이 쌓여야 한다. 깔개를 먼저 깔아야 그다음에 카펫을 깔 수 있고 그다음엔…… 이런 식으로 계속 이어 가기는 불가능하므로 그다음엔 이 비유를 그만두는 것이 좋겠다. 모든 것은 뇌 속에, 그 깊은 해저에 서서히 퇴적되어야 한다. 그곳은 너무도 어둡고 신비로운

---

* Frederick Douglass, 미국의 백인 아버지와 흑인 어머니 사이에서 노예로 태어난 노예 폐지론자이자 개혁가.

곳이어서 물고기조차 진정한 물고기가 아니라 눈도 뇌도 없는 그저 생물체, 물이라는 거대한 지식의 압력에 눌려 납작해진 존재들일 뿐이다.

58

니체의 분별력이 토리노에서 흐트러지기 시작했다는 징후 중 하나는 그가 무언가를 소원하면 그 소원이 즉시 이루어진다고 믿는다는 것이었다. 그는 어떤 사람을 떠올리기만 해도 그 사람의 편지가 "문틈으로 정중하게" 도착한다고 믿었고, 이 믿음을 근거로 "더 이상 우연은 없다"고 확신하게 되었다. 이는 그가 고통을 겪는 동안 형성된 신념인 '운명애 amor fati'의 연장선이었다. 그가 『차라투스트라』에서 썼던 것처럼, 이로써 모든 "그렇게 되었다"는 "그렇게 내가 원했다"로 바뀌었다.

『마루시의 거상』 결말 즈음에 헨리 밀러는 아테네의 점쟁이에게 안내되어 자기 앞에 커다란 운명이 기다리고 있다는 말을 듣는다. 그 말은 밀러에게 전혀 뜻밖이 아니었다. 오히려 그는 자기 미래를 알아본 예언자의 능력에 깜짝 놀란다. 일 년 뒤 미국으로 돌아와 이 만남에 대해 글을 쓰면서, 밀러는 자기 앞에 닥친 위험과 모든 일들이 예언대로 이루어졌음을 자각한다. "하나의 성취, 하나의 실현이 거의 시계처럼 정확하게 차례대로 일어났다. 사실 나는 지금 거의 두려울 지경이다. 내 과거의 삶과 달리, 내가 그저 무언가를 바라기만 해도 내 소원들이 곧장 이루어진다." 이것은 니체를 대단히 정확하고 완벽하게, 그리고 적절하게 반영한다.•

니체가 그처럼 고양된 상태에서 망상의 가능성을 보여 주었다면, 세상이 자신의 욕망에 따르도록 하는 밀러의 힘은 그에게 대단히 조심스러운 태도를 취하게 만들었고, 이 태도는 그를 신중함 혹은 억제의 상태로 몰아넣을 정도로 강력해졌다. "나는 진정으로 욕망하지 않는 것은 바라지 않도록 주의해야 하는 미묘한 상황에 있다."(이것은 밀러의 오해일지도 모른다. 안드레이 타르콥스키의 영화 〈잠입자〉에서 **방**이 주는 교훈 하나는 우리가 가장 깊은 소망이라고 여기는 것이 실현되는 게 아니라, 가장 깊은 소망이 드러나 보일 뿐이라는 것이다.)

밀러는 점쟁이의 예언을 곱씹으며, "언젠가는 글쓰기를 완전히 그만둘 것이라고, 내가 가장 강력한 힘을 지니고 완전한 경지에 이르렀다고 스스로 느끼게 되는 순간에 자발적으로 그만둘 것이라고" 파리에 있는 몇몇 친구들에게 넌지시 말한 적 있다고 언급한다. 파리의 친구들은 그의 말을 곧

• (원주)『마루시의 거상』을 읽었을 때, 나는 밀러가 니체에 대해 얼마나 잘 아는지는 몰라도 그가 어느 순간 니체에 깊이 심취한 것만큼은 분명하다고 짐작했다. 나중에 나는 밀러가 지금의 내 나이에 발표한『내 인생의 책들 The Books in My Life』을 포함해 그가 말년에 쓴 여러 책들을 찾아보았다. 이 책은 지금 내 책상 위에 놓여 있다. 이 책의 마지막 부분에는 100권의 책 목록이 있는데, 여기서 니체는 특정한 몇 권이 아닌 "그의 작품 전체"로 호명되는 십여 명의 작가 중 한 명이다.

이든지 않았지만 밀러는 "예술에서 삶으로 넘어가겠노라고" 자신했다. "자기-실현의 지점을 넘어서까지 계속해서 글을 쓴다는 것은 무의미하고 강박적으로 보인다. 어떤 표현 형식이 경지에 이르렀다면 그것은 필연적으로 최종적인 표현인 삶의 경지로 이어져야 한다."

뭐, 그에게는 잘된 일이다. 그가 더 일찍 그만두었어도 내겐 상관없었을 텐데, 그건 한편으로는 내가 밀러 읽기를 너무 늦게까지 미루었기 때문이다(케이트 밀렛이『성 정치학』에서 밀러를 읽지 말라고 하도 설득력 있게 권하는 바람에). 나이 예순에 처음으로 밀러를 읽어 보기로 시도하는 것은 스쿼시를 처음 시작하는 것과도 같다. 더 일찍 밀러를 시작했어야 했다. 그의 글에 더 예민하게 영향받을 시기에, 그가 취한 자유로운 소설 형식이 보편적으로 확산되기 전에. 아니, 내가 어렸을 때라고 해도 그렇게 이르다고는 할 수 없을지 모른다. 어쩌면 한두 세대 더 일찍 그를 읽었어야 했을지 모르겠다.

나는『마루시의 거상』을 읽은 직후『북회귀선』을 50쪽만에 포기했고, 그러다 보니『남회귀선』은 시작할 기회조차 없었다.『북회귀선』이 표지에 트레이시 에민의 누드 드로잉이 인쇄된 펭귄 모던 클래식으로 재판되었고, 최근의 자전 소설 유행을 고려했을 때 시기적으로 밀러의 부활이 무르익을 시기가 왔음에도 말이다.『북회귀선』의 지속적인 가치는 아마도 밀러가 제사題辭로 사용한 에머슨의 1841년 일기 중 일부—실망스러운 소설을 읽고 나서 쓴—에서 찾아볼 수 있을 것이다.

이러한 소설들은 머지않아 일기나 자서전에, 마음을 사로잡는 책들에 점차 자리를 내주게 될 것이다. 인간이 경험이라고 부르는 것들로부터 진정한 경험만을 선별하는 방법과 진실을 진실하게 기록하는 방법을 터득하기만 한다면.

59

취향—좋아하게 되거나 싫어하게 되는 것—의 변화는 자의적인 것이 아니다. 특정한 사례가 공유되지 않더라도 개인이 혐오와 애착을 갖는 일반적인 경향은 인구통계학적 기준을 따르는 경향이 있다. 표지판은 다양하지만 전반적으로 향하는 방향은 같다. 예를 들어 내 또래 남자들의 경우 확실히 제2차 세계대전에 치중해 있어서 서점의 군사역사 코너로부터 좀처럼 멀리 벗어나지 못한다. 또한 나는 특정한 어조에 대한 내 혐오감이 꾸준히 커져 가는 것을 의식하기도 한다. 나는 『여인의 초상』을 다시 읽은 후 신시아 오직의 에세이집 『헨리 제임스가 알았던 것 What Henry James Knew』을 다시 살펴봐야겠다고 생각했고, 거기서 그녀가 하는 말을 거의 즉시 알아차렸다. 그리고 내가 "제임스보다 문학적 동기(그리고 모티프)가 훨씬 덜 고상한 시대와 관습"에 속해 있다는 사실을 확인하고 자부심을 느꼈다. 어쩌면 오직은 제임스에 대해 흥미로운 점들을 이야기했는지 모르지만, 제임스의 문투는 워낙 고압적이어서 나는 그의 어떤 부분이 흥미로운지 결코 찾을 수 없었다. 체스와프 미워시의 에세이집 『내가 있는 곳에서 시작하기 *To Begin Where I Am*』를 읽는 동안에도 (좀 더 서서히 일어나긴 했지만) 비슷한 일이 일어났다. 우리는 강연을 들으러 가면 누군가가 장황하게 떠드는 동안 앉아서 그걸 듣게 된다. 그 사람이 높은 위치에서 강연을 하는 것은 괜찮다. 그러나 그가 단상에서 물러나 연단에서 내려오는 순간 연설이 다시 시작되는 것이다. 강연이 끝나자마자 강연을 또 듣고 싶은 사람은 아무도 없다. 미워시의 경우, 그는 자신이 으레 그곳에 살았던 것처럼 높은 위치에서 독자와 대화 같은 것을 한다. 그렇다고 그가 특별히 자기도취적인 건 아니다. 그보다는 높이 인정받는 것에 오랫동안 익숙해진 사람 특유의 거만한 태도에 가깝다. 노벨상을 받은 사람이니 그럴 만하다고 말할 수도 있다. 어떻게 그렇게 생각하지 않을 수 있겠는가? 그가 그렇게 자주 노벨상 언급을 하는데 말이다. 물론 자랑하는 식으로 말하지는 않지만, 그의 생각·성찰·명상은 결국 마틴 에이미스가 (주제 사라마구에 대해 쓴 글에서) 말한 이른바 "노벨상 수상자 풍 Nobelese"으로 무의식중에 표현된다. 고압적인 태도가 습성이 되면서 아침에 차 한잔을 끓이는 것이 아니라 노벨 차를 끓여서 노벨 계란과 노벨 베이컨과 함께 먹는 일이 일어나는 것이다.

 아담 자가예프스키는 그의 책 『약간의 과장 *Slight Exaggeration*』에서, 1990년대 후반 미워시가 자신에게 전화를 걸어

"깊은 우울"이 가득한 목소리로, "내가 평생 한 편이라도 좋은 시를 쓴 적이 있는지 솔직하게 말해 주겠나?"라고 묻던 일을 이야기한다. 만일 전화가 아니라 직접 얼굴을 보고 맥주를 한잔하면서 이런 대화를 나누었다면, 그리고 두 작가가 영국인이었다면, 아담은 정색을 하고 틀림없이 이렇게 대답했을 것이다. "글쎄, 지금 생각해 보니, 체스와프, 그런 것 같지 않은걸." 그리고 그 말은 그의 친구에게 즉시 기운을 북돋워 주었을 것이다.

친구들의 동정 어린 격려 없이 살 수 있는 사람은 없다. 마틴 에이미스의 아버지 킹슬리 에이미스는 1979년에 "제가 미쳐 가고 있다고 생각하시나요?"라고 묻는 라킨의 편지를 받고 즉시 이렇게 답을 보냈다. "넌 절대 미치지 않을 거다." 하지만 내 생각에 라킨은 몇 년 뒤인 1982년에 "별로 좋지 않은" TV 프로그램 출연을 축하하는 오랜 친구의 편지를 받고 훨씬 힘이 났을 것 같다. "테드 휴스, 피터 포터, 존 애시버리* 같은 인간들을 아주 쓰레기로 보이게 만들었더라."

이 구절이 주는 즐거움은 어느 프랑스인 작가가 출연했던 TV 프로그램 녹화 현장에 대해 쓴 기사를 읽으면서 내가 느꼈던 감정과 극명한 대조를 이룬다. 하필 카메라맨 이

• Ted Hughes, Peter Porter, John Ashbery. 각각 영국, 호주, 미국의 시인이다.

름이 알베르였는데, 프로그램 감독이 예의고 뭐고 없이 "알베르, 저쪽으로 가라니까, 빨리"라고 외치자, 아직 젊은 노벨상 수상자는 재빨리 자신을 존중하길 요구했던 것이다. "나는 카뮈 선생이오, 그렇게 불러 주시오!" 카뮈가 거만해졌다는 사실을 알았을 때 얼마나 충격적이던지. 이것은 범죄로 기소될 수도 있는 성향들을 제외하면 아마도 가장 혐오스러운—특히 유머 감각의 부재로 인해 불가피하게 부추겨진—성격 특성일 것이다. 거만함보다는 차라리 잘난 체가 낫다. 잘난 체는 적어도 우스꽝스럽다는 상쇄할 만한 특징을 내포하고, 의도적인 자기 과시는 항상 스스로를 끌어내리는 것으로 여겨지기 때문에 본질적으로 희극적인 특성이 있다. (나는 잘난 체가 주는 희극적인 안전장치로 인해, 단순히 거만하기만 한 사람보다는 거만한 동시에 잘난 체하는—결국 둘은 천생연분이다—사람이 더 낫다는 뜻밖의 논리적 궁지에 몰렸는지도 모른다. 흐음. '거만함'의 특징은 놀랍도록 다양한 형태·규모·방식으로 나타나고, 일부는 흔히 생각하는 것처럼 즉시 알아보기 어려우며, 예상 밖의 다른 특성들과 예기치 않게 결합함으로써 무럭무럭 성장할 수 있다. 나는 거만한 동시에 예민하게 구는 작가들 몇몇을 떠올릴 수도 있지만, 그러고 싶지는 않다.) 거만함이라는 전통이 프랑스 공화국과 영국le Royaume-Uni을 하나로 묶는 요소라면—영국에서는 간혹 누군가가 때를 기다리면서 자신이 잠재적으로 권한을 갖고 그것을 휘두를 순간이 왔는지 파악하기 위해 주변 상황을 살피는 모습을 포착할 수 있다—미국의 기쁨 중 하나는 이런 재양적인 면모가 마치 소아마비처럼 효과적으로 근절되었다는 것이다. 한편, 이상한 일이지만 성격 측면에서 불쾌한 특성이 산문에서는 매력적인 특징이 될 수도 있다. 노년의 리베카 웨스트를 만난 누군가는 나에게 그녀가 "상당히 거만하다"고 말했는데, 『검은 양과 회색 매』의 문장 속에 (그 방대한 작업에 어울리는) 친근하고 사랑스러운 거만함이 배어 있는 것을 보면 그 말은 무척 그럴듯하게 들린다. 여자들은 남자들보다 건방진 태도를 보이는 경향이 적은 것일까? 전혀 그렇지 않다는 직접적인 증거들이 있음에도 불구하고 (나오미 울프는 브리짓 버먼*이 감히 자기 의견에 반대했다면서 〈뉴스나이트〉 인터뷰 도중 자리를 박차고 나가려 했다) 나는 여전히 여자들이 남자들보다 덜 건방지기를 바라지만, 때로 변이를 일으킨 어떤 거만함은 '괴짜 노파의 거만함'이라고 부를 만한 목격담으로 이어지기도 한다. 그럼에도 불구하고 지금부터 이야기할 의견/조언은 남자들을 염두에 둔 것이다.

남자의 인생에서 어느 단계가 지나고 나면―특히 어느 정도 명성을 이루었다면―그가 열네 살 때 세상을 바라보던 시선의 자취를 어느 정도는 꼭 간직해야 한다.** 카뮈는

---

* Naomi Wolf, Brigitte Berman. 전자는 미국의 작가·저널리스트이고, 후자는 캐나다 다큐멘터리 영화감독이자 제작자이다.

** (원주) 방금 말했듯이 나는 남자들을 염두에 두었지만, 여든이 된 다정한 장모님을 생각하면 아칸소주에서 자라며 키득키득 웃는 열세 살 소

알제에서 보낸 어린 시절의 "정복되지 않는 여름"을 마음속에 간직했지만, 내가 염두에 두는 것은 특유의 영국적인 무언가(토니 벤은 나이를 먹을수록 정치적으로 미숙해졌다는 해럴드 윌슨*의 유명한 농담보다는 덜 진지한 무언가)이다. 예를 들면 라킨이 시인으로서 명성을 얻어 헐대학교 도서관에 학생들을 끌어모았을 무렵, 그가 어떤 종류의 우편물을 받고 있는지에 대해 1981년에 에이미스에게 설명한 내용과 유사한 것이다. "'라킨 박사님께, 제 친구와 저는 우리 중 누구 가슴이 더 큰지 논쟁을 벌였는데요, 우리가 궁금한 건 박사님께서⋯⋯.'"

모든 기록들은 라킨 말년의 끔찍한 삶을 강조한다. 글쎄, 누구의 기준으로 보아도 비참한 삶이었지만 마틴 에이미스조차 라킨이 내보이는 유머의 어둡고 원시적인 심연을

녀를 여전히 아주 쉽게 떠올리게 된다. 성별은 달라도 요점은 같다. 그리고 비비언 고닉에게는 같은 상황이 부정적으로—그리고 또 그만큼 사랑스럽게—표출되어, 그녀는 여덟 살에 어머니에게서 받은 정신적 상처를 유쾌하게 이야기한다. 80세 생일을 앞두고 출간한 회고록 『짝 없는 여자와 도시』에서 고닉은 "이 일로 50년 동안 비통해했다"고 쓴다. (그리고 5년 후 『끝나지 않은 일』이라는 적절한 제목으로 다시 이 주제로 돌아왔다!) 거만함과는 거리가 먼 고닉의 세계관, 그리고 그것과 그녀의 문체가 맺고 있는 관계는 철저히 현실적인 경험에 바탕을 두고 있다. 여기에 더해 끊임없이 되살아나는 불만스러운 감정—이념적인 무게를 더한다면 부당함이라고 할 수도 있는—은 그녀가 정정함을 유지하는 데 도움이 되었다.

* Tony Benn, Herold Wilson. 둘 다 영국 노동당 소속 좌파 정치인이다.

과소평가하는 것 같다. 그가 소설 『시간의 화살*Time's Arrow*』에서 "우리가 하는 모든 행동 뒤에서 숨죽여 키득거리는 치명적인 익살"을 인식하고 있었음을 고려하면 이것은 의외다. (방금 인용한 부분의 문맥 속에는 라킨의 시 「앰뷸런스 Ambulances」가 울려대던 사이렌 소리가 죽어 가는 메아리처럼 남아 있다. "우리가 하는 모든 일 바로 밑에 놓인 / 공허함이 용해되고 있다.") 라킨의 삶은 완벽한 농담(그의 표현대로라면 "익살극")이 될 정도로 비참했고 따라서 그것은 자기 자신 안에서 실의와 위로를 동시에 얻는 원천이 되었다. 나이폴과 달리 자가예프스키는 라킨을 "진정으로 위대한 시인"으로 인정하지만, 그를 '냉소적인' 시인으로 여기는 평가만큼은 잘못된 것이다. 특히 그 음울한 익살극의 각본과 연출 내용이 담겨 있는 편지들을 염두에 둔다면 말이다. 라킨의 『서간집』만큼 나에게 웃음을 주는 책은 없다. 많은 개그들이 전형적이지만 단순히 개그로만 그치지 않는다. "나는 비효율적인 절약 운동 중이야. 그래서 남들에게 술을 사 주지 않는 거라고." 그리고 반드시 기억해야 할 것이 있는데, 유머 감각에는 웃기는 것 이상의 의미가 있으니, 바로 그것은 세상과 관계 맺는 방식이자 세상을 바라보는 관점이라는 것이다. 1958년 그는 늘 그렇듯 산만한 크리스마스를 앞두고 주디 에저턴•에게 이렇게 편지를 썼다. "당신이 가는

• Judy Egerton, 영국의 미술사가.

길이 더 힘들다는 걸 알겠습니다. 대신에 난 어디 가기는커녕 나한테 날아온 것들을 쳐내느라 바빴죠." 그에게는 이런 확고한 철학적 입장이 일찌감치 찾아왔는데, 어쩌면 애초부터 늘 그래 왔던 건지도 모른다. 최소한 공공장소에서 적절한 때에 웃는 법을 배울 수 있다면 누구나 유머 감각을 키울 수 있다(대개는 녹슨 뇌가 패턴을 인식하느라 꽤 오랜 시간이 지연된 후에야 비로소 '아, 지금 이게 농담이었구나' 하고 인지한다). 그러나 청소년기까지도 유머 감각을 갖추지 못했다면, 부지런히 강철 같은 복근을 만드는 식으로 유머 감각을 습득하기는 어려울 것이다. (당연히 라킨은 "자전거 펌프로 빵빵하게 부풀린 것 같은" 탄탄한 배를 갖게 되었다.) 유머란 그런 것이다. 마치 자전거 타기처럼, 혹은 라킨의 표현대로 "마지막까지 남아 있어 오래 기억날 체셔 고양이의 미소처럼", 이것은 결코 잃어버릴 수 없는 것이다.

여러 차례의 봉쇄 기간에 친구들과 문자나 이메일로 소통하는 시간이 늘었다. 완전히 전례 없는 일이 일어난 것이다. 때때로 우리는 "그거 농담이야?"라고 묻거나 "나 방금 농담한 거야!"라고 분명히 말해야 했는데, 얼굴을 마주보고 대화하던 시기엔 아무리 진지한 표정으로 말해도 결코 필요하지 않던 상황이다. 농담을 걸러내는 이메일과 텍스트의 놀라운 능력은 유머가 없는 지옥 같은 (그리고 쉽게 기분 상하게 되는) 삶이 얼마나 지루할지 짐작하게 해 주었다.

60

스스로를 전혀 진지하게 여기지 않는데도 진지한 작가가 될 수 있다면 얼마나 근사할까? 실제로 이는 사회적으로만이 아니라 직업적인 면에 있어서도 얼마든지 실현 가능한 일이다(별로 진지하지 않은 일부 작가들은 그것이 불가능하고 모욕적이라고 여길지 몰라도). 그러니까 내 말은, 실제로 작업을 하는 동안엔 그렇다는 말이다.

자신의 정신에 대해 메모를 하곤 그것을
소설이라고 부르는 경향이 있는 것 같다.
그러나 내 책은……

— 셜리 해저드

01

오늘 아침 식사―그럭저럭 먹을 만한 부드러운 스크램블드 에그―를 마치자마자 마이클 온다치의 『잉글리시 페이션트』에서 어떤 글을 찾아보다가 주인공 환자의 노트에 기록된 바람에 관한 글을 읽었다.

> 모로코 남부에는 아제지라는 회오리바람이 있는데, 펠루힌*들은 이 바람에 맞서 칼로 스스로를 방어한다. 아프리코는 간혹 로마시까지 다다른다. 알름은 유고슬라비아에서 불어오는 가을바람이다. 아레프 혹은 리파라고도 불리는 아리피는 무수한 불길을 날름거리며 질주한다. 모두 현재 시제로 살아 있으며 영원히 잦아들지 않을 바람들이다.

---

* fellahin, 이집트와 시리아 등 북부 아프리카에 거주하는 토착 농민들을 일컫는 표현.

그 밖에 바람의 방향을 바꾸며 변덕스럽게 불어오는 바람들이 있다. 그런 바람들은 말과 말 타는 사람을 쓰러뜨리고 시계 반대 방향으로 방향을 조정한다. 비스트 로즈는 170일 동안 아프가니스탄을 날뛰며 온 마을을 묻어 버린다.

문학은 한 사람이 들어오면 한 사람을 내보내는 식의 출입 정책으로 운영되는 붐비는 나이트클럽이 아니지만, 이런 VIP(여기에서 P는 '구절passage'을 의미한다)를 담은 작품이 보퍼트 풍력 계급에서 아무리 높은 점수를 받는다 하더라도, 더 이상 예전처럼 쉽게 내 애정에 입장 명령을 내리지는 못할 것이다. 이제 이 작품은 내가 수용 가능한 문체의 가장자리로 밀려났고, 그 중심 자리를 "에스키모가 눈을 알듯" 남부 캘리포니아의 바람을 아는 이브 배비츠가 차지했다. '시로코'•에서 그녀는 "산타아나"••가 몹시 심하게 불어 탐조등만이 하늘 위로 곧게 뻗어 있던" 어느 특별한 밤을 기억한다. 대단히 훌륭한 글이지만, 샤토 마몽에서의 수다스러운 점심식사를 제외하면, 바람이든 다른 무엇에 대해서든 문학적인 소재로 지나치게 과장해서 다루는 것은 배비츠답지 않다.

- Sirocco, 이브 배비츠의 저서 『느린 나날, 빠른 인연 *Slow Days, Fast Company*』 가운데 한 장의 제목으로, 사하라 사막에서 지중해 연안으로 부는 열풍을 의미한다.
- • Santa Anas, 캘리포니아주 남부에서 로스앤젤레스에 걸쳐 부는 강풍.

조앤 디디온은「로스앤젤레스 노트」에서 산타아나가 세상에 입힌 물리적·정신적 피해를 묘사한 뒤—"언덕과 잎 맥까지 바싹 말랐다"—우리의 예상대로 "드러누워야" 했다. 디디온이 유연한 만큼 쉽게 부서진다면, 10년 뒤 배비츠는 경쾌하게 취해 있다. "꽈배기 모양으로 정신없이 휘몰아치는 바람들이 너무 웃기다. 모든 것이 죽어라고 펄럭거리고 있으면 아무리 해도 술이 깨지 않는다."

로런스는 1929년 1월에 쓴 한 편지에서, 『잉글리시 페이션트』의 매혹적인 분류 방식과 배치되는 참을성 없고 매우 영국적인 반응을 선제적으로 드러냈다. "미스트랄은 휘몰아치는 북풍 트라몬타나 마에스트랄레보다 훨씬 지독한 바람이며, 이것은 많은 사람들이 인정하는 바다. 이 바람 때문에 우리는 모두 대체로 심한 기침 감기를 달고 산다."

로런스에게 반박할 수도 있겠지만—그리고 반박할 부분이 많지만—최소한 그는 결코 젠체하지 않는다. 젠체하는 태도에 나는 점점 알레르기 반응을 일으키게 되는데, 배비츠(작가 인생 내내 자신의 열다섯 살 자아와 최대한 가까이 접촉했고, 페미니스트로서 "모든 여성의 내면 깊은 곳에는 웨이트리스가 자리 잡고 있다"고 믿었던)는 여기에 만능 해독제를 제공한다. "재닛과 숀은 물론 다정했지만, 아무래도 내 생각엔 내 인생에서 끔찍했던 모든 날 가운데 오늘 팜스프링스에서의 하루가 최악이 될 것 같다. 물론 장난 삼아 해 보는 말이다." 니체는 진지함이란 곧 둔한 정신을 나타내는 분명한 징후라는, 인생을 뒤바꿀 만한 통찰력을 지녔으므로 틀림없이 배비츠에게 반했을 것이다(배비츠는 한때 연인이었던 짐 모리슨이 내뱉은 디오니소스적 '허풍'을 조롱으로 맞받아쳤다).

02

젠체하는 태도의 문제는 자연에 대한 글쓰기라는 특정한 분야에서 특히 심각하다. 이 태도가 이 유일무이하게 경이롭고 유일무이하게 소중한* 우리 행성, 딜러드의 뛰어난 표현을 빌리자면 "미지의 장소로 내던져진 젖은 공"에 대한 진지한 명상과 손을 잡고 돌아다니는 모습이 자주 발견되기 때문이다. 나는 이 젖은 공을 잘 돌보아서 이것이 최대한 오랫동안 힘닿는 데까지 우주를 계속 돌게 하고 싶지만, 테리 템페스트 윌리엄스 같은 작가가 산문으로 쓴 자연에 대한 기도를 읽다 보면―그것이 우리에 의해 훼손당했든, 반대로 우리를 치유할 능력이 있든 간에―마음속에 반감을 품게 되고, 이 반감은 급진적인 트럼프주의의 입장으로 나 자신을 몰아가게 된다. 어느새 골프장과 채굴 광산을 전문으로 하는 복합 기업에 그랜드캐니언을 경매로 처분하는 것이 경제적으로 합리적인지 한 번쯤 검토해 보면 어떨까 하는 생각을 떠올려 버리는 것이다.** 윌리엄스처럼 글을 쓰는 의도가

---

* precious에는 '소중한, 젠체하는'의 의미가 있다.

우리를 우주와의 더 높은 차원의 이해와 합일로 이끌도록 돕는 것이라면, 그 의도는 가장 거친 랩 음악을 통해—부정적으로—더 잘 전달될 것이다.

03

"자, 이제 빌어먹을 어조를 높입시다."

내가 테니스를 치는 코트는 미세 플라스틱의 위협을 받는 산타모니카 바닷가에 있고, 그 옆에는 공공 농구 코트가 있다. 자전거를 타고 지나가거나 할 때면 그곳의 풍경이 정말 마음에 들지만, 그보다 훨씬 마음에 드는 것은 1번부터 5번까지의 테니스 코트 중 하나는 비어 있어서 농구 코트 바로 옆에 있는 6번 코트를 사용하지 않아도 된다는 것이다. 농구 코트는 어찌나 민주화되어 있는지, 마치 보안이 전혀 없는 감옥의 운동장처럼 보일 정도다. 이제 그곳의 인종적 충성도는 완전히 사라진 상태다. 마리화나 정도는 효과적인 긴장 이완제 정도로 받아들이고 있는 그곳은 온통 타투니, 지

•• (원주) 담요를 펴서 기도문이란 기도문은 죄다 덮어 버리고 싶은 심정이다. 내가 돈 패터슨만큼 많은 기도문을 읽은 건 아니다. 그는 기도문 모음집 전체를 힘들게 읽어 냈으며, 자신의 편견을 확인하는 과정에서 내 편견도 확인해 주었다. "기도문은 정말로 가장 저열한 문학 형태"라는 것을.

저분한 욕설이니, 요즘은 뭐라고 부르는지 모르겠지만 붐박스 같은 데서 들리는 랩 사운드트랙에 맞춰 지르는 고함소리 천지다. 때로는 언쟁과 끝나지 않는 고함소리가 무거운 비트의 사운드트랙, 그러니까 이 새끼니 저 년이니 하는 상소리에 의해 강조되기도 한다. 이곳에서 들리는 음악에는 도시적인 힘이 있다. 가끔은 테니스에 집중하기 어렵게 만들기도 하지만 나는 이 힘이 좋다. 방금처럼 내가 도시적이라고 말할 때는 '흑인'을 의미하는 것이 아니라 정말 도시적이라는 의미인데, 그 이유는 불과 100미터쯤 떨어진 태평양의 청정한 푸른 바다와 쿵쾅대는 브레이크비트 같은 파도 소리가 있어서 그 대비가 더욱 두드러지기 때문이다. 랩에 여러 갈래가 있다는 것을 알지만, 여기에서 선호하는 랩 형태는 섬세한 감정이나 예민하게 인식하는 능력, 그러니까 사실상 어떤 고상함이라는 개념을 계발하는 데는 별로 도움이 되지 않는다. 이 형태는 세상과 날것 그대로의 관계—그리고 반응—를 계속해서 노골적으로 유도한다. 지금은 다소 고리타분하게 들리지만 1950년대에 사람들은 엘비스 프레슬리의 음악적 선회에 대해 그와 비슷한 우려를 나타냈다. 그러므로 나는 이 음악 역시 언젠가는 그 고집스러운 잔인성을 잃을 가능성이 있다고 생각한다. 그 시점에서 세상이 훨씬 더 잔인하고 끔찍해진다면 말이다. 이 음악이 그런 변화에 영향을 미칠 수도 있을까. 충분히 그럴 수 있을 것이다. 테오도어 아도르노는 『음악사회학 입문*Introduction to the Sociology of Music*』에서 실내악은 "예의를 실천한다"라고 쓴다. 그 자체로도 좋은 말이지만, 아도르노답게 그는 더 나아가 이렇게 말한다. "사회적 미덕인 예의는 음악의 영성화에 기여했다. 이는 실내악에서 이루어졌고 아마도 다른 곳에서는 발견할 수 없을 것이다." (아도르노는 아마도 인도의 고전 음악을 의식하지 못한 모양이다.) 그러므로 농구 코트에서 분출하는 음악이 공손함, 예의, 영성화라는 삼위일체의 특성들로 이어진다는 것은 상상이 가지 않는다. 이뿐만이 아니다. 이런 음악을 들으면 푸치니(실제로 내가 한 번도 들어 본 적 없는)를 감상하거나 헨리 제임스의 후기 소설들을 읽기 위해 필요한 집중력을 좀먹게 된다. 하지만 어쩌면, 혹시, 농구 선수들과 테니스 선수들의 사고력은 토서*의 음반들이나 TV쇼 〈골든 볼〉에 나오는 음악을 들음으로써 오히려 향상되는 건 아닐까?

04

모르긴 해도 방금 언급한 변화 즉 터무니 없는 음악적 방향의 변화는 성공적으로 자리 잡은 듯싶다. 나는 최근 연이은 부상으로 테니스 경력을 차츰 중단하는 중이라 코트 근처에 가 보지 못했다. 질병과 부상은 꿈의 신체적 등가물일지 모른다. 경험하는 사람에게는 끝없이 매혹적이지만, 그것

- Tosser, 미국 워싱턴DC 출신의 실험적인 포스트 하드코어 밴드이다. tosser에는 "공을 던지는 사람"이라는 뜻도 있어서 중의적인 의미로 썼을 가능성이 있다.

을 꾹 참고 듣거나 읽도록 요구받는 사람에게는 한없이 지루할 뿐이기 때문이다. 물론 앞뒤 문맥에 따라 그렇지 않을 수도 있다.『터칭 더 보이드』에서 조 심슨•이 무수한 부상을 극복하는 과정만큼 흥미진진하게 읽을 수 있는 장면은 없을 것이다. 하지만 통증과 고통, 얼음찜질과 이부프로펜, 그리고 척추 지압을 받겠다고 필사적인 심정으로 루르드 마을을 방문한 일화도 그처럼 흥미로울 수 있을까? 이 책이 내 부상 일기나 염좌 일지가 되어서는 안 되겠지만, 사실 나는 수차례의 물리치료에도 불구하고 고관절 굴근이 도무지 낫지 않아, 주변에서 강력하게 추천하고 그만큼 비용도 상당한 중국인 의사에게 예약을 잡았다. 그는 영어를 할 줄 몰라서 우리는 약간 번거로운 절차를 거쳐야 했다. 내가 조수에게 내 문제들을 이야기하면 조수가 이 정보를 의사—다른 방에 있는—에게 통역하고, 그러고 나면 의사의 의견이 같은 방식으로 나에게 전달되는 식이었다. 조수는 서른 살쯤 된 건장한 남자였다. 나는 그에게 내 질병과 통증 목록을 제시했고, 다시 그에게서 내 상태에 대해 한층 종합적인 평가를 들었다.

"여기에 앉은 우리 두 사람 외에 여든 살 노인이 이 방 주변을 느릿느릿 돌아다니고 있다고 가정해 봅시다. 만일

• Joe Simpson, 말레이시아의 산악인. 안데스·히말라야를 등반하면서 발목이 절단되는 등 큰 사고를 당해 수차례 수술과 재활을 반복했고 자신의 경험을 담은 책을 여러 권 썼다.

내가 6주 전에 당신을 만났고, 당신이 나에게 둘 중 누구를 나와 더 동일시하느냐고 물었다면……." (지금 내게 이 말을 건네는 친구가 통역사라는 사실을 알아차리고 나니, 어쩐지 이 상황에서 전혀 쓸데없는 엉뚱한 말을 영어로 해 대고 싶은 충동이 일었다.) "그러니까 당신이나 노인 중 한 사람을 선택해야 한다면, 나는 주저하지 않고 바로 '당신'이라고 말했을 겁니다. 하지만 지금은 잘 모르겠군요."

젊은 조수에게는 이런 끔찍한 비애가 전달될 리 없었지만 나에게는 그렇지 않았다. 나는 자기 연민이 걷잡을 수 없이 솟구치는 것을 느꼈는데, 이것은 뒤틀린 자의식 과잉의 한 형태이기도 했고, 나약함을 강점인 양 선언하는 행위이기도 했다. 물론 거기에는 비굴한 자존심도 조금 섞여 있었다.

중국인 의사는 친절하고, 현명하고, 늙고, 건강해 보였는데(자신의 의술 효험을 광고하기에 전혀 손색이 없었다), 놀랍게도 조수 없이 혼자 돌아오더니 나에게 침상에 등을 대고 누구라고 지시했다. 그가 내 양쪽 다리 곳곳에 침을 놓는 동안 나는 눈을 감고 있었다. 그런 다음 그는 나를 그 자리에 그대로 눕혀놓았다. 침이 들어갈 땐 거의 아프지 않았지만, 몸 곳곳의 경락과 경맥, 경혈을 통해 열감이 퍼지는 낯설고 묘한 느낌을 자각했다. 눈을 떴을 때 그 이유를 알게 되었다. 적외선 등이 두 무릎을 따끈하게 지지고 있었던 것이다.

30분 뒤 의사가 돌아와 침을 뽑았다. 나는 자리에서 일어나 의자로 향했고, 통역사가 의사의 진단과 예후를 영어로 설명하는 동안 의사는 참을성 있게 온화한 모습으로 기다렸다. 통역사는 다행히 의사가 나를 치료할 수 있다고 말했다. 치료를 위해 14회에 걸친 침술 요법을 받는 것 외에도 매일 아침 도가니, 참치, 보리죽을 먹어야 했다. 75달러어치의 1갤런 용기에 담긴 차를 마시고, 볼베어링처럼 생긴 알약 수십 환도 먹어야 했는데 그중 1회분은 첫 방문 환자에게 주는 혜택으로 무료로 제공되었다. 용한 의사의 말이 전달되는 동안 나는 이 고급 치료 패키지의 전체 비용을 계산하느라 바빴다. 내가 알기로 3천 달러에 조금 못 미칠 것 같았다. 나는 공짜 알약과 1갤런 용기에 담긴 칙칙한 색깔의 차를 가지고 그곳을 나왔고, 다시 찾아가지 않았다.

고관절 굴근 문제는 운동을 다시 시작한 뒤에도 남아 있다가, 결국엔 봉쇄 조치로 인해 휴식을 취한 덕분에 저절로 나았다. 하지만 이는 마치 베르사유 조약처럼 일시적으로 문제를 미루었을 뿐이어서, 몇 달 후 다시 운동을 재개하면서 발생한 수많은 다른 문제들의 원인이 되고 말았다.

05

고관절 굴근이 문제가 된 건 운동을 그만두어야 할 때, 그러니까 통증이 경미하게 시작되는 때에도 계속했기 때문이다. 사실 이런 때 그만두는 것은 일반적으로 인내심과 연관 있는 덕목인 자제력이 필요하다. 재미없는 책을 계속 묵묵히 읽어 낼 때 필요한 자제력 말이다. 고통을 참고 운동하면 언제나 더 큰 고통을 유발하는 법이다. 그렇다면 고통을 참고 책을 읽는 것은 어떨까? 『시간의 음악에 맞추어 춤을』에 대해 장인어른과 대화를 주고받으며 알게 된 사실은, 우리가 실수했을 가능성, 너무 일찍 책을 덮었을 가능성, 한 페이지만 더 읽었더라면 모퉁이를 돌아 문득 높은 문학적 수준을 마주하고, 그렇게 그 작품에 흠뻑 빠져들 수도 있었을 가능성이 항상 존재한다는 것이다. 그렇기 때문에 우리는 책에서 벗어나기로 결정할 때, 책이 스스로를 구제할―혹은 나 자신을 구제할―기회를 주기 위해 몇 페이지 더 읽는 경향이 있다.

이는 비행기 탈출을 둘러싼 고민들을 떠올리게 하고, 이 이미지는 다시 제2차 세계대전 당시의 일화를 떠올리게 한다. 한 조종사가 폭격을 당한 랭커스터 폭격기를 최대한 안정적으로 조종하며 희생정신을 발휘해 승무원들에게 먼저 뛰어내리도록 했다. 조종사는 연료가 새고 엔진도 두 개나 손실된 상태임에도 불구하고 링컨셔의 비행장까지 간신히 폭격기를 몰고 가 무사히 착륙에 성공했다. 폭격기에서 뛰어내린 독자는 결국 죽거나(격분한 농부들의 쇠스랑에 맞아서), 남은 전쟁 기간 동안 독일 전쟁포로 수용소에 갇혀 지낸다. 부러진 두 다리를 치료하면서, 고통을 달랠 방법이라고는 『발트해의 비글들 Biggles in the Baltic』•을 읽는 것 말고 딱히

• 제1차 세계대전 당시 영국의 조종사이자 모험 이야기 작가인 윌리엄 얼

없는 채로. 그때 마침 영국 본국으로부터 엽서 한 장이 도착해, 운이 다한 줄 알았던 비행기가 사실은 불운에서 벗어나게 되었다는 이야기를 전하고, 그러자 그가 읽고 있던 소설, 독일 상공의 폭격을 다룬 그저 그런 소설은 어느새 '흥미진진한 이야기이자 전쟁의 무의미한 폭력을 강력하게 규탄하는 작품'으로 바뀌어 있다. 부상 당한 포로는 침상에서 불편한 몸을 움직이며 말한다. "끝까지 버텼더라면 좋았을 걸."

끝까지 버티는 데 실패하는 이유는 주로 작가의 역량이 부족해서라기보다 독자의 끈기가 부족해서지만, 나는 항상 후자의 문제를 전자의 문제로 바꾸고 싶어진다. 훌륭하다고 널리 알려진 책이 반드시 나에게도 그렇게 경험되리라는 법은 없다. 그런 경우 실패는 오롯이 나만의 문제일 수 있다. 그렇다고 고전이라고 일컫는 책이 무조건 좋다는 의미는 아니다. 지위가 수준을 보장하지는 않는다. 내가 가진 어느 책의 펭귄 모던 클래식 판본은 "20세기 최고의 영국 소설로 간주해도 손색없는 훌륭한 작품"이라는 월터 앨런•의 의견을 인용한다. 제정신을 가진 독자라면 누구도 이 작품을 놓치고 싶지 않을 테니 더 이상 궁금증을 자아내지 않겠다. 이 책은 바로 『노스트로모』다. 이 책은 40년 전 내가 젊은 황소의 체력과 안경 쓴 어린 양의 미련한 믿음을 장착했던 시절 고

존스William Earl Johns의 소설.

• Walter Allen, 영국의 문학비평가.

생스럽게 완독한 책이자, 이후로 읽은 그 어떤 책도 빌어먹을 『노스트로모』만큼 지루한 적이 없었기에 두고두고 기억되고 있다. 당연히 내용은 기억나지 않지만, 그 공포, 『노스트로모』 안을 터덜터덜 걸어야 했던 그 공포는 쉽게 잊히지 않는다. 내 앞에 놓인 이 책의 표지는 눈동자가 짙은 '사파타'*의 얼굴을 클로즈업한 알프레도 살세Alfredo Zalce의 작품이 장식하고 있다. 페이지들을 넘길 때마다, 내 눈이 의무적으로 지나갔던 그 모든 페이지 위로 기억 속의 두려움이 배어 나오는 듯하다.

06

축구 팬들은 붐비는 인파를 피하기 위해서나 자기 팀이 참패를 맞는 불리한 상황이 확실해 보일 때 이따금 경기장을 일찍 떠난다. 그러나 막판에 상황이 역전될 가능성은 늘 있다. 1999년 챔피언스 리그 결승전. 우승 트로피에 바이에른 뮌헨의 리본을 두르기 직전, 맨체스터 유나이티드가 그들을 상대로 2 대 1로 승리를 거둔 순간이 가장 극적인 예다. 영화나 책에도 비슷한 예가 있을까? 내내 낮은 수준에 머물다가 마지막 순간이나 마지막 페이지에 갑자기 전세가 뒤집힌 경우, 즉 사실상 독자의 판단을 뒤집는 경우가 있을까? 이런

• Zapata, 멕시코 혁명가.

뒤늦은 비평적 구원이 정말 가능한 것일까? (윌리엄 골딩의 『핀처 마틴』은 마지막 줄에 이르러 가장 극적인 반전을 드러내지만 첫 페이지부터 완전히 시선을 사로잡는다.) 34년 전, 나는 『노스트로모』를 떠올리게 하는 어느 책의 첫 200페이지를 읽으면서 포기하려는 마음을 겨우 억누르고 있었다. 당시 나는 오직 문학적 경험만을 추구했는데, 이 책은 일종의 스릴러, 그저 그런 스릴러로 읽힐 뿐이었다. 옥스퍼드를 졸업한 지 6년이 지난 뒤에도 '문학성'은 여전히 내게 읽을 가치가 있는 책과 그렇지 않은 책을 정의하는 기준이었는데, 거기에 따르면 이 '스릴러'는 눈길조차 줄 이유가 없는 작품이었다. 이 책의 배경은 『이브닝 스탠더드』지에 따르면 "우익 독재 정권이 집권한 테칸이라는 가상의 중앙아메리카 공화국"으로, 그 장소마저도 완전히 콘래드적이고 다분히 노스트로모적이라 할 수 있었다. 왜 이 작품을 굳이 계속 읽었는지는 기억나지 않는다. 기억나는 것은 도무지 호감이 가지 않던 이 피카도르 문고판 책의 중반쯤인 15장에서 주요 등장인물 중 한 명이 스쿠버다이빙을 할 때 별안간 내 안에서 두 가지가 달라졌다는 것이다. 첫째는 내가 훌륭한 책을 읽고 있다는 사실을 깨달은 것이고, 둘째는 훌륭함―훌륭한 독서―이란 무엇인가에 대한 내 생각이 근본적으로 재구성되었음을 깨달은 것이다. 훌륭한 문학이 언제나…… 문학처럼 읽히는 것은 아니었다. 그 책은 로버트 스톤의 『일출을 향한 깃발 *A Flag for Sunrise*』이었고, 수십 년 뒤 짧은 질의응답 시간에 살만 루슈디가 이 책을 읽는 동안 나와 거의 똑같은 생각의 전환을 경험했다고 말했을 때는 무척 반가웠다. 나는 어떤 책을 중간에 포기하려 할 때마다 『일출을 향한 깃발』을 떠올린다. 이 소설이 선사한 경험은 많은 소설들의 수없이 끔찍한 구절들을 버티게 해 주었지만(스톤의 등장인물 중 한 명은 자살에 관한 니체의 유명한 문장을 인용하며 힘든 밤을 견딘다), 이처럼 책을 읽는 도중에 극적인 전환을 경험한 사례는 이 책이 유일했다.

　『일출을 향한 깃발』을 2013년에 다시 읽었을 땐 이 책의 문학적 장점이 일찍부터 분명하게 드러났다. 표면적인 단점들은 작품에 내재한 게 아니라 내 개인적인 것이었다. 이 책은 어떤 책이든 우리가 중간에 포기하려던 시점 이후로 급작스레 훌륭해질 수 있다는 가능성을 보여 준다.

07

책의 경우 대체로 몇 장만 읽으면 내용이 형편없는지 아닌지 알 수 있다. 영화는 어떨까? 영화의 수준이 낮다는 것을 확실하게 알아차리기까지는 시간이 얼마나 걸릴까? 대략 30분, 때로는 그보다 짧을 수 있다. 첫 장면만으로 충분히 알 수도 있지만, 보통은 두세 컷쯤 보고 나서야 더 이상 그 안에서 리듬을 기대할 수 없다는 것을 알게 되고, 그와 동시에 이 감독의 '비전'—그럴듯하게 포장하기 좋은 단어다—이 전적으로 진부함에 의존하고 있을 뿐만 아니라 어쩌면 심지어 진부함을 지향하고 있다는 것까지 감지하게 된다. 나는 자칭 작가주의 감독의 최신작이 시작되는 순간들을 특히 좋아한다. 먼저 조용한 팀파니 소리와 함께 스크린에 오프닝 크레디트의 첫 글자—'X 감독의 A 영화'—가 뜨고, 그 크레디트가 다 끝나기도 전에 이미 영화가 산산이 박살나 버리는 모습 말이다. 책은 나중에라도 항상 변화의 가능성이 존재하지만 영화는 실패를 용서하지 않는 매체다. 처음 몇 분을 망치고 나면 회복할 가능성이 전혀 없다. 어쩌면 영화의 이러한 특징은 영화가 구원을 늘 중요한 플롯 혹은 주제로 삼는 이유 중 하나일 것이다.

반대로, 마지막 단계에서 허물어지는 일은 책이나 영화에서 매우 흔하다. 액션 스릴러에서 최종 10분 동안 총알이 날아다니고 시체들이 쓰러지는 등 상황이 크게 악화하는 것은 거의 장르적 관습이다. 흥분이 고조될 것으로 기대되는 상황인데, 결과는 정확히 그 반대로 나타난다. 폭력, 살인, 폭발 등은 점점 지루한 결말로 이어지면서 흥미를 점점 잃게 한다.

한편, 결말을 다 보여 주고도 도무지 끝나지 않는 영화들은 어떨까? 불쌍한 관객을 마치 끝없이 이어진 산맥을 넘어야 하는 지친 등산객처럼 만드는 영화들 말이다. 가장 어이없는 예는 악당이나 괴물이 이미 처치되었는데도 어떻게든 치명적인 상처에서 회복해 다시 돌아와선 영웅의 생명과 관객의 인내심을 위협하려는 듯 최후의 공격을 감행하는 영화들이다. (그 사례 중 하나가 스코세이지의 1991년 리메이크작 〈케이프 피어〉에서 드 니로가 연기한 맥스 케이디다. 온몸에 문신을 한 나사로랄까.)

플롯과 액션이 모두가 만족할 만큼 완료되었음에도 불구하고 불필요하게 부활시켜 길게 연장하는 이런 예들보다 훨씬 교묘한 경우도 있다. 일반적으로 플롯 중심이 아닌 이런 영화들에서는 카메라가 계속 뒤로 물러나며, 그 움직임으로 인해 이 장르 특유의 휴먼 드라마(이미 우리가 오래전에 흥미를 잃은)는 와이드 스크린의 넓은 조망 안에서 점점 축소되어 간다. 그렇게 도로, 언덕, 숲, 대초원의 풍경이 서서히 화면을 가득 채우면 관객은 이제 모든 상황이 끝나가고 있다고, 곧 크레디트가 올라갈 거라고, 극장에서 나가면 곧장 술집으로 들어가야겠다고 생각한다. 하지만 그 관객들은 마치 하이든의 현악사중주 〈농담〉(op. 33, no. 2)를 들을 때와 같은 상황에 처하게 된다. 그들은 이 영화가 끝날 거라는 기대는 단지 앞으로 맞을 좌절을 위해 의도적으로 고조된 거였다는 사실을, 끝이라고 생각했던 장면은 잠깐의 멈춤일 뿐이며 영화는 또 다른 장으로 이어진다는 사실을 알게 되는 것이다. 그로 인해 아까 유발된 한잔하고 싶다는 갈망은 더욱 격렬해진다.

08

보일의 『싹트는 희망 *Budding Prospetcs*』 속 화자의 주장을 되풀이해 보자면, 나는 항상 영화를 보다가 중간에 나가는 사람이었다. 끝까지 보는 것을 선호하는 사람들도 있다. 돈을 지불했으니 본전을 뽑고 싶은 것이다. 굳이 자리에서 일어나 같은 줄에 앉은 사람들을 방해하고 성가시게 하려면 작은 의지력이 필요하다. 이런 약간의 무례—발을 질질 끌며 더듬더듬 지나가거나, 남의 발을 밟거나, 핸드백 끈에 걸리는 등—는 티켓을 구입할 때 암묵적으로 동의한 계약을 사실상 위반하는 것이므로 주변 사람들을 불쾌하게 만든다. 영화 산업에 관련된 모든 종사자는 관객이 한번 입장하면 끝까지 관람하는 것을 가정한다.

TV 시리즈는 상황이 크게 다르다. 에피소드 중간이든, 시즌 중간이든, 첫 번째나 두 번째 혹은 세 번째 시즌이 끝날 때든 언제든지 자유롭게 중단할 수 있다. 그런 까닭에 작가와 감독은 시청자가 쉴 새 없이 이어서 보도록 설계하기 위해 상당한 독창성과 계략—리모컨을 찾을 새도 없이 자동적으로 다음 에피소드를 시작하게 하는 기술은 말할 것도 없고—을 동원한다는 느낌이 든다. 나는 이 점을 의식하자마자 〈홈랜드〉 첫 번째 시즌 두 번째 에피소드를 본 뒤 시청을 중단했지만, 그런 행동이 언제나 생각처럼 쉽지는 않다. 나는 니콜 키드먼과 휴 그랜트가 출연한 〈언두잉〉의 전 회차를 앉은 자리에서 다 보고 나서 속았다는 느낌을 받았다. 사실 그보다 더 기분 나빴다. 중반쯤 지났을 때 내가 길들여지고 놀아나고 있다는 것을 알았지만, 그러면서도 나는 내 뇌가 자발적으로 납치당하는 것을 기꺼이 받아들였다. 이런 시리즈물들은 거의 비슷한 특징을 갖고 있다. 아무리 잘 만든 시리즈라 해도 몇 회가 지나거나 다음 시즌을 시작하면 어떤 일이든 되돌릴 수 있다는 관례가 발생하는 것이다. 시청자들은 어느새 그 관례에 동의하게 된다. 예를 들어 보자. 〈석세션〉은 훌륭한 드라마지만, 브라이언 콕스의 교활하고 제멋대로인 자녀들 가운데 누가 매 회차 클라이맥스에서 총애를 얻거나 잃는지는 중요하지 않다. 어차피 그 대상은 매번 교체되기 마련이니까 말이다. 그런가 하면 라이헨바흐 폭포에서 셜록 홈스가 선보인 선례를 충실히 따르는 사례들도 있다. 〈르부아〉 4시즌 마지막에 말로트뤼는 (우크라이나의 불타는 건물에서 약에 취해 의식을 잃고) 분명히 죽었지만, 그 죽음은 5시즌에서 그의 부활과 새로운 삶의 시작을 알리는 서막이 되었을 뿐이다. 〈네 편의 사중주 Four Quartets〉 마지막 시즌 마지막 에피소드에 나오는 T. S. 엘리엇의 표현을 빌리면, 모든 끝은 새로운 시작인 것이다.

09

어떤 시 낭송회, 아무리 즐거운 낭송회라도 우리가 가장 기대하는 말은 언제나 같다. "시 두 편을 더 읽어드리겠습니다."(우리가 정말 듣고 싶은 말은 '시 한 편만 더 읽어드리겠습니다'지만 통상적으로 두 편이 합의된 최소치인 것 같다.) 정말 듣기 좋은 말이다. 특히 앞에서 낭송한 두 편의 시가 각각 1분이 채 안 되는 짧은 분량으로 이루어진 소네트였다면, 청중 사이로 안도의 한숨이 지나가는 것을 느낄 수 있다. 시의 바다에서 몇 개월의 긴 시간을 보낸 뒤 돛대 꼭대기 망대에서 커다랗게 외치는 소리가 들린다. "육지다!" 우리는 거의 다 왔고, 드디어 해냈으며, 잠시 뒤면 바에서 따라 주는 괴혈병 치료제 즉 맥주를 실제로 맛볼 수 있을 것만 같다. 하지만 이 마지막 두 편의 시는 우리에게 헛된 기대를 품게 했던 소네트와 정반대의 작품임이 드러난다. 그 시들은 결말부를 포함해 여러 부분으로 이루어진 장편 서사시였고, 그 체감 길이는 각각 『반지와 책 The Ring and the Book』•의 두 배에 달하는 것 같다.

한 가지 의문이 생긴다. 한시바삐 이곳을 벗어나길 그토록 바랄 거라면, 애초에 우리는 이곳에 왜 왔을까? 어쩌면 우리의 가장 깊은 욕망은 '모든 것이 끝나는 것'인 걸까? 우리는 늘 앙코르를 원하지만—지불한 돈에 대한 가치, 즉 돈값 때문이다—그토록 열렬히 박수를 치고 더 많은 앙코르를 해 달라고 부르짖으면서도, 그토록 한마음으로 애원하면서도, 결국 밴드가 무대 위로 돌아오지 않는다는 것이 분명해지는 순간 안도감을 느끼게 된다. 마침내 객석의 조명이 켜지면(마지막 미련을 버리지 못한 박수 소리마저 약간 강압적일 정도로 즉시 멈추게 하는), 우리는 출구를 향해 몰려드는 대열에서 좋은 위치를 차지해야겠다는 생각으로 가득 채워지게 된다.

이류 시인 라킨은 이렇게 쓴다. "그 모든 것 아래에는 망

• 2만 1천 행이 넘는 로버트 브라우닝의 장편 시 혹은 운문 소설.

각의 욕망이 흐른다"고.

10

우리는 마지막이라는 개념을 어찌나 사랑하는지. 마지막 항전(커스터 장군의), 마지막 비행(멤피스 벨 폭격기 혹은 콩코드 여객기의), 리하르트 슈트라우스의 마지막 노래 네 곡, 『모히칸족의 최후』(페니모어 쿠퍼의 소설), 『정의로운 이들의 최후 *The Last of the Just*』(앙드레 슈바르츠-바르트의 소설), 『마지막 구월 *The Last September*』(엘리자베스 보엔의 소설), 『라스트 타이쿤』(피츠제럴드의 소설), 『하브에서 온 마지막 편지들 *The Last Letters from Hav*』(잰 모리스의 소설), 『마지막 영화 상영 *The Last Picture Show*』(래리 맥머트리의 소설), 《마지막 레코드 앨범 The Last Record Album》(리틀 피트의 앨범), 〈디스코의 마지막 날〉(위트 스틸먼 감독의 영화), 〈지난해 마리앙바드에서 *The Last Year at Marienbad*〉(알랭 레네 감독의 영화), 〈라스트 리조트〉(파벨 파블리코프스키 감독의 영화), 〈마지막 황제〉 혹은 〈파리에서의 마지막 탱고〉(둘 다 베르톨루치 감독의 영화). 마지막으로, 그러나 똑같이 중요한 예로는 데니스 호퍼, 데이비드 마크슨, 피터 레딩 같은 장르적 문자주의자 literalist 들이 있다. 이들은 각각 영화, 소설, 시를 발표했다. (물론 로런스를 포함한 많은 시인들의 사후에 출간된 『마지막 시 모음집』들도 있다. 피터 레딩의 『마지막 시 *Last Poems*』는 그가 사망하기 17년 전, 많은 책을 출간한 뒤인 1994년에 발표한 작품으로, 어느 사라진 시인의 마지막 원고를 발견해 시집을 펴냈다는 설정이다. 서문에 따르면, 난해하고 해독 불가능한 마지막 두 페이지는 "지금 형태 그대로 내보일" 의도였는지 "혹은 계속 작업 중이던 미완성 작품의 초고인지" 불분명하다.)

마지막과 여름의 조합은 우리 의식에서 특별히 그리고 오래 기억될 자리를 차지한다. 파스테르나크는 이것을 간결하게 표현했고 (『마지막 여름 The Last Summer』), BBC는 시청자들에게 강한 인상을 남겼으며 (〈마지막 여름 와인 Last of the Summer Wine〉*), 앨런 홀링허스트는 첫 소설 『수영장 도서관』에서 "이 세상에 존재한 마지막 여름"을 중심으로 이야기를 전개했다. 소설의 시대적 배경은 1983년 여름, 에이즈가 유행하기 이전으로, 동성애자들의 육욕과 쾌락주의가 걷잡을 수 없이 만연하던 시기였다. 그보다 이른 1914년 여름의 마지막 날들은 더 큰 반향을 불러일으켰으니, 그해 이후 어두워지기 시작한 유럽은 뒤이어 파멸적인 어둠을 맞이함으로써 역설적으로 그해를 영원한 찬란함으로 기억하게 된 것이다. 폴커 바이더만은 『어둠 이전의 여름 Summer Before the Dark』에서 "1914년의 찬란한 여름. 슈테판 츠바이크는 훗날 여름이라는 단어를 언급할 때면 항상 그 시절을 떠올리곤 했다"고 말한다. 날씨는 역사의 일부인 동시에 역사와 철저하게 무관한 것이지만, 전쟁 직후에도 당연히 수많은 찬란한 여름

• 1973년에서 2010년까지 방송된 시트콤 시리즈.

이 찾아왔고, 그 가운데 어느 해 여름은 유독 뜨거웠다. "구름 한 점 없는, 황금빛의, 비할 데 없는 1920년의 여름." 잉글랜드가 웸블리에서 월드컵에 우승한 1966년의 여름, 1967년 샌프란시스코에서 일어난 사랑의 여름*, 1989년 잉글랜드에서 일어난 두 번째 사랑의 여름** 혹은 아무튼 황홀한 여름, 잉글랜드가 유로 대회 준결승에 올랐던 1996년의 여름이 떠오르지만 이 모든 여름들은 지역에 국한하거나 인구학적으로 선택된 사건들이었다(나는 1989년에 단 한 번도 열광 중인 현장에 가지 않았고 1996년 경기는 로마에서 TV로 시청했다). 1914년의 여름은 유례없는 것이었고, 그 후 전 세계의 축이 바뀌었다.

11

기이하게도 마지막은 무한히 유예할 수 있다.

빌리 콜린스의 시 「마지막 양치기 The Last Shepherd」에서처럼, 적어도 한동안은 하나의 마지막이 또 다른 마지막을 낳고 그렇게 계속 이어져, 바이러스처럼 영속하고 새롭게 갱신된다.

---

* summer of love, 1967년 미국 전역의 히피들이 샌프란시스코에 모여들어 히피 운동의 정점을 일으킨 집회 이름.
** 잉글랜드에서 1988~1989년에 걸쳐 일어난 문화운동.

마지막 양치기는 깨달았다
자신이 마지막 양치기라는 것을
그가 지키는 양 떼의 마지막 양이
지상의 마지막 양 떼가 되었을 때

끝은 연기할 수 있을 뿐 피할 수는 없지만, 때때로 끝은 이전에 예상했던 것만큼 최종적이지 않아서 최후라고 여겼던 것이 끝에서 두 번째, 세 번째, 혹은 네 번째가 되면서 잇따르는 더 많은 앙코르와 피날레의 서막이 되기도 한다.

기병 전투만큼 이 상황을—혹은 끝에 대한 우리의 갈망을—강력하게 보여 주는 것은 거의 없을 것이다. 울리히 라울프는 『말의 마지막 노래』에서 "프랑코-프러시아 전쟁 이후 역사가들은 인류 역사상 새로운 '마지막' 기병 전투가 벌어졌다고 거듭 선언하는 데 결코 지치는 법이 없었다"라고 쓴다. 이 표현은 다른 방식으로 수차례 반복된다. 라울프가 드는 예를 살펴 보자. 옴두르만 전투는 "역사상 마지막 기병 전투로 종종 알려진 기병 전투들 중 하나"였으며, 1920년 8월 31일 코마로프 전투는 "'아마도 유럽 역사상 마지막으로 치러진 순수한 기병 전투'로—다시 한번—기병 교전을 치렀다." 요컨대 "19세기 말 이후로 기병대는 수많은 최후의 전투를 치렀고 수많은 전사자를 발생시켰다." 라울프는 끊임없이 설명한다. 확실히 이 반복 복은 연쇄는 어떤 수요를 충족시키고, 그 과정에서 또 다른 수요를 만들어 낸다.

이상적으로 말하면 이런 기병대의 돌격은 전술적 실책

이라는 무익한 사례이거나―영국의 경우 테니슨이 시 「경기병대의 돌격 The Charge of the Light Brigade」으로 그 무모함을 추모했다―아니면 구시대의 비운을 기술적·역사적으로 드러내 보여 주는(탱크를 향해 돌격한 것에서 볼 수 있듯이) 증거다. 돌이켜보면 기병대 돌격의 전성기와 전술적 우위는 이후에 반복된 실패의 규모와 빈도에 의해 더욱 부각된 것 같다. 커스터 장군과 제7 기병대의 운명은 특히 비통했는데, 마지막 돌격이라기보다 그와 정반대라 할 마지막 항전만 있었기 때문이다. 어떤 기록은 그마저도 없었다고, "결연한 '마지막 항전'이라기보다는 오히려 궤멸, 극심한 공포"에 더 가까웠다고 주장한다. 어느 쪽이든 두 가지는 확실했다. 리틀 빅혼 전투*에서 일어난 일에 대한 매혹은 결코 끝나지 않을 것이며, 웅크린 황소**의 승리는 복수의 서막, 다시 말해 운디드니에서 벌어진 원주민 대학살이라는 비극의 전조가 된다는 것이다.

---

* 1876년 미국 몬태나주 리틀 빅혼에서 커스터 중령이 지휘하는 미합중국 육군 제7 기병대와 아메리카 원주민 사이에서 벌어진 전투로, 커스터 중령과 제7 기병대는 전멸했다.
** 리틀 빅혼 전투 당시 아메리카 인디언 최고 지도자로 커스터 장군이 거느린 백인 부대를 몰살시켰다.

12

북미 대평원에 거주하던 인디언들의 종말은 버펄로의 운명과 밀접한 관련이 있다. 1871년 말, 현재의 캔자스주에서 400만 마리의 버펄로 무리가 목격되었다. S. C. 권은 『여름 달의 제국 *Empire of the Summer Moon*』에서 "무리의 몸체는 앞뒤로 80킬로미터, 좌우로 40킬로미터였다"라고 묘사한다. "그러나 학살은 이미 시작되었다. 그것은 곧 인류 역사상 가장 엄청난 규모의 온혈 동물 살상이 될 터였다." 인디언들은 영양이나 옷, 기타 실용적인 기능―방광을 물통으로 사용한 것은 매우 합리적이었다―을 위해 버펄로의 모든 부위를 이용한 반면 백인 사냥꾼들은 오직 가죽에만 관심이 있었다. 그 목적으로 1868년부터 1881년까지 3100만 마리의 버펄로가 죽임을 당했고, 1880년대 후반에는 멸종 위기에 처했다.

숭고하고 목가적인 황야 한가운데서 버펄로와 인디언의 잃어버린 위엄을 시각적 비가로 훌륭하게 묘사한 작품은 알베르트 비어슈타트의 〈버펄로의 최후 The Last of the Buffalo〉다. (커스터 장군은 마지막 군사 작전을 위해 서부로 향하기 전에 이 화가의 스튜디오에서 점심을 먹었다.) 이 그림은 1888년에 완성되었는데 당시엔 버펄로가 천 마리 정도밖에 남지 않았다. "나는 버펄로의 모든 면을 보여 주고 지금은 거의 멸종된 고귀한 동물의 잔인한 도살을 묘사하기 위해 노력했다"고 비어슈타트는 말했다. 그러나 대량 학살의 한 가지 측면은 다루어지지 않는다. 두개골과 뼈 들이 흩어져 있긴 하지만(사진에 기록된, 거대한 피라미드처럼 쌓인 두개골보다 훨씬 보기 편한 목가적인 느낌으로), 죽은 동물들은 털이 엄청나게 많거나 잠들어 있거나 박제된 것처럼 보인다. 평원에는 사냥꾼들이 가죽을 벗기고 남긴 부패하고 악취 나는 살점 더미들이 처참하게 노출된 채 어지럽혀져 있지 않다. 그래서 로버트 휴스는 이 아름다운 그림이 아름답게 꾸며진 거짓말이라고 주장한다. "그림에는 샤프스 소총을 든 백인 사냥꾼들이 보이지 않는다. 생태계 파괴의 책임이 인디언 자신들에게 전가된다." 이 그림이 그 정도로 엉뚱한 오해를 불러일으키지는 않지만, 분명 그림의 제목과 비어슈타트의 작품 설명은 그 안에 제시된 증거와 약간 상충하고 있다. 인디언들에게는 책임이 없다. 사실 그림은 모든 책임을 회피하는데, 그 점 자체가 화가가 책임져야 할 결점일 수 있다. 그림 속 두 마리 버펄로—한 마리는 제리코가 그릴 법한 말*을 탄 인디언과 치열한 전투를 벌이고 있고, 다른 한 마리는 용감하게 관람객을 빤히 쳐다본다(화살을 맞았지만 여전히 상당한 투지가 남아 있다)—는 최후와는 거리가 멀다. 배경에는 여러 가지 요소들이 혼재된 풍경 너머로 많은 수의 버펄로 무리들이 돌아다니고 있다. 비어슈타트는 1859년 랜더 대령과 탐험하며 마주친 다양한 광경들을 그림으로 남겼으며, 당시 버펄로들은 비교적 건재했다. 인디언과 버펄로는 여전히 대립적인 조화에 묶여 있으며, 이것은 죽은 버펄로들 사이에 누워 있는—그리고 일부가 가려진—말과 기수의 시체들에 의해 수동적이거나 부정적으로 상징화되는 한편 그림의 극적인 중심부에서 상처 입은 버펄로가 인디언의 말을 뿔로 들이받는 모습에 의해 능동적으로 상징화된다. 뿔로 찌르긴 하지만 그림 전체에 피는 묘사되지 않는다. 이 광활한 화면 속 사라져 가는 낙원의 풍경에는 버펄로를 도살하는 인디언 수보다 훨씬 많은 수의 버펄로가 있다. 풍경이 영원히 이어질 것처럼 보이기에 그림에 묘사된 생태계는 영원히 균형을 유지할 수 있다. 이것은 종말론적 결핍의 장면이라기보다 풍요와 무한한 가능성을 품은 세계다(이러한 생각을 말하는 것조차 이 그림이

· 테오도르 제리코Theodore Gericault는 프랑스 화가로 말에 매료되어 다수의 말 그림을 그렸다.

그려질 당시 버펄로와 인디언의 명백한 운명, 즉 그들이 맞닥뜨린 몰살을 상기시키지만). 그러므로 그림의 혼재된 풍경은 압축적이고 복합적인 (그리고 지나간) 역사의 무대가 된다. 다만 인디언과 버펄로 모두에게 닥쳐 온 재앙은 이미 돌이킬 수 없는 결과를 낳았음에도 내부적으로 부정되거나 저지되어, 그림의 테두리 안에 있는 모든 포괄적인 환상으로부터 배제된다.

이런 설명은 마치 이후에 등장할 서부 영화의 형식을 묘사하는 것처럼 들리므로, 비어슈타트가 큰 성공을 거두었다고 생각할 법하다. 글쎄, 이 그림은 크기도 크거니와(1.8미터×3미터), 비어슈타트가 "내가 최선의 노력을 기울인 작품 중 하나"라고 여겼음에도 1889년 파리 만국박람회 미국 위원회가 거절했다는 점에서 그에게 부담으로 다가왔다. 존 업다이크는 마치 영화 제작자에 대해 묘사하듯 "비어슈타트에게는 뭔가 비도덕적이고, 계산적이며, 극단적인 데가 있다"고 썼다. 게다가 비어슈타트는 크게 잘못 계산했다. 예술의 취향과 유행이 이미 바뀐 것이다. 반 고흐는 벌써 생의 마지막 해에 접어들었고, 큰 사랑을 받은 야수파의 찬란한 전성기가 오기 전 파리의 나비파는 미묘한 분위기의 실내 장식을 소규모로 은밀하게 선보이기 시작하고 있었다. 비어슈타트가 "불쾌한 경험"이라고 언급한 만국박람회는 미국 서부를 대표하는 화가의 경력을 끝내는 계기가 되었고, 불쌍한 버펄로("그리기엔 추악한 짐승")는 이 창작자의 쇠락한 운명을 상징하는 존재, 처량하면서도 여전히 사랑스러운 존재로 남았다.

하지만 다른 측면에서는 비어슈타트의 비전이 그 명맥을 유지했다. 〈버펄로의 최후〉가 영화적으로 보인다면 그 이유는 영화가 추구하는 서부 풍경의 시각적 이상, 즉 실제와 허구가 결합된—한 마디로 신화적인—서부 풍경의 기원이 비어슈타트의 창작에서 비롯하기 때문이다.

13

래리 맥머트리는 그의 에세이 「서양은 어떻게 이기거나 졌는가 How the West Was Won or Lost」에서 카이오와 인디언 부족의 "낙오된 무리"에 대해 이야기한다. 그들은 찰스 굿나이트의 목장에 찾아와 굿나이트가 1870년대 후반부터 키워 온 버펄로 떼 가운데 한 마리를 달라고 부탁한다. 텍사스 출신 원조 소몰이꾼이자 인디언과 대적한 베테랑 전사 굿나이트(『외로운 비둘기』의 주요 인물 우드로 콜 캐릭터의 틀을 제공한)는 "그들이 버펄로를 먹고 싶은가 보다, 라고 생각했다. 그러나 그들이 정말 원하는 것은 자신들의 비쩍 마른 말을 타고 마지막으로 딱 한번 옛날 방식으로 버펄로를 뒤쫓아 창으로 죽이는 것이었다." 맥머트리는 이 일화의 사실 여부는 알 수 없지만 적어도 "텍사스 팬핸들에서 아직도 전해지는 이야기"라고 말하며 이야기를 마무리한다. 그는 또 이 일이 존 그레이브스의 "훌륭한 이야기"인 『마지막 달리기 The Last Running』에 기초를 제공한다고 말한다. 그레이브스는 브래저

스강을 따라 떠난 마지막 카누 여행을 다룬 책 『강에게 작별인사를 Goodbye to a River』에서 '마지막 달리기'에 관한 이야기와 그 기원을 잠시 회고한다. 그의 소설을 요약해 말하면, "오래전 패배하여 인디언 보호 구역에 거주하게 된 초라한 코만치 부족 무리가" 굿나이트의 목장에 나타나 그에게 버펄로 한 마리를 달라고 설득한 뒤, 버펄로를 그들보다 앞서 달리게 하더니 "그 옛날 오만하던 시절에 하던 방식으로 화살과 창을 이용하여" 그것을 죽인다. 맥머트리와 마찬가지로 그레이브스도 이 에피소드의 출처가 불분명하다는 것을 인정하고, 다른 글에서도(그중 하나에는 이름이 다르게 명시되어 있다) 이 에피소드를 접한 적이 있다고 밝힌다. 그는 이 이야기가 "사실이 아닐 수도 있지만, 사실일 수도 있고, 그래야만 한다"고 쓴다.

우리는 이제 로베르토 칼라소가 『카드모스와 하르모니아의 결혼』에서 묘사한 유형의 영역에 있다. 그는 이렇게 쓴다. "신화적 사건의 반복과 그 변주된 형태들은 먼 곳의 무언가가 우리에게 손짓하고 있다고 말해 준다." 먼 곳에서, 그리고 미국 서부의 외딴 지역에서, 늘 존재하는 무언가가. 그러므로 그레이브스는 굿나이트에 대한 이야기와 그 변주들에 대한 자신의 논의를 선언적이면서 다분히 텍사스적인 문체로 시작한다. "어떤 이야기 하나가 있다"고.

니체와 토리노의 말 이야기와 달리, 이 이야기는 구체적인 출처로 거슬러 올라갈 수 있다. 굿나이트는 자신의 목장에 여러 차례 인디언들을 초대해 그가 기른 버펄로들을 사냥하는 행사에 참여하도록 했는데, 1916년 10월의 경우 카이오와족 세 명이 전통 무기를 사용하고 전통 복장을 입고서 주최자의 규정대로 버펄로 한 마리를 쓰러뜨렸고 다음 날 바비큐를 해서 125명의 손님에게 대접했다. 1만 1천 명의 관중이 참여한 이 행사는 대단히 성공적이어서 두 달 뒤 다시 한번 진짜 마지막 사냥이 열렸고, 이번에는 고령의 굿나이트가 감독과 제작을 맡아 다큐멘터리 영화 〈올드 텍사스〉를 촬영했다.

그레이브스-맥머트리의 이야기는 '솜 전투'(실제 사건인 동시에 전투 당시 폭력적인 죽음의 장면들을 재연한 동명의 다큐멘터리 영화)와 같은 해에 촬영되었고, 거친 화질과 오래된 느낌이 나게 연출한 화면으로 시작한다. 하지만 내가 말하고 싶은 건 두 영화의 공통점이 아니라 차이다. 〈올드 텍사스〉의 뿌리는 1878년 굿나이트가 코만치족의 마지막 추장 콰나 파커와 그의 부하들에게 "버펄로의 위치를 확인할 때까지 격일로 소 두 마리"를 주기로 합의했던, 검증 가능한 사건보다 훨씬 더 거슬러 올라간다. 다정한 만남과 합리적인 결과처럼 들리지만, 서로의 눈을 바라보던 두 사람 사이의 1.8미터 남짓한 거리에는 텍사스 평원만큼이나 광활한 역사가 놓여 있다. 거기서, 칼라소가 환기한 "먼 곳의 무언가"는 치명적인 일격을 가하거나 악수를 할 수 있을 만큼 가까운 거리까지 다가와 있다. 맥머트리는 굿나이트의 말을 인용하여 그 거리를 측정한다. 굿나이트는 "긴 인생의 끝에 다다랐을 때" 당신은 앞을 내다보는 사람이었느냐는 질문을 받고 이렇게 대답했다. "그렇소, 지독할 만큼 말이오." 맥머트리 자신의 말에 따르면, 그는 "처음부터 마지막을 본" 사람이었다.

14

옥스퍼드 재학 마지막 해였다. 졸업 후 무엇을 할지 확신이 서지 않아서 내키지도 않는 대학원 과정에 몇 차례 지원했다. 길고 지루하며 완전히 무의미한 박사학위 과정을 시작하고 싶어서가 아니라, 학생이 아닌 다른 무언가로 삶을 시작해야 할 필요를 미루기 위해서였다. 내가 연구 주제로 제안할 수 있을 만한 거라곤 '소설은 어떻게 끝나는가'뿐이었다. 그때 그 분야의 연구가 부족해 보였던 건 내가 그 분야를 전혀 조사한 적이 없었기 때문이었다. 그때 내게는 이론적 토대나 틀도 없었고, 이 프로젝트를 통해 무엇을 밝혀내야 할지도 생각해 보지 않았다. '제안서'에 무슨 내용을 채워 넣었는지 전혀 기억도 나지 않는다. 프랭크 커모드의 『결말의 감각 The Sense of an Ending』에 대해 들어는 봤지만 읽지는 않았고, 『위대한 유산』에 대해서는 결말이 수정되어 모호해졌다고 언급하면서("또 다른 이별의 그림자는 없다") 이 작품이 무언가의 역사 혹은 발전 과정에서 모종의 전환점을 나타낸다고 제안했던 것도 같지만, 어쨌든 나는 지식에 기여하는 데는 관심이 없었고 오직 지원금을 받는 데만 관심이 있었다.

대학원 진학을 위해 기차를 타고 버밍엄으로 가서 데이

비드 로지와 면담했고, 그에게 놀랍도록 큰 용기를 얻어 캐나다의 어느 대학에 지원했으나 제대로 시작도 해 보기 전에 모든 것이 흐지부지됐다. 정규 교육과 학문에 대한 내 포부가 끝나면서, 나는 아무런 지도도 받지 않고 뚜렷한 목적도 없는 독학자의 삶에 빠져들었다. 실업 수당을 신청하고, 책을 많이 읽고, 음악을 듣고, 극장에 가고, 맥주를 마시는 이 생활은 나에게 완벽하게 어울렸다. 실업 수당이 차츰 끊겼지만, 이후 내 삶은 기본적으로 같은 궤도를 계속 맴돌았다. 그런 것이 가능하다면, 방향도 목적도 없는 궤도를.

말은 이렇게 하지만, 나는 인생의 여정을 지나는 동안 더 큰 목표의 부재를 채워 줄 사소한 것들이 계속해서 아주 많이 나타나 왔음을 깨닫는다. 내가 이렇게 진지하게 말하는 이유는 예순 줄에 접어들면서 품었던, 다시는 샴푸를 사지 않겠다는 야망 같은 것을 염두에 두었기 때문이다. 내 말은 머리를 감지 않겠다는 의미가 아니라, 샴푸를 사지 않겠다는 의미다. 샴푸를 살 여유는 있다. 지금이라도 당장 편의점에 가서 상자째로 살 돈이 있지만, 호텔에 갈 때마다 샴푸통에서 슬쩍하는 것이 더 좋다. 처음엔 제법 조심스럽게 시작했다. 그런데 아내와 내가 텍사스주 마파의 한 호텔에 묵었을 때, 작은 샴푸 통 대신 고급 제품이 담긴 커다란 디스펜서가 벽에 고정되어 있는 것이었다. 때마침 우리는 매일 복용할 비타민들을 글루코사민 약통에 넣어 왔기에 디스펜서 안의 내용물을 이 약통에 담았고, 아무것도 가져가지 못하게 호텔 측에서 막으려 하지 않았다면 기꺼이 만족했을 양의 네 배나 되는 샴푸를 담아서 급히 호텔을 떠났다. 그 후로 우리는 여행할 때면 항상 빈 통 두어 개를 가지고 다니면서 호텔에 작은 샴푸 통 대신 디스펜서가 있기를 바라게 되었다. 항공사가 기내 반입 액체류 한도를 100밀리리터로 제한하는 바람에 더 많은 양을 가져올 수는 없었지만, 한번은 로스앨러모스(맨해튼 프로젝트의 본거지가 아닌 캘리포니아의 도시)에 있는 스카이뷰 호텔에서 물병 두 개에 샴푸와 컨디셔너를 가득 담아서 돌아왔다. 본격적인 일은 그때부터 시작되었다. 우리는 곧 미용실을 차려도 될 정도로 샴푸를 잔뜩 쌓아 놓았다. 샴푸를 이만큼이나 비축해 두다니, 기분이 좋았다. 욕실 하부 싱크대 수납장을 열어 비글로 호텔에서 가져온 정품 샘플 통들과 우리가 디스펜서에서 덜어 온 샴푸를 담은 비타민 통들이 어지럽게 뒤섞인 모습을 보는 것도 좋았지만, 정말 좋았던 것은 이 프로젝트를 계속할수록 점점 더 많은 샴푸가 계속해서 쌓인다는 점이었다. 우리는 나름대로 규칙이 있었고 완벽하게 제어할 수 있었지만—만일 친구 집에 저녁 초대를 받는 경우, 빈 아스피린 통을 가져가서 욕실을 사용하는 동안 아베다 샴푸를 담아 오는 일은 절대로 하지 않았다—일 년이 안 되어 이 점진적인 프로젝트는 평생 샴푸를 사지 않겠노라는 더 원대한 야망의 형태를 취하게 되었다. 이제 이 프로젝트는 거의 장대한 사업이 되었다. 필생의 과업까지는 아니더라도 남은 평생 계속하게 될 무언가가 된 것이다. 나는 이 이야기를 하는 내내 '우리'라는 일인칭 복수를 사용했지만, 사실 내 아내는 샴푸를 비축하는 과업에 기꺼이 동참하긴 했어도 결코 나처럼 한결같은 열정을 갖고 매진하지는 않았다. 여기에는 세 가지 이유가 있었다. 첫째, 아내는 자신의 직업에 만족했고 직업이 아내의 의식에서 큰 부분을 차지한다. 둘째, 아내는 약간의 두피 습진이 있어서 이것을 예방하기 위해 니조랄(믿을 수 없을 만큼 비싼)을 자주 구입한다. 셋째, 머리카락에서 비린내가 난다며 오랫동안 짜증을 내던 어느 날, 우리의 샴푸 통 바닥에서 내가 남겨 둔 오메가3 오일 캡슐 하나를 발견했다.

다른 많은 일들이 그렇듯이, 이 놀라운 미션도 코로나바이러스 유행병으로 인해 끝이 났다. 거기에는 세 가지 이유가 있었다. 모든 여행이 취소되어 더 이상 샴푸를 채워 넣을 수 없었고, 머리를 집에서만 감아야 했으며(이발할 때 미용실에서 감거나 호텔에서 감는 대신), 이발을 할 수 없게 되자 머리가 길어져 일주일에 두 번(한 번이 아니라) 머리를 감아야 했기 때문이다. 이렇게 사라진 샴푸 프로젝트는 내 인생을 즐겁고 가치 있게 만들어 주었던, 그리고 내 인생에 목적을 부여해 놓곤 그걸 다시 느닷없이 빼앗거나 완전히 무의미한 것으로 보이게 만들었던 많은 것들 중 하나였다. 내겐 그간 이런 것들이 많았는데 지금은 거의 모두 사라졌다. 나는 큰 목표나 야망, 꿈 같은 것을 가져 본 적은 없지만 아주 많은 자잘한 계획, 잔꾀, 꼼수, 취미, 관심사들로 늘 분주했기 때문에 더 원대한 목적이 없다며 아쉬워하거나 더 고상한 위안을 찾으려 하지는 않았다.

"가장 심오한 정신은 또한 가장 경박한 정신이어야 한

다." 니체에 따르면 이것이 그의 철학을 이루는 기본 신조라 할 만했다. 우리 시대의 가장 심오한 지성 가운데 한 명인 애니 딜러드는 철학이 "일부 사람들이 이른바 '궁극적 관심사'라고 부르는 것을 다루는 데" 실패했다며 실망감을 표현했다. 그녀의 생각에 이 궁극적인 관심사 중 대부분은 한 가지 질문으로 요약될 수 있다. "도대체 여기에서 무슨 일이 일어나고 있는가?" 진부하게 들릴지 모르지만 사실상 이것은 중요한 질문인데, 여기서는 특히 딜러드가 젊은 대학원생 시절에 소로의 『월든』에 몰두하면서 이 책이 어떤 종류의 책인지 파악하기 위해 노력했다는 점을 염두에 두어야 한다. 어느 순간 그녀는 이 책이 "사실상 연못에 관한 책"이라고 결론을 내렸다. 샴푸에 대한 내 야망은 연못처럼, 연못 속 생물의 행동처럼 보였을 수 있고, 어느 면에서는 실제로 그랬다. 그래도 그것은 많은 가닥 중 한 가닥이었고, 그 가닥들이 한데 엮어서 하나의 그물을 이루었으며, 이 그물이 주는 이익은 매우 거대했다. 그것은 삶을 향상시킬 뿐만 아니라 삶을 정의할 정도로 컸다. 그러니 이렇게 볼 수 있을 것이다. 우리가 마파에서 샴푸 통 하나와 샴푸 획득이라는 강박적인 새 프로젝트를 가지고 마파에서 돌아오긴 했지만, 정말로 샴푸를 위해 그곳에 간 것은 아니었다고 말이다. 그랬다면 정말 한심했을 것이다. 우리가 마파에 갔던 이유는 브리티시에어웨이 골드 등급을 유지하려면 마일리지가 몇 점 더 필요했기 때문이고, 로스앤젤레스에서 엘파소까지 딱 한 번만 비행기로 이동하면 그 마일리지를 딱 획득할 수 있다는 것을 알게 되었기 때문이다.

    이 샴푸 프로젝트는 단순히 샴푸나 항공 마일리지 문제가 아니며 오직 내게만 해당되는 문제도 아니다. (자기 자신에 관한 글쓰기의 핵심이자 정당성이 바로 여기에 있다. 성실하게, 충분히 철저하게 몰두한다면, 그것은 결코 나만의 일로 끝나지 않는다.) 테니스 선수와 타월을 예로 들어 보자. 조금 다르게 표현하면, 경기 종료 후 선수들이 타월을 가져가는 모습을 지켜보자. 슬램 대회에 진출하는 하위권 선수들이나 예선 통과자들의 경우 타월이 귀하고 꼭 필요한 기념품이지만, 상위권 선수들조차 TV 카메라들이 다 보는 앞에서 후원사의 시계를 차고, 최대한 많은 타월을 챙겨서—오스트레일리아 오픈 경기의 수건은 특히 인기가 좋다—터덜터덜 코트를 빠져나간다. 코로나 이전에는 선수들이 역겨울 정도로 땀에 쩐 손목 밴드를 관중들에게 던지고는—인심도 후하지!—가끔 수건까지 잔뜩 던져 주곤 했지만, 대부분은 침구용품 매장에서 방금 약탈을 끝낸 사람 같은 모습으로 퇴장하곤 했다. 그들이 샤워 후에 약간 더러워진 타월을 라커룸 세탁 바구니에 버릴 가능성도 있겠지만, 어쩐지 타월을 잔뜩 챙겨 넣은 가방을 들고 호텔로 공항으로 돌아갈 것만 같다. 그들 대부분은 수백만 달러의 자산가임에도 불구하고 타월을 손에 넣을 기회를 호시탐탐 노린다. 특히 경기에 패해 뭐든 눈물을 닦아 줄 위안이 절실할 땐 더욱 그렇다. 이것은 윤리적으로 아무런 의심을 받지 않던 약탈의 전성기 즉 제국주의 시대가 운동 경기에 남긴 잔재이자 특혜이다.

성공한 선수라면 누구나 트로피를 보관하는 캐비닛을 가지고 있겠지만, 로저와 세레나는 아마 타월 보관실, 어쩌면 심지어 별도의 타월 하우스를 지정해 놓았을지도 모른다. 자손들이 대대손손 상속 받은 토지를 통해 불로소득을 누리도록 공을 들이는 위대한 귀족 가문처럼, 테니스 지배층의 거물들은 타월을 구해야 한다는 생각으로부터 해방된 삶을 그들의 자손에게 유산으로 물려준다.

　　나로 말하면…… 시즌 마지막 경기에서 무승부를 기록해 프리미어 리그에 간신히 잔류했지만 결국 다음 시즌에 강등된 팀과 비슷했다. 마파 운항으로 골드 등급에 매달릴 수 있었지만 결국 일 년 만에 실버 등급으로 강등된 것이다. 지금 우리는 어디로도 비행하지 않으니 항공사 등급 같은 건 상관없지만, 분명한 건, 중요한 건 그런 게 아니라는 거다. 마이클 만 감독의 영화 〈히트〉에서 톰 시즈모어가 드 니로에게 말한 것처럼 "중요한 건 바로 행동 자체다."

15

"난 이번 일만 하고 손 털겠어."

스릴러 장르 특유의 진부한 대사다. 은행 강도가 마지막 한탕을 계획할 때나 그 한탕에 끌려들 때 흔히 내뱉는 대사. 나는 지금 영화 〈히트〉에서 드 니로가 시즈모어와 그의 나머지 일당들을 불러 모아 이미 그르친 위험한 한탕에 동참

하겠느냐고 묻는 장면을 떠올리고 있다. 그들은 모두 저마다 다른 이유로 동참 의사를 밝힌다. 실제로 이와 비슷한 사례는 수도 없이 많고, 이 모든 사례에서 성공 가능성은 희박한 걸 넘어 아예 없을 정도다. 샘 페킨파 감독의 〈와일드 번치〉처럼, 그들은 막대한 부 대신 실패나 투옥이나 죽음을 맞으리라는 것을 알면서도 계속 밀어붙인다. 물론 "알면서도"라고 말하는 건 사실을 오도하는 것이다. 그들은 실패가 거의 확실하기 때문에 밀어붙인다. 이것은 독창적이거나 심오한 심리적 통찰은 아니지만, 어쨌든 내가 이 영화를 계속 보려는—아니, 이미 끝까지 본—이유는 범죄의 주동자나 그의 일당 몇이 방향을 틀기보다 오히려 고수하기로 결정한다는(이런 결정은 종종 파멸의 전조가 된다), 이전까지—만들어지지 않았기에—본 적 없던 이 영화의 아이디어가 마음에 들기 때문이다. 그는 계속해서 계획을 진행하다가 돌연 그만둔다. 그러고 나면 영화는 유혈이 낭자한 뻔한 결말이나 사건의 진상을 보여 주는 대신 행복하고, 만족스러우며, 법을 준수하는 이 인물의 가정생활에 집중한다. 후회나 의심은 없다. 그의 과거를 까발리고 비난함으로써 안락한 현재를 산산조각 내 버릴 만한 그 무엇도 그 누구도 나타나지 않는다(데이비드 크로넨버그 감독의 〈폭력의 역사〉처럼). 어느 날 아침 그는 산타모니카 집 정원에서 커피를 마시며 신문을 읽는다. 익명의 제보를 받고 출동한 경찰이 은행을 급습하려던 갱단 전원을 제압해 총살했다는 기사다. 신문 기사와 달리 그의 표정은 읽히지 않는다. 나는 이 장면이 좋지만, 마지막 한 번의 복귀라는 유혹적인 제안도 이전의 범죄 경력도 모두 없앤 채 그 스토리를 전개해 보고 싶다. 배경에 폭력이나 범죄가 도사리지 않는, 완전히 만족스러운 삶에만 집중하는 영화는 어떨까? 그러니까, 마지막 승부수에 목숨 거는 이런 영화들의 관객에 해당하는 보통 사람들의 삶을 다룬 영화 말이다. 이런 영화들은 특별할 것 없는 우리의 삶―그리고 궁극적인 죽음―을 받아들이게 하는 문화의 일부가 될 것이다. 말이 나온 김에 내가 생각해 둔 이야기 하나를 소개해 보겠다. 파리 외곽에 사는 한 60대 남자는 생미셸 영화관에서 상영하는 에릭 로메르 전작 회고전의 모든 영화를 빠짐없이 관람했고, 이제 회고전의 마지막 영화를 보러 갈 준비를 하고 있다. 〈만월의 밤〉은 그가 아직 본 적이 없는 영화로, 따분한 교외에 사는 남자친구의 아파트로 이사한 파스칼 오지에가 도시에서 파티를 즐긴 후 마지막 기차를 타고 귀가해야 하는 불만스러운 상황을 다룬다. 남자는 파리행 고속철도를 타기 직전, 그냥 집에 있기로 한다.

16

하지만 다른 영화나 다른 회고전이었다면 어땠을까? 만일 그가 중요한 영화를 놓친 거라면……

이 책은 마지막에 대해 이야기하는 동시에 우리가 뒤늦게나마 결국엔 마주치게 되는 것들, 읽거나 경험하지 못한 채 무덤에 갈 뻔했던 것들에 대해서도 이야기한다. 그러므로 원고 최종 마감 시한이 다가올수록 막판에 내용을 수정해서, 128쪽에서 했던 말과 달리 마침내 『카라마조프가의 형제들』이나 프루스트 전체, 혹은 『특성 없는 남자』를 완독했다는 새로운 소식이나 후기를 추가할 가능성도 있다. 『배신당한 유언들』에서 밀란 쿤데라는 현대 음악의 탄생 시기를 "하루의 끝에 하늘이 타오르는 순간"으로 묘사하지만, 그 하늘은 해가 지기 직전에도 듣는 이 혹은 독자나 시청자의 발견을 통해 붉게 빛난다. 혐오나 무관심, 적대감에 빠져들고 거기에 함몰되지 않으려면 창작력뿐만 아니라 감상할 수 있는 능력 또한 기르고 유지하고 축하 받을 필요가 있다. 여기에는 요령이랄 게 없다. 그저 노년의 킹슬리와 라킨이 표현했던 문화적이고 이념적인 "씨발 좆같음"*을 즐기는 한편, 그것에 쉽게 분노하지 않을 수 있는 면역력을 키우도록 애쓰는 것이다.

그러므로 마침내 내가 마이클 파월과 에머릭 프레스버거가 감독한 〈블림프 대령의 삶과 죽음The Life and Death of Colonel Blimp〉(1943)을 보게 된 사실을 축하하자. 어쩌다 지금까지 이 영화를 보지 않았을까? 제목 때문에, 만만치 않은 영화라는 짐작 때문에 계속 미루어 온 것이 분명하다. 첫 관람은 극장에서 했어야 했지만—필름이 복원되어 재개봉한

- pisscuntment, 라킨이 킹슬리에게 보낸 편지에서 극도의 불만과 분노를 표현하기 위해 piss-cunt-ment로 합성해 만든 단어이다.

1980년대에 브릭스턴의 릿지 극장에서 이 영화를 상영한 기억이 어렴풋이 나지만, 당시에는 극장에 갈 생각조차 하지 않았다—봉쇄 기간이라 아내와 나는 이 영화를 내 컴퓨터로 보는 수밖에 없었다. 처음 한 시간 동안은 도대체 뭘 보고 있는지 모를 정도로 많은 일들이 일어났다. 영화에서는 엉뚱한 에너지가 느껴졌다(데버라 커의 세 가지 사랑스러운 이미지 중 첫 번째 이미지로 구현된 여성의 독립성도 이 에너지와 관련된다). 영화는 간혹 뮤지컬처럼 보이기도 했고, 웃기고(슬랩스틱), 매혹적이고, 정신없고, 화려했다. 하지만 군용 오토바이와 트럭들이 달리는 장면을 급하게 따라가는 이동 쇼트들로 시작한 이 영화는 강렬한 리듬을 지니고 있었으며(마치 본격적으로 뮤지컬을 시작할 것만 같은 인상을 줄곧 불러일으킬 정도였다), 혼란스럽고 정신없어 보이는 와중에도 결코 통제 불능처럼 보이지는 않았다. 대략의 시각적 명령은 있었지만 그 지시 내용을 해독할 시간이 거의 없었기 때문에 우리는 맹목적으로가 아니라 두 눈을 크게 뜨고도 정신없이 영화에 말려들고 말았다. 즐거웠다. 그리고 이제 새삼스레 말할 필요도 없지만, 무척 감동적이었다. 1939년 11월 런던, 테오 크레치마르-슐도르프(안톤 월브룩)는 적국 출신 외국인이라는 신분 때문에 공격적으로 심문을 받고 있다. 테오는 '블림프'가 약 40년 전 베를린에서 만난 독일인 친구다. 테오는 영국 입국 신청을 거부당하자 카메라를 향해서 나치에 대해 그리고 자신이 독일을 떠나 영국으로 온 이유에 대해 긴 독백을 한다. 그가 막 독백을 마치자 20년 동안 보지 못한 '블림프'(클라이브 윈캔디의 별명, 로저 리브시가 무한한 관용의 정신으로 연기했다)가 제복 차림으로 나타나 임시 사무실 안으로 성큼성큼 걸어 들어오더니, 그의 보증인이 되기 위해 "모든 것을 걸겠다"고 합의한다. 그런 다음…… 화면이 서서히 바뀐다. 나는 울다 못해 아예 오열했다.

이 위대한 영화는 굳이 내 찬사를 필요로 하지 않지만, 나에겐 확실히 이 영화가 필요했다. 놀라운 사실은 내 삶의 중심에 줄곧 블림프 대령 형태의 커다란 구멍이 뚫려 있었음에도 나는 일상을 살면서 내 일을 계속할 수 있었다는 것이다. 지금껏 나는 불완전한 인간이었다. 이 영화를 보지 않았다면 어땠을까? 글쎄, 그랬더라도 아무런 일도 일어나지 않았을 것이다. 제인 오스틴을 읽지 않거나 《어 러브 수프림 A Love Supreme》*을 듣지 않아도 아무런 일이 일어나지 않는 것처럼. 그러나 우리 삶은 어떤 면에서는 이런저런 결핍에 의해 규정될 것이다. (어떤 결핍은 쉽게 진단된다. 가령 니체가 "진정으로 상쾌하고 치유적인 인간애의 영구적인 결핍"이 자신의 삶을 여러 면에서 뒤틀리게 만들고 있음을 깨달았던 때처럼. 그런 인간애가 블림프의 삶에 활력을 불어넣은 것과는 대조적으로 말이다.) 운동선수들은 흔히 높은 수준에서 경쟁할 수 있다고 말하는데, 문화계 종사자들도 그와 비슷하지만

• 존 콜트레인의 1965년 음반.

대신에 이상한 점이 하나 있다. 어떤 사람이 높은 수준의 문화적 인식과 분별력을 갖추고 기능할 수…… 좋다, 경쟁에 임할 수 있는 한편, 자신이 그 인식과 분별에 필수적인 요소를 결핍하고 있었다는 사실을 뒤늦게야 깨닫곤 한다는 것이다. 나는 몇 년 더 일찍 이 영화를 봤어야 했지만, 어쩌면 영화의 시작과 끝에 등장하는 블림프와 비슷한 나이인 지금 본 것이 딱 적절했는지도 모르겠다.

17

내가 늦된 반면 마이클 파월은 매우 조숙했다. 최후이며 최초였던, 그렇기에 그의 말에 따라 "기병 돌격대에 참가했던 살아 있는 유일한 감독"으로서 그는 본인 "대신 〈경기병대의 돌격〉(1968)을 연출한 (……) 토니 리처드슨에게 늘 유감을 갖고 있다." 파월의 기병대 합류는 1915년 기병 연대가 켄트에 있는 파월의 본가 근처에서 훈련 중일 때 이루어졌다. '미키'는 "너무 위험해서" 참가할 수 없다는 말을 들었지만 용감한 조랑말 퍼스비를 데리고 어떻게든 기병대에 합류했다. 검이라고는 "형과 함께 펜싱할 때 사용하던 손잡이 달린 물푸레나무 막대기뿐"이었지만 말이다. 당시 파월은 열 살이었다.

18

"노인이 멈추었다. 그는 내가 감동한 것을 보고는……"

〈블림프 대령〉을 보다가 '오열'한 것은 내게 드문 일이었다. 하지만 나이 들수록 점점 눈물이 많아지는 경향이 생긴 건 사실이다. 마틴 루터 킹의 연설들, 앨라배마주 몽고메리 병원 병실에 누워 있는 프리덤 라이더스•의 활동가 짐 즈워그••의 인터뷰, 혹은 힌덴부르크 비행선이 화염에 휩싸이는 뉴스 장면("오, 인류여!")•••은 세상 모두의 눈물을 얻어 낼 수 있겠지만, 나는 〈밴드 오브 브라더스〉 마지막 회에서 독일군 사령관이 패배한 자신의 부대에게 연설할 때에도 눈물을 흘렸다. 어떤 시민들의 행동에는 나를 감동시키는 잠재력이 있다. 오늘 아침에만 해도 한 젊은 여성이 라디오에서 영국의 코로나바이러스 백신 임상 시험에 참여한 일에 대해 인터뷰했다. 그녀가 너무나 모범적인 시민이었기에 인

- Freedom Riders, 미국 흑인 인권을 옹호하는 1960년대 시민운동.
- Jim Zwerg, 당시 백인 대학생으로 인종차별 반대 운동을 하다가 백인 폭도들에 의해 심하게 폭행을 당해 병원에 입원해야 했다.
- 독일에서 제작한 힌덴부르크 비행선이 1937년 뉴저지주 레이크허스트에 착륙하는 순간 대폭발을 일으켜 승객 중 35명이 사망했다. 당시 힌덴부르크호의 착륙을 중계하기 위해 현장에 있던 미국의 라디오 기자는 충격을 받은 나머지 생중계 도중 "오, 인류여!"라고 내뱉었다.

터뷰 내용은 나를 울컥하게 만들었다. 테러 공격에 맞서 공화국의 가치를 주장하는 프랑스의 선언문들도 마찬가지일 것이다. '의사'나 '간호사' '중환자실' '개인 보호 장비', 더 광범위하게는 '국민 의료 보험' 같은 단어들도 그럴 것이다. 스포츠도 마찬가지다. 노비 스타일스와 마라도나의 죽음, 다트 경기에서 윌리 볼런드Willie Borland에게 우승을 안겨 준 9다트 마감*, 로저에 관한 모든 것(승패에 관계없이), 스포츠맨십을 보여 주는 모든 것…… 이러다간 조만간 반칙 없는 경기만 봐도 눈물을 훌쩍거리고도 남을 것이다. 이런 내게 문학은 이미 조건반사적인 눈물의 파티가 된 지 오래였다. 『외로운 비둘기』에서 그의 부하 중 한 명이 사망한 뒤 우드로 콜이 임시로 만든 추모비에 새긴 글은 말할 것도 없다. **"어떤 날씨에도 명랑하고, 결코 과업에 태만하지 않았으며, 모범적인 품행을 보여 주었다."** 10대 혹은 대학 시절에 외운 시들, 즉 『실낙원』의 마지막 부분, 하디나 테니슨, 셰익스피어의 많은 구절들을 인용하기 시작하면 내 눈은 내가 몹시 사랑했던 반려동물의 장례식장에서 양파 껍질이라도 까는 중인가 싶을 것이다. 워즈워스는 「어린 시절의 회상을 바탕으로 한 불멸의 암시들Intimations of Immortality from Recollections of Early Childhood」이라는 송시에서 "종종 눈물도 닿지 않는 심연"에 있는 생

---

* 다트 경기는 최고 9개의 다트로 목표 점수에 도달하는 선수가 우승을 차지한다.

각들에 대해 이야기하지만, 사실 그와 나의 내면 깊은 곳에 자리한 시 안에는 눈물의 지하 저수지가 있는 것 같다. 초기 유년기의 가장 깊숙한 곳―인쇄된 글에 대한 학습된 감수성의 측면에서 문화 이전의 시기―까지는 아니고, 말하자면 그 바로 위에 자리한 층에. 나이가 들면서 이 깊은 저수지의 물이 표면까지 차올라 온다. 세월이 쌓이면서 절연층들이 얇아지는 것일까.

그림은 그렇지 않다. 나에게 아무리 의미가 깊은 그림이라도, 나를 울린 적은 없다.

19

버닝맨 페스티벌*의 잘 알려지지 않은 특징 중 하나는 참가자들을 감동시켜 눈물을 흘리게 만든다는 것이다. 우리는 즐거운 시간을 보내려고 그곳으로 향하지만, 결국 심오한 경험을 하면서 눈물을 훔쩍이고 만다.

나는 1999년에 처음 버닝맨에 참가했고, 이후 2년은 그냥 넘겼다가 2005년에 마지막으로 다녀왔다. 티켓을 사고 참가할 계획을 세우면서도 내가 한 번이면 족할 일을 너무 여

• Burning Man Festival, 미국 네바다주 블랙록 사막에서 매년 8월 마지막 주 월요일부터 9월 첫째 주 월요일까지 열리는 예술 축제. 축제 기간 중 토요일 밤에 축제를 상징하는 거대한 나무 인물상을 불태우는 데서 '버닝맨'이라는 명칭이 유래했다.

러 번 반복하는 경향이 있다는 것을 의식하고 있었다. 한때는 로마 근처 하드리아누스 황제의 별장에 가는 것을 좋아했다. 로마를 방문하면 항상 하드리아누스 별장에 가려고 했다. 마지막으로 그곳 별장에 갔을 때 친구 세르지오는 "우리 이제 여기에 다신 오지 말자!"고 말했고, 나는 그의 말이 옳다는 것을 인정해야 했다. 2017년에는 아내와 함께 유타주 자이언 국립공원을 다시 찾았는데, 거기서 계획한 닷새 중 이틀째에 접어들자 우리는 이미 너무나 자주 해 왔던 일을 또 하고 있다는 사실을 알아차렸다. (또한 아내는 우리가 데스밸리에 지겹도록 자주 갔다고 주장하지만, 나는 데스밸리만큼은 죽을 때까지 절대로 질리지 않을 것이다.)

어떤 일을 질리도록 해 보기 전까지는 그 일을 하지 말았어야 했다는 것을 확신하기 어려우며, 그래서 나는 2005년에 버닝맨에 갔던 일을 다행스럽게 생각한다. 내 인생의 한 시기가 끝났다는, 그전까지는 짐작만 했던 사실을 그 이후로 알게 되었기 때문이다. 후회는 없었다. 그 후 몇 년 동안은 매년 노동절 주말에 뭘 해도, 심지어 아무것도 안 해도 행복했다.* 배가 고프면 돈을 지불하고 그 대가로 음식을 제공받을 수 있는 곳들이 있다는 사실을 알기에 안심도 됐다. 이런 장소들을 음식점이라고 부르는데, 이곳에 자주 가는

---

* 미국의 노동절은 매년 9월 첫째 주 월요일로 버닝맨 페스티벌 마지막 날과 겹친다.

것은 깊은 만족감의 원천이 되었다. 버닝맨에 참가하지 않았다는 사실을 아는 것만으로 이미 모든 게 충분했다.•

그러다가 2018년, 나는 13년 만에 블랙록시티의 음식점 없는 사막으로 돌아왔다. 나는 그사이에 축제가 훨씬 커졌다는 것을 알았고, 그 몇 년 동안 사람들은 가끔 그 축제가 이제 '너무 상업적'이 되었다고 말하곤 했다. (말할 필요도 없이, 그런 사람들 중 실제로 축제에 가 본 사람은 아무도 없었다.) 내가 그 축제에 다시 참가한 이유는 여러 가지였는데, 그중 하나는 친분이 있던 축제의 공동 창립자 래리 하비가 그해 4월에 사망했기 때문이었다. 이 축제가 많은 사람들의 삶에 미친 영향을 고려하면 그를 향한 개인숭배를 피한 것 자체가 늘 중요한 성과로 보였지만, 그해의 버닝맨은 래리를 추모하면서 감정적으로 고조될 수밖에, 즉 일종의 기념행사가 될 수밖에 없었다. 게다가 나는 이 축제를 소재로 하는 영화 제작에 참여해 달라는 친구 제리의 부탁도 받은 터였다. 내가 나온 분량 중 대부분은 결국 편집실 바닥을 구르게 됐지만, 그때만 해도 내가 그 영화의 주연이 될지도 모른다는 기대감을 갖고 있었던 제리는 내가 버뱅크에서 블랙록시티 공항까지 전세기로 다소 호화롭게 이동할 수 있도록 준비해 두었다. 비행기를 기다리는 동안 나는 보통 때보다

• 버닝맨 페스티벌 행사 구역 안에서는 일반 화폐가 통용되지 않기 때문에 각자 생필품을 지참하거나 물물교환을 통해 조달해야 한다.

작가로서 훨씬 완성되었다고 느꼈던 1999년부터 2001년 무렵까지를 되돌아보았다. 나는 항상 나에게 가장 중요한 문제에 대해 글을 써 왔고, 당시 나에게 버닝맨보다 더 중요한 것은 없었지만, 그 경험을 언어로 표현할 수 없었기 때문에 버닝맨에 대해 아무런 글도 쓰지 못했다.

비행 자체는 즐거웠지만 나는 계속 혼잣말을 되뇌었다. "내 인생의 그 시기는 끝났어. 여기 오지 말았어야 했어." 블랙록시티에서는 과한 차림일수록 주변의 모두를 즐겁게 하지만—"넌 튀게 입는 게 어울려." 킷캣클럽*에 입장하기 위해 길게 줄을 서서 잔뜩 긴장하며 기다리고 있을 때 친구 하나가 나를 안심시키느라 했던 말처럼—비행기 안, 그러니까 일상적인 세계와 사막 저지대에 펼쳐져 있는 상상하기 힘든 현실 사이의 중간쯤에 위치하고 있던 나는 어딘가 불편한 느낌이 들었다.

'입국 심사대'에서 먼지를 뒤집어쓴 채 나를 기다리는 제리의 모습을 보자 불안감은 모두 사라졌다. 나는 거기서 대체로 잘 지냈다. 차라리 오지 않았더라면 하고 후회한 오후도 있었지만—이동식 주택에 웅크리고 앉아 먼지 폭풍이 지나가길 기다리던 오후였다—대부분의 시간은 이곳이 아니라면 세상 어디에도 가고 싶지 않았다. 심지어 먼지 폭풍

• 독일 베를린에 위치한 클럽으로, 극단적으로 자유로운 성 문화와 페티시 파티로 유명하다.

이 몰아치는 동안에도 나는 아담 자가예프스키의 『약간의 과장 Slight Exaggeration』을 읽으며 행복해했다. 이동식 주택은 노후해서 샤워기는 작동하는 척도 하지 않았고, 발전기도 기껏해야 푹 꺼진 싱크대를 희미하게 비추는 전등 하나만 켜 줄 따름이었지만, 나는 이 공간을 혼자서 차지했고 문을 닫으면 나 자신과 바깥에서 일어나는 모든 일 사이에 경계가 만들어진다는 사실만으로도 충분했다. 게다가 바깥의 축제에서 일어나는 대부분의 일들이 그 어느 때보다 좋았다.

20

어느 날 오후 자전거를 타고 이동 주택으로 돌아가는 길에 재즈 카페를 하는 원뿔 모양 대형 천막에 들렀다. 전통적으로 이어져 내려오는 재즈 세미나가 진행 중이었다. 이런 세미나에서는 진행자들이 간단히 강연을 한 다음 놀라운 사운드 시스템으로 대표 곡들을 틀어 주곤 했다. 이날의 특별 코너는 프리 재즈에 관한 것이었고 콜트레인의 앨범 《메디테이션 Meditations》 가운데 한 곡이 흘러나오고 있었다. 곡이 끝나자 나는 음악에 그리고 버닝맨의 참여 정신에 감동받았음을 증언하고 싶은 충동이 일었고, 자리에서 벌떡 일어나 소파에 푹 기대앉은 예닐곱 명에게 두 달 전 녹음된 이 곡의 사중주 버전에 대해 즉석 강연을 했다. 아무도 내 말을 인상 깊게 듣는 것 같지 않았고, 주최 측은 괜히 와서 거들먹거리는 이 불청객 때문에 상당히 짜증난다는 기색을 보였다.

21

금요일 아침, 블랙록 필하모닉이 강풍과 먼지 폭풍으로 공사가 지연되다 이제 막 완공된 사원 갤럭시아에서 연주했다. 오케스트라 단원 전체가 갖가지 사막용 기능성 복장과 기괴한 의상을 차려입었다. 볼거리가 많았지만 나는 오케스트라 음악을 들으러 갈 때면 늘 가장 매력적인 아시아인 바이올리니스트에게 시선을 고정한다는 나만의 엄격한 행동 수칙을 따른다. 이번에는 그 방침이 멋지게 보상을 받았다. 그녀는 머리카락 색깔만큼이나 까만 비키니를 입고 있었는데, 아마도 보통 이런 행사에 어울릴 법한 보다 격식 있는 복장을 최대한 노출을 많이 하는 방식으로 오마주한 것 같았다. 공연은 한 시간 동안 이어졌고, 첼리스트―티셔츠, 반바지, 등산화 차림―의 솔로 연주도 포함되었다. 며칠 전 밤, 고리 모양 조명으로 빛을 밝힌 터널 옆 사막 저지대에서 연주하던 그 첼리스트였다. 이번 연주에서 그는 무용수 한 명과 함께했는데, 무용수는 혼신의 힘을 다했음을 보여 주고 싶어 하는 공연자들이 그러는 것처럼 연주가 끝나자 바닥에 푹 쓰러졌다. 한참 박수를 치다 보니, 그가 박수를 좀 더 끌어내리고 저렇게 오래 누워 있는 것일까 하는 생각이 들었다. 첼리스트가 걸어 나와 함께 퇴장하기 위해 그에게 손을 내밀었지만, 이 도움은 더 다급한 상황으로 이어졌고 곧 여러 사람이 모여들어 무용수에게 심폐소생술을 해 주었다. 잠시 후 순찰대원들이 자전거를 타고 다가왔고, 이어서 파란색과 빨간색 점멸등을 켠 구급차가 도착했다. 무용수는 심장병을 앓고 있었고, 사원에서 이 공연을 할 당시 리노에서 집중 치료 중이었다.

프로그램이 끝날 무렵 오케스트라는 베토벤 교향곡 9번 〈환희의 송가〉를 연주했다. 공연은 이보다 더 즐거울 수 없었는데, 바로 연주가 다소 허술했기 때문이었다. 자신들이 가진 최고의 악기가 사막 저지대의 태양과 부식성 먼지로 인해 망가지는 것을 원치 않았던 연주자들은 소모품으로 써도 되는 악기로 연주했다. 게다가 오케스트라는 전체가 함께 모여 연습할 기회가 많지 않았다. 무엇보다 이곳은 버닝맨이었기에, 연주를 지켜보던 우리는 말없이 송가를 따라 부르며 함께 참여하고 있었다. 이 모든 것은 송가의 관행적 성격을 없애고 이른바 인류에 대한 연설이라는 아도르노의 표현으로부터 멀어지게 했고, 이는 유럽 의회의 개회식이나 올림픽 개막식 등 모든 종류의 계몽주의적 행사에서 기념되고 숭배되는 의례적 속박으로부터 해방되는 눈물겨운 효과를 불러왔다. 일반적으로 사람들은 기념비적 친교가 선포되는 곳에서 결국 소외감을 느끼기 마련이지만, 이곳 광활한 야외에서, 우리는 친교에 둘러싸여 있었다.

22

그 결과 음악은 축제 현장에도 영향을 미쳤다. 사원들은 특정한 신을 숭배하기 위해, 그리고 그 신과 효과적이고 올바르게 소통할 기회를 극대화하기 위해, 전통과 공유된 믿음에 의해 보장된 오랜 건축적 관습에 따라 지어진다. 그러므로 거기서 우리가 경험할 것들은 미리 정해져 있다. 그리고 이런 사원들은 오래 지속되도록 설계된 뒤 대개 장기간에 걸쳐 지어진다. 사원들이 수세기에 걸쳐 특유의 분위기나 느낌을 갖는 것은 신자들의 행동, 의식(기도, 찬송), 건축물이 서로 함께 안정되고 영속적인 관계 안에 고착된 결과다. 니체가 교회 건축에 영감을 주었던 신앙 체계의 유효 기간이 만료된 이후의 시대를 예상하면서, 교회가 자유로운 영혼들을 위한 묵상의 장소로 부적합하다고 여겼던 이유도 그래서다. "교회는 신의 집이자 초월적 교감을 과시하는 기념물이다. 신이 없는 우리는 그런 환경에서 우리의 생각을 생각할 수 없다."(「교회 가는 길Church Going」에서 라킨 역시 조용히 그리고 기억에 남을 만한 일침을 남긴다.)

버닝맨의 사원은 매년 새로 설계되어 처음부터 다시 지어진다. 사원은 강풍 등에도 견딜 수 있는 안전 규정 요건과 일요일 밤에 불태워져야 할 필요성 외에는 어떠한 건축 설계에도 부합하지 않는다. 사원이 지어지고 나면, 그 기능을 하는 짧은 기간 동안, 대단히 빠른 속도로, 보통 수백 년에 걸쳐 심화되어 온 특징들을 습득해야 한다. 그러한 특성들의 본질은 사람들이 무엇을 가지고 오고 어떻게 행동하는지에 따라 완전히 달라진다. 매년 이 사원에서는 망자를 기리는 헌사가 주를 이루지만, 이곳을 규정하는 건 순수한 민주적 의지다. KKK단이든, 백신 접종 거부자들이든, 빛나는 길*이든…… 이 사원은 존재에게든 성소가 될 수 있다. 그만큼 이곳은 매우 섬세하고 관용적인 공간이지만, 이곳을 지을 때만큼은 변하지 않는 두 가지 원칙이 적용된다. 이곳에는 항상 죽은 이들을 추모하는 제단 같은 것이 마련된다. 그리고 사원은 항상 각자 특별한 기술을 지닌 자원봉사자들에 의해 지어지며, 이들은 모두 서로에게 의지한다.

『약간의 과장』에서 자가예프스키는 그의 친구 조지프 브로드스키의 "정신 나간 형이상학 이론들" 중 하나를 이야기한다. 그에 따르면 브로드스키는 종교가 "위대한 자연 종교와 결별한 이후에 더 많은 무한성을 포함"하게 될 것이라고 주장했다는 것이다. 자가예프스키—나는 그와 조금 친분이 있었고, 내가 이 책을 쓰는 동안 세상을 떠났다—는 친구의 의견에 회의적인 태도를 보이며, 우리는 "더 큰 불꽃을 일으키기 위해, 만일을 위해 모닥불에 남아 있는 잉걸불처럼 기존 종교에 담긴 무한성을 휘젓고, 불을 붙이면서, 그 불을 유지하고 키울" 필요가 있다고 주장한다. 이 건물이 얼마나 효과적으로 영적인 힘을 발전시키는지, 무한을 향한 통로로서 얼마나 빠른 속도로 가장 완전한 의미의—단순히 구조적인 의미에서가 아니라—사원이 되는지 보면 놀랍다. 이런 비정상적인 가속화를 가능하게 하는 조건은 이곳이 며칠 뒤면 불에 탈 것이라는 공통의 지식과 그 지식을 받아들이

---

* Shining Path, 페루의 공산주의 게릴라 조직.

는 태도다.

23

사원이 불에 타기 전, 토요일에 맨Man 자신이 먼저 불에 태워진다. 나는 그날 밤이 어떻게 진행될지―혹은 진행되지 않을지―에 대해 영화 제작자로부터 엄격한 지시를 받았다. 나는 영화에서 주연에서 조연으로, 그다음엔 카메오로 차츰 역할이 바뀌었다. 그리고 이제 곧 한정된 임무를 수행하는 감시원이 될 터였다. 영화 제작자는 맨이 불에 타는 행사가 끝난 후, 촬영이 완료된 후, 그리고 카메라와 음향 장비를 모두 안전하게 정리한 **후**까지, 제리가 어떠한 "몹쓸 것"(이런 예스러운 표현이라니)도 복용하지 못하게 하는 것이 매우 중요하다고 말했다. 합리적인 조언이었지만, 우리가 맨을 둘러싼 거대한 인파에 합류했을 때―우리는 촬영 때문에 바로 앞에 있었다―나는 제리에게 모든 것이 정말 멋지다고, 그와 함께 이곳에 와서 그의 영화에 참여하게 되어 너무나 행복하다고 말하지 않을 수 없었다. 내가 이런 진심 어린 고백을 마치자, 제리는 이 영화의 감독인 자신이 나나 제작자보다 지위가 높다고 주장하면서 자신의 말에 감히 아니라고 대꾸하지 못하게 했고, 그래서 나는 그의 몫을 순순히 내줄 수밖에 없었다.

우리는 모두 불태우기 행사를 기다리고 있었지만, 콘서트 같은 것이 시작하길 기다릴 때와 같은 조바심은 없어서 어떤 면에서는 전혀 기다리고 있지 않았다고 할 수 있었다. 모두가—이 시티의 전체 인구, 모든 정신 나간 차량들, 이미 여러 경험을 공유한 모든 사람들—이렇게 모인 것 자체가 이벤트였다.

나무와 파란색 네온 등으로 만들어진 맨은 그 세상의 중심이었다. 그는 일주일 내내 양팔을 옆구리에 딱 붙인 채 서 있었다. 이제 우리가 불태우기 행사를 기다리는 동안 그의 파란색 네온 팔이 천천히 올라갔다. 임박한 출발과 작별을 알리는 이 몸짓은 이상하게도 환영의 몸짓이기도 했다. 펼쳐진 두 팔은 지리적으로 꼭 시계의 문자판처럼 배치된 이 시티가 공간적으로 10시부터 2시까지에 해당하는 사막을 향해 열린 모습을 재현한다. 그러므로 이것은 폐쇄된 원—잠재적 위험에 대비해 짐마차들이 둘러싸 만든—과는 다르고, 내부의 학문 수준이 외부와의 단절에 의해 향상된다는 믿음을 바탕으로 배제를 전제하며 만든 옥스퍼드대학의 사각형 안뜰과도 다르다. 그런 발상은 중세 영국의 상황에서는 합리적이었겠지만, 이곳에서는 아니다(그리고 내가 경험해 본 바, 그 단절 이론은 옥스퍼드에서도 통하지 않았다). 들어 올린 두 팔은 강복降福의 의미이며, 더 이상—적어도 일 년 동안은—맨이 필요하지 않음을 인정하는 몸짓이다. 이 몸짓의 힘과 아름다움, 시티의 모든 이를 포용하기 위해 활짝 펼친 팔! 여기에는 이번 생에, 아니 다른 생에서도 내가 필요로 할 모든 종교가 담겨 있다. 그리고, 당연히 그 외에 다른 것은 없다. 매년 같은 일이 일어나지만, 올해는 래리

하비가 세상을 떠났기 때문에 사람들 사이의 소속감과 친근함이 특히 강하게 느껴졌다.

사막 위로 두 팔을 들어 올려 밤을 향해 쭉 뻗은 맨의 무표정한 얼굴.

토마스 트란스트뢰메르는 시집 『미완의 천국 *The Half-Finished Heaven*』에서 "그것은 텅 빈 것을 향한 기도와 같다"고 쓴다.

그리고 텅 빈 것은 우리에게 얼굴을 돌리고
속삭인다.
"나는 비어 있는 것이 아니야, 나는 열려 있어."

2018년에 다시 가길 잘했다는 생각이 든다. 나는 꼭, 다시 오리라 믿었지만, 이번엔 알고 있었다. 다시는 가지 않으리라는 것을.

24

2001년, 무척 바쁜 데다 타는 듯 무더웠던 버닝맨에서의 어느 늦은 저녁, 아내는 몸이 안 좋아졌다. 음향 장치 앞에서 춤을 추고 있던 우리는 짐을 챙겨 밖으로 나왔다. 우리는 걷다가 멈추고 자리에 앉았다. 그렇게 앉아 있으면 아내는 이내 서 있고 싶어 했고, 서 있다 보면 다시 앉아야 했다. 아내는 눈을 감고 싶었지만, 그랬다간 잠이 들어 다시는 눈을 못 뜰까 봐 불안해했다. 우리는 사막의 저지대를 향해 계속 걸어서 사원으로 향했다. 아내는 점점 겁을 먹었다. 상황이 더 이상 나빠질 수는 없겠다고 생각할 무렵, 정말 최악의 상황이 닥쳤다. 지금까지 한 번도 보지 못한 무언가를 발견한 것이다. 그것은 영화 〈2001 스페이스 오디세이〉에 나올 법한 검은색 거대한 돌기둥이었고, 거기에는 그녀의 정신적 상태—"존재하지 않는 사람이나 사물의 환영들이 보인다"—와 신체적 상태가 자세하게 새겨져 있었다. 마지막 줄은 마음을 몹시 불안하게 만들었다. **죽음이 임박하다.**

우리는 이 사물을 고작 사소한 흥미를 불러일으킬 뿐인 싸구려 예술 작품으로 취급했고, 그럼으로써 무심히 발길을 돌리려 했지만, 돌기둥은 섬뜩한 매력을 발휘했다. 아니, 이것은 순화한 표현이다. 사실 우리는 그 매력에 사로잡혀 이 예언을 사실로 확신하게 되었고, 그것을 응시하는 순간이 길어질수록 이 확신을 반박하기가 더욱 어려워졌다. 그때 거대한 물고기 모양의 화려한 아트 카 한 대가 헤엄치듯 지나가면서 마법을 깨뜨렸다. 나는 이 무시무시한 조짐으로부터 아내를 끌어냈고, 우리는 시티를 향해 다시 걸어서 무사히 의료 텐트로 갔다. 아내가 깊은 뱀 구덩이에 빠져서 벌벌 떨며 비명을 지르는 사람들보다는 훨씬 나은 상태인 점에 조금 안도하긴 했지만, 결국 정맥 주사를 맞기로 했다. 다음 날 아침, 아내는 불안해하고 피곤하고 기운이 없었으며 "두개골 전체가 깨질 것 같은 두통"으로 고통스러워했지만, 전날 밤의 극심한 두려움에 비하면 점점 나아지고 있었다.

다음 날 페스티벌이 끝나 집으로 돌아가는 길에 비포장 도로를 따라 늘어선 표지판들에는 다섯 단어 정도의 짧은 메시지가 쓰여 있었다. 표지판들은 9미터 간격으로 배치되어 문장이 쉽게 눈에 띄었는데, 대부분 먼지를 일으키지 않도록 서행하라거나 안전 운전에 유의하라고 일러 주는 내용이었다. 우리는 차량 행렬을 따라 참을성 있게 천천히 이동했다. 2001년 페스티벌의 주제는 셰익스피어가 말한 '인생의 일곱 단계'였다. 운전과 먼지에 관한 기능적인 메시지들 사이에서 나는 즉시 어떤 짧은 단락의 시작 부분을 떠올렸다. "이제 우리의 잔치는 모두 끝났습니다." 이것은 『폭풍우』 마지막 부분에 나오는 프로스퍼로의 유명한 대사의 서두였다. 나는 이 대사를 외울 정도였지만, 지금 우리가 차를 몰고 천천히 지나가는 동안 이 구절들은 전혀 새로운 방식으로 펼쳐졌다. 마치 액자처럼 표지판 하나하나에 각각의 구절이 운율에 맞추어 새겨져 있었고, 하나의 리듬 뒤에 또 다른 장엄한 리듬이 이어지면서 우리가 경험했던 형언할 수 없는 경이로움을 정확하게 묘사했다.

　이제 우리의 잔치는 모두 끝났습니다.
　말씀드렸듯이,
　우리의 배우는 모두 정령들이어서,
　공기 속으로, 엷은 공기 속으로 녹아 버렸습니다.
　그리고, 이 환영이라는 기초 없는 구조물처럼,
　구름 위로 솟은

탑들, 호화로운 궁궐들,

엄숙한 사원들, 거대한 지구 자체도,

그래요, 그것이 물려받은 모든 것들까지

다 녹아 없어질 것입니다,

그리고, 이 실체 없는 가면극이 끝나가듯,

희미한 흔적조차 남기지 않을 것입니다. 우리는

꿈과 같은 존재이므로, 우리의 미약한 인생은

잠으로 둘러싸여 있으니 (……)

이것은 내 인생에서 가장 강렬한 문학적 경험이었고, 그 일은 버닝맨에서 일어났다.

25

프로스퍼로의 그 선언은 사실 때 이른 것이다. 아니면 그가 어떤 잔치를 언급하고 있는지에 대한 내 기억이 잘못됐거나. 내 기억이 맞다면 그가 언급한 잔치는 이 연극 전체가 아니라 극중에 잠시 펼쳐지던 가면극이다. 이후 5막 끝에서 그는 밀라노로 돌아가겠노라는 의향을 밝힌다. "그곳에서 / 세 번에 한 번은 내 무덤 생각이나 하겠다"면서. 꽤나 그럴듯하게 들린다. 그런데, 그러면 나머지 3분의 2는 무엇으로 채워질까? 최소한 그중 절반은 분류할 수 없는 것들이 닥치는 대로 뒤죽박죽 섞여 있을 테고, 그중 대부분은 너무도 사소해서 그토록 강렬한 인물조차 삶을 인지하고 판단하는 데 어떤 질서가 있기나 한지 의문을 갖게 할 정도다. 혹시 내가 아스클레피오스에게 빚진 수탉 값을 갚았던가? 아래층 거실 불을 켜 놓고 나왔나?『기억상실에 대한 빈티지 북 *The Vintage Book of Aamnesia*』편집자가 누구더라? 가만, 내가 2000년에 어쩌다가 맞춤 선글라스를 잃어버렸지? ······사실 나머지 3분의 2에 사실상 확고한 질서가 있음은 의심할 여지가 없다. 이 생각들은 섹스에 관한 기억들, 전 세계 도시와 방에서 황홀하게 보낸 오후와 밤의 기억들로 채워질 것이다. 이것은 니체가『즐거운 학문』에서 처음 영원회귀 사상을 암시할 때 염두에 두었던 구원의 순간, 기꺼이 영원토록 반복해서 살고 싶은 순간들이다. 불행히도 그의 삶에는 이런 종류의 경험이 없었다. 나머지 우리들에게는 잃어버린 기회에 대한 기억들, 너무 수줍어서 혹은 확신이 없어서 키스할 엄두조차 내지 못했던 시간에 대한 기억들이 뒤섞여 있을 것이다. 그리고 이런 생각들은 무덤으로 가져가게 될 터이므로 죽음과 맞닿게 될 것이다. 프로스퍼로가 밀라노에서 전화나 이메일에 접속한다면 ― '에어리얼 Ariel'이라는 이름의 인터넷 서비스 회사가 없다는 것은 어떤 면에서 놀라운 일이다 ― 그는 지금 60대가 된 과거의 누군가에게 전화를 걸거나 간단히 메일을 보낼 것이다. 그러고는 요하네스에서의 어느 토요일 밤 둘이 클럽에 갔던 일, 다음 날인 일요일 밤 아직 문을 연 술집을 찾아 한 시간 넘게 차를 타고 돌아다니던 일, 그러면서도 이를테면 우연히 함께 있다 보니 드라이브까지 하게 됐다고(아무도 그런 이유로 드라이브하지 않는 도시에서) 생각했던 일을 상기시킬 것이다.

프로스퍼로는 무턱대고 이렇게 쓸 것이다. "그날 밤 당신에게 얼마나 키스하고 싶었는지 몰라." 혹은 "내가 청했다면 나와 함께 우리 집에 왔을까?" 세 가지 대답이 가능할 텐데, 처음 두 개의 대답은 같은 내용의 다른 표현일 것이다. "아뇨"이거나, 그날 밤을 기억하려 애쓰는 게 분명한 표현(당시에도 그 일은 전혀 특별한 의미가 없었으니까)이거나. 그리고 세 번째 대답이 남았다. "그럼요, 항상 기다리고 있었는걸요……" 혹은 "물론이죠, 왜 그러지 않았나요?"

이 가운데 어떤 대답이 더 우울할까? 이상하게도 마지막 대답, "그럼요"의 다양한 변주들이다. 처음 두 개의 대답—"아뇨"의 정중한 혹은 당황한 변주들—은 적어도 당시 그의 직감이 정확했음을 확인해 주기 때문이다. 단순한 수줍음 이상의 무엇인가가 그를 망설이게 했다는 것을, 어떤 분위기가 뚜렷하게 감지됐다 하더라도 그 분위기를 억제하거나 아예 없애는 것이 올바른 반응이었음을, 서로가 같은 욕망을 느끼고 있을 뿐 아니라 그 욕망이 얼마간 상대 여성으로부터 비롯되었다고 오해했을 때조차 그는 결코 여자들에게 강요하는 사람이 아니었음을. 그는 나이가 든 후에도 여전히 이따금 여자들에게 빠져드는 사람이었고, 그런 순간들은 그의 인생에서 가장 빛나는 때이기도 했다. 그 순간엔 세상의 온갖 마법을 지닌 프로스퍼로라 할지라도, 자기 삶을 사로잡을 만큼 집착하게 될 존재를 처음으로 자각하던 열네 살 소년 시절만큼이나 여전히 무력해질 따름이었다. 아마 메일을 쓰거나 전화를 하지 않는다 해도, 그는 그녀와 함께 차를 몰고 돌아다니던 그 이상한 저녁을 반복해서 떠올릴 것이다. 그녀에게 키스하기 위해 행동을 취했어야 했던 바로 그 순간까지 두 사람 사이에서 일어난 모든 상황을 충실하게 복기하면서. 얼마나 어리석었던가! 무슨 손해를 봤겠는가? 최악의 상황이라 한들 무슨 일이 있었겠는가? 최악의 상황은 실제로 일어났던 바로 그 일, 그녀가 그의 집 앞에 그를 내려준 일이었다. 어쩌면 차 안에서 보낸 5분간의 어색한 시간을 추가할 수도 있을까. 얼마나 바보 같은 짓인가. 이 얼마나 삶을 부정하는 소심함인가. 그가 인생 전체를 다시 살 수만 있다면, 그날 저녁과 (그리고 그와 유사한 다른 저녁들도) 그 사건들의 순서를 바꾸어 그것(들)의 결과가 달라졌을지 볼 수만 있다면.

26

이런 생각을 하면서 나는 버닝맨으로 돌아가야겠다고 깨닫는다. 현실에서가 아니라—그런 일은 결코 없을 것이다—지금, 여기에서.

맨의 두 팔이 들어올려지자 곧바로 머리 위로 폭죽이 터졌고 맨이 불에 타기 시작했다. 당시는 2018년, 제리가 그곳에서 영화를 촬영하던 해였다. 열기는 엄청나게 뜨겁고 불은 무척이나 밝아서, 마치 땅에서 부화된 태양을 확장된 동공으로 바라보는 것 같았다. 열기가 한층 강렬해지자 안전한 거리에서도 안구가 타들어갈 것만 같았다.

이후 촬영 장비를 안전하게 정리한 우리는 자전거를 타고 출발했다. 처음에는 여러 차례에 걸쳐 다양한 조합을 거듭한 대집단이었지만, 어느 순간 우리 셋만 남게 되었다. 테드라는 남자와 제리, 그리고 나. 테드는 듬직한 체격에 수염을 기른 40대 중반의 남자였다. 잠을 잘 수 있는 아늑한 공간으로 개조한 그의 스테이션왜건은 이동식 주택 옆에 주차되어 있었다. 커다란 음향 장치에서 흘러나오는 음악을 듣던 테드는 이미 심하게 취해 있었음에도 더 많은 환각제를 구해야겠다며 캠프로 돌아가기로 결정했다. 상당히 경솔한 결정 같았다. 그가 우리를 떠났다가 다시 찾아낼 가능성은 극히 적었다. 여기에 세워진 자전거는 5천 대쯤 되었고, 거기 달린 LED 전구들은 하나같이 번쩍이며 흔들렸고, 공중에 매달린 꼬마전구들까지 그것들과 함께 반짝이며 깜빡였다. 심지어 우리가 방향을 잡기 위해 의지한 많은 지형물들까지 번쩍거리고 흔들리고 움직이고 있었다. 며칠 전 밤, 나는 취하지는 않았지만 정신이 멍한 상태에서, 무질서하게 세워진 또 다른 자전거 무더기 속에서 내 고물 자전거를 찾느라 한 시간을 헤맨 적이 있었다. 그때는 자전거를 세워 둔 위치를 분명 꼼꼼하게 기억하고 있었는데도 주변을 샅샅이 뒤져야 했다. 테드는 "내가 자전거도 찾고 당신들도 찾을게."라고 말했지만, 나는 이제 우리가 그를 볼 수는 없을 거라고 생각했다.

"그가 존재했었다는 걸 아예 잊는 게 좋을 거야." 나는 제리에게 말했다. 그런데 20분 뒤에, 그가 다시 왔다! 그의 상태를 고려하면 이것은 전례 없는 수준의 수색·구조 작업이라 할 만했다. 이후 우리는 함께 다른 곳들도 갔고 수많은 모험도 즐겼다. 영원히 계속되는 듯하다가 순식간에 사라지는 마법 같은 밤이었다. 서서히, 빛이 커지기 시작했다. 조명탄들이 하늘에서 땅으로 조용히 떨어지고, 하늘은 이제 검은색이 아닌 회색이 되었다. 맨은 당연히 어디에서도 보이지 않았다. 우리는 귀가하기로 했다.

버닝맨에서 잠자리를 준비하는 일은 언제나 꽤나 번거롭다. 나는 캠핑용 화장실에서 볼일을 보고, 이를 닦고, 세수를 하면서 먼지와 반짝이를 털고, 아침에 일어나면 곧장 오줌을 누기 위해 침대 옆에 플라스틱 병을 준비해 두었다. 내가 속옷 차림으로 이제 막 안대와 귀마개를 하려는데, 누군가 문을 두드렸다. 테드일 거라고 짐작했고 무슨 일인지도 정확히 알았다. 그는 정신이 혼미한 상태에서 열쇠를 안에 둔 채 차 문을 닫아 버렸을 테고, 이제 나는 그가 환각제에 엉망으로 취해 있는 동안 열심히 이 상황을 해결하게 될 터였다. 나는 문을 열었다. 그렇다, 그가 맞았지만, 그는 전혀 정신 나간 사람으로 보이지 않았다.

"저기 말이야." 그가 말했다. "우리 둘 다 알잖아. 우리 사이의 성적 긴장감이 맛있다palatable는 걸." 그는 만질 수 있을 만큼 확실하다palpable고 말하려 했겠지만, 이런 상황에서 그런 사소한 실수를 따지는 것은 적절하지 않은 것 같았다. "너도 알고, 나도 알아. 저기, 지금까지 한 번도 해 본 적 없지만, 여긴 버닝맨이니까 해 보고 싶어. 우리 둘이 해 보자."

내가 저녁 내내 환각제에 취해 황홀한 기분이긴 했어도 우리가 나눈 대화라고는 그저 농담이나 "와우"라는 감탄사가 대부분이었고, 나머지는 다음 행선지를 어디로 할지 결정을 내리지 못하고 고민한 게 전부였다. 함께 긴 밤을 모험하는 동안 잠깐씩 에로틱한 순간이 있었다면, 우리가ㅡ내가ㅡ춤추는 아가씨들에게 얌전히 매료되었을 때가 유일했다. 그는 LSD에 취해 있었는데, 내 경험상 그것은 성적인 기분을 느끼게 하는 약물은 아니다. 당시 내 상황을 말하자면, 나는 결코 예전처럼 취하지도 않았을뿐더러 멀쩡한 정신으로 실용적인 내 이동식 주택 출입문에 가만히 서 있었다. 깊은 우주의 밤하늘 아래에서 음악과 불빛과 사람들의 광란에 휩싸였던 과거와는 달리, 그때 나는 내가 어느 정도 취했는지 더욱 분명하게 자각하고 있었다. 그러므로 이 만남은 뭐랄까, 마치 일요일 아침에 문을 열었더니 별로 사고 싶지 않은 무언가를 사라고 들이미는 세일즈맨을 마주하는 기분이라고나 할까. 물론 이곳은 아무것도 팔지 않고, 필요한 것은 무엇이든 무료로 제공되는 버닝맨이었지만 말이다. 그런데 하필, 바로 그 무렵, 그놈의 제안인지 뭔지는 블랙록시티 전역에서 감사히 받아들여지고 있었다. 당시 내 머릿속에 부옇게 떠오르던 복잡한 수학적 추론을 언어로 표현할 수만 있었다면, 나는 이렇게 말했을 것이다. 아마도 축제에 만 명의 여자들이 있을 텐데, 그 여자들이 바로 이 문 앞에 나타나 비슷한 제안을 했다면 나는 이렇게 대답했을 거라고. "당신 말이 맞고 말고요, 그 긴장감은 정말 맛있죠. 어서 발 닦고 안으로 들어오세요." 지금 그의 입장이 어느 정도 혼란스러울 수 있다는 점을 감안한 나는 이 오해의 희극성을 강조하려 했다. 하지만 그는 이 상황과 가능성을 바라보는 데 있어 명확히 로맨틱한 시각을 고집했고, 그 관점은 더욱 명확하고 명료한 내 관점과는 정반대였다. 우리는 잠시 동안 협상을 했고, 나는 문을 닫으면서 몇 가지 감정을 느꼈다. 첫째, 그의 잠긴 자동차 문을 억지로 여는 악몽 같은 짓에 더 이상 관여하지 않아도 된다는 안도감. 둘째, 나 자신에 대한 만족감. 일정한 나이가 지나자—나는 그해 6월에 예순 살이 되었다—어떤 호감 표현이든(심지어 간단한 관심 표명조차도) 반가워졌던 것이다. 나는 그에게서 어떠한 종류의 불쾌감도 느끼지 않았고 조금도 분개하지 않았다. 기분이 우쭐해졌다. 그러나 그가 단단히 착각했다는 사실도 의식하고 있었다. 우리 사이에 성적 긴장감은 전혀 없었으니까 말이다. 이번 일로 나는 누군가에게 추근댔다가 거절당한 일들을 떠올렸다. 몇몇 경우는 내 유혹이 거절당하리라는 것을 확신하면서도 내 직감을 말로 확인받고 싶었다. 때로는 거절당하기 위해 추파를 던지기도 하는 것이다.

나는 점심시간 무렵에 일어났다. 꽤 많은 사람들이 벌써 캠프를 떠났다. 캠핑용 밴, 이동식 주택, 자동차 등으로 빽빽했던 시티 인근이 텅 비자 그곳은 벌써부터 한층 한적한 교외 지역처럼 보였다. 테드의 스테이션왜건은 아직 그 자리에 있었지만, 안에는 인기척이 없었다. 마침내 오후 늦게야 그가 나와서 약간 멋쩍은 표정으로 시리얼 한 그릇을 먹었다. 나는 접이식 의자를 끌어당겼다. 나는 우리가 수다를 떠는 동안 그가 전날 밤의 프러포즈를 주제로 이야기를 꺼내길 기다리고 있었지만, 강렬한 오후의 빛을 받고 있노라니 오히려 그가 지금 어떤 기분인지 듣고 싶어졌다. 그가 "저기, 하고 싶은 말이 있는데 말이지……"라고 말했을 때, 나는 마침내 그 순간이 왔다고 생각했다. 그런데 흥미진진하게도 그는 시리얼을 우적거리느라 잠시 멈칫했고, 곧이어 나는 그가 무슨 말을 하려는지 알 수 있었다. "너 춤 솜씨 진짜 형편없더라."

27

20대 중반부터 70대 중반까지 오랜 작가 경력을 쌓는 동안 최고의 작품은 대체로 그 중간 어디쯤에서 나온다. 제임스 설터는 매우 이례적인 경우다. 한국전쟁에 참전한 전투기 조종사로서의 경험에 직접적으로 기반을 둔(자신의 경력에 이런 내용을 내세울 수 있는 소설가가 얼마나 될까?) 첫 번째 소설 『사냥꾼들』(1956)은 의심할 여지없이 최고의 작품이었다. 이후 여러 편의 작품이 발표되었고, 그 가운데 가장 잘 알려진 작품은—부분적으로는 몸을 오그라들게 만드는 섹스 장면들 때문에—『스포츠와 여가』(1967)이다. 그리고, 누가 글을 쓴다고 하면 뒷다리로 서 있는 개 대하듯 결과물을 너그럽게 봐주게 되는 나이인 여든일곱 살에, 설터는 자신의 긴 중년 시기에 모색했던 많은 주제들을 압축한 듯한 어딘지 묘하고 불편한 소설을 발표했다.

『올 댓 이즈』는 1945년 미국의 오키나와 침공 직전, 어느 배 위에서 시작된다. 소설은 여러 등장인물을 상세히 밀착 관찰하는 동시에 역사적 배경을 다소 뭉뚱그리면서("카미카제라는 단어는 '성스러운 바람'을 의미했다.") 곧 벌어질 "위대한" 전투에 대해 이야기한다. 처음 한 페이지 반이 이어지는 동안 '위대한'이라는 단어가 네 번이나 튀어나온다. "오키나와는 위대한 섬이다"라거나, "최초의 위대한 항공모함 전투"인 미드웨이 해전이라거나. 이는 그의 의도와 야망이 무의식적으로 드러난 것일까, 아니면 설터의 독특한 특징 가운데 하나인 부자연스러움이 나타난 부분일까? 동료들로부터 문장에 대해 찬사를 받은 설터의 소설은 독자가 그 특유의 리듬에 빠져든 다음에도 적잖이 어색하게 느껴진다.

전투가 시작되면서 독자들은 교전 상황에 몰두했다가 빠져나오게 되는데, 이때 설터의 또 다른 (이상한) 특징이 출현한다. 방금까지 눈여겨보았던 두 등장인물 중 한 사람이 배 밖으로 사라지더니 한참 뒤 아주 잠깐 단역으로 등장하기 전까지 아예 사라져 버리는 것이다. 소설은 이제 그런 식으로 사라지지 않은 선원 필 보먼의 삶을 추적하면서 향후 수십 년 동안의 이야기를 전개한다. 애니 딜러드는 소설 『메이트리 사람들 *The Maytrees*』에서 어느 남자를 이렇게 묘사한다. "열다섯 살 때 여자들이 자기 인생을 이토록 완벽하게 물들일지 알았다면, 그는 배에서 뛰어내렸을 것이다." 그와 반대로 보먼은 그런 삶에 기꺼이 평생을 다 바쳤을 것이다.

그는 하버드에 다니고, 뉴욕으로 이사를 하고, 출판사에 취직한다. 어느 술집에서 그는 버지니아주 '스티플체이스 언덕'에 사는 부유한 집안의 아름다운 여인을 만난다. 보먼이 그녀의 매력에 사로잡히듯, 우리는 설터가 풀어 내는 이야기의 기나긴 무아지경 속으로 빠져든다. 당시는 1940년대로, 사람들이 섹스라는 거의 종교에 가까운 신비를 접할 방법은 실제로 성관계를 경험하는 것뿐이던 시대였다(지금은 상황이 거의 완전히 반대지만). 이 부분에 기록된 에로틱한 행복은 보먼 인생의 이 시기와 그의 결혼 생활뿐 아니라 책 전체의 중심 주제가 될 것이다. 훨씬 나중에, 이혼하고 어느 그리스 여자와 관계를 맺을 무렵 보먼은 깨달을 것이다. "그가 되고자 했던 모든 것을 그녀가 제공하고 있었다. 그녀는 축복으로, 하느님의 증거로 그에게 주어졌다." 잠깐의 축복일 뿐이지만.

출판사에 몸담지만 "업무에 크게 영향을 받지 않는 삶"을 사는 보먼은 차츰 그 업계 특유의 매력에 익숙해진다. "삶에서 무언가가 이루어질 수 있는 구체적인 중심의" 부재는 혼자 먹는 저녁 식사와 혼자 보내는 밤이라는 형태로 그가 기꺼이 감수하는 대가이며, 이것은 "첫 마디, 첫 시선, 첫 포옹", 그리고 그에 따라 고조되는 서정성의 회복에 필수적인 서곡이다. "그는 이른 새벽에 깨어났다. 이상하리만치 고요했고, 파도조차 부서지지 않았다. 바다에 초록색 긴 줄무

늬가 새겨졌다." 그가 잠에서 깼을 때 곁에 있던 여자 크리스틴은 그를 철저히 배신한다. 그는 미련도 없고 복수할 생각도 품지 않지만, 대학생 나이인 크리스틴의 딸 아네트를 우연히 만나고, 해시시에 엉망으로 취해 아네트를 유혹하는 다소 혼란스러운 성적 에피소드가 이어진다(그것도 '용서'라는 제목의 장에서!). 이후 그는 즉흥적으로 신혼여행을 가자며 아네트를 파리로 데려가고, 며칠 뒤 아네트가 잠든 사이에 돈이 아닌 쪽지 한 장만 남긴 채 그녀를 배신한다. "나 먼저 가. 지금은 설명하기 곤란해. 즐거웠다."

이 책이 출간되었을 때 이런 장면들은 거의 용납할 수 없을 만큼 소름 끼치는 모습으로 여겨졌다. 미셸 우엘벡의 『소립자』에서 브루노가 정신적으로 무너지기 전에 경험한 충격적인 에피소드ㅡ그것도 학교 교실에서!ㅡ에서처럼 분노를 유발하는 것도 아니었고, 풍자를 통해 정당화하는 식의 구제 장치도 없었다. 이 장면들이 상상의 범주를 완전히 벗어난 지금, 나는 도덕적 안식과 예술적 품위라는 소설이 제공하는 지위를 흔들림 없이 충실하게 밀고 나간 설터의 강단에 경탄하게 된다(비록 몇 페이지 뒤에서 그는 "국가적 문화에서 소설의 힘은 약해졌다"고 인정하지만).

28

W. H. 오든은 영국 시인들 중 테니슨이 가장 귀가 밝았다는 유명한 말을 했다. 그의 청력은 나이가 들어도 약해지지 않

았던 것 같다. 테니슨은 말년에 와이트 섬 해변을 산책하다가 모래사장에 앉아 있는 두 소녀를 지나쳤는데, 그중 한 소녀가 그를 알아보고 친구에게 말했다. "어머, 저 할아버지 『모드』 쓴 사람 아냐?" 테니슨은 걸음을 멈추고 돌아서서 말했다. "맞다, 이 할아버지가 『모드』를 썼단다." 그러고는 다시 걸음을 옮겼다.

재능 있는 젊은 작가들은 시간과 역사의 흐름 속에서 펼쳐지는 한 남자 혹은 한 여자의 인생을 젊은 시절부터 노년에 이르기까지 이야기할 수 있었다. 그러나 그들에게는 설터의 장점 가운데 두 가지는 갖기 어려웠을 것이다. 하나는 서사의 통제력이 약해지거나 흔들리는 조짐들인데, 동시에 이것은 작가가 이 약해진 역량이 지닌 장점을 믿고 있다는 확고한 신뢰의 증거기도 하다. 또 하나는 보면의 이야기에 나이 듦에 대한 뻔뻔한 인식을 주입하는 확신—마찬가지로 흔들림 없는—이다.

29

테니스는 내 행복에서 아주 큰 부분을 차지한다. 가령 나는 일주일에 두 번, 최대 두 시간씩 테니스를 친다. 그래 봐야 깨어 있는 112시간 중 고작 네 시간이지만, 나에게 일주일간 할당된 행복 가운데 상당 분량이 그 네 시간 동안에 충족된다. 심지어 이후에 극도로 피곤하고 완전히 소진된 상태로 보내는 시간들—16시간? 20시간?—을 감안하더라도 그렇다. 이 네 시간의 빛이 일주일 내내 퍼지는 것이다. 하지만 지난 한 달 동안은 어깨 통증으로 테니스를 칠 수 없었고, 주로 어깨를 강화하는 방편이던 팔굽혀 펴기도 할 수 없었다.

이제는 다시 회복 중이다. 나는 다시 테니스를 치고, 잃어버린 체력을 되찾으며, 신체적 매력(예순이 넘은 남자의 심하게 왜곡된 자아 이미지 안에서의)이 빠르게 쇠퇴하고 있다는 위축된 기분을 서서히 끌어올릴 준비가 되었다. 성과 관련된 시장의 변두리로 밀려난 것도 문제지만, 재진입할 기회로부터 영원히 배제되었다는 느낌은 참담할 따름이다. 더 나쁜 것은 이것이 스스로를 퇴출한 결과일지 모른다는 것이다. 다시 말해, 제정신 가진 사람이라면 아무도 나에게 매력을 느끼지 않을 터이므로, 아예 어떠한 성적 취향도 어떠한 성적 정체성도 갖지 않는 것이 관련된 모든 이들에게 최선의 이익이 되리라는 자기 충족적인 이유로 그 시장에서 스스로 물러나는 것이다. 그러나 이 최악의 시나리오를 피한다 하더라도 피해야 할 다른 시나리오는 많고, 그 가운데 일부는 훨씬 최악이다. 자신에게 '소름 끼친다'는 끔찍한 수식어가 붙느니 차라리 조기 은퇴를 택하는 편이 낫지 않을까? '소름 끼친다'는 말은 선거에서 두 번 투표하는 것을 방지하기 위해 사용되는, 도난당한 은행권을 쓸모없게 만드는 염료와도 같다. 한번 소름 끼친다는 말을 듣고 나면 다음부터는 소름 끼치는 인간처럼 행동하게 된다. 그러므로 스스로 조심해야 하는데, 바로 여기에 문제가 있다. 자기 성찰―내가 정말 소름 끼치는 인간인가?―을 하는 잠깐 사이에도 자신이 행동하고 말하는 모든 것 위에 소름 끼침의 그림자가 짙게 드리워지는 것이다. 아침엔 빵집에서 빵을 서빙하는 30대 초반의 매력적인 여자에게 시시덕거리지 않는 멋지고 재미있는 사람이었다가, 오후가 되면 소름 끼치는 사람이 된다. 왜지? 아직 따뜻한 바게트를 움켜쥐고 집에 가는 길에 느꼈던 약간의 켕김, '내가 소름 끼치게 굴지는 않았겠지?'라는 걱정 때문일까? 남들을 소름 끼치게 만들 가능성을 피해야 한다는 걱정이 자신을 소름 끼치는 사람으로 만들 수도 있다. 어떻게 그러냐고? 다른 모든 일이 그렇듯, 그냥 스멀스멀 그렇게 되는 거다.

30

"이제 모두 끝난 것 같습니다.
저는 이제 더 이상 글을 쓰지 않을 것 같군요."

장미셸 바스키아, 에밀리 브론테, 키츠, 실비아 플라스, 레몽 라디게, 에곤 실레, 프란츠 슈베르트, 프란체스카 우드먼, 그리고 수많은 록 스타와 재즈 뮤지션이 모두 젊은 나이에 세상을 떠났다. 그들이 삶을 이어갔다면 어떤 작품을 남겼을지 궁금하다.

하지만 나이와 상관없이 한 권의 책만 출간하고, 아니면 몇 개의 작품만 그리거나 작곡하고 그만두기로 결심한 작가, 화가, 작곡가 들에 대해서는 어떨까? 이미 좁게 한정된

집단이지만, 나는 특정한 종류의 중도 포기자들을 염두에 두고 말하고 있다. 의지가 있지만 여건이 좋지 않아 (예술계의 경우 대체로 시간이나 돈이 부족해서) 문화 시장에서 쫓겨난 사람들을 말하는 것이 아니다. 뚜렷한 이유 없이 그저 자신의 때가 끝났음을 알게 된 사람들, 계속할 영감이나 동기, 야망, 고집이 더 이상 남아 있지 않다는 것을 깨달은 사람들을 말하는 것이다. 자신의 작품을 숙고한 결과, 훌륭하든 평범하든 형편없든 그게 그들이 할 수 있고 말해야 하고 표현해야 했던 전부였다고 결정 내린 사람들 말이다.

아마도 책을 한 권만 쓴 작가라는 현상에 대해서는 다음과 같이 설명할 수 있을 것이다. 아무리 많은 책을 발표한다 해도 첫 책의 첫 번째 판본을 처음 보는 그 순간과는 비교할 수 없을 것이다. 관련된 모든 사람에게 이것은 획기적인 사건이다. 비록 "관련된 모든 사람"이라는 이 표현이 결국 저자 단 한 사람으로 압축된다 하더라도 말이다. 지금까지 당신은 작가가 되길 꿈꾸는 사람, 책을 쓰는 동안 정의상 작가로 일하는 사람이었지만, 이제 비로소 정식으로 작가로 인정받게 된다. 그리고 그것으로 충분할 수 있다. 역설적이게도 작가라는 정체성을 숭배하는 사람, 자신의 지위를 확인받고자 하는—이전의 낮은 지위를 지우고—강렬한 욕망에 의해서만 글쓰기의 노고에 지속적으로 헌신할 수 있는 사람에게는 그것만으로도 충분할 수 있다. 그들은 이 첫 번째 레이스의 결승선을 통과하고, 자신의 최고 기록을 달성한 뒤, 쓰러져서, 은퇴한다. 반면에 장기간 이어지는 긴 여정은 결승선을 없애 버리고, 당신에게 평생 동안 링에서 가장 가까운 자리—사실상 링 안쪽 자리—를 제공하여 그곳에서 당신의 삶과 능력을 평가하고, 심지어 그 능력이 점차 쇠퇴해 가는 과정까지 기록한다. 당신이 언제든지 그 자리에서 쓰러질 자유를 남겨둔 채로.

엔리케 빌라마타스의 『바틀비와 바틀비들』에서 화자인 젊은이는 단편 소설 한 편을 발표해 놓고 25년 동안 전혀 글을 쓰지 않았다. 변화가 시작된 것은 그가 "눈에 보이지 않는 텍스트에 주석을" 다는 내용의 글들을 쓰기 시작하면서부터다. 어떤 요구를 받을 때마다 "하지 않는 편을 택하겠다"고 답하는 멜빌 소설의 주인공 서기관에게 영감을 받아, 그는 어떤 이유에선지 글쓰기를 중단한 랭보나 로베르트 발저 같은 작가들에 대한 에세이적 조사에 착수한다. 그렇게 해서 그는 "25년의 침묵을 깨고, 글쓰기를 중단했던 가장 주목할 만한 일부 창작자들의 마지막 비밀에 대해" 다시 글을 쓰기 시작한다. 그 결과 만들어진 비非작품들의 목록은 그 내용이 방대할 뿐만 아니라 내포하는 의미 또한 문제적이다. "왜 나는 글을 쓰지 않는가"라는 질문은 "필연적으로 왜 나는 애초에 글을 썼던가?라는 또 다른, 훨씬 더 불안한 질문으로 이어지기" 때문이다. 이 책의 유쾌한 분위기에도 불구하고, 다자하는 자가 빌라마타스의 부담은 컸다. 그는 한 인터뷰에서 이렇게 말했다. "내가 『바틀비와 바틀비들』을 쓴 이유는 거부로 향하는 욕구에 강하게 끌렸고 문학을 포기하고 싶었기 때문이었다. 글쓰기를 중단한 사람들에게 깊이 몰두함으로써 계속해서 성공적으로 글을 쓸 수 있게 되었다는 점에서 이 작업은 역설적이었다."

31

단편 소설집 딱 한 권만 발표하고 글쓰기를 그만둔 작가에 대해 가장 잘 다룬 이야기 가운데 한 편이 어느 작가가 펴낸 세 번째 소설의 기초가 된다. 이 작가는 계속해서 많은 책을 썼고, 그 가운데 이 세 번째 책은 글쓰기를 포기한 가상의 작가를 다루었다. 리처드 포드의 소설 『스포츠 라이터』(1986)의 화자인 프랭크 베스컴은 글쓰기를 완전히 포기하지는 않았다. 그는 일상적인 만족과 안정감을 더하기 위해 소설과 문학을 포기하고 스포츠 기사를 쓰기로 했다. 소설 초반에 프랭크는 자신의 두 번째 책이 될 예정이었던 『탕헤르』라는 가제를 붙인 소설을 중간에 포기한 이유에 대해 이따금 곰곰이 생각해 본다. 무슨 일이 일어났는지, 무슨 일이 일어나지 않았는지 되짚어 보면서 그는 "내가 글쓰기를 멈추었다는 사실도 제대로 몰랐다"는 것을 깨닫는다. 한동안 그는 사무실에 가서 일이라고 여겨지는 무언가를 했지만 "사실 나는 지칠 대로 지쳐 있었다. 때때로 2층으로 올라가 자리에 앉아도 내가 그곳에 왜 있는지 뭘 쓰려고 했는지 도무지 생각이 나지 않았고, 모든 것을 까맣게 잊기 일쑤였다. 내 마음은 슈피리어 호수 위를 항해하며 떠돌았고(한 번도 해 본 적 없는 일), 그러고 나면 아래층으로 내려가 낮잠을 자곤 했다." 이 글에서, 즉 어느 작가가 어떻게 글쓰기를 포기하게 되는지에 대한 묘사에서 주목할 점은 이 글이 작가들이 어떻게 계속해서 글을 쓸 수 있는지에 대한 묘사와 겹친다는 것이다. 존 업다이크와 조이스 캐럴 오츠를 제외한 모든 작가들이 그런 날들을 무수히 겪었던 것처럼.

소설 쓰기를 그만두게 된 상황—공백기가 이렇게 길어지는 동안 스포츠 기사를 써 달라는 요청을 받은 것을 포함해서—을 되짚어 봐도 프랭크는 자신이 왜 글쓰기를 멈추었는가에 대한 질문에 스스로 만족할 만한 답을 하지 못한다. 그는 많은 이유를 죽 나열한 다음 이렇게 결론을 내린다. "이런 이유들도 있지만 그보다 더 나은 이유들이 적어도 스무 개쯤은 있다(어떤 사람들은 책을 단 한 권만 쓰잖아, 더 나쁜 경우들도 있고)." 나중에 그는 자신이 "진정한 글쓰기가 요구하는 것, 즉 작가의 비전과의 온전한 합일"을 지속할 수 없다는 잠정적인 결론을 내리는데, 포드는 이 요구를 바로 『스포츠 라이터』에서 성취한다. 이 비전은 주로 목소리에 의해 달성되고, 말할 필요도 없이 그 목소리는 프랭크가 스포츠 기자로서 자신의 작업을 통해 얻어 낸 것이다. 그것은 "사실을 있는 그대로 적용함으로써 단순한 진실을 밝히고자 하는 꾸밈없는 목소리"였다. 전반적으로 프랭크는 자신에게 일어난 일을 불쾌하게 여기지도, 전혀 쓰라리게 여기지도 않는다. 실망했을 수는 있겠지만, 그가 보기에 그런 일은 자주 일어나는 일, 보편적이지는 않더라도 매우 널리 통용되는 상황이었다. 더구나 "작가 한 사람이 글쓰기를 그만두기로 결정한다고 해서 인류에게 손해가 되는 것도 아니고" 말이다. 하지만 만일 포드가 그 문장을 쓰기 전에 글쓰기를 그만두고 그 문장이 담긴 책을 출간하지 않기로 결정했다면 큰 손해가 되었을 것이다.

참고로, 스포츠 기자가 되기 위해 글쓰기를 그만두었던 프랭크 배스컴은 포드의 베스컴 시리즈 두 번째 권인『독립기념일』에서는 부동산 중개업자가 되기 위해 스포츠 기자를 그만둔다.

32

책을 한 권만 내고 그만둔 작가들 안에는 또 하나의 작은 집단이 있다. 외부의 영향력에 쉽게 굴복하는 이들은, 군대 용어로 이른바 파멸을 초래하는 이른 성공이라는 행운을 누린 사람들이다. 작가가 생산적인 경력을 확립하기 위해서는 이른 성공이라는 플랫폼을 사용하는 것이 더 일반적이지만 (『벌거벗은 자와 죽은 자』를 쓴 노먼 메일러,『하얀 이빨』을 쓴 제이디 스미스처럼), 어떤 작가들에게는 결코 회복할 수 없는 경험이 되기도 한다. 그들은 분명 더 많은 글을 쓰려고 했겠지만, 갑작스런 호평과 예기치 않은 부를 얻으면서 경제적 필요에 의해 계속 써야 한다는 압박감이 사라지자, 아니면 무관심한 비평이나 부당한 적대감에 맞서 스스로를 증명해 보일 필요가 사라지자, 돈벌이가 되는 유쾌한 초대에 응하느라—가르치거나 심사하거나 전 세계의 낭독회에 참석하는 등―차츰 책상 앞에 붙들린 삶으로부터 멀어지게 되었다. 미국에서는 큰 성공을 경험하지 않더라도 이런 영향력에 굴복하기 쉽다. 기회만 충분히 활용하면 첫 단편집 출간을 바탕으로 수십 년을―작가 연수, 연구비, 교수직, 강연, 지원금을 이용하여―버틸 수 있다. 완성을 위한 오랜 기다림을 보상하고도 남을 대작 소설을 작업하는 중이라는 평계를 대면서 말이다. 때로는 정말로 책이 완성되어, 그동안 받아 온 모든 경제적 지원이 그만한 가치가 있었음을 입증하고 그걸 지속시키기도 한다. 반면에 이 첫 단편집의 저자가 남은 평생 동안 약속이라는 유령에 기대어 살게 되는 경우도 있다. 그 생활이 얼마나 안락하든, 자신이 누리는 삶이 일종의 사기극이며 자신이 그 사기극의 수혜자이자 희생자임을 자각하면서.

이런 부러운 유인책이 확립되기 전인 1938년, 시릴 코널리는 『장래성의 적들*Enemies of Promise*』에서 작가들을 포기하게 만드는 무수히 많은 방편들, 즉 작가들을 영원히 잠들게 만드는 많은 요인들을 조사하려 했다. '현관의 유아차'•가 방해 요인들 가운데 가장 오래된 것으로 유명하다고 알려져 있지만, 작가 자신의 '장래성' 역시 치명적인 요인일 수 있다. "신들은 먼저 파괴하려는 자들에게 장래성을 약속한다"는 말처럼.

• 육아로 인해 창작에 방해를 받는다는 의미.

33

거의 모든 경우, 아무리 갑작스러운 중단이라 해도 그 과정은 점진적으로 이루어진다. '한 권 작가'들은 대부분 두 번째 책을 발표하는데, 거의 모두가 첫 번째 책보다 수준이 떨어지고 보완적인 성격을 지닌다. J. A. 베이커의 명성은 전적으로 『송골매를 찾아서』(1967)와 관련이 있는데, 그는 몇 년 뒤에 후속 작품으로 『여름의 언덕 The Hill of Summer』을 발표했다. '한 권 작가'의 두 번째 책이 갖는 목적은 자신이 여기까지라는 일종의 확인 사살을 하는 것이다. 이 결론을 받아들이길 주저하는 사람은, 창작 생활의 어느 시점에 다다르면 다시 고통받기 시작할 것이다. 〈고공출격 Reach for the Sky〉(어릴 때 많은 영감을 받은 영화 중 하나)에서 병원에 입원한 더글러스 베이더는 곧 고통 없이 죽음에 빠져들 참이지만, 살기 위해 저항하기로 결심한 순간 조각조각 부서진 두 다리의 고통이 다시금 밀려든다. 코널리는 "모든 진정한 예술적 나태"는 "즐거움이 아닌 고통"이라고 지적했다. 1990년대 중반에 글을 쓸 수 없을 만큼 슬럼프에 시달린 것으로 알려진 아이리스 머독은 어느 파티에서 마틴 에이미스에게 "글을 쓸 수 없어 몹시 지루하다"고 말한다. 라킨은 1979년에 친구에게 이렇게 썼다. "예전엔 우울증에 대해 글을 쓸 수 있었기에 우울증이 그렇게까지 나쁘진 않았어. 지금은 글이 나를 떠났고, 남은 건 우울증뿐이지."

파티에서 에이미스는 머독에게 작별 인사를 하면서, 그

문제가 영원히 계속되는 것은 아니라고 말하며 머독을 안심시킨다. 하지만 사실 그런 문제는 작가로서의 끝을 의미한다고 할 수 있다. 라킨이 그랬던 것처럼—"잠겨 버린 수도꼭지"—결국 언젠가는 모두가 그렇게 될 것이다. 그날이 올 때까지는, 출판사와 독자 모두가 최신 작품이 나오길 간절히 기다리는 대단히 성공한 작가들조차 자신이 더 이상 쓸 수 없다는 사실을 적어도 공개적으로는 인정하려 하지 않을 것이다. 트루먼 커포티는 그의 기도나 출판사의 기도가 응답 받을 가능성이 거의 없어진 뒤에도 자신은 여전히 열심히 일하고 있다고, 여전히 『응답 받은 기도*Answered Prayers*』*를 쓰고 있다고 모두가 믿게 만들었다. 그러나 지금 당장 글쓰기를 그만둔다 해도 아무도 신경 쓰지 않거나 심지어 알아차리지도 못하는 경우가 더 일반적이다.

34

시오랑은 이렇게 쓴다. 모든 인간 혐오자는 "아무리 진실한 사람이더라도, 병석에 누운 채 완전히 잊힌 저 늙은 시인을 상기시키곤 한다. 그 노인은 동시대 시인들을 향해 격노하며 그 누구도 받아들이지 않겠노라고 선언한다. 그를 불쌍히 여긴 그의 아내만이 이따금 초인종을 누를 것이다."

---

* 커포티 사후에 출간된 미완성 소설.

나는 계속 혼자 되묻는다. 대체 언제쯤이면 출판사들이 나에게 원고며 교정지를 들이밀며 추천사를 써 달라고 귀찮게 구는 일을 멈출까? 말은 이렇게 해도 나는 안다. 6개월, 아니 6주만 지나도, 대체 왜 나에게 홍보를 부탁하는 이가 없느냐며 걱정하리라는 것을. 내가 현명하게도 이 사실을 깨달은 것은 순전히 시오랑의 이 글 덕분이다.

35

돈 드릴로의 1991년 소설 『마오 II』는 주인공인 작가 빌 그레이와 그가 25년 동안 썼다 말았다를 반복해 온 소설에 대한 이야기를 통해 다층적인 반전과 주제적 전환을 이끌어 낸다. "그 작업은 그를 소진시켰다. 그는 완전히 지쳤다." 그의 편집자 스콧은 이렇게 설명한다. "빌은 책상에서 1.5미터만 걸어가도 의심이 망치처럼 자기 등을 내려치는 듯한 느낌을 받는다. 그는 책상으로 다시 돌아가 자신을 안심시키리라 믿을 수 있는 구절을 찾아야 한다. 그는 그 구절을 읽고 안심한다. 한 시간 뒤, 차에 앉아서 그 구절을 다시 곱씹으며 그 구절이 틀렸고 그 장 전체가 잘못됐다고 여긴다. 그리고 책상으로 다시 돌아가 자신을 안심시키리라 믿을 수 있는 구절을 찾을 때까지 이 의심을 떨치지 못한다. 그는 평생 이 일을 해 왔고 이제 안심할 수 있는 구절이 바닥이 났다." 하지만 "해가 떠오르면, 그는 책상을 향해 비척비척 다가간다." 언제쯤 책을 완성할 수 있겠느냐는 질문을 받으면

빌은 대답한다. "완성했네. 다 끝냈지. 벌써 2년 전에 끝냈다네. 하지만 페이지를 고쳐 쓰고 세부 내용을 수정하는 중이라네. 나는 지금 생존을 위해, 내 심장을 계속 뛰게 하기 위해 쓰고 있네." 그러므로 스콧이 아는 한, 빌이 할 수 있는 최악의 일은 실제로 책을 출간하는 것이다. 출판사는 많은 돈을 벌어들이겠지만 "이것은 하나의 신화이자 권능의 종말을, 따라서 빌의 종말까지를 의미할 것이다." 책은 출판되지 않음으로써 하나의 사상, 하나의 원칙을 규정할 수 있다. 즉 "유보된 예술 작품만이 남아 있는 유일한 웅변이다."라는 원칙 말이다. 잠시 후 그들의 대화는 소설이라는 형식이 끝났는지―"묵시록적 권능이라 할 뉴스의 등장에 의해" 추월당했는지―그리고 이 특정한 소설을 끝낼 수 있을지에 대한 논의로 다시 돌아간다. "책이 언제 완성되는지 알려주지." 빌이 말한다. "작가가 쿵 하고 큰 소리를 내며 쓰러질 때라네."

드릴로에게는 그런 일이 일어나지 않는다. 『언더월드 *Underworld*』는 쿵 하고 큰 소리를 낸 그의 마지막―그리고 진정으로 위대한―작품이었다. 이후 그의 궤적은 베케트의 단편 소설 제목 '더 적은 것 Lessness'과 같은 행보를 보였다. 그는 128쪽짜리 『침묵』을 향해 느리게 그리고 불안하게 미끄러져 갔다.

36

그만두는 것과 계속하는 것 사이의 관계에는 상상할 수 있는 모든 치환과 예외가 존재한다. 『스포츠 라이터』가 책을 한 권 낸 뒤 글쓰기를 그만둔 작가에게 초점을 맞춘다면, 헨리 제임스는 그의 단편 「중년기 The Middle Years」에서—1893년에 처음 발표되어 2년 뒤에 단편집 『종결 Terminations』에 수록되었다—경력 도중에 작가 생명을 다한 중년의 작가에게 초점을 맞춘다. 덴컴은 자신의 "'최근 작품', 어쩌면 마지막 작품이 될지도 모르는 『중년기』 한 부를 받았다. 수년 동안 그는 서서히 저물어가는 시간, 줄어드는 기회를 의식해 왔으며, 이제 자신의 마지막 기회가 사라지고 있다는, 아니 이미 사라져 버렸다는 기분이 들었다. 지금까지 해야 할 모든 일을 해 왔지만, 정작 자신이 원하는 일은 한 적이 없었다." 책을 싼 포장을 푼 다음 책을 읽기 시작하자 차츰 "마음이 진정되고 안심이 된다. 모든 것이 그에게 돌아왔다. 그것들은 경이로움과 함께 돌아왔고, 무엇보다 최고의 장엄한 아름다움과 함께 돌아왔다. 그는 자신이 쓴 산문을 읽었고, 자신의 글로 채워진 책장을 넘겼으며, 그 자리에 앉아 페이지 위를 비추는 봄 햇살을 받으면서 특별하고도 강렬한 감정을 느꼈다. 그의 작가 생활은 끝났다, 분명히 그랬다. 하지만 결국, 그게 전부였다." 이 만족감과 충족감은 이내 다른 무언가로, "유예의 가능성을 엿보는" 느낌으로, 어쩌면 아직 모든 것이 소진되지는 않았을지 모른다는 느낌으로 바뀐다. 그뿐만

이 아니다. 어쩌면 그는 이제야 비로소 자신의 재능을 진정으로 소유하게 되었는지도 모른다. 그에게 필요한 것은 기회의 연장이다. 그리하여 그는 마지막 페이지를 넘기면서 탄식하듯 이렇게 말한다. "아, 한 작품만 더 쓸 수 있다면!"

다음에 이어지는 내용은 이탈로 칼비노의 『어느 겨울밤 한 여행자가』를 살짝 예고하는 듯하다. 덴컴은 『중년기』의 인쇄 전 원고를 읽고 있는 누군가와 마주치고, 그가 자기 작품의 열렬한 팬임을 알게 된다. 덴컴은 자신의 정체를 감추고 팬과 즐겁게 이야기를 나누다가, 갑자기 쓰러진다.

37

덴컴은 자신의 최근 작품을 읽는 경험에 의해 잠시 희망에 부풀지만, 작가가 늦은 나이까지 창작을 지속할 수 있는 조건은 주로 그들의 후기 작품에 대해 독자들이 가장 뚜렷하게 느끼는 특징, 즉 작품의 질적 저하를 스스로 인식하지 못하는 능력인 것 같다. 『강 건너 숲속으로 Across the River and into the Trees』의 집필에 몰두하며 한껏 들떠 있던 쉰 살의 헤밍웨이는 출판사에 자신이 마치 다시 한번 스물다섯 살이 된 것처럼 글을 쓰고 있다고 말했다. 1950년에 출간된 이 책을 향한 일부 평론들은 이 스물다섯 살 작가처럼 자기만의 신화에 완전히 심취한 사람을 제외한 모든 인간을 완전히 좌절시킬 수 있을 정도였다. 『새터데이 리뷰』는 이렇게 판단했다. "이 작품은 헤밍웨이 최악의 소설일 뿐만 아니라, 이전 작품의 모든 단점을 종합한 작품이며, 향후 작품에 대해 의심스러운 전망을 비춘다." 물론 헤밍웨이의 미래는 그에게 『노인과 바다』라는 걸작과 노벨상 수상이라는 커다란 성공을 전해 줄 예정이었지만, 그와 동시에 끔찍한 시간도 마련해 두고 있었다. 그가 글을 쓰는 방법과 목적은 언제나 "진실한 한 문장"을 쓰는 것이었으나, 어느새 그는 드릴로의 소설 『침묵』에 언급된 한 문장 속에서 허우적대고 있는 자신을 천천히 발견해 갔던 것이다. "단순하고 선언적이었던 모든 것들, 그것들은 다 어디로 갔는가?"

38

빌럼 더코닝Willem de Kooning은 1983~1986년에 거의 매주 한 점씩 그림을 그릴 정도로 갑자기 작품 활동이 활발해졌다. 이것은 분명 축하할 일이었지만 동시에 우려의 원인이기도 했다. "그는 여전히 이젤 앞에서 당당하게 그림을 그리거나 진지하게 구도를 잡았을지 모른다. 하지만 더 이상 그 결과를 판단할 수는 없었을 것이다. 여하튼 점차 늘어나는 작품의 양은 그가 더 이상 그 자신일 수 없음을 암시했다." 몇 년 뒤 이런 초기의 경고 신호들이 알츠하이머라는 건강 이상으로 이어지자, 조수들은 캔버스 위에 밑그림을 비추어 그가 그 위에 덧칠할 수 있게 했고, 물감 튜브를 여기저기 배치했으며(그가 더 많은 색깔을 쓰고 싶어하도록 유도하기 위해), 그가 잊고 지나친 캔버스 곳곳을—그들은 이런 부분을 "휴일"이라고 부르기로 했다—가리키며 채워 넣게 했다.

39

이들은 모든 면에서—극도의 쇠락과 비범한 끈기의—극단적인 예다. 경미하고 보편적인 노화 증상은 예전처럼 빨리 달릴 수 없는 상태, 무릎이 더 많이 아파지고 나중엔 더 오래 아파지는 상태로 나타난다. 글을 쓰려고 책상 앞에 앉으면 정신적 소모의 뚜렷한 징후들을 피할 수 없다. 무릎은 쑤시기라도 하지만(오래 움직이지 않으면), 뇌는 예전만큼 활발하게 기능하지 않는 것 같은데도 아무런 통증이 느껴지지 않는다. 이렇게 뇌가 예전만큼 움직이지 않는다는 것을 자각하기 전에, 대개는 곧 그렇게 될지 모른다는 두려움이 먼저 찾아온다. "나는 상당한 재능을 가지고 있습니다. 아마도 내 동년배들만큼 갖고 있겠죠." 포크너는 1944년 4월 22일 어느 편지에서 이렇게 썼다. "하지만 이제 나는 마흔여섯이에요. 그러니 이제 곧 '가지고 있다'에서 '가졌다'로 바꾸어 써야 할 겁니다." (마흔여섯 살은 젊은 나이다. 어쩌면 그가 이 편지를 쓰는 동안 노쇠가 문장 구조를 통해 그에게 침투한 건지도 모른다.) 두려움이 정당화됨에 따라 그 두려움은 또한 익숙해지고, 그 결과 덜 두려워진다. 믿기 어렵지만, 업다이크조차 70대 중반에 이렇게 고백했다. "불길한 기분이 자주 엄습해, 적절한 단어를 떠올릴 수가 없다. 어떤 단어를 넣어야 하는지는 안다. 영어라는 직소 퍼즐에서 그 단어가 차지하는 정확한 모양을 마음속으로 그려 볼 수도 있다. 하지만 단어 자체, 그것의 정확한 모서리와 그 독특한 의미의 빛깔은 의식의 끄트머리에 흐릿하게 매달려 있다." 물론 그런 상황 속에서도 여전히 같은 속도로, 똑같이 수월하게 계속 글을 쓰는 일이 가능할 수도 있다. 유의어 사전을 더 자주 참조하게 될 수는 있겠지만 말이다(업다이크가 인정하듯, "부끄럽지만 의지할 수밖에" 없다). 다만 20년 전 혹은 40년 전에 산문 읽기의 즐거움을 선사했던 여러 독특한 문체는 다시 만들어 내지 못할 것이다. "그 자유분방한 활기, 톡톡 튀는 감각, 조금은 과한 화려함"을. (아이러니하게도 업다이크 자신도 이 점을 충분히 자각해, 서서히 스며드는 표현의 부정확함과 언어적 피로를 평소처럼 정확한 표현으로, 다만 적절할 정도로 살짝 김이 빠진 경쾌한 문체로 묘사했다.) 그는 "아무리 많은 기술을 익혔더라도 하려는 말이 많은" 젊은이의 신념을 대체할 수는 없다고 쓴다. 하물며 나이가 더 들면 어떨까? 헤밍웨이는 그의 미완성 소설 『에덴의 동산』을 쓸 때 젊은 작가 데이비드 본이 처한 어려움을 상상하면서 자신이 처한 어려움을 훌륭하게 묘사한다.

> 그는 작업실에 가자마자 문장 하나를 쓰기 시작해 완성했지만, 이후로는 한 글자도 쓸 수 없었다. 그 문장에 줄을 그어 지우고는 다른 문장을 쓰기 시작했지만 다시 완벽한 백지 상태가 되었다. 뒤에 어떤 문장이 이어져야 할지 알면서도 그것을 쓸 수가 없었

다. 우선 종이 위에 단순한 선언적 문장을 다시 써 보았지만 다음 문장을 적는 것은 불가능했다. 두 시간이 다 가도록 상황은 다르지 않았다.

40

라킨은 자신의 작품 전집이 곧 출간된다는 소식에 아이러니한 안도감을 느꼈다. "모든 걸 떠나서, 이것은 더 이상 글을 쓰지 않아도 되는 훌륭한 핑계가 될 것이다. 내가 보기에 어차피 앞으로 글을 쓸 것 같지도 않고." 시적 침묵 속으로 더 깊숙이 빠져든 라킨은 술기운에 자신의 뇌가 "사실상 작동을 멈추었"음을 인정했다. 이후 그는 친구들에게 편지를 쓰는 것으로 스스로를 위로했고, 곧 다음 단계로 나아갔다. 그는 "요즘엔 편지도 아무런 다른 글도 쓰지 않는 것 같다"고 어느 편지에 썼다.

캐럴 앤 더피는 「오든을 위한 알파벳Alphabet for Auden」에서 잔인하고도 부드러우며 장난기 가득한 문체로 이 문제를 간결하게 표현한다.

단어가 사라지면
아무런 할 말이 없지.

하지만 이것은 말을 멈춘다는 의미가 아니다. 이전에 다른 사람도 아닌 자기 자신이 했던 말을 계속 반복하게 될 수

는 있겠지만.•

41

작가들은 진행 중인 작업에 대해 어느 정도 비판적인 경계심을 가져야 하지만, 그와 동시에 그런 비평적 측면의 감시로 인해 글의 흐름이 막히지 않도록 균형을 잡아야 한다. 이것은 작가 생활 내내 끊임없이 재조정 작업이 요구되는 매우 섬세한 임무다. 글이 고갈되거나 작가가 스스로 창의력을 억누르는 것은 일반적으로 나쁜 일로 여겨진다. 그렇다면 글쓰기의 흐름을 유지하기 위해서 아예 비판적 면모에

• (원주) "나는 더 이상 갈 수 없어. 나는 계속 갈 거야 I can't go on. I'll go on." 베케트의 『이름 붙일 수 없는 자』의 마지막 문장을 인용하는 것으로 이 책을 끝내지 않기로 한 약속은 쉽게 지킬 수 있었다. 내가 여기에서 이 문장을 끝내 언급하는 이유는 베케트가 책의 마지막에 마침표를 찍은 이유가 늘 궁금했기 때문이다. 아무런 제지를 받지 않는 공간에 마침표 없이 그대로 놓아두었더라면 더 좋지 않았을까? 내가 가진 칼더 출판사 판 베케트 3부작은 마지막 페이지 오른쪽 하단 구석에 찍힌 이 마지막 마침표로 끝난다. 내 생각에 이것은 의도한 것 같다. 만일 이 마침표가 제거된다면, 하이픈과 줄맞춤을 약간 조정해 책의 마지막 오른쪽 페이지의 맨 마지막 줄 끝에 'on'이라는 단어가 오게 될 것이다. 이것은 화자가 실제로 이야기를 계속 이어갔음을 암시하겠지만, 아니면 그저 제본상의 실수로 보일 수도 있겠다. 아니면 성난 독자의 고의적인 파손 행위로 인해 이후의 페이지들—뒤이어 계속 이어질 남은 이야기들—이 날아가 버렸다는 인상을 주거나.

관심을 두지 않아 보면 어떨까?

마틴 에이미스가 1991년에 발표한 스누커*에 관한 글을 보자. 거기서 에이미스는 자신이 "높은 수준의" 독서와 글쓰기를 할 수 있다고 흘리듯 말했다. 당시엔 아무도 감히 이 주장에 이의를 제기하지 못했을 것이다. 그런데 두 가지 의문이 생긴다. 첫째, 그는 어떻게 『노란 개』와 『누가 개를 들여놓았나』를 쓰게 되었을까? 내 생각엔 그건 습관의 힘이다. 그는 수십 년 동안 해 오던 일을 그냥 계속했던 것이다. 두 번째 질문은 더 까다롭다. 그는 그렇게 쓴 작품들을 읽으면서 무슨 생각을 했을까?

에이미스가 온종일 『노란 개』나 『누가 개를 들여놓았나』를 작업하면서 하루종일 지치지 않고 무수한 단어를 쏟아 낼 수 있었다고, 그 생산력만큼은 『머니』나 『런던 필즈』를 집필하던 전성기와 동일했다고 가정해 보자. 또한 그가 신작 한 권을 완성할 때까지 매일 자신이 쓴 글을 다시 읽으면서 낙담하지 않고 계속 써 내려갔다고도 해 보자. 그는 자신이 쓴 글을 다시 읽었을 때, 단순히 노력 이상의 다른 무언가가 필요하다는 것을 몰랐을까?

"나이가 들면서 언어의 힘을 잃기 시작하는 것 같다"고 레이첼 커스크는 『파리 리뷰』 인터뷰에서 말한다. 그녀는 은연중에 자신의 소설 『두 번째 장소』를 참조하여 다음과

• snooker, 흰 공 하나로 21개의 공을 포켓에 떨어뜨리는 당구의 일종.

같이 자신의 생각을 밝힌다.

> 시각 예술가들의 후기 작품은 마치 알이 깨져 그들의 진정한 환영적 자아가 드러나는 것과 흡사하다. 언어에서는 그런 일이 일어날 수가 없다. 나이가 들수록 언어가 당신을 배신하기 때문이다. 언어는 우리가 얼마나 나이 들었는지 드러낸다. 보통 언어는 우리의 정체성이나 사회적 계급에 대해 아주 많은 것을 드러내 보여 준다. 그러다 나이가 들면 언어는 그 나이듦까지 그대로 보여 준다. 우리는 갑자기 난처한 모습을 보이는, 혹은 삶의 이야기에서 멀어져 가는 작가들을 보게 된다.

이 예측은 회복될 희망이 없다는, 가능성이 없다는 시한부 선고일까? 자기 삶을 이야기할 때조차 그럴까? 자기 삶이 주제가 되었을 때조차?

42

에이미스에 관한 앞선 장을 쓴 후에, 나는 이 책을 쓰는 동안 이따금 스스로에게 제시했던 약속을 한 가지 더 추가했고 그것을 지켰다. 당시 에이미스는 솔 벨로, 크리스토퍼 히친스, 라킨에 관한 책을 준비해 오고 있었는데, 그 결과물이 내가 앞서 쓴 단락들의 설득력을 잃게 만들더라도 그 부분을 그대로 남겨 두겠다는 약속이었다. 에이미스의 『인사이드 스토리 Inside Story』(2020)는 그의 회고록 『경험 Experience』(2000) 이후 가장 강렬한 책으로, 전자가 소설 형식으로 제시되었다는 점을 제외하면 두 책은 매우 유사하다. 20년 전 줄리 버칠은 에이미스가 이 회고록 제목을 '나의 투쟁 My Struggle'으로 했다면 "그 자리에서 그의 노예가 되었을 것"이라고 썼다. 그러니 이제 그녀는 노예와 같은 구속 상태에 있다고 볼 수 있다. 다만 (에이미스가 아닌) 크나우스고르에게 속박당한 거긴 하지만 말이다. 크나우스고르가 쓴 『나의 투쟁』 역시 허구적인 부분과 실제 삶을 회고한 부분을 분명하게 구분할 수 없도록 만든 작품이다(실제 과거 기록을 뒤져 볼 수 있다면 얘기가 다르겠지만). 이런 책들은 과거의 어떤 사실을 독점적으로 폭로하곤 하는데, 만약 그 '사실'들 — 에이미스의 여자 친구 피비와 그의 아버지 킹슬리의 관계라거나, 아버지의 친구 라킨과 그의 어머니의 관계와 같은 — 이 실제 과거에 충실하기보다는 (서사를 강화하겠다는 목표로) 아예 지어냈거나 최소한 대대적으로 재구성된 것이라고 가정해 보자. 그러면 그 소설적 성공은 그 안에 담긴 허구의 흔적이 얼마나 교묘하게 감추어져 있는지에 달렸을 것이다. 에이미스는 표면적으로는 제 주머니를 터는 것처럼 보이지만, 사실은 『인사이드 스토리』를 까뒤집어 한 편의 소설로 만듦으로써 독자의 경험을 향상시키고 자신의 흔적은 덮어 버린다. 그러나 소설이 특정한 형식적 관습을 충족하거나, 더 야심차게는 새로운 관습을 만들어 내야 한다고 생각한다면, 『인

사이드 스토리』는 어수선하고 허술한 작품으로 보일 것이다. 에이미스가 커다란 비닐봉지—회고록이라는 형식이 선사하는 숨 막히는 부담들을 방지하기 위해 구멍이 숭숭 뚫린—에 낙관적으로 쏟아부은 1갤런의 잡탕에는 크나우스고르 프로젝트가 자랑하는 부류의 응집력이 결여되어 있다. 크나우스고르는 집필 중에 성공적으로 틀을 만들었고, 그 틀이 바로 크나우스고르가 작품을 구성하는 방식을 정의한다. 반면에 에이미스의 책들은 『머니』 이후로 지금까지 줄곧 목소리 즉 어조를 탐구해 왔다. 언어적인 측면에서 『인사이드 스토리』는 (특히 에이미스의 1970년대 연애사를 다룬 부분은) 그 옛날의 거침없는 (젊음의) 활기를 물씬 풍긴다. 읽기에 약간 당황스러운 부분도 재미있게 읽을 수 있다(그의 아름답고 지적인 아내 '엘레나'가 문학상을 수상하는 프랑스로 휘릭 끌려갈 때처럼).

그렇다, 재미를 결코 과소평가해서는 안 된다. 특히나 최근 에이미스의 소설들에서 아쉬웠던 부분이 바로 재미였기 때문이다. 내가 그의 소설에서 재미가 빠졌다는 사실을 절실하게 느꼈던 이유는, 보통 에이미스를 읽고 있으면 다른 어떤 책을 읽을 때보다, 음, 심지어 그의 이전 작품을 읽을 때보다 훨씬 재미있다고 자각했기 때문이다. 로스앤젤레스에 갑작스런 한파가 닥치던 닷새 동안 나는 소파에 누워 무릎에 담요를 덮고서 500페이지 분량의 소설을 쉴 새 없이 읽었다. 줄곧 재미있게 읽었지만, 사흘 동안만 읽었다면 더 재미있었을 거라고 생각했다. 같은 속도를 유지하되 200페이지 정도 줄인 분량으로 말이다. 에이미스의 대작들 대부분은 대략 그 정도 비율로 분량을 줄였어야 했다. 이는 에이미스가 자기 작품을 잘 읽진 못한다는 문제로 돌아오게 만든다. 에이미스는 편집이 필요하지 않다고 주장하지만, 사실 그의 글은 편집자의 낙원이다. 모든 쉼표가 완벽한 자리에 찍혀 있고 더 이상의 작업이 필요하지 않아서가 아니라, 어느 부분을 잘라내야 할지 분명하게 보이기 때문이다. 누군가가 내게 청한다면, 나는 그의 글쓰기에 관한 조언 중 일부를 삭제하라고 조언했을 것이다.

원래는 이 부분에 약 120개 단어로 이루어진 단락 하나가 있었고 그 뒤로 편집 방법에 관한 항목이 이어졌다. 나는 이 책의 교열을 마친 후 이 항목을 삭제했는데, 주된 이유는 그 공간을 확보해 다른 내용을 추가하기로 결정했기 때문이다. (추가할 때마다 동일한 분량을 삭제해 균형을 맞추어야 하는데, 그 이유는 나중에 분명해질 것이다.) 항목들의 번호를 약간 조정하니 눈에 띄지 않게 간단히 수정이 가능했다. 하지만 교정본을 읽으면서 이 단락에 원래 있던 내용도 삭제해야 한다는 것을 깨달았다. 교정본을 본격적으로 수정하는 작업은 귀찮고 번거로운 일이지만 어쩔 수 없이 그래야 했다. 지금은 너무도 분명하게 보이는 오류를 그때는 어떻게 그토록 알아차리지 못했을까?

43

『인사이드 스토리』의 가장 뛰어난 점은 많은 구절 속에서 과시적이지 않은 문체와 예리한 관찰을 바탕으로 한 표현을 발견할 수 있다는 것이다. 『가디언』지에 이 책의 서평을 쓴 알렉스 클라크는 에이미스가 책의 어느 부분에서 "주전자를 작동시켰다"고 표현한 방식에 대해 자세히 설명했다. 그녀는 그가 주전자를 불에 올렸다는 표현을 피하기 위해 영리한 문장을 썼다고 생각했는데, 이것은 가장 일상적인 장면에서조차 작가가 잠깐이나마 언어적 저공비행을 할 기회를 놓치지 않는다는 사실을 보여 주는 사례다. 그렇다면 서사적 기대감이 가득한 장면에서는 그와 비슷한 행동 혹은 작동이 어떤 식으로 표현될까? 가령 마틴이 나이 든 피비를 방문하러 런던에 있는 그녀의 아파트를 찾아갈 때처럼? "내가 튀어나온 철제 스위치를 누르자, 몇 초 지나지 않아 잠금장치가 윙 하는 소리를 내더니 약하게 달그락거렸다." 단단히 제자리를 지키는 부사를 포함해 이 마지막 일곱 개 단어는 경험을 온전히 언어로 표현할 수 있다는 점에서 에이미스가 훌륭한 작가임을 증명하기에 충분하다. 이럴 때 우리는 단순히 단어를 읽는 것이 아니라 세계를 보는 것—혹은 이 경우엔 듣는 것—이다. 이 책의 일부는 에이미스가 동시대 세계를 가장 잘 관찰한 인물로 여겼던 벨로의 쇠락에 할애된다. 그런 비평적 평가에 동의하기 어려울 수는 있어도, 노년의 벨로를 보면서 "시간이 지남에 따라 굴처럼oystery 탁

해진 그의 두 눈"을 발견한 순간 에이미스가 느낀 극단적이고도 단순한 비애감을 부인할 수는 없을 것이다.•

44

나는 히친스의 회고록 『히치-22 Hitch-22』를 읽다 말았고(불룩 튀어나온 옆구리 살이 힘없이 축 늘어진 듯한 이 책은 다른 작가의 산문을 판단하는 에이미스의 까다로운 기준에 한참 못 미쳤다), 그의 에세이를 재미있게 읽었으며(의구심을 갖고),•• 그가 마지막 투병 중에 쓴 칼럼들(『신 없이 어떻게 죽을 것인가 Mortality』에 수록)에 아낌없는 찬사를 보냈다. 나는 그를 만난 적은 없지만 그가 연설하는 모습을 여러 번 보았고 항상 깊은 인상을 받았다. 이른바 "죽어 가면서 살아 가던 해"에 마

• (원주) 에이미스의 또 다른 영웅 존 업다이크는 『포드 행정부에 대한 회고 Memories of the Ford Administration』(내 펭귄 문고판 15쪽)에서 매우 다른 의미로 "굴처럼oysterish"이라는 단어를 사용한다.

•• (원주) 에세이에 의구심을 가진 것에 대해 간단히 설명하자면, 반론가이자 논쟁자로서 히친스는 종종 자신의 에세이를 그 명목상의 주제와 대결하거나 논쟁하는 장으로 설정한다. 심지어 그는 축하의 글에서조차 전투적인 요소를 드러냈는데, 그가 찬사를 보내는 대상―가령, 오웰―은 그 대상을 폄하하는 사람들뿐만 아니라 제대로 감탄할 줄 모르거나 헷갈리게 칭찬하는 사람들까지 죄다 희생시켜 가면서 한껏 추어올렸다. 어느 경우든 히친스를 읽는 것은 마치 결전을 치를 링으로 향하는 길에 자신을 응원하러 나온 사람이든 뭐든 기어코 한 방을 날리지 않곤 못 배기는 권투 선수를 보는 것과 같았다.

지막으로 명성이 급상승하기 전, 그의 뒤늦은 명성과 관련한 두 가지가 나를 놀라게 했다. 첫째, 히친스는 명문 사립학교에서 키운 자신감과 목소리에 매콜리˙의 인용문을 능숙하게 던지는 능력을 통해 미국인들에게 그들이 잃어버린 영국의 어떤 본질과 접촉하고 있다는 확신을 심어 줄 수 있다. 확실히 이것은 사립학교를 나오고 에머슨을 인용하는, 소위 보통의 영국적 미국인에게서 기대할 수 있는 영향력을 훨씬 뛰어넘는 것이었다. 둘째, 히친스는 이라크 침공을 지지해 꽤 유명해졌으며(썩 영리하진 않았지만)—다름 아닌—무신론자인 것으로 훨씬 악명이 높아졌다. 이런 급진적인 태도에 어떻게 반응해야 할까? 폴 서루의 책에 나오는 기차 안 섹스 장면을 보던 젊은 마틴이 내지른 비명 외에 다른 반응을 보일 수도 있을까? "으악!" 2007년에 히친스가 『신은 위대하지 않다 God Is Not Great』로 이를테면 무신론자로 커밍아웃한 것은 니체의 우화에서 광인이 신의 죽음을 선포했던 것이나 19세기 초에 '무신론자 셸리'의 삶이 그랬던 것처럼 지적 혹은 윤리적 미지의 영역으로 뛰어든 도약이라고 보기는 어려웠다. 평생 책 한 권 읽은 적 없는 내 아버지는 기독교를 맹렬히 증오했는데, 왕정에 반대하거나 다른 모든 것에 반대한 것과 대체로 같은 이유, 즉 경제적 이유에서였다. 아버지에게 교회 예배에서 가장 강력하게 상징적인 순간은 내 피의

˙ Thomas Babington Macaulay, 19세기 영국의 역사학자.

피* 같은 의미를 알 수 없는 말을 하는 때가 아니라(나는 이런 장소에서 일어나는 일에 대해 명확하게 아는 바가 없다) 바로 헌금을 걷는 때였다. 우리가 어쩔 수 없이 교회에 가야 했던 몇 안 되는 경우에 아버지는 체면을 지키기 위한 1페니조차 내지 않았을 뿐만 아니라 낸 것처럼 보이려고도 하지 않았다. 나는 아버지에게 어떻게 이처럼 교회에 강경하게 반대하게 되었는지 물었고, 아버지는 군대에 있을 때 친하게 지낸 녀석이 '적그리스도'였다고 설명했다. 그렇다면 기록에 이렇게 남겨두겠다. 히치와 마트가 성직자나 공격하며 즐길 때 내 아버지는 적그리스도를 만났다고.

45

"나는 (다른 면에서도 어리석지만) 생각도 무딜 뿐 아니라
간도 무뎠는데······"

아버지는 신학 문제에서는 에이미스나 히친스와 의견이 일치했을 테지만, 흡연과 음주라는 다른 두 가지 문제에서는 (앞에서 언급한 것과 정확히 같은 이유로) 극도의 반대와 혐오감을 드러냈을 것이다. 담배를 피우는 것이 멋지고 심지

---

* "이는 너희를 위하여 흘리는 내 피의 잔이다"라는 가톨릭 미사의 성찬예식에 나오는 구절을 의미하는 것 같다.

어 반항적이라는 견고한 믿음은 언제나―한 번도 담배를 피운 적 없는 나 같은 사람이 아니더라도―히치와 마트의 가장 후진 모습으로 보였다. 술에 관해 말하면, 그들이 마셔 댄 술의 양은 놀라울 정도였고, 심지어 히치는 아픈 와중에도 술을 마셨다. 에이미스는 술에 취한 상태에서 "성격의 변화"를 일으키는 사람들만이 "실질적이거나 잠재적인 알코올 중독자다. 나머지는 모두 그저 과음을 할 뿐이다."라고 단호하게 말한다. 그 믿음은 그에게 꽤 큰 평화를 가져다주었을 것이다. 스콧 피츠제럴드가 엄청나게 빨리 고주망태가 되는 자신을 보고 위안을 얻었듯이 말이다. 정말로 그는 그 믿음 때문에 자신이 진짜 알코올 중독자가 아니라고 생각하지 않았을까? 하지만 마트의 말을 믿기로 하자. 『인사이드 스토리』에서 그와 히치는 정상적으로 기능하는 술고래처럼 보인다. 히친스의 경우 전설적인 고기능성 술고래로, 이미 점심 식사 전에 엄청난 양을 마시고도 천 단어나 글을 쓸 수 있었고, 술에서―즉 논쟁에서―자신을 뛰어넘으려는 사람은 누구든지 제압할 수 있었으며, 그러고도 변함없이 그리고 겉보기엔 아무런 지장 없이 일을 계속할 수 있었다.

지난 5년 동안 나는 매일 마신 음주량을 일기장에 기록해 왔다. 목표는 적어도 일주일에 사흘은 완전히 금주를 하는 것이었지만, 대체로 매해 목표일인 150일을 넘겼다. 술을 끊어야겠다고 의도하거나 심지어 충동을 느낀 적은 전혀 없었지만, 해가 갈수록 이전 해보다 술을 조금씩 덜 마시게 되었다. 적어도 코로나로 인해 모든 상황이 절벽에서 떨어진 올해까지는 말이다. 3월 18일에는 베니스 비치에서 이웃 사람들과 저녁을 먹으면서 맥주 두 잔과 와인 반 잔을 마셨다. 그리고 그게 다였다. 한 방울도 마시지 않은 채로 몇 주가 갔고 몇 달이 지났다. 어렵지도 않았고 의도적으로 무슨 노력을 하지도 않았다. 그동안 사교적인 자리에서만 술을 마셔왔는데—아주 오래, 너무 사교적으로 마시긴 했지만—갑자기 사교적인 생활을 전혀 하지 않게 된 것도 부분적인 이유였다. 6월 30일이 되어서야 우리는 친구 집 정원에 모였고, 나는 훌륭한 샴페인을 세 잔 마셨다. 그런 다음 하루가 모자라는 15주 동안 한 방울도 입에 대지 않았다! 보통 사흘 동안 금주를 하고 나면 몸 상태가 좋아졌는데, 이번 안식 기간은 정기적으로 금주하던 때보다 몸이 조금도 나아지지 않아 실망스러웠다. 심지어 석 달이나 지났는데도. 명료한 정신, 안녕감, 에너지는 더 이상 점증적으로 쌓이지 않았다. 그런가 하면 장기간 금주를 했다고 해서 다시 술 냄새를 맡았을 때 갑자기 쉽게 취기가 오르지도 않았다. 모엣 샴페인 몇 잔에 다리에 힘이 풀리거나 더 마시겠다고 법석을 떨지도 않았고, 영화 〈플라이트〉에 나오는 덴젤 워싱턴처럼 손에 잡히는 건 무엇이든지 마셔 버리자고 작정하지도 않았다. 실수로 올라탔다가 내릴 이유가 없어 계속 타고 있던 마차에서 떨어진 느낌 같은 것도 들지 않았다.

알코올은 당신이 알코올 중독자가 되길 바라고, 더 많은 술을 원하길 바란다. 하지만 나는 술을 그렇게 많이 마셔 왔음에도 그 습관을 매우 쉽게 끊을 수 있다는 사실이 늘 놀라웠다. 며칠 지나면 술을 마시고 싶다는 갈망이 사라진다(식후처럼 입에서 음식 맛을 없애고 싶을 때만 빼면 말이다). 이것은 앞으로 남아 있는 긴 인생에서 내가 가장 바라는 것들 중 하나다. 술을 덜 마셔서 결코 술을 끊지 않아도 되는 것 말이다.

46

약에 취하는 것은 어떨까? 『인사이드 스토리』에 등장하는 작가 3인 중 마지막 작가인 라킨은 "어린 커플" 등등을 보고서 이것은 "낙원 / 모든 노인들이 평생 꿈꾸던 것"이라고 생각했다. 그는 섹스를 생각하고 있었지만—라킨은 늘 섹스에 대해 생각했다—만일 그가 50년 뒤 이곳 캘리포니아에 살면서 「높은 창문들High Windows」을 쓰고 있었다면, 그는 틴더* 뿐만 아니라 마리화나에 대해서도 생각했을 것이다. 마리화나를 피우기에 요즘보다 더 좋은 때는 없다. 너무 좋은 시절인 나머지 피울 필요조차 없다. 내가 1970년대에 옥스퍼드의 멋쟁이 무리 안에 굳이 끼지 않았던 이유도 그래서다. 당시 그들은 의식에 따라 작은 대마 덩어리를 부수고 그 위에 담배를 가득 채운 역겨운 영국식 마리화나를 피웠다. 나는 몇 번 시도해 봤지만 담배 때문에 번번이 메스꺼워졌다. 담배

• Tinder, 데이팅 앱.

를 피운 적이 없었기 때문이다. 그럭저럭 마리화나를 피우게 된 건 대학 졸업 후 파이프와 물담뱃대를 알게 되면서부터였다. 이런 유용한 액세서리들 덕분에 그 전설 속 궁극의 이상―도처에 퍼져 있지만 이상하게도 내 것이 되기는 어려운―을 달성하긴 했지만, 맛이 너무 역겨웠던 데다 목소리가 뜨거운 물에 목을 덴 고양이나 인후염을 앓는 고양이처럼 변했다. 하지만 요령을 터득하자 마리화나를 피우는 것이 즐거워졌고, 이 습관은 일을 포함해 내 삶의 모든 면을 향상시켰다. 많은 경우 한 글자도 못 쓸 것 같다가도 마리화나를 피우고 나면 머릿속에 아이디어가 확 퍼졌다. 약에 취하면 모든 경험이 향상되었다(취해서 약화된 경험들도 있었지만). 음악 감상(거의 100퍼센트의 성공률), 때때로 독서(주로 시), 섹스(계속 집중할 수 있다면), 특정한 음식을 먹을 때(혐오감을 줄 가능성이 없는 한), 자연 속 산책, 미술관이나 성지나 전쟁 기념관을 방문하는 일 등. 심지어 취한 기분조차 한층 더 강화할 수 있다. 더 많이 취할 수 있었기 때문이다. 실제로 파티에 갈 땐 늘 약에 취했다. 그러면 내가 더 재치 있는 사람처럼 느껴졌기 때문이다. 나 자신을 실제보다 더 재치 있는 사람이라고 착각하고 있는 건 아닐까 하는 생각은 아주 드물게만 들었고, 그럴 때면 자아비판이라는 무한 루프로 향하는 문이 열렸다. 약에 취하면 심지어 파티가 끝난 후 심야 버스를 잡아타는 것도, 빗물 맺힌 버스 창밖의 흐릿한 불빛을 바라보는 것도, 끊임없이 도사리고 있는 런던의 무뢰배들을 다루는 것도 한결 수월해졌다.

이후 스컹크라는 독한 마리화나가 시장을 장악하다가 나중엔 완전히 독점하게 되자 나는 그에 대한 흥미를 잃었다. 한동안은 완전한 몰입감, 총체예술*과 같은 효과 때문에 스컹크를 즐겼지만 차츰 그것이 편집증, 공포, 외상성 두부 손상의 전조 증상 등으로 이어지는 통로가 되었다. 그래도 이조차 긍정적인 측면이 있었다. 그 당시 겪던 스컹크-편집증과 스컹크-공포의 잔해 속에서「스컹크」라는 이야기를 찾아낼 수 있었던 것이다.**

우리가 로스앤젤레스로 이사했을 때, 나는 다시 마리화나에 도전해 마리화나 흡연자의 길로 돌아가기로 단단히 마음먹었다. 그 다짐의 표시로, 마치 애플 감성의 힙스터가 디자인한 것 같은 외관과 포장을 갖춘 은색의 매끈하고 화려한 최신식 증발기에 투자했다. 내가 마리화나를 싫어하게 된 또 다른 이유였던, 딜러를 통해 구매해야 하는 불편도 사라졌다. 이제는 의료 카드에 등록할 수 있었으니 말이다. 솔직히 이 과정은 희극적인 데가 있었다. '의사'—구강염이나 상처 봉합 같은 생명을 위협하는 문제로는 상담하고 싶지 않은—에게 잠들기가 어렵다, 밤에 못 자고 깨어 있다, 수면제가 잘 듣지 않는다 따위의 말을 한 다음 약국에 카드를 가

---

* Gesamtkunstwerk, 시·음악·미술·연극·무용 따위가 맞물려 하나로 합쳐진 예술.
** 저자의 저서『꼼짝도 하기 싫은 사람들을 위한 요가 *Yoga for People Who Can't Be Bothered to Do It*』에 수록되어 있다.

지고 가서 상담사의 조언을 듣는 일은 거의 즐거울 정도였다. 약국 상담사들은 대체로 최고의 마리화나 영업 사원이라 볼 수는 없었지만, 그들과 함께라면 원하는 만큼 최고의 도취감을 느끼지는 못하더라도 전문가의 적절한 관리하에 적당히 몽롱한 기분을 느낄 수 있었다. 몇 년 후 약국을 방문할 필요조차 사라지자 상황은 훨씬 편리해졌다. 메드맨 MedMen 지점이 베니스 비치 링컨대로 근처에 문을 열었다. 얼마 후에는 또 다른 지점이 훨씬 가까운 애벗키니 대로 부근에 문을 열었다. 낙원에 대한 라킨의 구절이 진심으로 마음에 와 닿았다. 애벗키니는 제정신 가진 사람이라면 아무것도 사지 않을 만한 것들만 파는 상점들로 가득했지만, 나는 매일같이 볼일을 보러 가거나 다른 무언가를 사기 위해 항상 붐비는 이 상점 앞을 지나다녀야 했다. 애벗키니를 지날 때마다 이곳에 이사 오기 몇 년 전 처음 식사한 음식점 액스가 없어진 것을 몹시 애석하게 여겼다. 당시 나는 동행한 친구에게 이 집 게 내가 먹어 본 최고의 매시드포테이토라고 말했었다. 물론 그 감상에 영향을 끼친 부가적인 요인들이 있긴 했다. 그걸 먹을 당시 우리는 수 킬로미터 떨어진 곳에서부터 엄청나게 취해 있었고, 베니스 비치까지 운전하고 오는 동안 신경이 너덜너덜해진 터라 일단 살아서 무얼 먹을 수 있다는 사실만으로 꽤나 만족했던 것이다. 어쨌든, 처음 몇 번 메드맨 앞을 지나갈 땐 그들이 매장 전면 디자인으로 크고 보기 흉한 빨간색 글자를 선택했다는 것에 놀랐다. 새로운 마리화나 문화가 『멋진 털북숭이 괴짜 형제*The Fabulous*

Furry Freak Brothers』*와 밥 말리 티셔츠를 훨씬 뛰어넘는 모종의 미학을 만들어 냈음에도 불구하고, 여전히 전통적인 마리화나 사용을 연상시키는 모든 것들과 최대한 멀어지기 위해서였을 것이다. 메드맨 표지판(빨간색)은 마리화나(초록색)를 전혀 암시하지 않지만, 일단 매장 안으로 들어가면 원하는 마리화나 경험을 정확하게 설명할 수 있다. 내 경우엔 항상 같다. 무엇보다 명료한 정신, 그렇지만 명료한 정신만은 아닌 무언가다.

"웃음을 동반한 명료한 정신." 나는 마약 소매점이라는 이 새로운 영역 안에 처음 발을 들여놓으면서 분명하게 이렇게 요구했다. "아이디어의 자유로운 흐름. 전반적으로 강화된 감각. 베토벤 후기 사중주의 가장 까다로운 악절들에도 정통할 수 있는 능력. 웃음. 피로도, 몽롱한 기분도, 무기력함도, 다음 날 멍한 느낌도 없는 상태. 다시 말해, 젊은 남자, 그것이 바로 내가 구입하고자 하는 도취감의 종류예요." 그리고 내 설명을 들은 제법 괜찮은 외모의 이 젊은 남자는 그렇게 해 줄 수 있다고 자신 있게 말했다.

"손님, 우리가 대푸가에 맞추어 한껏 취하게 해 드리겠습니다." 그가 말했다. 메드맨은 이런 경험뿐만 아니라 다른 모든 경험을 위한 제품들을 정확히 갖추고 있으며, 재미

• 세 명의 히피 캐릭터를 중심으로 마리화나 사용을 소재로 삼아 반문화를 풍자하고 기득권을 비판하는 길버트 셸튼Gilbert Shelton의 코믹북 시리즈.

있는 이름을 가진 수많은 품종들이 모두 분류되어 사티바나 인디카 같은 항목으로 나뉘어 있다. 그렇게 나는 추천받는 대로 구입하곤 했지만, 무엇이 선택되든 항상 결국엔 머리가 무거워지고 그토록 갈망하던 명료한 정신은커녕 원치 않는 멍한 정신이 되기 일쑤였다. 경험을 맞춤 제작했지만 내 몸에는 결코 맞지 않았다. 맞춤 정장이 완벽하게 맞는다고 해서 그 안에 갇힌 사람이 편안하게 느끼는 것은 아닌 것처럼. 나는 사티바에 끌렸지만 사티바는 나를 불안하게 만들었고, 반면 인디카는 나를 축 처지게 만들었으며, 둘의 혼합물은 불안하면서도 축 처지거나 축 처지면서도 불안하게 만들었다. 어느 쪽도 제대로 맞지 않았다. 인상적인 목록의 마리화나들이 온갖 미묘하고 다양한 형태의 도취감을 약속했음에도 불구하고 일관된 효과는 언제나 한 가지였다. 즉 시간이 지나면 어떤 품종을 이용하든 더 이상 취하고 싶지 않다는 생각이 들었다는 것이다. 그리하여 그것을 시도하는 간격이 점점 길어졌으며, 마리화나 갈증 현상을 해소하기 위해 다시 그것을 시도할 때마다 거기에 추가되는 조건들도 점점 더 엄격해졌다. 무엇보다 어떤 식으로든 사회적 교류를 하지 않는 것이 중요했다. 콘서트에 가는 경우, 티켓을 수령하고 내 좌석을 정확하게 파악한 뒤—이상적으로는 매표소에서 좌석까지 가는 경로를 미리 다녀온 후에 다시 밖으로 나와서—내 매끈한 증발기로 재빨리 몇 대 빨고 좌석에 앉았다. 그렇게 나는 블루웨일에서 넥스*의 공연에 빠져들거나 도심 건너편의 공연장 지블런(좌석이 없는)에서 버닝

고스트의 재즈 메탈 공연을 즐기며 저녁을 보낼 수 있었다. 이런 성공적인 경험이 있긴 했지만, 전반적으로 마리화나에 취하는 것이 공연장에 가는 즐거움을 더 크게 만들었는지 더 약하게 만들었는지는 반반이었다. 때로는 잠시 음악에 집중할 수 있었지만(오르페움에서 질리언 웰치의 공연) 이내 잠들었고(리전트 극장에서 스타즈 오브 더 리드의 공연), 앉아 있는 동안 주로 빠져드는 생각은 차라리 취하지 않는 편이 더 좋지 않았을까, 이 음악이 취하면서까지 들을 만한 가치가 있었나 하는 것이었다. 주빈 메타가 지휘하고 LA필하모닉이 연주한 브람스 교향곡 4번 공연 때는—주빈 메타는 서 있기도 힘들 정도로 힘이 없어서 의자에 앉아 지휘봉을 흔들었다—아주 솔직히 말해서, 이 공연이 굳이 올 만한 가치가 있었나 싶기까지 했다. 연주를 마친 후 관객이 보내는 기립박수는 일종의 쾌유를 기원하는 집단적 선의의 표현 같았다. 노인을 다시 일어서게 하려는 혹은 우리가 차를 타고 집에 가서 브람스를 들을 수 있도록 이제 그만 무대에서 내려오게 하려는 의도를 품은 선의.

 마리화나에 취하는 것에 대한 거부감이 커져 가면서, 더 정확하게 말하면, 취해 볼까 하는 생각이 들다가도 그러지 않기로 결정했을 때의 안도감이 커져 가면서 잠재적으

- 각각 로스앤젤레스에 위치한 재즈 공연장과 호주의 4인조 재즈 밴드를 말한다.

로 모순된 두 가지 경향이 같으로 드러났다. 첫째, 그린 러시*의 증거가 도처에서 목격되다 보니 급속히 성장하는 합법적인 마리화나 사업에 재정적인 지분을 갖지 못했다는 후회의 감정이 빠르게 밀려들었다. 둘째, 마리화나 전반에 대한 적대감이 점차 커졌다. 나는 베니스 비치의 모든 곳에 퍼진, 데크가 깔린 산책로에서부터 애벗키니까지 가는 길에 퍼진, 바다에서 인랜드엠파이어까지, 어쩌면 오클라호마까지 퍼진 이 냄새가 싫어졌다. 마치 더스트 볼**의 모래바람이 THC***로 새롭게 바뀌어 온 사방에 퍼진 것 같았다. 어디 피할 데도 없다. 모든 곳에서 사람들의 뇌를 썩게 만드는 마리화나의 지독한 악취가 풍긴다. 마리화나는 정말 강력하다. 이 약물이 사람들의 뇌를 썩게 하고, 정신적으로 불안정한 사람을 훨씬 더 불안정하게 만들며, 이미 정상이 아닌 사람을 더욱 혼란스럽게 만든다는 결론을 부정하기 어렵다. 문제는 너무 강력하다는 것만이 아니다. 강도가 점차 높아진다는 것은 적은 양으로도 원하는 효과를 얻을 수 있다는 의미로도 받아들여질 수 있겠지만, 실은 아무리 소량이라도 그 '강력함'은 근본적으로 일종의 부작용 즉 바

- Green Rush, 마리화나가 합법화된 지역이나 국가, 혹은 관련 주식 등으로 자금이나 사람이 몰려드는 현상.
- ** Dust Bowl, 1930년대에 거대한 모래 폭풍이 발생한 미국 중서부 지역.
- *** tetrahydrocannabinol, 테트라히드로칸나비놀. 마리화나의 주성분.

람직한 효과와는 정반대의 효과를 뜻한다. 강도가 달라진다는 건 결국 경험의 종류가 바뀐다는 것을 뜻한다.

내가 마리화나에 취하기 전에, 아니 취하지 않기로 결심하기 전에 항상 한번 더―한번 더? 아니 오십 번은 더!―생각하는 이유 중 하나는 운전이다. LA에서 내 운전 실력이 떨어지는 이유가 약 때문만은 아니다. 애초에 LA에 있다는 사실 자체가 내 운전 실력을 감소시키고 있었던 것이다. 어쨌든 이곳에서 운전하는 것만으로도 정신이 너덜거리는 판에 마리화나에 취하면 온 신경이 곤두서는 것 같았고, 게다가 나 말고도 너무 많은 사람들이 취한 채로 운전을 했고, 그렇게 모두가 운전 실력이 저하된 상태로 운전을 하니까 점점 더 위험해지고, 그럴수록 신경은 점점 더 너덜거리고, 그럴 때마다 나는 내 운전사(아내)에게 "조심해!" "조심하라니까!"라고 소리를 질렀고, 그러면 아내는 옆에서 계속 쓸데없이 고함을 질러 놀라게 하면 사고 위험이 더 커진다고 불만을 터뜨렸다. 결국 우리가 I-10 고속도로에서 최근 큰 충돌 사고가 일어난 현장임을 알리는 섬광등을 향해―놀랍도록 질서정연하게―다가가는 동안 나는 침묵을 지킬 수밖에 없었는데, 그러는 동안 머릿속에서는 우리의 런던 생활이 다시금 떠올랐다. 래드브로크 그로브에서 베이커 가까지 지하철을 타고, 거기에서 위그모어 홀까지 걸어가 세계 최고의 사중주단과 독주자 들의 연주를 듣는 일은 얼마나 편안하고 안전한 경험이었는지. 하지만 믿기지 않게도 우리는 런던에서 몇 년을 살면서도 거기에 한 번 갔을 뿐이었다. 게

다가 그마저도 너무 실망스러운 공연이어서, 좌석에 앉은 나는 다리를 뻗을 공간이 턱없이 비좁다는 생각만 내내 하고 있었다.

그러나 두려움은 그렇게까지 큰 부작용은 아니다. 마리화나가 가져다주는 가장 큰 문제는 혼란에 빠지기 쉬워진다는 것이다. 예전엔 나 자신의 놀라운 방향 감각에 자부심을 느낄 정도였지만, 마리화나는 길 찾기, 지형도, 방향 감각을 다루는 뇌의 어느 부위를 망가뜨려 놓았다. 요즘 나는 방향을 잡는 데 종종 애를 먹는다. 나는 그 원인을 마리화나 탓으로 돌리는데, 다른 가능성, 그러니까 내가 알츠하이머 증상을 보이기 시작했다는 가능성보다는 그편이 낫기 때문이다. 어쩌면 내가 마리화나에 취했을 때 불안해하고 불행해지는 건 근본적으로 알츠하이머에 대한 두려움을 표출하는 건지도 모른다. 이런 직감을 확인하려면 MRI로 진단을 받아야 하겠지만, 한 가지 확실한 사실은 마리화나가 손상시킨 뇌의 주요 부위가 마리화나에 호의적으로 반응하는 부위라는 점이다. 그런 점을 생각하면 불안감이 줄어들기는 한다.

60대에도 여전히 마리화나를 즐기는 사람들이 있지만, 약에 취하는 것은 여러 면에서 젊은이들의 놀이다. 나는 내 또래의 많은 사람들이 공통적으로 마리화나를 깊이 혐오한다는 사실에 힘을 얻는다. 이 과정은 중독자가 강한 마약을 끊은 후에 겪는 고통스러운 금단 증세와는 정반대로, 무언가를 더 이상 좋아하지 않는다는 사실을 오랫동안 받아들이지 못하다가 마침내 서서히 인정하게 되는 식이다. 테니스 같은 것과는 달리 말이다. 나는 여전히 테니스와 관련된 모든 것을 사랑한다. 나는 자전거를 타고 전자담배와 물담뱃대를 파는 데크 산책로의 멍청한 가게들 앞을 지나, 마리화나에 절은 스케이트장에서 풍기는 독한 마리화나 냄새를 지나, 취한 바다의 해안선을 따라 놓인 취한 자전거 도로를 따라 내려가 농구 코트, 앞에서 말한 그 농구 코트 옆 테니스 코트에 도착하는 것을 좋아한다. 이 농구 코트에서는 마리화나를 어찌나들 피워대는지, 6번 코트에서 테니스를 치는 것은 거대한 야외 물담뱃대 안에서 테니스를 치는 것과 마찬가지라 할 수 있다. 하지만 테니스와 마리화나가 가까이 붙어 있는 이런 반갑지 않은 상황이 런던 시절을 떠올리게 할 때도 있다. 당시 오후에 테니스를 치고 저녁에 파티에서 취해 있으면, 어김없이 내 머릿속에서는 그날 경기의 포인트들이 재생되었다. 마침 그날 함께 테니스를 쳤던 친구가 파티에 있으면 우리는 그날의 결정적인 경기 장면을 되새겼는데, 그럴 때면 마치 경기를 끝낸 후 다 함께 파티에 가던 시절의 프로 선수가 된 것 같은 굉장한 기분이 들었다. 어쨌든 이제는 모두 지나간 일이다. 나는 더 이상 마리화나를 좋아하지 않으며, 마리화나에 취해 세상이 환하게 빛나고 사물의 숨겨진 광채가 드러나던 때의 기분이 어땠는지 거의 기억나지 않는다. 워즈워스처럼 "지상에서 영광이 사라졌다"고 느끼지 않기란 어렵지만, 그 느낌은 영광의 땅, 날마다 영광이 퇴색해 가는 지상에서 얼마 남지 않은 최후의 영광된 장소인 캘리포니아에서는 결코 가질 수 없는 것이다. 모든 것이 빛나고, 완전히 비어 있으며, 그리하여 아무것도 드러내지 않는 파란 하늘―이토록 파란 하늘을 과연 아무것도 없다고 할 수 있을지는 여전히 논란의 여지가 있지만―이 끝없이 펼쳐진 캘리포니아에서는.

그러던 중 코로나가 찾아왔다. 그 시절에는 마리화나에 취한 상태로 편집증의 희생양이 되지 않으려면 강철 같은 정신력이 필요했다. 하지만 이곳은 캘리포니아이므로, 메드맨은 필수 의료 서비스로 간주되었고 봉쇄 기간 내내 문을 열어 두었다.

47

술과 마리화나에 얽힌 온갖 이야기를 하다 보니 이 책에 또 다른 잠재적인 모순들이 있음을 깨닫게 된다. 한동안 나는 시 낭송회 그리고 영화와 콘서트에서 서둘러 빠져나온 적이 많았는데, 그렇게 서두른 이유는 대체로 시간이 촉박했기 때문이다. 이 시간이란 내가 한참 앞에서 언급한 바 있는 '마지막'에 대한 긴 목록과는 성질이 좀 다른 것, 그래서 깜빡하고 언급하지 않은 어떤 것, 그러니까 마지막 주문 시간을 의미한다. 다시 말해 우리가 낭송회가 끝나길 바랐던 이유는 술집에서 더 많은 시간을 보내야 했기 때문이다. 내 음주 인생 최고의 시절, 주량이 최고조에 이르던 시절엔 증오스러운 열한 시 통금의 지배를 받아야 했다. 이로 인해 대대로 영국의 술꾼들이 겪은 고통은 이루 말로 다할 수 없을 정도다.

그래서 이따금 브릭스턴에 있는 에프라에서 통금 시간 이후 문을 닫고 파티를 할 때면 마치 천국에 있는 기분이었다. 이렇게 런던 중심부에 있는 소수의 멤버십 클럽은 늦은 시각까지 영업을 했지만, 나는 또 다른 암묵적인 이유로 인해 사실상의 통금을 당하고 있었다. 브릭스턴으로 돌아가는 빅토리아 노선의 마지막 열차가 12시 20분경이면 끊겼던 것이다. 파리에 가는 즐거움 중 하나는 카페에 늦게까지 실컷 죽치고 앉아 술을 마시고 수다를 떨 수 있다는 거였다. 심지어 이 두 가지를 충분히 즐기고 난 후 집에 가는 길에 징크에 들러 한잔 더 마실 수도 있었다.

하지만 런던의 통제된 삶도 결국 일장일단이 있다고 볼 수 있었다. 열한 시 이후로 마땅히 할 만한 일이 없어 수십 년 동안 고통받던 영국 사람들에게 마침내 광란의 시기가 찾아왔다. 갑자기 열한 시 이후 런던보다 더 좋은 곳은 없게 됐다. 이제 다음 날 아침 지하철이 운행을 시작할 때까지 원하는 만큼 늦게까지 밖에 머물 수 있게 된 것이다. 반면에 파리에서는 늘 새벽 두 시까지 문을 여는 카페에서 대화를 나눌 수 있었기 때문에 런던에서처럼 정신 나간 파티 문화가 유행할 일이 없었다. 결국 헤밍웨이·고다르·비노시의 파리에서 삶을 꿈꾸던 영국 젊은이들이 넘쳐나던 역사적 과거는 어느새 차츰 역전되어, 어느새 유로스타는 매혹적인 비스트로의 무덤이 즐비한 파리가 아닌 런던에 머물기 위해 영불 해협 터널을 돌파하려는 프랑스 사람들로 가득 찼다. 그러더니 이제는 모두 다시 기차와 비행기를 타고 베를린으로 향하고 있다. 과거 둘로 나뉘었던 세계가 각각 창조한 최고의 결과물을 모두 보유한 그 도시를 향한 움직임은 마치 주트가 쓴 『전후 유럽』의 후일담을 마무리하려는 몸짓 같다. 베르크하인이나 킷캣에서 입장을 거절당했다 해도 상관없이―아니, 분명히 상관있었고, 당연히 충격적인 일이었지만(내가 들은 바로는 대충 그렇다고 한다, 놀랍게도 나는 한 번도 거절당한 적이 없어 모르겠다)―이런저런 술집(지독하게 연기가 자욱한)에 가서 새벽 네 시까지 술을 마시며 이야기를 나눌 수 있었다.

48

"더 이상 그 이야기는 하지 않겠소."

자신의 인생에서 기억에 남을 영광스러운 모든 일들이 비극적인 결말로 이어졌음을 냉혹하게 깨달은 오셀로의 이 말보다 지금 이 순간을, 즉 코로나로 인한 끝없는 무기력을 더 잘 요약한 셰익스피어 대사는 없을 것이다. 열한 시쯤 카페에 가서 간단한 아점과 커피를 먹은 후 낮 열두 시[•]에 집에 돌아오는 삶을 살고 있노라니 문득 바이런이 떠오른다. '흡족

• (원주) 지금은 이마저도 향수를 느끼며 돌아보게 된다. LA에서는 확진자가 급증해 우리는 다시 전면 봉쇄에 들어갔다.

한 멜랑콜리'를 표현한 그의 유명한 구절을 가벼운 마음으로 여기 옮겨 본다.

> 그러니 우리는 더 이상 밤늦도록
> 열광하지 않겠습니다,
> 마음은 여전히 황홀감에 취하고
> 보름달은 여전히 밝지만.

아, 정말이지 나이가 들어서 다행이다. 어디 나가지 않고 여기 이렇게 앉아 이 책을 수정하고, 오래된 시들을 떠올리고, 유튜브에서 로저 페더러의 환상적인 드롭샷이나 초고속으로 촬영한 백핸드 영상 최신 편집본을 보는 것도 나쁘지 않게 여길 만큼 나이가 들어서 다행이다. 맑은 정신으로, 약에 취하지도 않고, 술도 마시지도 않고 말이다(우리는 다시 돌아왔다. 그러니까, 다시 금주 모드가 된 거다).

49

마지막으로—즉 마지막에서 두 번째로—에이미스로 다시 돌아와서, 『인사이드 스토리』를 그의 복귀 작품으로 간주해도 괜찮을까? 어느 정도는 그렇지만, 문학과 작가에 대한 논의에서 '형식'은 수준이 아닌 장르를 언급하는 데 사용하는 것이 더 적절하게 들리는 경우가 많다. 소설가가 평소 자신이 잘하고 성공하던 영역을 버리고 낯선 영역으로 뛰어들었다가, 상업적인 성과를 거두지 못해 결국 슬그머니 자취를 감추거나 자신의 이름을 알린 분야로 재빨리 되돌아올 때처럼 말이다. (그런 경우 나는 항상 일반적으로 예외적인 작품, 특정한 작가 브랜드의 영향권에서 벗어난 작품에 끌린다. 예를 들면, 소설가 서배스천 포크스가 크리스토퍼 우드, 리처드 힐러리, 제러미 울펜덴 등 "짧은 생을 산 세 사람"을 다룬 논픽션 『치명적인 영국인 *The Fatal Englishman*』 같은 것.) 하지만 형식을 수준을 가늠하는 척도로 삼는 이야기도 얼마든지 가능하다. 예를 들어 보자. 드릴로는 『이름들 *The Names*』 『화이트 노이즈』 『리브라』로 순조로운 행보를 이어 갔고, 이후 열광적인 기대를 모았던 『마오 II』가 실망스러운 결과를 낳았다. 그다음 작품 『언더월드 *Underworld*』는 단순히 재기에 성공한 것을 넘어서서 한층 더 높은 수준으로 돌아왔다. 복귀라고 하기엔 그의 경력에서 너무 일렀지만―혹은 지나치게 늦었지만―상당히 아쉬웠던 전작에 이은 훌륭한 작품이었다. 그 훌륭한 작품 이후에는 정말 형편없는 작품 『코스모폴리스』가 나왔는데, 이 작품은 순진한 자기복제식-가라오케 실험*이라고 할 수 있었다. 이후에도 드릴로의 복귀를 기대하는 것은 적절하지 않았다. 그가 어딜 갔다가 돌아온 것도 아니었고, 은퇴를 한 것도 아니었으니까. 그는 계속해

---

* (원주) 이전에 내가 『코스모폴리스』에 대해 이런 묘사, 즉 비평-오케 critical-oke, 혹은 해설-오케 commentary-oke라는 묘사를 사용한 적이 있다고 언급하지 않는다면 정직하지 못한 태도일 것이다.

서 짧은 글을 써 나갔고, 그러다 『침묵』의 숭고하고 미묘한 진동 속으로—육신을 벗어나 스스로 소멸하는 희미한 빛 속으로—서서히 사라져 갔다.

진정한 문학적 복귀를 위해서는 거의 아무런 흔적 없이 사라질 필요가 있다. 1956년 BBC가 『한밤이여, 안녕』의 예정된 라디오 각색을 추진하기 위해 진 리스의 행방과 관련 정보를 광고를 통해 수소문했던 것처럼 말이다. 당시 실종된 채 사망한 것으로 추정되었던 리스와 때마침 연락이 닿았고, 그녀는 출판사 앙드레도이치의 문의에 새 책을 집필 중이라고 답했다. 전작 소설 이후 꼬박 27년 만인 1966년, 마침내 『광막한 사르가소 바다』가 출간되었고, 즉시 엄청난 성공을 거두었다. "너무 늦었다"고 리스는 말했다.

흔히들 『광막한 사르가소 바다』 이전의 작품들이 세상에 너무 일찍 나왔다고 하지만, 『매켄지 씨를 떠난 후*After Leaving Mr. Mackenzie*』(1931), 『어둠 속의 항해』(1934), 『한밤이여, 안녕』(1939)은 시대를 앞서간 정도가 아니라 아예 과거에 뿌리를 내리고 있다고 보기조차 어려운 작품들이었다. 앨 앨버레즈*의 말처럼 리스는 "위대한 전통에도 그다지 위대하지 않은 전통에도" 빚진 것이 없었기에, 이 작품들은 그 전통의 연장선상으로 논의되기도 어려웠다. 리스는 특유의 성격대로 더 개인적인 측면에서 그와 비슷한 점을 지적한

• Al Alvarez, 영국의 시인, 소설가, 비평가.

다. 서인도제도에서 영국에 도착했을 때 그녀는 추위가 몹시 싫었다. "불은 있었다. 하지만 온기를 쬐려는 사람들에게 늘 차단당했다. 나는 그 성스러운 서클 안으로 결코 들어갈 수 없었고, 항상 밖에서 떨고 있었다." 『제인 에어』의 첫 번째 로체스터 부인에 대한 이야기를 외부인의 시선에서 다시 쓴 작품인 『광막한 사르가소 바다』가 출간된 뒤에야 비로소 비평가들은 한쪽으로 비켜서서 최대한 따뜻하고 열렬하게 그녀를 맞이했다. 그러나 1976년에 발표된 새뮤얼 하인스 Samule Hynes가 '1930년대 영국 문학과 정치'에 대해 연구한 책 『오든 세대 The Auden Generation』에는 그녀의 이름이 나오지 않는다. 어떤 면에서는 언급하지 않는 쪽이 전적으로 적절했다. 리스는 사람들 눈에 보이지 않는 천재였다.* 말년에 『파리 리뷰』와 인터뷰한 리스는 "1920년대 이후로 망각과 싸워왔다"는 평가에 대해 어떻게 생각하느냐는 질문을 받았다. ("지금은 망각과 싸우지 않습니다." 노년의 작가는 망설이며 답한다. "내가 싸우고 있는 대상은…… 영원이 아닐까요?") 그녀는 어떤 문학적 세대나 운동에도 속하지 않았고, 리비스가 디포에 대해 말한 것처럼(『영국 소설의 위대한 전통』 각주에서), 아주 오랫동안 "영향력이 거의 없[었]다고 할 정도였다." 어디에도 적응하지 못하는 병적인 무능력을 지닌 도미니

---

* (원주) 리스의 삶의 잔해가 완전히 드러난 것은 1990년에 캐롤 앤지어가 쓴 전기가 출간된 뒤였다.

카 태생의 여자가 어디에도 적응하지 못해 뿌리 뽑히고 짓밟힌 여자들에 대한 책들을 썼다. 자유로운 문체로 인해 이 책들은 과거의 목소리들에 얽매지 않는 것처럼 보이며, 타락하고 부정직한 오든 시대에 탄생한 모든 소설들 중 가장 현대적이다.

리스의 복귀는 새 작품이 이전 작품들에 대한 관심을 불러일으켰다는 점에서 자력으로 이루어졌다. 스스로를 전혀 돌볼 줄 모르는 사람에게 흔히 할 수 있는 말은 아니지만 말이다. 간혹 복귀는 새로운 세대의 훌륭한 독자들에 의해 재발견되어, 작가의 참여는 전혀 없이 전적으로 수동적으로, 오직 세간의 평판에 의해서만 이루어지기도 한다. 이브 배비츠가 그런 경우다. 자신이 쓴 모든 책이 절판당한 그녀는 1997년에는 끔찍한 사고까지 당하면서 사실상 은둔자로 살아가고 있었다. 사고는, LA에서 일어나는 사고가 늘 그렇듯이, 운전 중에 일어났다. 운전을 하면서 시가에 불을 붙이려다 인화성 강한 소재의 치마에 불이 붙어 신체의 절반 이상에 3도 화상을 입은 것이다. 이후 저널리스트 릴리 아놀릭Lili Anolik이 그녀를 추적했고, 잡지『베니티 페어』에 그녀의 책들과 궁극적으로 그 저자와의 만남에 대한 글들을 실었다. 책들이 복간되고, 아놀릭은 잡지에 실은 글들을 기반으로 자신의 책을 출간했다. 그리고 이 모든 일들의 매우 구체적인 결과들 가운데 한 가지에 집중해서 이야기하면, 이브 배비츠를 읽은 경험 덕분에 내 삶은 크게 향상되었다.*

물론 가장 위대한 '수동적인' 복귀 또는 명성에 의한 복귀는 사후에 거의 신화적인 수준으로 일어난다. J. S. 바흐, 니체(그의 부활은 그가 아직 육체적으로 살아 있는 동안 시작되었지만), 그리고 반 고흐의 경우처럼.

50

만회는 문학이나 예술 분야보다는 스포츠나 공연 분야와 더 잘 어울리고 일반적으로도 더 많은 관련을 맺고 있다. 스포츠에서는 경기 중에 역전하는 모든 선수나 팀들이 기본적으로 만회를 경험한다. 어떤 스포츠는 다른 스포츠보다 만회하기 유리하고, 몇몇 스포츠는 아예 그 기회를 극대화하기 위해 만들어진 것 같다. 거의 모든 정상급 테니스 선수들은

• (원주) 복간된 책들 중 최고의 작품인 『느린 나날, 빠른 인연』에는 "정신이 온전한 사람이라면 행크 모블리가 콜트레인보다 더 뛰어나다고 진지하게 말하지 않겠지"라고 나에게 말한 적이 있는 매슈 스펙터 Matthew Specktor(미국의 소설가—옮긴이)의 서문이 실려 있다. 이런 배비츠와는 대조적으로 문학적 명성을 얻은 유명인들 중에는 외고집인 동시에 올바르고 비판적인 질문들에는 취약한 사람이 있다. 따라서 습관적으로, 심지어 아무런 의심 없이 맨 앞줄 귀빈석에 따로 배정되는 작가들보다는 주로 여성들로 이루어진 많은 이류 작가들이 더 낫다. 리스의 복권이 진행 중인 가운데, 1930년대와 1940년대 문학이 대대적으로 재조명되는 과정에서 배비츠의 위상은 한층 더 높아질 것 같다. 그리고 만일 이러한 조사를 통해 더 넓은 작가군을 포함하는 문학 교육이 가능해진다면, 평범한 소설가인 리베카 웨스트의 『검은 양과 회색 매』가 그 시대 가장 뛰어난 단 한 권의 산문집으로 부상하게 될 것이다.

어느 시점에서 한 세트―남자 그랜드 슬램 대회에서는 두 세트―를 뒤지고 매치 포인트까지 내준 상황에서 역전승을 거두는 경험을 할 것이다. 그 포인트를 따내 가장 위험한 순간을 넘기면 계속해서 경기를 장악할 수 있고, 차츰 긴장이 줄어들어 세트와 경기를 끌고 갈 수 있다.

권투 선수는 점수가 뒤처지고 눈가는 찢어져 피가 흐르는 채 링 위에 쓰러지지만, 여덟을 세는 순간 가까스로 일어나 경기를 재개하고 라운드가 끝나기 전 상대 선수를 때려눕힌다. 톰 존스의 『권투선수의 휴식 The Pugilist at Rest』(1993)에 실린 단편 「로켓 맨 Rocket Man」에서 주인공은 그의 코너맨* 중 한 명과 지난날 끔찍했던 경기에 대해 이야기한다. 코너맨은 선수의 상처를 봉합해 보려고 "아드레날린 두 병을 다 썼는데도" 아무런 소용이 없자 "염화제2철로 상처를 지졌다." 권투 선수는 자신이 녹초가 되어 의자에 쓰러졌을 때 코너맨이 했던 말을 그에게 상기시킨다. "당신이 그랬지, '세 번째 숨이 있다'고. 당신이 그랬어. '이봐, 세 번째 숨이 있어. 이곳과 죽음 사이에'라고." 그는 이 세 번째 숨을 발견하고 계속해서 싸웠고 마침내 그가 밤새 연습했던 완벽한 선방을 날릴 기회를 얻는다. "퍽! 45구경 권총으로 미간을 맞은 것처럼 상대가 쓰러졌지. 10라운드가 시작된 지 2분 만에." 그는 마침내 해냈지만, 대가는 혹독하다. "열이 펄펄 끓더군.

• cornerman, 권투에서 경기 중 선수를 돌보는 사람.

오줌을 싸러 갔는데 오줌에서 피가 나는 거야. 너무 아파서 병원까지 운전도 못 하겠더라고. 전화도 없었어. 의식을 잃은 채 사흘 내내 누워만 있었지. 이대로 죽는구나 싶더군. 그러다가 서서히 회복이 됐어. 주먹이 보통 센 녀석이 아니었던 거야. 그 시합, 그 싸움이 나에겐 최후를 예고하는 시작이었어. 나는 스물네 살이었고, 그렇게 내 우승을 축하했지."

존스 자신은 단편 소설집을 세 권 출간했지만 장편 소설은 완성하지 못했다.

51

벤 오크리는 한때 작가들과 함께 파티에 있는 것은 서로 싸우지 않는 권투 선수들이 잔뜩 모인 방 안에 있는 것과 같다는 농담을 했다. 그의 말이 맞다. 작가들은 경쟁이 치열하기로 악명이 높지만, 작가가 글을 쓰는 동안은—그 글의 결과물이 비평적으로나 상업적으로 어떤 평가를 받을지 기다리는 기간과는 대조적으로—경쟁 본능이 승화되거나 간과되는 경향이 있다. 작가는 이전에 비슷한 주제를 다룬 다른 작가를 뛰어넘으려 할지 모르지만, 그렇게 해서 만들어진 새로운 형태, 즉 언어를 통해 변주된 작품들은 공격보다는 경의나 헌시의 형식을 취하는 경향이 있다. 작가는 "리버풀의 콧대를 꽉 꺾어 버리라"는 알렉스 퍼거슨의 유명한 결의에 유용한 자극을 받을 가능성이 거의 없다. 이유는 간단하다. 자신의 낮은 콧대를 유지하기 위해 노력하는 것만으로도 너무 벅차서 다른 작가들을 물고 늘어질 집중력이나 에너지가 남아 있지 않기 때문이다.

　심지어 그들은 자기 자신과 경쟁하지도 않는다. 그저 계속 나아가기 위해, 견디기 위해 노력할 뿐이다. 작가가 상대해야 할 적은 게으름, 피로, 탈진, 우울함, 그리고 이 모든 것이 과연 그만한 가치가 있는지에 대한 의심이 한데 뒤섞여 자유자재로 변신하는 교활한 혼합체다. 원할 때면 언제든지 'no mas(그만)'이라고 외칠 수 있다. 그런 다음 마우스피스를 뱉고 글러브를 자르는 모습을 지켜보다가, 다시 마우스피스를 물고 테이프로 손을 감은 뒤에 원하는 만큼 오래 다시 붙어 볼 수도 있다. 아무도 그 과정을 알아채지 못할 것이다. 이런 종류의 만회가 가진 가장 좋은 점은 아무도 모르게 이루어진다는 것이다. 사실 이런 일은 평소 생산적으로 일하는 주중에도 수차례 일어날 수 있다.

52

복귀가 스포츠의 기본 구조에 깊이 자리 잡으면서 은퇴 후 복귀는 너무도 흔한 일이 되었다. 이제는 글러브 또는 라켓이나 부츠를 벗는다고 해도 당연히 다시 착용하기 위한 준비처럼 보이기 때문에 아무도 놀라지 않는다. "랭보나 캉토나처럼 진정한 오만함을 지닌 사람만이 은퇴를 선언할 수 있고 그런 선언만이 진짜 은퇴를 의미한다"고 돈 패터슨•은 말한다. "한 번이라도 무대에 돌아온다는 것은 자신이 박수받는 원숭이에 불과한 존재임을 드러내는 것이다."

2017년 영화 〈보리 vs 매켄로〉에서 존 매켄로(샤이아 라보프)는 보리가 혹한의 날씨에도 호텔 방에 에어컨을 틀어 놓고 잠을 자는 것은 그가 '아이스-보그'라서가 아니라, 실제로 폭발 직전의 화산이기 때문일 것이라고 생각한다. 이 화산은 아직 이른 스물여섯 나이에 자신의 소멸을 선택했고, 은퇴를 선언함으로써 자신의 삶에 의미를 부여했거나 의미의 부재를 막아 주었던 모든 것으로부터 등을 돌렸다. 1981년 윔블던과 US 오픈 결승전에서 매켄로에게 패한 데다 연말에 세계 1위 자리를 빼앗긴 것이(역시 매켄로에게) 보리의 은퇴를 앞당기는 데 결정적인 역할을 했다. 제로섬 논리와 허무주의적 계산이 치열하게 펼쳐지는 상황 속에 있었던 그는 매켄로에게 세계 1위가 아니면 아무것도 아니라고 설명했다. (팀 헨먼은 훨씬 단순한 영국식 계산법을 선택했다. 그는 테니스 선수 시절에 꾸준히 세계 랭킹 4위를 유지했는데, 누군가가 그런 그의 경기력을 비판하자 이렇게 응수했다. 그 사람이 일하는 곳이 은행인지 무슨 기관인지 모르겠지만, 아무튼 그곳에서 그는 4위조차 되지 못할 거라고 말이다.) 보리는 스트레스, 압박감, 끊임없이 몰려드는 기자들, 사진작가들, 소녀 팬들에 지쳤다. 무엇보다 그는 더 이상 테니스를 즐기지 못했고, 그러면서도 테니스 대신 뭘 해야 할지, 앞

• Don Paterson, 스코틀랜드 시인.

으로 뭘 하면 좋을지에 대한 문제를 제대로 직면하기는커녕 건드리지도 못했다. 그는 젖은 티셔츠 대회의 심사위원을 맡기도 했는데, 일정을 조금만 조율하면 투어 중 중요한 테니스 대회 사이에 충분히 시간을 낼 수 있었다. 젖은 티셔츠가 성적 문란함을 상징하는 은유라면—그는 대회 참가자들 중 한 명과 아이를 가졌기 때문에 그렇게 봐도 무방할 것이다—은퇴 후에는 이 부분에 시간을 더 할애할 수 있다는 장점이 있었다(즉 여자들이 가까이 오지 못하도록 막는 데 시간을 덜 보내는 대신 여자들을 받아들이는 데 더 많은 시간을 쓸 수 있게 된 것이다). 그러나 새로운 파트너와 자거나, 파티를 하거나, 약에 취하는 것(당시 엘리트 수준의 테니스 경기를 하면서도 일상적으로 양립 가능하던 일들)이 아무리 좋다 한들, 심지어 스물여섯 살이라 해도, 그런 건 인생에 목적의식을 부여할 만한 일은 아니다.

나 역시 고등학교를 졸업한 직후 그와 같은 깨달음을 얻었는데, 그건 보리 덕분이었다. 당시 나는 TV로 윔블던 중계를 시청하길 좋아했다. 하루 종일 테니스만 봐도 행복했고, 비가 와서 시청할 경기가 없는 날엔 짜증이 나서 견딜 수 없을 정도였다. 물론 구름 한 점 없는 오후라고 해서 윔블던을 실컷 볼 수는 없었다. 시험이나 시험 준비 따위로 내 머리 위에는 항상 구름이 낮게 드리워져 있었기 때문이다. 그러다가 1977년에 대학입학 시험을 마친 뒤부터 옥스퍼드에 입학하기 전까지 윔블던을 실컷 볼 수 있는 기간이 찾아왔고, 그랬더니 윔블던 시청이 그렇게 재미있지 않아졌다. 시험으로 인한 의무와 제약이 윔블던 시청을 한층 재미있게 만들었던 것이다.

보리의 경우 이 상황을 반대로 적용할 수 있을 것이다. 윔블던과 다른 모든 토너먼트가 강요하는 환유적 의무들은 그가 코트 밖에서 할 수 있는 모든 일들을 한층 즐겁게 만드는 동시에 그것을 추구할 시간과 자유를 제한했다. 은퇴 후 그는 다음과 같은 일들에 전적으로 몰입할 수 있었다. 파티, 실패한 벤처 사업, 파산, 불행한 인간관계, 양육권 싸움(젖은 티셔츠 대회로 인한), 그 외에도 수없이 다양한 방해 요인(테니스와 무관한)들. 그 결과 남은 것은 두 가지, 즉 복귀(나무 라켓을 들고)와 자살 시도 소문이 전부였다. 자살을 시도했더라도 성공하지 못했을 것이다. 복귀도 마찬가지였다. 따라서 그는 사실상 원점으로 돌아온 셈이었다. 즉 선수 생활을 마쳤을 때처럼, 다음에 무엇을 해야 할지 고민하는 상황으로 말이다. (나와는 달리 그가 결코 하고 싶지 않았던 한 가지는 틀림없이 TV로 테니스를 시청하는 것이었으리라.) 거의 아무 일도 하지 않았다 해도 어느 정도는 무언가를 해야 했고 그래서 그는 그냥 하던 일을 계속 해 나갔다. 존재하는 것 자체만으로도 최소한의 노력이 필요하다. 아이러니하게도 하고 있는 다른 일이 적을수록 존재 자체에 더 많은 시간과 노력을 쏟게 된다. 어느 순간부터 그 일은 하루의 깨어 있는 모든 순간을 채우고, 이후엔 더 이상 자리에서 일어날 수 없을 때조차 하루의 남은 시간 전부를 차지한다.

세월이 흘러 보리는, 겉으로 보기에 딱히 즐기는 것 같지는 않지만, 간혹 옛날을 회상하는 텔레비전 방송에 옛 라이벌 존 매켄로와 함께 등장하곤 했다. 매켄로는 음악, 미술, 테니스 해설, 전문적 분석 등 다양한 활동을 이어 가는 동시에 과거의 삶을 회상하면서 바쁜 삶을 살아갔다. 매켄로는 그의 자서전 『진지한Serious』에서, 수많은 다큐멘터리에서, TV 경기 해설과 전문가 평론에서(같은 날 영국의 BBC와 미국의 TV 채널을 오가며 쏠쏠히 수익을 올리면서) 과거의 중요한 순간들을 반복했다. 그는 옛이야기를 하고 또 했기 때문에 때로는 추억 팔이라는 짭짤한 사업이 단순히 그의 전업인 걸 넘어 그의 삶 전부인 것처럼 보였다. 그래서인지 그는 시니어 투어 중에 자신의 과거 행동을 기리는 행위에도 매우 적극적이었는데, 짐작건대 전혀 화가 나지 않더라도 경기당 적어도 한 번쯤은 가짜로 짜증을 내야 한다는 계약 조항이 있었던 게 아닌가 싶다. (생각해 보면, 이 계약 조건 자체가 짜증을 유발하는 원인이 될 수도 있었겠다. 그가 심판 및 상대 선수들과 완벽하게 잘 맞는다고 느낀 날들도 분명히 있었을 테니 말이다). 이런 은퇴 후의 생활은 결국 그의 자서전 후속편 『그러나 진지하게But Seriously』에서 그의 발목을 잡았다. 호의적인 평론가들조차 진지하게 받아들이기 어려웠던 이 책은 앞의 자서전에서 다루었던 시기를 회상하며 보낸 세월들에 초점을 맞추고 있었다.

생존한 도어즈 멤버들에게도 이와 유사한 일이 일어났다. 또 다른 다큐멘터리*를 위해 '도마뱀 왕'에 대한 일화를 소개하던 멤버들 중 한 명은 이런 식으로 말하곤 했다.

"1969년 어느 날 오후를 기억한다. 그때 짐과 이야기를 하고 있었는데⋯⋯" 하지만 그들이 정작 해야 했던 말은 이랬다. "1985년 어느 날을 기억한다. 그때 레이와 함께 짐에 대한 추억에 잠겨 있었는데⋯⋯"••

이처럼 강화된 **영원회귀** 사상, 즉 이야기하기(그리고 그 이야기를 다시 전하기)가 앞서의 경험 안에 겹쳐지는 이런 미디어 피드백 루프는 니체도 예견하지 못했을 만큼 정교했다. 아니 어쩌면 니체는 예견할 수 있었을지 모른다. 니체는 『인간적인, 너무나 인간적인』의 가장 유쾌한 항목 중 하나에서 이런 질문을 던진다. "자유로운 정신을 위한 이 책에서 괴테가 당대 가장 자유로운 정신으로 칭송한 로런스 스턴에 대해 언급하지 않을 수 있겠는가! 여기에서 우리는 그를 단순히 모든 시대를 통틀어 가장 자유로운 정신이라고 부르는 것으로 만족하자." 앞서 언급한 것처럼, 니체가 이브 배비츠를 읽을 기회가 있었다면 그는 이 의견을 수정했을지 모른다. 『인간적인, 너무나 인간적인』에서 그는 스턴을 언급하는 것만으로는 만족할 수 없었는지, 한 페이지 반을 더 할애

- 톰 디칠로 감독의 2009년 다큐멘터리 영화 〈웬 유어 스트레인지When You're Strange〉를 말한다.
- •• 1969년 마이애미 콘서트에서 짐 모리슨이 성기 노출로 체포되면서 짐 모리슨과 멤버들 사이의 관계가 무너지기 시작한다. 1985년은 도어즈의 키보드 연주자 레이 만자렉이 제작한 다큐멘터리 〈댄스 온 파이어Dance on Fire〉가 개봉된 해다.

하여 "연극 속 연극, 다른 관객에 의해 관찰되는 관객을 닮은" 책이라며 『트리스트럼 샌디』의 미덕을 극찬한다.

윔블던 대회에서 엔드 체인지*가 이루어지는 동안, 카메라는 때때로 유명 인사들과 함께 주로 과거의 챔피언들이 모여 있는 로열박스를 훑은 다음 관중석으로 이동하곤 한다. 가고 싶은 충동이 생기면 언제든지 올잉글랜드 클럽에 나타날 수 있는 것이 우승의 특전인지는 모르겠지만, 피트 샘프라스는 한 번도 이런 충동을 느껴 본 적이 없었던 것 같다. 딱 한 번 모습을 보인 적이 있었는데, 경비 전액을 지원받은 대가로 의무를 수행하는 것처럼 보였고 어쩌면 추가로 출연료도 받는 것 같았다. 2009년 앤디 로딕과의 결승전에서 로저가 14번째 그랜드 슬램 우승 기록을 넘어설 기회를 얻었을 때였다. 마침 카메라들이 샘프라스의 모습을 슬쩍 비추었는데, 그는 자신에게 남은 의무가 무엇이든 캘리포니아로 돌아가는 비행기 시간만 지연시키지 않는 한 상관없다는 듯 보였다. 샘프라스는 테니스 선수 시절 이후의 생활에 전혀 동요하지 않는 챔피언인 것 같다. 반면에 보리는 스칸디나비아의 어떤 모호한 불안을 물려받았다. 햄릿, 키르케고르, 입센, 스트린드베리의 불안이 온통 뒤섞인 그의 불안은 선수 시절에는 땀에 젖은 헤어밴드로 억제할 수 있

• end-change, 홀수 게임이 되면 상대방 선수의 위치로 가서 경기를 진행하며, 첫 게임을 제외하면 90초 정도 휴식을 취한다.

었다(아니면 이 헤어밴드에 의해 유발되었을지도?). 선수 시절과 은퇴 후의 샘프라스는 일종의 순수한 캘리포니아식 무뇌 상태의 산물이자, 그 자체로 훌륭한 광고였다. 그가 무식하다는 뜻이 아니다. 나는 그의 정신적 능력에 대해 아는 바가 없다. 내 말은 그의 뇌가 경기 전략을 이해하고 전달하는 역할 외에는 전혀 작동하지 않았다는 의미다. 스턴이 역사상 가장 자유로운 정신이었다면 샘프라스는 가장 승부욕이 강한 정신 중 한 명이자—1996년 US 오픈 준준결승전에서 그는 코트 뒤에서 토할 정도로 심한 탈수 증세를 보인 후 간신히 우승했다—스포츠 역사에서 가장 만족할 줄 아는 정신 중 한 명이다. 그는 무수한 테니스 경기를 펼친 후 그만두었다. 그는 역대 가장 성공한 남자 선수였다가, 이후 두 번째로 성공한 선수가 되었다. 그다음엔 라파가 그를 추월했다. 이후 조코비치에게도 추월당한 그는 역대 위대한 선수 목록에서 4위로 밀려났다. 그래서? 그게 뭐?

이런 질문들은 적절하지 않다. 센터 코트 경기장의 잔디만큼이나 윔블던 역사의 중요한 일부분인 샘프라스는 인식론적 탐구에 있어서도 그 잔디와 비슷한 수준을 지닌 듯하다. 『진지한』에서 자기 선수 생활 마지막 5~6년 동안 "세계적인 수준의 평범함을 선택했다"고 진술한 매켄로와 같은 재치가 그에게는 어쩔 수 없이 부족하다. 그렇지만 매켄로는 비슷한 수준의 업적을 달성한 선수에 비해 자기 성찰—내적 형태의 자기광고가 아닌 자기 성찰—을 하는 경향이 부족하다. "인생 전체를 완전히 헛살았다는 것을 깨달고 있다"고 마이크 타이슨은 마흔네 살에 선언했다. 빈민가에서 다져진 성찰 능력을 통해 격렬한 승리의 무대보다 더 큰 맥락 안에서 자신을 파악할 줄 아는 타이슨은 "거울에 비친 자기 모습을 보면서 '이건 돼지야. 넌 쓸모없는 놈이야'라고 말할 수 있는 이상한 능력"을 지녔다. 노먼 메일러는 위대한 권투 선수들이 챔피언이 되면 그들은 "헤밍웨이나 도스토옙스키, 톨스토이, 포크너처럼 내면의 삶을 갖기 시작한다"고 썼다. 이 챔피언은 선수 생활을 마친 후 말년의 라킨과 같은 내면의 삶을 갖기 시작했다. "삶은 이토록 터무니없고 공허하구나!" "갑자기 나 자신이 괴물, 실패자로 보이고, 내가 살아온 방식이 한 편의 희극처럼 여겨진다."

자신의 육체가 심하게 더럽혀졌다는 타이슨의 잔인한 평가는 말할 것도 없이 스포츠 성공 심리학의 핵심 교훈과 완전히 상충한다. 순간에 머물러라. 세트 포인트에서 가볍게 스매싱하면 될 것을, 굳이 물리학과 생체역학의 많은 법칙들을 어겨 가면서까지 네트 안쪽으로 공을 내리쳤다면? 잊어버려라. 지금 하는 경기, 현재 이루어지는 시합, 전개되는 점수 상황 외에는 아무것도 생각하지 마라. 점수가 아닌 공을 쳐라. 그리고 그 점수가 얼마나 중요한지, 은연중에라도 걱정하지 마라. 거기에서부터 존재의 의미를 생각하고, 그러다 경기에 지면서 삶의 목적을 잃고, 결국 테니스는 인생 자체와 마찬가지로 퍼붓는 빗속의 젖은 티셔츠 대회일 뿐 아무런 의미가 없다는 결론에 도달하는 건 아주 금방이기 때문이다.

53

이녹 파월*은 많은 스포츠 선수들의 재기와 마찬가지로 모든 정치적 경력은 실패로 끝난다고 말했다. 앤드리 애거시의 두 번째 행보 혹은 환생—데이비드 포스터 월리스가 "항만청의 매춘부처럼 귀엽다"고 여겼던 인물에서, 세계 랭킹 110위까지 떨어졌다가 다시 그랜드 슬램 대회 5회 우승을 차지한 오리걸음 부처**가 되기까지—이 비유적인 힘을 갖는 것은 그만큼 이례적이기 때문이다. 무패의 전적을 이어 나가던 권투 선수들은 링 밖의 인생에서 완전히 패배하는 자신을 발견한다. 그리하여 재기를 결심하지만, 과거에 모면했던 패배를 맛볼 뿐이다. 그러므로 선수들은 은퇴 생활을 접은 뒤에야 재기가 불가능하다는 사실을 받아들이게 되는 것이다. 나무 라켓으로 무장한 보리는 피츠제럴드의 개츠비처럼 과거를 반복하기 위해 여러 차례 시도하지만 결국 실패할 운명이었다. 앞에서 다루었던 조지 베스트는 수차례 복귀했지만 수익은 지속적으로 감소했다. 심지어 엄청나게 화려하거나 예상외로 순조로웠던 복귀조차 결국에는 불명

---

* Enoch Powell, 영국의 정치인.
* * duck-waddle Buddha, 디스크로 인해 부자연스러운 걸음걸이와 선수 생활 후반기의 평온한 모습을 이런 식으로 표현한 듯하다. 제프 다이어는 2009년 11월 『가디언』지에 게재한 애거시의 자서전 『오픈 Open』의 서평에서도 이 표현을 사용했다.

예스러운 패배로 이어질 수 있다. "오 마이 갓." 무하마드 알리가 자이르에서 시합 내내 로프에 기대 버티다가 조지 포먼을 쓰러뜨렸을 때, 해설자 해리 카펜터가 외친 말이었다. 알리가 군대 징집을 거부해 4년쯤 복싱계에서 퇴출당했다가 복귀한 경기였다. "그가 서른두 살 나이에 타이틀을 되찾았습니다!" 알리는 다시 세계 챔피언이 되었다. 이 승리는 결국 1975년 마닐라에서 조 프레이저와의 거대한 대결로 이어졌고, 이 대결은 황제에게 어울리는 주제의 서막이 아닌, 지루하게 이어지는 팬터마임과 돌이킬 수 없는 상처의 서막이 되었다.

54

실패와 패배의 차이는 무엇일까? 실패는 항상 우리 자신의 잘못처럼 여겨진다. 과거의 약속을 지키지 못했다든지 원하는 기준을 달성하지 못했을 때처럼. 시험에 실패하는 것이지, 시험에 패배하는 것이 아니다. 패배는 늘 무언가에 의해, 심지어 나쁜 운에 의해 이루어진다. 브레이크 포인트*를 살리지 못하는 실패는 결국 패배로 이어지고, 이 패배는 다시 지속적인 실패감으로 대체될 수 있다. 실패는 내면화되기 때문에, 실패하면 결국 패배를 선언하게 된다. 패배자라고

---

* break point, 상대방의 서브 포인트를 가져와 승리할 기회를 얻는 상황.

느끼면 패배자가 된다.

헤밍웨이의 단편「패배하지 않는 사람들」을 보자. 부상에서 회복하고 돌아온 나이 든 투우사가 너무 일찍 투우장에 복귀한 바람에 불가피하게 황소의 뿔에 들이받힌다. 그는 "기침을 하면서, 몸이 부러진 느낌과 혼미해진 정신 속에서" 모래 위로 일어선다. 작가의 경우 이러한 패배의 위험 부담은 낮아지기도 하고 두 배로 커지기도 한다. 당신은 텅 빈 페이지에 의해, 채워야 할 단어를 찾지 못하는 무능함에 의해 패배할 수도 있고, 실패할 수도 있다. 당신은 패배하지 않더라도 여전히 실패할 수 있다.

또한 우리는 쉼 없이 똑똑 떨어지는 낙담과 대비되는 패배의 강렬한 매력을 인정해야 한다. 패배를 통해 얻는 지식은 서서히 부식되다 결국 허물어지는 끝없는 낙담의 과정과 대비된다.

55

몇 달째 장뤼크 고다르의 한 마디가 정확히 기억나지 않는 채로 머릿속을 맴돌았다. 끝내 알아내지 못했다. 대충 이런 내용이다. 무엇보다 영화는 배우들이 제작 기간에 무엇을 하고 있는지에 대한 일기라는. 이 책 역시 작가가 집필 기간에 무엇을 하고 있었는지에 대한 일기라고 덧붙인다면 무리일까?

56

투어 중단, 윔블던 대회 취소, 프랑스 오픈 연기만이 아니었다. 많은 이들이 아쉬워하지는 않았지만, 문학 투어—작가의 삶에 활기를 불어넣는 축제들—또한 코로나 확산으로 막을 내렸다. 매일이 일요일이 되면서 시간 자체를 포함해 모든 것이 끝났다.

6월이 되자 아내와 내가 4개월 동안 잉글랜드와 유럽에 다시 올 수 있을 정도로 생활과 시간이 다시 충분히 제자리를 찾았다. 중단된 채 방치되었던 축구 시즌이 재개되었고, 투어도 다시 시작되었으며, (관중도 없고 이제는 로저나 라파도 없지만) US 오픈 경기도 예정대로 진행되었다. 앤디 머리는 또 한 차례 고관절 수술을 받은 후 복귀하여 1라운드에서 요시히토 니시오카를 상대로 두 세트 뒤지다가 역전승을 거두었다. 경기는 4시간 40분 동안 이어졌고 머리는 마지막엔 완전히 지쳐 보였다(어떤 면에서 본인의 역량 이상을 보여 주었을 것이다). 다행히 고관절 상태는 양호했다. 가장 아팠던 부위는 양쪽 엄지발가락이었다고 그는 말했다. 제법 몰입감 넘치는 경기였지만 상당히 지루하고 힘들었다. 다음 라운드에서 젊은 펠릭스 오제 알리아심에게 예상대로 완패를 당했을 때 머리는 기운이 완전히 소진되었다.

그 무렵 나는 잠시 작업을 재개해, 발가락 통증 없이 책상에 앉은 채 수천 수만 단어의 형태로 결과물을 만들어 냈다. 전 세계가 비활동기에 들어가 있는 동안, 신께 감사하게도—이런 표현이 여전히 유효하다니 정말 이상하다—나에게는 무언가 해야 할 일이 있었고, 시간이 무의미해진 오랜 기간 동안 내 시간을 할애할 무언가가 있었다. 글쓰기의 장점은 책상 너머 세상의 수많은 자극과 재앙에 덜 민감해질 수 있다는 것이다. 글쓰기는 악천후를 차단해 주고, 코로나와 트럼프를 막는 방패가 되어 주며(시종일관 이런 것들에 대해 생각하지 못하도록), 부상(다쳐서 테니스를 칠 수 없는 상황으로부터), 지루함, 우울함, 치매에 대한 공포로부터 나를 보호해 준다. 무엇보다 글쓰기는 글을 쓸 수 없다는 두려움을 물리친다. 헤밍웨이가 20만 자 분량의 『에덴의 동산』을 단숨에 써 내려가는 동안 깨달았듯이, 계속해서 글을 쓰는 것은 더 이상 쓸 수 없으리라는 두려움으로부터 자신을 보호하는 방법이 될 수 있다.

57

"글쓰기 프로젝트 없이 살았던 매 순간은
마지막 순간과 유사하다."

이 책의 구성이 날이 갈수록 복잡하고 어려워지는 한편, 그 어려움을 해결하려 애쓰면서 이 책을 쓰는 지금 나는 그 어느 때보다 행복하다. 만일 이 책을 쓰지 않았더라면 이런 행복을 느끼지 못했을 것이다. 한편으로는 알렉산더 즈베레프나 스테파노스 치치파스, 그 밖에 차세대 대표 선수들이 은퇴를 고려할 때까지 계속 쓰고 싶은, 이 책을 계속 확장하고 싶은 유혹이 들기도 한다. 사실 죽을 때까지, 갑자기 털썩 쓰러질 때까지 이 책을 계속 쓸 수 있을 것 같다는 생각도 든다.

하지만 나는 그렇게 하지 않을 것이고, 이 책을 완성하고 나면 무엇을 할지 생각하지도 않을 것이다. 이미 아니까. 게으름, 지루함, 우울증에 빠져 있다가 다른 책을 시작해 보려 애쓸 것이다. 마지못해 일종의 혹독한 중독 치료를 시작하게 되는 것이다. "내 목소리를 되찾으려" 한다고, 마일스가 오랜 공백기 끝에 거친 목소리로 말했던 것처럼.

58

연기되었던 2020년 프랑스 오픈 대회의 처음 며칠은 몹시 추웠기 때문에 입장이 허락된 소수의 관중—선수들의 코치와 지인들을 포함해서—은 영화 〈제브라 작전〉 세트장의 엑스트라들처럼 옷을 잔뜩 껴입었다. 선수들은 레깅스를 입고 셔츠를 몇 겹씩 입어야 했다. 보통 때라면 승리의 열망이 보이고 들렸을 테지만, 그때 거기 있는 사람들은 결과와 상관없이 실내로, 따뜻한 곳으로 돌아가는 것이 가장 큰 소망인 것만 같았다. 저예산 제작 영화 속 햄릿처럼 평소 혼잣말로 중얼거리고 코치진들에게 구시렁거리던 머리는 스탄 바브린카에게 스트레이트 세트로 패하는 동안 완전히 입을 다물었다. 머리가 두어 번 승점을 따내자 ITV4 해설자들은 머리가 아직 한창때니 여전히 누구든지 이길 수 있다고 주장했다. 그러나 그런 날이 2주 동안 7번은커녕 같은 주에 2번 찾아올 가능성조차 점점 희박해 보인다는 말은 하지 않았다. 유로스포츠에서 해설자로 활동하는 매츠 빌랜더의 관점은 더 냉혹했다. "앤디 머리가 걱정되는군요." 그가 말했다. "그가 왜 지금 저기에 나와서 자신이 언젠가 재기할 거라는 헛된 희망을 우리에게 심어 주는지 해명을 듣고 싶네요. 그에게 그런 행동을 할 권리가 있을까요? 왜죠? 저도 그렇게 해 보았지만 그러지 말았어야 했습니다. 제 경력에서 제가 저지른 가장 큰 실수였으니까요."

59

앞에서 나는 TV 시청을 제한할 의무(시험)가 사라지자 윔블던 대회를 덜 즐기게 되었다고 말한 바 있다. 그런데 그때 나는 완전히 솔직하지 못했거나, 더 정확하게 말하면, 틀리게 설명했던 것 같다. 당시엔 사실이었을지 모르지만 지난 5년 동안 나는 그 어느 때보다 더 즐겁게 더 많이―더 많은 토너먼트를, 더 많은 시간을 들여서―TV를 시청했다. 이렇게 된 데에는 작가이자 테니스 선수인 한 친구가 나에게 자신의 테니스 채널 비밀번호를 알려 준 탓도 있었는데, 언뜻 관대해 보이는 이 행동은 어쩌면 내 글쓰기 생활을 망치고 서서히 파괴하기 위해 교활하게 계획한 작전이었는지도 모른다. 화요일인 어제, 나는 여섯 시간 동안 프랑스 오픈 대회를 시청했다. 일요일 점심시간 이후부터 하루 종일 대대적으로 몰아치듯 시청한 이후로 죽 이런 식이었다. 테니스를 더 많이 시청할 수 있는 방법은 단 하나, 글쓰기에서 완벽하게 은퇴하는 것이다. 내가 아직 은퇴했다고 볼 수 없는 이유는, 나는 은퇴란 내 생활에서 오직 테니스 시청 외에 아무것도 하지 않는 시기라고 정의하기 때문이다(이 시기가 찾아오면 나는 테니스 채널 플러스로 업그레이드 할 작정이다).* 신체적으로 더 이상 테니스를 칠 수 없는 나이가 다가오고 있다니, 테니스가 더 이상 내 몸으로 하는 무언가가 아니라 TV를 통해 주로 보기만 하는 무언가가 된다니. 모든 것은 결국 TV로 끝난다. 시인 마크 도티의 『천국의 해안*Heaven's Coast*』에는 에이즈에 걸린 파트너 윌리에 대해 묘사한 가슴 아픈 순간이 있다. 그가 할 수 있는 일이란 TV를 보는 것이 전부라는.

---

* (원주) TV로 테니스를 시청하는 것은 주로 노인들의 놀이일까? 어느 대회인지는 잊어버렸지만 마스터스 1000 토너먼트 중 하나를 TV로 시청했을 때 온통 발기부전 광고 아니면 백내장 제거 광고만 나오는 걸 보면서 나는 그런 의심을 하기 시작했다. 내가 '그리고'가 아니라 '아니면'이라고 쓴 이유는 광고에 나오는 의료 기관 중 어느 곳도 그 두 질환을 함께 다루는 원 플러스 원 패키지를 제공하지 않았기 때문이다. 당연히 백내장 광고에서 윌리엄 터너를 언급하거나 존 버거를 인용하는 일은 없었지만(윌리엄 터너와 존 버거 둘 다 백내장을 앓았다―옮긴이), 이 광고들이 백내장으로 인해 오랫동안 보지 못했던 테니스(혹은 포르노)를 마침내 TV로 볼 수 있다는 점을 주된 이점으로 강조하지 않은 것은 의외였다.

60

한동안 나는 이 책을 진척하는 데 이토록 애를 먹는 이유가 내가 너무 일찍 시작한 탓인지(내 작가 인생의 끝을 논하기에는 너무 이른 시점이어서) 아니면 너무 늦도록 미룬 탓인지(내가 이미 작가 인생의 끝에 다다랐거나 지나쳤기 때문이어서) 확신할 수 없었다.

내 앞에 놓인 시간이 점점 짧아진다.
언제나 마지막 연인이 있고 마지막 봄이 있듯이
마지막 책도 반드시 있을 테지만,
마지막임을 알아볼 수 있는 단서는 없다.

—아니 에르노

01

로저의 무적의 기운이 꺾이자마자, 전문가들은 아마도 보리가 현역으로 활동한 햇수보다 더 오랜 시간에 걸쳐 로저의 은퇴 시기를 추측해 왔을 것이다. 로저가 2013년 윔블던 대회 2라운드에서 116위인 세르게이 스타코프스키에게 패한 후 그의 은퇴설은 규모와 강도가 점차 커졌다. 이 패배의 한 가지 요인이었던 고질적인 허리 부상은 그가 선수 생활을 얼마나 오래 계속할 수 있을지에 대한 추측을 더욱 부추겼다. 2013년부터 2016년까지 로저는 단 한 번도 슬램에서 우승하지 못했다. 2016년 2월에 무릎 수술을 받은 그는 7월에 다시 부상을 당했고, 그해에 남은 모든 대회에 기권했다. 이 무렵의 몇 년간 그는 마치 연습 코트에서 훈련하듯 은퇴에 대한 모든 질문을 받아쳐 냈는데, 다양한 방식으로 답변하면서도 확신이 부족해 보이지는 않았다. 단지 테니스 때문만은 아니라고, 그는 말했다. 그는 투어 생활도 좋아했다. 화려한 호텔들, 여행(전용 비행기로), 팬들의 환대도 좋았다. 그리고르 디미트로프와 토미 하스를 자신의 스위트룸에 초

대해 함께 노래 부르는 것도 좋았다. 대부분의 선수들처럼 비록 아무 도시도 제대로 둘러볼 수는 없었지만 다양한 도시들을 방문하는 것도 좋았는데, 어딜 가나 팬들의 열광을 불러일으킬 수 있는 것도 그 이유 중 하나였다.

준우승이든 우승이든 결승전 후 인터뷰 때마다 로저는 다음 해에 다시 돌아오겠다고 말했다. 정확히 말하면, 다음 해에 다시 돌아오길 바란다고 말했고, 그게 여의치 못하더라도 그다음 해에는 반드시 실제로 모습을 드러냈다(단, 다시 우승할 가능성은 없을 것이라고 암묵적으로 인정한 프랑스 대회 때는 예외였다. 그는 마침내 2019년이 되어서야 준결승전에서 나달과 경기를 펼쳤지만 허리케인급 강풍 때문에 경기는 무의미해졌다). 그는 2009년 호주 오픈 결승전에서 나달에게 패한 후 눈물을 보이기도 했지만("젠장, 죽을 것 같아."), 이후 몇 년 동안 초반 라운드의 잔잔한 바다를 순조롭게 통과한 뒤 나달의 왼손이 휘두르는 강력한 위협이나 발칸의 장벽과도 같은 조코비치의 철벽 수비에 맞서는 등의 패턴을 받아들였다.

우리는 로저가 다시는 슬램에서 우승하지 못할 것 같을 때조차 계속 경기를 해서 기뻤고, 그가 일인자가 아니면 실패라는 제로섬의 이상에 따르지 않아서 기뻤다. 그를 계속 볼 수 있었기 때문이다. 조코비치나 나달을 이기는 것은 불가능했을지 몰라도 그 외의 거의 모든 선수들을 상대할 땐 가장 완벽한 테니스를 선보이는 것 같았다. 그것은 우리가 믿을 수 있는 환상이었다.

그러던 중 기적의 해인 2017년이 다가왔다. 로저는 무릎 수술 후 곧바로 복귀해 호주 오픈, 인디언 웰스, 마이애미, 윔블던에서 우승했다. 그때 우리는 그가 펼치는 경기 이상의 무언가를 보고 있었다. 우리는 아마도 새로운 전성기를 맞는 로저라는 인간을 보고 있었던 것 같다. 로저는 그 어느 때보다 뛰어난 경기를 펼쳤고, 우리는 이전엔 당연하게 여겼던 눈앞의 장면들을 제대로 볼 줄 아는 능력이 크게 향상된 상태였다. 그의 백핸드는 나달의 톱스핀 포핸드에 지속적으로 타격을 받으며 오래전부터 취약해져 있었지만, 그때 그는 랠리마다 어깨높이의 백핸드 위닝샷을 연이어 터뜨렸다. 그의 그랜드 슬램 우승 횟수는 19회였고, 뒤이어 2018년에는 20회(윔블던에서)를 달성한 후 몇 차례 랭킹 1위 자리를 잠시 되찾기도 했다. 그러나 진정한 승리는 통계와 계산을 뛰어넘는 것이었다. 그는 가장 효율적인 테니스 플레이가 가장 아름다움을, 또한 그 역도 마찬가지로 성립함을 다시 한번 증명해 보였다. 미학과 승리는 함께 갈 수 있었다.

아직도 많은 정상급 남자 선수들이 화려한 한 손 백핸드를 구사하지만(여자 테니스 경기에서는 위풍당당한 저스틴 에닌의 은퇴 이후 거의 사라졌다), 로저의 쇠락과 함께 아름다움이 지배하던 시기는 끝나 가고 있다.

02

우리가 로저의 경기를 보려는 이유 중 하나는 데니스 베르

캠프의 경기를 보려는 이유와 비슷하다. 그들은 어딘가 남다른, 더 여유로운 시간의 차원 안에서 움직이는 듯한 느낌을 안겨 준다. 그리고 그렇게 보이는 이유는 상대선수들이 어떤 대응을 할 수 있는 시간이 부족해질 때까지 그들의 시간을 빼앗기 때문이다. 이 전략을 성공시키기 위해 로저는 베이스라인 가까이에 서고, 공을 재빨리 받아치며, 점차 랠리 시간을 단축하려고 시도한다. 심지어 자신의 서브 포인트가 이루어지는 사이에도 그렇게 한다. 그는 30초 제한 시간 근처에도 가지 않기 때문에 심판은 차라리 서브 클록을 끄는 편이 나을 것이다. 반면에 나달은 로저가 자신의 시간을 빼앗지 못하도록 방어하려다 허용된 한계 시간에 바싹 다가설 정도로 시간을 끌어, 경기 도중 거의 예외 없이 시간 초과로 경고를 받기 일쑤다. 로저가 스핀 서브를 넣기 전에 상대 선수가 준비할 시간을 줄인다면, 라파는 서브를 넣기 전 자기 몸 곳곳을 만지는 등 오랜 시간 긴 의식을 치르면서 상대 선수가 기다리다 지친 나머지 서서히 집중력을 잃게 만든다. (이후 세대인 조코비치는 훨씬 더 열받았을지도 모른다. 라파의 의식은 일관되기라도 하지만, 노박은 대체 언제쯤 공 튀기기를 그만두고 경기를 시작하려는지 도무지 알 수가 없으니 말이다.) 로저는 라파가 서브하는 데 너무 오랜 시간이 걸린다고 경기 중 수차례 심판에게 불만을 제기했다. 게다가 원래는 서브를 넣는 쪽이 경기 속도를 조절할 수 있어야 하는데, 라파는 늘 자신이 리시브할 준비를 마칠 때까지 로저나 다른 선수(특히 정서가 불안정한 닉 키리오스)들이 기다리도록 강요하곤 했다. 그가 그럴 때마다, 경기는 계속 진행되는 중임에도 아무런 일도 일어나지 않았다. 공은 네트를 오가지 않았다. 오직 시간 끌기를 둘러싸고 눈에 보이지 않는 주도권 싸움만 계속되었다.*

03

18번 코트 외측 벽에는 윔블던 역사상 최장 시간 경기를 기념하는 작은 명판이 걸려 있다. 2010년 6월, 존 이스너와 니콜라 마위가 맞선 경기로, 며칠에 걸쳐 11시간 5분 동안 이루어졌다. 2019년에 5세트 타이 브레이크** 제도가 도입됐으니 이렇게나 장시간 경기가 지속되는 일은 이제 없을 것이다. 이스너와 마위는 서로를 속속들이 알았으므로 둘이 호주 오픈에서 맞붙게 되리라고 충분히 예상했을 것이다. 기술의 발전이 인간다움의 의미를 조금씩 잠식하고 있다는 주장이 종종 제기되는 시대에, 회복력 강한 인간종을 대표

---

* (원주) 2021년 프랑스 오픈 2라운드에서 로저는 마린 실리치가 서브할 준비가 되었는데도 계속 시간을 끌어 시간 초과 위반 경고를 받았다. 이로 인해 로저는 심판과 한참 논쟁을 벌였다. 그때 그는 볼보이들이 선수들에게 수건을 가져다줄 수 없어(코로나 규정 때문에) 타월 박스까지 한참 걸어갔다가 되돌아오느라 많은 시간이 필요했다고 주장했다.

** tie-break, 듀스로 경기가 오래 지속되는 것을 방지하기 위해, 12포인트 중 7포인트를 먼저 획득하는 쪽이 승리하는 경기 방식.

하는 우리의 두 선수는 전자 득점판의 한계를 훨씬 뛰어넘었다. 전자 득점표는 둘 중 한쪽, 즉 이스너가 마침내 5세트에서 70대 68로 승리하기 훨씬 전부터 경기를 기록하는 데 필요한 계산 범위를 감당하지 못하고 멈췄다. 현재 벌어지는 상황을 이해할 수 없는 건 경기를 지켜보는 사람들도 전부 마찬가지였다. 어이가 없었다. 테니스 경기에 관한 규칙이 만들어지기 시작했을 때부터 그때까지 유지되던 모든 개념들이 사실상 무의미하게 여겨질 정도였다. 군사적 관점으로 보면, 이것은 서남부 전선에서 빚어진 장대한 교착 상태였다. 양측 전사들 모두 베이스라인에 진을 치고 곡사포에 의존하고 있었으며, 위험한 중립지대인 네트를 향해서는 가끔씩만 돌진했다. 1914~1918년의 전쟁에서처럼, 윔블던에서도 충돌을 종식하기 위한 모든 시도가 충돌을 연장하기만 했다. 1차 세계대전에서 서부 전선이 교착한 원인은 방어 수단이 기계화된 반면 공격 수단은 그렇지 않았다는 데 있었다. 이 경기는 그 반대였다. 서브, 즉 공격은 기계화되었지만 양측 모두 그걸 오랜 시간 막아 낼 재간이 없었다.

알리의 주치의 퍼디 파체코는 1975년 마닐라에서 열린 알리와 프레이저와의 경기 14라운드를 회상하면서 이렇게 말했다. "복싱에서 사람들이 죽어 나가는 이유는 그겁니다. 경기가 생사보다 더 중요해져서요." 하지만 테니스는 그만큼 극단적인 스포츠가 아니다. 게다가 이 특정 경기로 한정하더라도 그 결과는 결코 삶 자체보다 중요하다고 볼 수 없는데, 그 이유는 단순하다. 이 경기 자체가 곧 삶이었던 것이다. 그들이 계속 땀 흘리며 애쓴 이유는 어떤 궁극적인 의미나 목적 때문이 아니라, 상대가 공을 치면 반격을 시도해야 한다는 하얀 선 내부를 지배하는 냉혹한 논리 때문이었다. 그러므로 어떤 뒤틀린 궁합—라킨이 그의 시 「MCMXIV」 마지막에 언급한 결혼들과 달리, 다툼을 계속하려는 지칠 줄 모르는 공통의 욕구 때문에 결혼 생활이 오래 지속되는—탓에 마위와 이스너는 서로 싸우는 사이 무아지경 속에서 교착 상태에 빠져들어 도무지 승부를 낼 수 없었던 것이다. 일반적으로 선수는 서브를 넣을 때 토너먼트에서 탈락하지 않아야 한다는 엄청난 압박감을 느끼는 법이지만 이 시합에는 긴장 같은 건 없었다. 어느 정도 시간이 흐르면서, 그러니까 한 서너 시간쯤 지나면서부터는 무슨 이례적인 일이 일어나리라는 기대 자체가 사라졌기 때문이다.

당연히 경기 수준은 그렇게 높지 않았다. 두 선수 모두 여전히 공을 칠 수는 있었지만, 장시간 동안 한 발 이상—발 길이만큼이든, 발걸음의 횟수든—움직이는 일은 힘들어 보였다. 그렇다고 해서 경기의 흥미가 조금이라도 떨어진 것은 아니었다. 놓칠 수 없는 경기였고, 이상하게도, 지금까지(혹은 앞으로도) 그 어느 때보다 많은 점수를 획득한 경기 치고는 점수가 거의 무의미한 경기였다. 〈그들은 말을 쏘았다〉*의 테니스 버전이 펼쳐지는 동안, 남아프리카공화국 월

• 시드니 폴락 감독의 1969년 영화. 1930년대 경제 대공황 시대에 실제로

드컵의 중요한 축구 경기들이 마치 계절의 변화를 요약한 저속 촬영 영상처럼 빠르게 스쳐 지나갔다. 관련 지식이 많은 열성팬들을 제외하면 당시 우리 대부분은 두 선수의 신상에 대해 무지했고, 둘 중 누가 승리하든 개의치 않았다. 누가 이기는지는 중요하지 않았지만, 어느 한쪽이 이겼을 때 그들이 서로에게 어떻게 반응하는지를 보고 싶었다.

흔히들 테니스에서 궁극적으로 중요한 것은 단 한 포인트—마지막 한 포인트—라고 말한다. 일반적으로 이 한 포인트가 승자와 패자를 결정하지만, 마위-이스너의 경우, 포인트는 그 경기와 거의 아무런 관련이 없었을 뿐만 아니라 아예 잊히고 말았다. (매켄로는 이렇게 난타전을 벌이고 나면 둘 다 다음 라운드에서 살아남을 희망이 전혀 없을 거라고 지적했다.) 마지막 포인트가 할 수 있는 일이라고는 경기를 끝내는 것뿐인데, 이 경기는 시간이 흐르면서 그 목표가 뒤집혀 버렸던 것이다. 승패 대신 생겨난 이 경기의 새 목표는 바로 '끝을 저지하는 것'이었다. 대개는 관중석 곳곳에서 한 선수나 다른 선수의 이름을 연호하지만, 이날 경기에서는 수요일 밤 어둠이 내리자 관중석에 앉은 모두가 "더 오래! 더 오래!"라고 한목소리로 외쳤다. 이성적으로 따지자면 모

있었던 댄스 마라톤 대회를 소재로 했다. 남녀가 커플이 되어 두 시간마다 10분씩 쉬면서 계속 춤을 춰야 하는 서바이벌 대회로, 며칠 혹은 몇 주간 이어질지 알 수 없으며 오로지 단 한 커플에게 막대한 우승 상금이 주어진다.

두들 이미 질리도록 경기를 보았을 텐데도. 그런데 뭘 얼마나 더 오래 하라는 걸까(그 오랜 시간 동안 꽤나 지루했을 텐데)? 사람들이 계속 지켜본 이유는 앞으로 몇 분, 아니 대개는 단 몇 초나 단 한 포인트 차이로 모든 것이 끝나고 완전히 마무리될 수 있었기 때문이었다. 테니스 득점 체계의 박진감 넘치는 특성은 서든 데스 방식의 승부와 끝없는 연장이 불가분하게 연결된 데서 온다. 이제는 5세트 타이 브레이크가 도입됐으니 왔었다라고 해야겠지만.

04

경기 중 매치 포인트를 살리지 못해 패배하는 것은 어느 단계에서든 고통스러운 일이지만, 1라운드에서 탈락한 후 곧바로 집으로 돌아가는 비행기를 타는 것(테니스 선수들 사이에서는 '투어의 다음 목적지'라고 불린다)보다는 결승전에서 패하는 것이 모든 면에서 더 낫다. 하지만 '단 한 포인트'가 주는 고통은 점점 커지고 대회가 진행될수록 더욱 깊어진다. 세 번째 라운드에서 기회를 날리면, 아무리 부드럽게 표현해도 몹시 좌절스럽다. 챔피언십에서 우승하려면 이후에 이어지는 각각의 라운드에서 여전히 수백 포인트 이상을 더 쌓아야 할 것이다. 아직도 갈 길이 멀기만 하다. 하지만 챔피언이 되기까지 단 한 포인트만 남았다면?

    2019년 윔블던 결승전에서 조코비치와 8-7로 5세트까지 가는 접전을 펼친 로저보다 더 고통스러운 예가 있을까? 로저는 두 번의 서브 에이스로 40-15로 앞섰다. 다음 포인트에서 느슨한 포핸드로 오른쪽 측선을 향해 공을 친다. 40-30에서 평범한 어프로치 샷을 치고 네트로 달려 나왔지만 쉽게 패싱샷을 당한다. 듀스. 조코비치가 다음 두 포인트를 따내며 8-8이 된다. 경기는 윔블던 사상 최초로 결승 세트 타이 브레이크까지 이어졌지만 그 순간 모든 사람들은 로저의 기회가 완전히 사라졌음을 감지했다. 어쩌면 그도 알았을지 모른다. 특히나 조코는 2011년 US 오픈 준결승에서 두 차례나 매치 포인트에서 패한 상황에서도 완벽한 서브로 그 유명한 역전승을 거두었고, 그 결과 경기에서도 이기고 우승도 차지한 전적이 있었으니까.

그 두 개의 윔블던 포인트를 다시 가져올 수 있다면, 다른 방식으로 경기를 펼쳤더라면, 40-30에서 네트로 급히 달려가지 않고 뒤에 물러나 있었더라면…… 이것은 니체가 『즐거운 학문』에서 우리에게 매우 완벽한 한순간을 상상할 것을 요청하면서, 그 순간을 영원히 다시 경험하기 위해 온갖 불행과 실망을 감내하며 전 생애를 다시 살겠느냐고 묻는 구절과 정확히 반대다. 그런데 정말 반대일까?

그 두 개의 포인트, 그 두 번의 순간은 수많은 방식으로 다르게 전개될 수도 있었을 테지만, 그렇게 되려면 그날의 경기뿐만 아니라 로저의 경력과 인생에서도 다른 모든 일들이 달라져야 했을 것이다. 여기에는 다섯 번째 세트가 ─ 로저의 표현을 빌리면 ─ 사실상 서브 대결이 되었을 만큼 강력한 서브를 구사한 로딕을 꺾는 것 또한 포함되어야 할 터이며, 아마도 다른 열아홉 번의 슬램들도 마찬가지일 것이다.

그 패배가 유독 감당하기 힘들고 무거웠던 이유는 그 한 포인트—그 토너먼트에서만 수천 번 승패를 갈랐던 포인트들 중 한 포인트—로 인해 불과 한 시간 만에 두 개의 더 중요한 숫자가 달라졌기 때문이다. 즉 로저와 조코비치의 그랜드 슬램 우승 횟수가 21과 15가 아닌 20과 16이 된 것이다. 그 단 한 포인트가 그의 기록이 영원히 깨지지 않고 유지될지, 아니면 조코비치와 나달(프랑스 대회에서 동률을 이루었던) 모두에게 추월당할지를 결정짓는 차이를 만들었을지도 모른다.•

05

아름다운 전통 하나가 있는데, 윔블던 센터 코트에서 열리는 첫 경기에는 항상 전년도 마지막 단식 경기 우승자, 즉 남자부 챔피언이 출전한다는 것이다. 그리고 센터 코트에 있는 두 개의 득점판에는 다음 해 토너먼트가 시작되기 직전까지 남녀 단식 결승전 결과가 계속 표시된다. 이렇게 보면

• (원주) 이 원고의 마지막 수정을 위해 내용을 손보는 동안 로저, 나달, 조코비치는 각각 그랜드 슬램 20회 우승으로 동률을 이루었다. 그들은 거의 상상할 수 없는 위대한 성적을 공유하며 대칭적인 삼각 구도를 형성한 것이다. 2022년 호주 오픈에서 나달이 스물한 번째 우승을 차지하기 전까지는.

토너먼트 외에는 테니스도 시간도 존재하지 않는 것 같다. 무한 반복되는 윔블던의 2주간만 있을 뿐. 코로나로 인해 반복되던 순환이 끊기자, 2019년에서 멈추어 2021년까지 그대로 남아 있던 두 개의 득점판은 윔블던 판 기록된 시간의 마지막 음절•을 표시하고 있었다.

06

2020년 프랑스 오픈 8강전에서 디에고 슈와르츠만을 상대로 다섯 시간에 걸친 경기를 마칠 무렵, 도미니크 팀에게는 아무것도 남은 것이 없었다. 그는 이전 라운드에서 위고 가스통에게 호되게 당했던 드롭샷에 의지해야 했지만 성공하지 못했다. 테니스에서는 계속해서 모든 공을 쫓고 모든 포인트를 위해 싸우지만, 그러다 보면 때로는 포인트를 얻고 시합에서 우승하기도 하지만, 반대로 자신에게 더 이상 경기에서 우승할 힘이 없다는 것을 알게 되는 때가 올 수도 있다. 이 시점 이후부터는 우승이 불가능하다(상대 선수에게 엄청난 재앙이 닥치지 않는 한). 이것은 에너지가 저하되거나, 체력이 차츰 떨어지거나, 피곤하거나, 포기하기로 결심하는 것(부루퉁해서는 공도 쫓아가지 않고)과는 다르다. 패

• The last syllables of recorded time. 셰익스피어의 『맥베스』에서, 아내인 레이디 맥베스가 죽었다는 소식을 듣고 삶의 무상함을 절감하는 맥베스의 독백 장면에 나오는 표현이다.

배를 받아들이지만 이 체념은 내부적으로만 느낄 뿐 외부로는 드러나지 않는다. 지나치게 활용되는 지표인 몸짓에나 약간의 변화가 나타날 뿐, 겉으로 보기엔 아무것도 달라진 것이 없다. 그러므로 팀은 결국 자신의 물리적인 붕괴 이전에 이미 내면에서 항복했을 가능성이 있다. "내 안의 무언가가 시들었다." 매켄로는 1980년 윔블던 결승전에서 보리를 상대로 치른 5세트 경기에 대해 이렇게 말했다. 하지만 어쩌면 이조차도 지나치게 물리적인 표현, 육체적 결함이나 쇠퇴를 지나치게 암시하는 표현인지도 모른다. 나는 시들었다는 표현보다 더 미묘하고 훨씬 덜 실체적인 어떤 걸 생각하고 있다. 누군가가 받아들이기 전까지는 아무런 힘도 발휘하지 못하는 예언에 대한 굴복 같은 것을.

07

시합을 벗어나, 인생에서도 비슷한 체념의 감정—나는 성공하지 못할 거야, 이 일이 잘될 리가 없지 등등—이 지배할 수 있다. 우리는 우리 인생과 관련된 공들을 계속 좇지만—쓰레기를 밖에 내다 놓고, 식기세척기에 그릇을 넣었다 빼고, 파티에서 술에 진탕 취해 극도의 행복감을 만끽하고, 이따금 새로운 노래를 발견하기도 하면서—사실은 아무것도 돌이킬 수 없다는 것을, 이 모든 것이 끝나기를 적극적으로 기다리면서 마지못해 대충 살아가고 있음을 어느 정도는 알고 있다.

그러면서도 몇 가지 중요한 지점에서 상황이 바뀌었더

라면 모든 것이 완전히 다르게 전개될 수도 있었으리라는 믿음을 버리지 않는다.

08

2020년 11월, 타이슨은 레이 존스를 상대로 시범 경기를 하기 위해 링 위에 다시 올랐다. 결과는 무승부로 두 사람 모두에게 이롭게 끝났다. 미국인의 삶에 2막은 없는 것일까? 아니, 3막, 4막, 심지어 5막도 있다. 〈오프라 쇼〉에는 원칙적으로 항상 또 다른 막, 또 다른 공연, 또 다른 재기의 기회가 있다. 마리화나(타이슨이 시합 전에 피웠던)를 판매했다는 이유로 10년 형을 선고받은 지지리 운 없는 사람보다는 이처럼 돌아온 죄인에게, TV를 따라다니면서 눈물을 흘리며 겉으로 참회하는 듯 보이는 죄인에 훨씬 관대한 곳, 아니 어쩌면 그냥 죄를 잊어버리는 곳이 미국이다.

한 친구는 내게 피츠제럴드의 유명한 구절*은 3막 구조의 드라마를 의미하는 것으로, 따라서 미국인의 삶에서 빠진 것은 복귀가 아니라 그 중간 단계라고 말했다. 1막에서 모든 것을 가진 상태(영웅)였다가 3막에 이르면 아무것도 없는 상태(제로)로 곧바로 넘어간다는 것이다. 비록 이 해석이 맞다 하더라도, 그리고 피츠제럴드가 그런 의도로 이 구

---

* "미국인의 삶에 2막은 없다"라는 『위대한 개츠비』의 구절을 의미한다.

절을 썼다 하더라도, 이것은 여전히 틀렸다. 그 자신의 길고도 지연된 몰락의 과정이 보여 주듯이.

09

상처가 아무리 깊다 해도, 분열을 일으키는 적의가 아무리 크다 해도 밴드 멤버들은 언젠가는 설득을 통해 다시 복귀하거나, 그렇지 않더라도 한두 번은 공연을 위해 무대에 서게 될 것이다. 서로 간의 증오 혹은 밴드가 예술적 측면에서 끝을 맺었다는 (멤버들 사이에서 우호적으로 공유되는) 믿음보다 훨씬 강력하게 밴드의 재결성을 방해하는 요인은 오직 하나뿐이다. 바로 재결성이 더 오래 연기될수록 티켓을 구하려는 욕구가(그에 따른 뜻밖의 소득도) 더욱 커질 것이라는 인식이다. 그래서 섹스피스톨즈 같은 밴드들이 재결성해서 스스로를 기리는 공연을 할 수 있는 것이다.

이 같은 복귀는 어떤 이유로든 인기가 떨어져서 과거의 성공을 되찾지 못하는—그들이 이 과거의 성공을 뛰어넘을 만한 무언가를 새롭게 성취하기 전까지는—뮤지션들의 복귀와는 구별될 필요가 있다. 자니 캐시•의 후기 앨범 《아메리칸 레코딩스American Recordings》는 비록 음울한 황혼 속에

• Johnny Cash, 미국의 대표적인 컨트리 음악 싱어송라이터로 기존의 진부한 컨트리 음악을 탈피해 특색 있는 가사와 사운드를 지향했다.

서 으르렁거리는 듯한 분위기의 커버 곡들이 너무 많이 수록되긴 했지만, 그가 남긴 최고의 앨범에 속했다. 다만 〈거친 강물 위 다리가 되어Bridge over Troubled Water〉는 기획 전체를 위협하는 곡이었다. 감정을 과도하게 발산해 적나라하게 드러내는 동시에 무겁게 짓누르는 이 곡은 마치 언제라도 무너져 내려 물속으로 가라앉을 것 같은 느낌 즉 부정적이고 작위적인 인상을 주었다. 이는 애초에 원곡 자체의 문제이기도 했는데, 지금껏 남아 있는 어떤 녹음을 들어 봐도 그 강물은 단 한 순간도 거칠게 동요하는 느낌을 주지 않았으니 말이다. 캐시가 좀 더 오래 살았다면, 터너의 마지막 그림에 대해 언급한 로런스의 생각을 차용해서 말하면, 그는 〈호텔 캘리포니아〉나 미국 히트곡 모음집의 광대한 제국을 넘어서서 〈원더월Wonderwall〉*의 커버 작업에 착수했을지도 모른다. 라스베이거스에서 로드 스튜어트와 듀엣 활동을 했어도 전혀 이상하지 않았을 것 같다.

10

끝을 맞이하는 건 작가나 예술가의 커리어와 삶뿐만이 아니다. 역사적 시기도 끝을 맞고, 특정한 예술 형식도 마찬가지다. 특정한 장르들, 때로는 오랜 시기를 지배했던 장르들이

---

* 영국 록 밴드 오아시스의 곡.

활력을 잃고 비주류로 전락한다. 간혹 이 시점이 에드워드 시대나 혁명의 시대 같은 더 큰 역사적 시대가 끝나는 때와 일치하기도 하지만, 일반적인 의미에서 하나의 '역사적 시기'가 한창 진행 중일 때도 어떤 예술 형식이 쇠퇴하기도 한다. 그렇다면 한 시대의 깊은 황혼기에, 그 전성기가 지났거나 아예 거의 죽기 직전이라고 널리 인식되는 예술 형식을 이용해 마지막 작품을 만드는 예술가를 상상해 보자. 그 결과가 반드시 애석하기만 할까? 혹시 그 예술가가 그 예술 형식이라는 관에 마지막 못질을 함으로써 새로운 시대를 열고 있다고, 아니면 아예 죽어 가는 형식에 새 생명을 불어넣는다고(그리하여 전술한 상황의 조건들을 해제한다고) 볼 수도 있을까?

11

권투 선수나 테니스 선수의 재기에 해당하는 음악 분야의 재기를 이야기하려면, 듀크 엘링턴 오케스트라가 뉴포트 재즈 페스티벌 폐막식 연주를 위해 무대에 오른 1956년 7월의 그날 밤으로 돌아가야 할 것이다. 페스티벌은 야외에서 열렸고, 천둥번개가 쳤으며, 시간은 자정이 가까웠고, 이미 많은 사람들이 일찌감치 집으로 향하려는 분위기였다. 더 넓은 의미에서 보더라도 역시 때가 너무 늦어 있었다. 빅 밴드와 스윙의 시대는 지나간 뒤였다. 그리하여 엘링턴 오케스트라는 더 새로운 재즈 형식으로 완전히 관심을 돌린, 점점 객석을 빠져나가고 있는, 별로 열광적이지 않은 관객들을 향해 연주하고 있었다.

자신의 전성기가 지나갔음을 증명하는 듯한 공연을 이어 가던 중, 엘링턴은 1930년대 후반 곡을 편곡한〈디미누엔도 앤드 크레센도 인 블루Diminuendo and Crescendo in Blue〉를 시작했고, 이때 테너 색소폰 연주자 폴 곤살베스가 약간 멈칫한 다음 R&B 솔로를 연주하기 시작했다. 관객들은 이 곡이 마음에 들었다. 곤살베스는 기세를 몰아 깊이와 강도를 더해 각각의 코러스마다 점점 더 격정적으로 스윙을 연주했다. 관객들은 이제 음악에 완전히 빠져들어 무아지경이 됐다. 사람들이 춤을 추고 열광하자, 곤살베스와 밴드는 연주를 계속했다. 그는 스물일곱 번의 소란스러운 코러스가 이어지는 내내 솔로 연주를 했고, 관객과 자신 모두 녹초가 되는 동시에 한껏 도취되었다. (음반에서는 14분 동안 이어진 이 곡 뒤에〈공지사항, 대혼란Announcements, Pandemoniym〉이라는 제목의 '트랙'이 이어진다.) 이것은 승리였다. 엘링턴은 얼마 뒤『타임』지 표지를 장식했고 그의 인기와 명성과 인지도는 이후 거의 20년 이상 굳건해지고 더욱 드높아지고 연장되었다.

12

이처럼 명성을 되살린 곤살베스의 솔로 독주는 앨버트 아일러가 연주하는 비슷한 길이의 또 다른 R&B 솔로 독주를 연상시킨다. 엘링턴과 거의 정반대로 아일러는 폭넓은 관객층을 확보하지 못했다. 뉴싱[•]을 극단적으로 구현했다는 이유로 욕설과 숭배를 동시에 받은—나중엔 예전 팬들에게 조롱을 받기도 했다—그의 음악은 상업적 성공을 얻기엔 지나치게 난해했다(이것은 모두가 동의할 수 있는 사실이었다). 하지만 소수의 추종자들에게 그는 매우 강력한 영향력을 미쳤다. 특히 콜트레인에게. 아일러의 가장 놀라운 점은 세상 모든 재즈 뮤지션이 작곡하고 연주한 곡들 가운데 그의 곡이 가장 강렬하게 기억에 남는 동시에 가장 악몽 같다는 것이다. 그의 앨범 《스피리추얼 유니티 Spiritual Unity》에서 가장 유명한 곡인 〈고스트 Ghosts〉는 아름답고, 즐겁고, 머릿속에 계속 떠오르고, 불쾌하다(불쾌한 느낌이 머릿속을 맴돈다). 그의 음악은 황홀하지만 이 황홀함은 알코올 중독자의 섬망이나 비명과도 같은 절규 속에서 소멸된다. 그는 군악대의 거친 편성과 애국가의 전통적인 장엄함을 좋아해서 〈라마르세예즈〉(그는 "마요네즈"라고 부르길 좋아했다)를 어지럽고도 기운을 북돋는 혼란스러운 곡 〈스피리츠 리조이스 Spirits Rejoice〉로 편곡했다. 앨버트의 동생 도널드는 기술적 한계를 지닌 트럼펫 연주자로, 이미 충분히 도취된 불협화음에 또 다른 무언가를 더함으로써 한때 절도 있었을 기병 돌격대의 소집 나팔 소리를 우르르 난입하는 어수선한 명령들의 발밑에 집어

• New Thing, 특정한 템포가 없고 멜로디에도 구애받지 않는 자유로운 즉흥 재즈로 이후 프리 재즈가 등장하는 발판이 되었다.

넣어 뭉개 버렸다.

아일러의 사운드가 아무리 극단적이라 해도 그의 음악적 배경을 거슬러 올라가면 그가 R&B 연주자로 시작했음을 쉽게 짐작할 수 있다. 그래서 1965년 뉴욕의 저드슨홀 라이브 공연 녹음이 이루어지는 동안 프로듀서가 짧은 곡 하나를 연주하자고 제안했을 때, 밴드는 즉석에서 경쾌하고 비교적 덜 산만한 R&B 스타일의 2분짜리 곡 〈홀리 패밀리 Holy Family〉를 연주했다.

〈홀리 패밀리〉에는 여러 가지 버전이 있으며, 마지막 버전은 1970년 7월 프랑스 남부 생폴드방스에 위치한 마그재단 미술관(로런스가 사망한 곳)에서 녹음되었다. 아일러가 여러 부분의 코러스를 연주하면서 약 12분 동안 지속되는 이 곡은 형식을 파괴했던 그의 이전 곡에 비해 퇴보하는 것처럼 들리지만, 여전히 대단히 훌륭하다. 관객들은 이 곡을 사랑했다. 일주일 뒤 라산 롤랜드 커크가 선 라와 함께 무대에 올라 거칠고 요란한 솔로를 연주했을 때처럼. 그리고 뉴포트의 관객들이 엘링턴의 운명을 되살렸던 곤살베스의 솔로 연주를 사랑했던 것처럼. 이후에 녹음된 아일러의 연주는 단 한 번, 다음 날 콘서트에서의 연주가 전부였다.

생애 마지막 몇 해 동안 아일러를 괴롭힌 수많은 문제들 가운데—주류로 진입하기 위해 시도했지만 실패한 앨범 《뉴 그래스 New Grass》에 쏟아진 조롱을 포함해—가장 무겁게 그를 짓눌렀던 것은 동생 도널드의 운명이었다. 도널드는 악화된 신경쇠약으로 1968년에 밴드를 떠났다. 뉴욕으로 돌아온 앨버트는 점점 혼란스러워 보였고, 1970년 11월 5일에 마지막으로 목격되었다. 20일 후 이스트 리버에서 그의 시체가 발견되었다. 무슨 일이 있었는지 소문이 무성했지만 진실은 매우 단순했고 몹시 비통했다. 그는 스스로 목숨을 끊었다.

13

2015년 사우스 바이 사우스웨스트 페스티벌 기간에 내 친구 스테프는 윌리 넬슨의 녹음 스튜디오에서 열리는 비공개 공연의 게스트 명단에 내 이름을 추가했다. 스튜디오의 수용 인원은 50명 정도였다. 나는 첫 번째 밴드인 LA 출신의 로커들에게는 별 흥미를 못 느꼈지만 사운드는 놀라웠다. 사운드가 특별히 크지는 않아도 주변을 완전히 뒤덮을 만큼 매우 강력하고 선명했다. 스테프의 VIP 신분 덕분에 우리는 주 공연을 위해 사운드가 훨씬 잘 들린다는 통제 부스로 초대되었다. 우리는 찰스 브래들리라는 소울 가수를 기다리고 있었고, 나는 그 가수에 대해 들어 본 적이 없었다. 그는 최근까지 거의 성공하지 못해 노숙자로 생활하며 시간을 보냈고, 제임스 브라운 모창을 하면서 돈을 벌기도 했으며, 불과 4년 전인 2011년 예순세 살의 나이에 데뷔 앨범 《꿈꿀 시간이 없어No Time for Dreaming》를 발표했다. 다른 친구 말로는 음반을 듣는 것은 그의 라이브를 보는 것과 비교도 되지 않는다고 했다. 젊은 백인 남성들로 구성된 밴드가 무대에 올라와 긴장감 넘치는 리듬을 구사했고, 우리는 브래들리가 합류하길 기다렸다. 마침내 그가 등장했을 때, 그는 마치 더 거친 다른 시대에서 온 사람처럼 보였다. 얼굴의 주름이 깊었고, 반짝이 장식이 달린 검은색 셔츠의 단추를 풀어 헤쳐 토템 상처럼 배를 드러내고 있었다. 그가 입을 열더니 깊은 영적 욕구와 장엄한 욕망으로 이루어진 신음을 내질렀다. 신음은 몇 초간 이어졌지만, 그 계보를 추적하려면 수백 페이지에 달하는 기록이, 한 세기를 훌쩍 뛰어넘는 역사가 필요했을 것이다. 그 순간부터 분명해졌다. 내가 인생에서 처음으로 위대한 소울 공연을 보고 있다는 사실이. 다만 나는 꼭 그렇다고 말할 수는 없었던 것이, 통제 부스에 있었기 때문에 음악을 듣긴 했어도 유리판 너머의 사람들과 다른 경험을 하고 있었던 것이다. 흔히 그렇듯 VIP 구역은 최악의 장소였다. 우리는 양해를 구하고 부스에서 나와 스튜디오로 들어가서 다른 사람들과 경험을 공유했다. 놀라웠고, 압도적이었고, 어마어마했다.

이 시기에 브래들리는 이곳저곳을 돌아다니며 딜런만큼이나 바쁘게 공연을 하고 있었다. 몇 달 뒤 뉴욕의 플러싱 메도스 공원에서 열린 무료 야외 페스티벌에서 그를 다시 보았다. 그는 인생의 마지막에 명성과 행복을 얻으며 2017년에 사망했다. 비슷한 일이 R. L. 번사이드(1926~2005)와 주니어 킴브러Junior Kimbrough(1930~2008)에게도 일어났다. 최면에 걸린 듯한 미시시피의 기타리스트인 그들은 30년 동안 자신들이 해 오던 일―트랜스 음악의 역사 이전과 이후를 모두 아우르는 듯한 힐 컨트리 블루스 연주—을 하던 중 1990년대에, 그들의 나이 60대에 '발견되었다.'• 콘서트 피아니스트 지넷 하이언Jeannette Haien은 60대가 되어서야 소설가로 문단에 데뷔했다. 1986년에 출간된 『그 모든 것 *The All of It*』은 하이언의 말을 빌리면 "불가능에 대한 모든 다채로운 경이로움"을 다룬다.

물론 이것은 모두 복귀가 아니라 뒤늦은 도착이며, 브래들리의 경우 세상을 떠나기 직전에야 도착했다.

14

음악계에서 오랜 공백기 이후 가장 찬란하게 복귀한 자는 아트 페퍼다. 1977년 7월 30일 빌리지 뱅가드 무대에서 그는 〈라스 쿠에바스 데 마리오Las Cuevas de Mario〉를 발표했다. "최초로 발표된 4분의 5박자 곡입니다. 〈테이크 파이브Take Five〉••가 등장하기 훨씬 전인 1950년에 제가 쓴 겁니다. 불

• (원주) 앞에서 다룬 〈블림프 대령의 삶과 죽음〉의 뒤늦은 발견에 대한 이야기는 번사이드와 킴브러를 대상으로 하면 더욱 강렬해진다. 그들의 음악은 내가 60대에 접한 음악 가운데 가장 위대하면서도 완전히 새로운 것이었다(그전에 베토벤 후기 현악사중주를 잠깐 접한 적은 있지만). 이후 나는 프레드 이글스미스에게서 이와 비슷한 경험을 얻었다(2020년 2월 7일 산타모니카의 맥케이브 기타 숍에서 열린 그의 공연이 코로나 봉쇄 기간 전 내가 갔던 마지막 공연이었다).

•• 데이브 브루벡 콰르텟의 알토 섹소폰 연주자 폴 데즈먼드가 작곡해 1959

행히도 저는 이걸 작곡한 직후에 연방교도소에 들어갔지요. 폴 데즈먼드하고, 이름이 뭐더라, 아무튼 그 사람은 클럽이며 이곳저곳에서 연주를 해서 앞서나가 크게 인기를 얻게 됐지만, 저는 완전히 바닥으로 가라앉았죠."

페퍼의 삶은 진정한 예술가의 삶이라 할 수 있다. 그는 자신에게 일어난 모든 것을 활용했다. 1975년(복귀 앨범 《리빙 레전드Living Legend》)부터 1982년 마지막 공연 2주 뒤인 6월 15일에 쉰여섯의 나이로 사망할 때까지, 그의 연주에는 그 삶이 경험한 모든 낭비와 허무, 좌절, 과대망상적인 자기 확신이 고스란히 담겨 있다. 그는 수십 년의 투옥과 중독 생활을 지난 일로 묻어 두지 않고 매일 밤 연주에 그대로 녹여 냈다. 니체적인 관점으로 볼 때, 그동안 겪어 온 모든 일들로 인해 마침내 어떤 것도 헛되지 않았기에, 그의 마지막 7년은 그에게 최고의 시기였다고 할 수 있었다.

15

재즈 솔로 곡을 듣고 있으면―지금은 1981년 11월 13일 일본 콘서트에서 녹음한 페퍼의 〈메이크 어 리스트, 메이크 어 위시Make a List, Make a Wish〉를 듣고 있다―종종 절정의 순간이 언제인지 궁금해진다. 절정의 순간이 꼭 있어야 할까? 그 한

년에 발표한 곡.

번의 절정은 반드시 그 강렬함의 정도에서 나머지 절정을 뛰어넘어야 할까? 페퍼의 경우 절정의 순간은 그가 자신의 한계를 뛰어넘어 열정을 발휘하려 애쓸 때 일어난다. 그때 음악은 표현할 수 없는 강렬함에 짓눌리다가 그 강렬함과 그 자신의 좌절감을 동시에 표출하게 된다. 1982년 키스톤 코너에서 콜트레인의 〈올레Ole〉를 연주하는 동안 파로아 샌더스가 입에서 색소폰을 떼고 울부짖는 순간 – 순간들 – 이 그렇다. 반면 앨범 《문 차일드Moon Child》에 수록된 곡 〈밤에는 천개의 눈이 떠 있네The Night Has a Thousand Eyes〉에서 내가 가장 좋아하는 부분은 열광하며 외치는 날카로운 절규, 경적처럼 빽빽 질러 대는 과도한 연주가 문득 여운을 남기며 길게 꼬리를 끄는 순간이다. 이때 파로아는 고조된 분위기를 누그러뜨리며 서정적인 선율로 길게 미끄러지듯 되돌아가는데, 이때 이 곡의 앞선 순간들을 돌이켜보면 이 곡이 서정성을 완전히 놓친 적이 단 한 순간도 없었음을 분명히 알 수 있다.

이런 현상, 즉 절정의 단계가 절정 이후에 일어나는 현상은 생각만큼 드물지 않다. 키스 재럿의 앨범 《빌롱잉Belonging》(1974)에는 〈종결The Windup〉이라는 제목의 트랙이 있는데, 실제로 재럿의 많은 훌륭한 시퀀스는 이른바 서서히 마무리되는 순간에 펼쳐진다. 사실, 정점에 이르는 정확한 순간을 알기란 대체로 어렵다(재럿 본인의 전성기가 언제인지에 대해서도 의견이 분분하다). 음악은 반복되는 절정 이후에도 언제나 다시 스스로를 고조시킬 수 있다. (유감스럽게도 어쩔 수 없이 성적 표현이 슬쩍 끼어든 김에 재럿의 몸부림과 신음이라는 주제를 잠시 다루어 보겠다. 재럿은 때때로 황홀한 순간에 신음을 발산한다. 그렇지 않은 경우에는, 그가 거짓 신음을 연기한다고 볼 수는 없겠지만, 멈출 수 없는 황홀감의 표현이라기보다는 도달할 수 없는 초월에 이르고자 스스로를 다그치려는 시도에서 나오는 외침이 아닐까 싶다.)

루체른 콘서트에서 녹음한 앨범《섬웨어Somewhere》에 수록된 곡 〈섬웨어/에브리웨어Somewhere/Everywhere〉에서 재럿, 잭 드조넷Jack DeJohnette, 개리 피콕Gary Peacock 은 〈웨스트 사이드 스토리West Side Story〉의 수록곡 선율을 재럿의 원곡으로 연결하며 집단적 무아지경 속으로 빠져든다. 연주는 점점 고조되다가 극도의 강렬함과 복잡성에 도달한 후 15분 무렵 마지막 하강을 시작한다. 그러나 최고의 순간은 아직 남아 있는 마지막 4분이다. 이 순간은 14분 아니 40분까지 기꺼이 연장해도 좋았을 것이다. 나는 재럿의 다른 많은 연주들에 대해서도 같은 느낌을 받는다. 키스 재럿 트리오가 1996년 도쿄에서 연주한 맑은 〈카리브해의 하늘Caribbean Sky〉을 통해 그 무아지경이 계속 이어졌다면, 혹은 이들이 앨범《변치 않는Changeless》(1989)에 수록된 〈댄싱〉의 분위기를 계속 이어 갔다면 얼마나 좋았을까. 2009년에 녹음되었지만 2013년에야 발표된 〈섬웨어/에브리웨어〉는 재럿의 삶과 예술이 저물어 가는 시기에 이르러서야 비로소 그에게 다가올 '확장된 순간들'을 희망으로 가득 채웠다.

2015년 3월 20일, 카네기 홀에서 열린 단독 공연에서 재럿은 거의 농담 혹은 여담으로 트리오를 잃었다고 말했다.

공식 발표는 없었지만, 이 몇 마디 말로—그리고 이후 인터뷰 중에 지나가듯 확인된 사실을 통해—뭔가가 미묘하면서도 돌이킬 수 없이 달라졌음을 감지할 수 있었다. 한동안 연주 활동을 중단한 트리오는 이제 다시는 연주 활동을 하지 않을 트리오가 되었다. 고별 투어나 마지막 공연은커녕 발표조차 없었다. 단 한 차례, 2014년 11월 30일 뉴저지 퍼포밍 아트센터 공연이 있었고 그 후로는 더 이상 그들의 연주를 들으러 갈 수 없었다. 혹시 "마지막 콘서트The Last Concert"라는 제목으로 음반이 발매된다면, 그 제목은 그저 평범한 공연이었을지도 모르는 공연의 수준만이 아니라 그 내용—우리가 듣는 음악—까지 바꾸게 될까?

16

2020년 늦은 봄과 여름만 해도—그리고 12월, 2021년 호주 오픈 대회를 앞두고 기권을 발표했을 때도—로저가 자신의 마지막 토너먼트, 마지막 경기를 결국 치르지 못할 수도 있겠다고 생각했었다. 내 말은, 온갖 복합적인 감정과 화려한 팡파르가 수반될 마지막 경기 대신 2019년 호주에서 열린 조코비치와의 준결승 경기—우승 가능성은 전혀 없어 보이고, 획기적인 의미도 없을뿐더러, 단지 토너먼트 참가의 마침표를 찍을 뿐이었던 경기—가 경력의 마지막이 되었을 수도 있었다는 의미다. 그 후 몇 차례 시범 경기가 있었고, 그런 다음 두 번째 무릎 수술(총 세 번의 수술 가운데)의 두 번째 단계에서 회복하기 위해 그해의 남은 기간은 휴식을 취하겠다는 소식이 전해졌으며, 그 뒤로는 코로나로 인해 투어가 중단되었다. 한편으로는 시기가 좋았다. 어차피 활동을 중단할 예정이었고, 그동안 그의 랭킹은 멈춘 상태로 유지될 테니까. 하지만 다른 한편으로 그는 점점 나이 들어 가고 있었다. 투어의 모든 선수들이 마찬가지였지만, 즈베레프(1년 전 팀이 조코비치를 이기기 직전까지 갔던 것처럼 2020년 US 오픈 결승에서 아깝게 팀에게 패배한)가 1년을 통째로 잃어도 여전히 앞으로 10시즌 이상을 기대할 수 있는 데 비해 로저에게 그 잃어버린 1년은 아마도 그에게 남은 경기 시간의 50퍼센트를 앗아 갔을 것이다.

이것은 코로나로 인한 취소와 폐쇄 조치가—질병 자체가 유발하는 신체적 위험과 별개로—젊은 세대보다 나이 많은 세대에게 더 큰 영향을 미친 몇 안 되는 경우 중 하나다. 글릭은 그녀의 시 「노동절Labor Day」에서 자전거를 타는 언니의 딸을 바라본다.

그녀가 원하는 것은
시간을 보내는 것.

그러나 나머지 우리에게
일생은 무의미한 것.
어느 날은 이빨 빠진 금발 소년이지만,
다음 날엔 숨을 헐떡이는 노인이 되는 것.

이런 가속화에도 긍정적인 측면들이 있다. 비행기가 세 시간 연착되면 짜증이 나지만, 이제 이 세 시간은 결코 30년 전만큼 고통스럽지는 않다. 나는 지난번에 이런 상황을 실제로 겪었다. 항공사 직원과 30분 동안 실랑이한 끝에 바우처를 받아내긴 했지만, 커피 한잔 마실 시간은커녕 바우처로 샌드위치를 살 시간조차 빠듯하게 느껴졌다. 나이가 들수록 시간이 더 빨리 갈 뿐만 아니라 인생에서 크고 작은 일들이 차츰 줄어들다가 마지막에는 아예 아무런 일도 일어나지 않게 된다. 젊은 사람에게는 일 년이 오래 지속되고, 밤은—취하지 않고 보낸 밤은—낭비된 삶처럼 느껴진다. 코로나가 아니더라도 2020년에 내가 살았을 삶은 2019년에 내가 살았던 삶과 거의 다르지 않을 테지만, 10대 후반이나 20대 초반을 사는 사람들의 삶은 특히 학생이라면 완전히 달라질 것이다. 그래서 나는 나 같은 노인네들을 일찍 무덤으로 보내 버릴 위험을 감수하고서라도 격리 기간에 광란의 파티장들을 싸돌아다니는 영국 애들의 무책임한 시민의식을 비난하지만(나는 지금 코로나 시기의 긴 저녁 시간 동안 신문사에 보낼 분노의 편지를 쓰는 사람처럼 말투가 바뀐 것 같다), 한편으로는 스물다섯 살 나이에 집 안에 틀어박혀 지내는 것이 얼마나 끔찍한 일인지 생각하면서, 'rave'(광란의 파티)와 'grave'(무덤)의 우연한 운율을 떠올리며 그들을 지지하는 뜻밖의 근거를 인용해 본다.

그들이 열광하게 하라.

비는 나무에서 음악을 만든다
무덤을 뒤덮는 초록 위로.
그들이 열광하게 하라.

Let them rave.
Rain makes music in the tree
O'er the green that folds thy grave.
Let them rave.

17

"너무 슬퍼, 너무 이상해……"

에이미스는 『인사이드 스토리』에서 목적지 감성destination mood이라는 것이 분명히 존재한다고 확신한다. 이 목적지로의 도착은 대개 중년 무렵에 이루어진다. 그에게는 테니슨의 감성, 그러니까 모든 사라지는 것들에 대한 끊임없는 미련이 일찍부터 찾아왔다. 1833년에 친구인 아서 헨리 핼럼Arthur Henry Hallam이 스물두 살의 나이에 세상을 떠났을 때, 스물네 살의 테니슨은 morning(아침)이 그 동음이의어인 mourning(비탄)에 완전히 잠식당했음을 깨달았다. 테니슨은 「추모의 시In Memoriam: A. H. H.」에서 이렇게 쓴다. "고요하구나, 소리 없는 아침, 조용한 슬픔에 어울리는 고요." 「모드」에서는 새로운 날이 밝아오자 그것이 곧 후회의 원인이 된다. "아침이 폭풍 속에서 창백하게 떠오른다 / 태양도 없이, 파리한 빛만이 / (……) 오늘은 괜찮을 줄 알았는데." 내가 철저히 연구한 것은 아니고 예외도 있지만—분명한 예외는 젊은 시절 그가 시 「록슬리 홀Locksley Hall」에서 아직까지 가치를 인정받지 못하던 철도 기술을 "변화의 소리가 울려 퍼지는 철도의 홈들"이라고 표현하며 진보를 지지한 것이다—전반적인 요점에는 변함이 없다. 즉 테니슨의 일상에서든, 저물어 가는 그의 시대라는 더 큰 맥락에서든 언제나 때는 느지막이 찾아온다는 것이다. 하루의 끝은 끊임없이 반복되는 아이디어나 이미지로 나타나곤 하는데(핼럼은 이것을 "종결의 반복"이라 칭하며 그 안에서 운율의 효과를 발견했다), 그러한 패턴은 죽음을 기리고, 되새기고, 재해석한 테니슨의 여러 시들과 그 안에 담긴 다양한 운율들의 분위기를 요약하기에도 적합하다. 테니슨이 다가오는 황혼을 숙고할 때—그의 황혼은 인생의 이른 시기부터 시작되지만, 증상이 점점 악화하는 알코올 중독자처럼 그 시간이 다가오는 속도는 점점 빨라진다—그의 정서는 말년에 접어든 딜런의 정서와 닮아 있다. 아직은 어둡지 않지만, 점점 어둠에 다가가고 있다.•

• (원주) 옥스퍼드에 재학하는 3년 동안 나는 총 열두 번의 강연을 들었다. 교수들의 진부한 강연으로 이루어진 아홉 번은 매우 따분했고, 한 번은 레이먼드 윌리엄스 특별 초청 강연이었는데 내용을 이해할 수 없었다. 나머지 세 번은 데이비드 로지David Lodge 초청 강연으로, 그는 헤밍웨이

테니슨은 하우스먼과 크게 다르다. 하우스먼은 봄에 잘 려 나간 청춘의 수액으로 가득 찬, 잃어버린 청춘에 대한 비가를 쓴다. 반면에 테니슨은 늘 쇠락해 가는 노년의 가을에서 청춘을 되돌아본다. 하우스먼의 시집 『슈롭셔의 젊은이*A Shropshire Lad*』에서 테니슨은 와이트섬*에서 지팡이를 짚고 젊은 소녀들 곁을 지나가는 음울한 노시인이었다. 그런가 하면 빅토리아 시대의 황혼 깊숙한 곳에서 드러나기 시작한

의 단편 「빗속의 고양이」를 새로운 서사 분석 방식을 통해 기발하고 근사하게 풀어냈고(구조주의라는 신비로운 의식을 처음으로 살짝 엿봤달까?), 크리스토퍼 릭스Christopher Ricks의 강연은 두 차례 모두 훌륭했을 뿐만 아니라 두 차례 모두 딜런에 대해 뛰어난 통찰력을 제공했다. 이 강연 중 하나는 딜런과 클리셰에 대한 것이었고, 나머지 하나는 그의 노래들이 어떻게 끝나는지, 어떤 기법을 통해 이런 결말들이 이루어졌는지에 대한 것으로, 내가 테니슨을 주제로 한 릭스의 책을 통해 익히 알아 두었던 분석 유형이었다. 〈내내 망루에 서서All Along the Watchtower〉는 곧 일어날 일, 곧 시작할 일을 분명하게 밝히며 끝난다. "말 탄 두 기수가 다가오고, 바람이 울부짖기 시작한다." 그러나 필연적으로 전개되는 aabb 운율 구조—앞의 두 연에 의해 우리 의식에 각인된—로 인해, 바람이 "울부짖기" 시작하는 것으로 신호를 보낸 서사의 전개는 이전 구절의 "살쾡이가 으르렁거렸다"에 의해 제자리에 멈추고 만다. 이제 청취자는 이미 이루어진 운율을 기대하게 된다. 다시 말해 이 노래는 자기 자신에게로 되돌아와 끝까지 나아갈 것임을 스스로 말 없이 예고하는 것이다. 이 기대감으로 인해 가사의 내용 즉 곧 닥칠 일에 대한 기대는 억제된다. 이러한 해석을 보면 릭스는 모범적이고 야단스럽지 않은 듣기와 읽기 방식을 선호하는 것 같다.

- Isle of Wight, 테니슨이 살았던 지역.

여명, 모더니즘의 기묘한 원형을 담은 시 「모드」에서는 젊음의 황홀감조차 그것을 불러일으키는 집착에 의해 어두워진다.

> 높은 건물 정원의 새들이
> 땅거미가 질 무렵,
> 모드, 모드, 모드, 모드,
> 울부짖으며 부르고 있었다.

테니슨의 오후는 너무도 길어 황혼까지 더 길게 이어지고, 하루의 빛은 그것이 비추었던 호수, 풀, 나무에 스며든다. 빛의 근원은 사라지고 없지만 어둠은 여전히 빛을 머금고 있다. 그는 이 분위기를 끝도 없이 이어갈 수 있다. 때로는 패러디처럼 느껴질 정도다. "낮게 흐르는 미풍이 어스름 속 흐려진 드넓은 계곡을 배회하고 있다." 언뜻 단순한 말들의 나열로 보이지만, 절정에 이르면 시는 이 정서에 흠뻑 물들어 한 시대의 깊은 의식을 머금은 듯한 정조 속으로 독자를 끌어당긴다.

나는 젊은 조이스가 『젊은 예술가의 초상』에서 "테니슨이 시인이라니! 이런, 그는 각운이나 맞출 뿐이야!"라고 한 디덜러스의 의견을 지지했다고 확신한다. 하지만 그렇게 경악하는 모습은 다소 유치해 보인다. 조이스가 그를 "론 테니슨Lawn Tennyson"•이라고 부르는 것은 재미있었고, 천재적인 언어유희 솜씨라고도 할 수 있었지만—비록 이 농담이 조이스가 『율리시스』에 활자로 (두 번이나!) 찍기 전부터 이미 돌고 있었다 해도—이 표현은 역효과를 낳기도 했다. 적어도 내게는, 유독 특정한 경기 하나를 떠올리게 했기 때문이다. 로저와 라파의 2008년 윔블던 결승전은 저녁까지 계속되어, 선수들의 흰 셔츠를 제외하고 모든 것이 어스름 속에서 점점 흐릿해지고 있었다. 거의 경기가 불가능할 정도로 어두워져서, 누가 공을 가장 잘 치느냐가 아니라 누가 공을 여전히 볼 수 있느냐로 우승이 결정될 것 같았다.**

18

테니스 이야기는 나중에 다시 하자. 새 질문은 이렇다. 『율리시스』의 저자 자신은 '율리시스'의 거대한 조류에 저항할 수 있었을까?

> 긴 낮이 저물고, 느린 달이 솟는다,
> 깊은 신음들이 많은 목소리로 휘감긴다.

이 구절을 소리 내어 읽으면, 몰려오는 어둠에 온몸이

- 테니슨 경Lord Tennyson이 주로 자연을 소재로 하는 시들을 발표한 것을 비꼰 말장난.
- ** 저자는 Lawn Tennyson에서 발음이 유사한 dawn tennis를 연상해 어느 어스름한 저녁에 펼쳐진 테니스 경기를 떠올린 듯하다.

휩싸인다. 릭스가 지적한 것처럼, 율리시스의 반복되는 긍정의 선언은 되려 그 반대를 인정하는 것으로 쉽게 해석할 수 있다. 다가오는 어둠에 대한 항복과 수용 말이다. 그는 우리에게 이런저런 일들을 하도록 간청하지만, 시간이 없다는 증거들이 주위에 쌓여 가는 와중이기에 아직 해야 할 모험 가득한 일들을 열거하는 데서 그친다. 그는 그 일들을 하지 않기로 (체념)한다. 계획으로 가득한 빽빽한 여정을 준비하고 이루지 못한 야망의 유령들이 되살아나도록 구슬리는 데에는 너무 많은 시간이 소요되기 때문이다. 율리시스는 대낮에 불을 밝히듯 시간을 낭비하며, 그 마지막 남아 있는 시간이 사라져 가는 동안 그 소멸을 막을 다양한 방법들을 계속해서 궁리한다. 축구 해설자 식으로 말하자면, 결국 가장 중요한 것은 위치 선정이다. 율리시스는 자신이 어둠에 반대한다고 자랑스럽게 선언함에도 불구하고, 아니 오히려 그 선언의 결과로, 시의 첫 행에서 자신이 맹렬히 비난했던 "한가한" 삶을 받아들이는 방식을 취하고 마는 것이다. 궁극적으로 그는 「새벽의 노래Aubade」 속 라킨과 닮아 간다. 하루 종일 일하고 밤에는 반쯤 취해 살며, "우리가 향하는 확실한 소멸"로 자꾸만 끌려가는 존재가 되는 것이다. 율리시스의 저녁에 비치는 죽어 가는 빛, 테니슨의 친구 핼럼의 죽음으로 시작된 그 죽어 가는 빛은 "서서히 빛이 강해지고, 방이 제 모습을 드러내는" 라킨의 아침과 합쳐져서 거의 구분할 수 없게 된다.

내 나이가 되었을 무렵 라킨은 몇 년째 죽음을 정면으로 응시하고 있었다. 나는 죽음에 대해 깊이 생각하는 일이 거의 없고, 거의 관심을 두지 않는다. 내가 생각하는 것은 어떻게 하면 나 자신을 채울 수 있을까, 어떻게 하면 남은 시간―분명 하루하루 줄어들고 있지만, 여전히 채울 필요가 있는―을 잘 활용할 수 있을까 하는 것이다.

19

"내가 도달해야 할 깨달음이 있다. 중요하지만 매우 어려운 일이다." 데이비드 톰슨은 그의 『영화 인명사전*Biographical Dictionary of Film*』에서 캐리 그랜트에 대한 항목을 이렇게 시작한다. "영화라는 예술을 진지하게 여긴다고 자부하는 많은 사람들에게는 어렵다는 말이다." 톰슨은 이어서 그랜트의 업적과 장점 들을 나열한 다음 이 깨달음의 정체를 밝힌다. "그는 영화 역사상 가장 뛰어난 배우이자 가장 중요한 배우였다."

그렇다. 이 말은 로저가 테니스 역사상 가장 훌륭한 선수라는 주장보다 더 뜨거운 논쟁거리가 되었을지 모르지만, 톰슨을 대신해 내가 하려는 주장보다는 덜 논쟁적이다. 즉 그의 『영화 인명사전』은 우리 시대에 가장 문학적인 업적이다. 처음부터 이 책은 아주 이상한 참고 도서였다. 톰슨은 "여러 해에 걸쳐 이 책을 만드는 동안 매우 즐거웠다"고 밝힌다. "영화사의 형태를 파악하려는 시도를 하는 중에는 학문적 연구와 편파성 사이에 끊임없이 싸움이 벌어지는데, 이러한 사실은 학문이 종종 스스로 인식하는 것보다 더 왜곡되어 있음을 시사한다. 아울러 무모한 열정이 결국 무수한 난해한 지식을 낳고 만다는 사실도 함께 보여 준다." 초판의 셜리 매클레인에 관한 항목에서 발췌한 내용이다. 이후의 개정판들을 살펴보는 즐거움도 제법 큰데, 톰슨은 자신의 의견을 수정하고 이전 판에서 누락한 부분을 사과하며 꽤 심각한 일부 오류들을 바로잡기도 하지만, 이 과정에서 더 큰 오류를 만들기도 한다(이전 판의 '정확한' 정보를 뒤집고, 크리스 마커가 몽골의 울란바토르에서 태어났다는 '영적 사실'을 지지할 때처럼*). 시간이 지나면서 『영화 인명 사전』은 참고 도서 형태로 만들어진 자서전이자 그 자체로 책을 구성하고 개정하는 방법에 관한 살아 있는 가이드북이 되었다(톰슨이 로런스 스턴에 대한 평전을 출간한 지 3년 만인 1975년에 이 책을 처음 선보인 것을 감안하면 그 수많은 개정 과정이 그다지 놀랍지 않다). "나에게 이 책은 영화가 나를 거의 사로잡은 상황에서도 여전히 글쓰기에 충실하기 위한 방편임을 알았다." 이 글은 개정판 4판에 처음 실린 라울 루이즈에 관한 항목에서 발췌한 내용이다. 매 판본마다 내용이 갱신되지만, 추가 내용 가운데 단연 가장 중요한 것은 1994년 세 번째 판에 포함된 한 친구에 관한 항목이었다. 내가 직접 알려주기보다 독자들이 발견하길 바라는 마음에서 그의

---

* 크리스 마커는 프랑스에서 태어났다.

이름을 밝히지는 않겠다. 거기서 톰슨은 우선 자신의 1950년대 삶에 대해 쓰기 시작하고, 이어서 런던의 국립영화극장 계단에서 이 친구를 어떻게 만나게 되었는지 이야기한다. 그는 1961년 한 주 동안 본 열네 편의 영화를 나열하고, 새로 사귄 그 친구와 영화에 대해 토론한 내용, 그리고 이런 대화를 거듭한 끝에 "말더듬이의 삶에서 서서히" 벗어나게 된 과정을 모두 이야기한다. 그 경험을 통해 영화에 관한 그의 생각들은 호소력과 자신감을 차츰 키워 갔고, 그 결과 책의 형태로 표출되기 시작했던 것이다. 이후 여러 차례 개정을 거친 이 책은 결국 자신이 탄생한 과정까지 싣게 되었다. 마지막 문단에서 그는 친구가 어떻게 병에 걸려 사망에 이르렀는지 쓴다. "그는 내 생애 최고의 친구였기에, 그가 없는 지금의 내겐 영화도 끝난 것만 같다." 내가 아는 한 문학에서 이 이상 가는 감동적인 순간은 없다. 그 감동은 영화 참고 도서 속에 있다.

더 많은 판본들이 뒤를 이었고, 그중 일부에는 좋은 항목들이 추가되었지만(그가 5판에서 밝혔듯이 "이 책이 젊고 아름다운 여자배우들에 대한 언급을 자제하는 것으로 유명하지만" 그럼에도 불구하고 스칼릿 조핸슨은 4판에 실어야 했다고 자각한 것처럼), 대체로 그가 갱신한 내용들은 어쩔 수 없는 의무감에 의한 것이었다(제니퍼 로페즈에 관한 항목이 거기에 포함된다). 그가 D 항목을 쓰는 도중에 "소롤드 디킨슨Thorold Dickinson부터 지너먼Zinnemann에 이르기까지 모든 인물을 다루어야 한다는 의무감과 앤지 디킨슨Angie Dickinson이 자신이 가장 좋아하는 여자배우라는 솔직한 사실 사이에서 갈등"했다고 고백하는 그런 순간은 좀처럼 다시 돌아오지 않았다. 그러기엔 너무 많은 걸 다뤄야 했다. 경외심과 약간의 관심을 담은 레이프 파인스 항목 바로 옆에는 W. C. 필즈• 항목이 자리 잡고 있는데, 이 항목은 아예 시작할 때부터 디킨스(파인스는 자신이 감독한 영화에서 디킨스 역을 맡았다)가 윌키 콜린스••에게 보내는 편지 형식을 취하고 있다. 톰슨은 때때로 신인이 출연하거나 제작한 영화 목록을 그냥 늘어놓는 데 그치기도 한다. 새로운 판본이 나올 때마다 책의 수준이 점점 나빠지고 있다고 말하기가 주저되긴 하지만, 의무적으로 항목을 추가하는 과정에서 책의 위대함이 갈수록 조금씩 희석되긴 했다. 특히 세 번째 판본에 실린 그 결정적이고 가슴 아픈 항목을 생각해 보면, 어떻게 그렇게 생각하지 않을 수가 있겠는가?

20

게리 피콕이 오늘(2020년 9월 4일) 향년 85세의 나이로 세상을 떠났다. 그는 잭 드조넷, 키스 재럿과 함께 30여 년 동안

• W. C. Fields, 1880~1946, 미국의 배우이자 각본가.
•• Wilkie Collins, 영국의 추리소설 작가. 디킨스와 절친한 사이로, 두 사람은 편지를 매개로 하여 쓴 소설 『바다에서 온 편지 *A Message from the Sea*』를 출간했다.

스탠더드 트리오Standards trio에서 베이스를 연주했다. 1964년 7월 10일에 피콕과 드러머 서니 머리Sonny Murray는 앨버트 아일러가 이끄는 트리오에 합류해 시대를 정의하는 앨범《스피리추얼 유니티》와 함께 〈고스트〉의 불후의 버전* 두 가지를 녹음했다.

21

"……이 어둡고 넓은 세상에서."

1987년 댈러스 콘서트에서 녹음된 〈엔들리스Endless〉는 재럿의 스탠더드 트리오가 그들의 독보적인 기량을 가감 없이 보여 준 많은 트랙 중 하나다. 그들의 후기 연주는 예측 가능한 높은 수준에 의해 다소 정형화된 느낌이 들기도 했다. 한편 재럿은 자신의 기록 보관소를 뒤지는 동안 오래된 음반들—솔로, 트리오, 콰르텟—을 계속해서 발견했고, 이 콘서트 혹은 저 세션의 탁월하고 초월적이고 신성한 음악적 수준에 놀라움을 감추지 못했다. 이 모든 일들은 1986년 솔로곡 모음집《노 엔드No End》(2013년 발매)의 제목과 달리, '끝'이 점점 깊어지는 회고의 형태로 스스로를 드러내고 있음을 암시했다.《노 엔드》는 재럿이 직접 일렉트릭 기타, 펜

• 앨범《고스트》에 수록된 곡으로 짧은 버전과 긴 버전이 있다.

더 베이스, 드럼, 타블라, 퍼커션, 리코더, 피아노를 연주한 두 장의 CD로 구성되며, 이는 그의 창조적 삶이 얼마나 풍요로웠는지, 자기 확신이 얼마나 견고하게 지속되었는지 보여 준다.

이후 2020년 10월 말, 충격적인 소식이 들려왔다. 재럿은 2018년 2월과 5월에 두 차례 뇌졸중을 일으켰다. 2년 동안 요양 시설에서 지냈음에도 그의 말로는 왼쪽이 "여전히 부분적으로 마비 상태"라고 했다. 『뉴욕 타임스』는 "그가 다시 대중 앞에서 공연할 가능성은 없을 것 같다"고 보도했다. 결국, 장시간에 걸쳐 서서히 끝나는 것이란 없었다.

재럿의 뇌졸중 소식은 2016년 마지막 투어 중 그가 '최고의 공연'으로 꼽았던 부다페스트 단독 콘서트 실황 앨범 발매 소식과 동시에 전해졌다.*

22

"잠시 후, 우리는 문득

---

* (원주) 두 살 때 실명한 롤런드 커크는 1975년에 뇌졸중을 앓은 뒤 오른쪽이 부분 마비된 상태로 지냈다. 독학으로 여러 악기들을 동시에 연주하는 법을 익혔던 그는 여전히 여전히 한 손으로도 색소폰 하나쯤 거뜬히 연주할 수 있었다. 그는 마지막까지 투어를 계속하다가 1977년 12월 5일 인디애나주 블루밍턴에서 공연한 다음 날 아침, 두 번째 뇌졸중으로 사망했다.

주방에 서 있는 자신을 발견한다
당신은 문득 고양이 사료 캔을 열었고
나는 문득 당신의 그런 모습을 지켜보았다."

공연하는 피아니스트로서 재럿의 삶이 이보다 더 갑작스럽게 끝날 수는 없었다. 나 역시 2014년에 경미한 뇌졸중을 겪었지만—약 36시간 동안 왼쪽 시력을 상실했다—그 이후로는 삶이 한순간에 변할 수 있다는 사실을 차츰 잊고 지냈다. 종종 "등장인물의 삶을 영원히 변화시킬" 하루 낮이나 하룻밤을 중점적으로 다룬다고 홍보하는 소설들이 있다. 나는 그런 홍보 문구를 보면 그 책을 읽을 마음이 사라진다. 내가 정말 흥미를 느끼는 것은 극적이거나 갑작스럽게 변하는 상황이 아니라 서서히 변화하는 과정이다. 알아차리지 못할 만큼 아주 서서히. 나이를 먹는 것이란 "어린 소년에게 일어나는 참으로 이상한 일"이라고 (폴 오스터에게) 말했던 조지 오펜보다 이것을 더 잘 표현한 작가는 없을 것이다.

23

20대 후반과 30대 초반에는 일주일에 나흘, 한 시간이나 한 시간 반 동안 스쿼시를 쳤다. 집에 돌아오면 목욕을 하고(내가 살던 아파트에는 샤워 시설이 없었다), 미스터 키플링 매너 하우스 케이크를 게걸스럽게 먹어 치우고, 낮잠을 자고, 상쾌하게 일어나서, 남은 일을 한 다음 외출했다(저녁 식사,

공연, 술, 파티, 마약을 위해). 아주 가끔, 저녁에 코트를 예약했는데 상대가 못 오게 됐다는 친구의 전화를 받으면 옷을 갈아입고 불과 몇 시간 전에 나왔던 코트를 향해 자전거를 타고 돌아가기도 했다. 30대 중반에는 90분 동안 축구를 하고 테니스 3세트를 친 다음 탁구까지 한 게임 하고 나서 펍에 갔던 기억이 난다.

나는 아직도 그런 사람이다.

24

늘 그렇듯 오늘도 테니스를 치고 집으로 돌아왔다. 완전히 녹초가 돼서. 자전거를 들고 계단을 올라, 샤워를 하고(목욕을 했다면 아직도 욕조 안에 있을지도 모른다), 팔과 어깨에 냉찜질을 하고, 냄새나는 셔츠를 빨고, 파스타를 좀 삶아서 후딱 먹어 치운 다음 숙면을 취하니, 간신히 기운이 좀 났다. 오늘 테니스 경기는 70분 내내 공을 치고도 득점 하나 못 냈고, 15분쯤마다 코트를 바꾸는 사이에 재빨리 게토레이를 몇 모금 들이켰다. 느린 공을 쫓아가 성공적으로 세게 되받아쳤더니, 회전 동작 때문인지 현기증이 나는 게, 피나 뇌 속의 어떤 액체 같은 것이 두개골 안에서 출렁이는 것 같았다. 나는 늘 뛰는 것에 중점을 두고 경기를 해 왔기 때문에 그런 느낌은 처음이었고 괴로웠다. 이래서 복식이 싫다. 뛰는 것이 좋기 때문이다. 내 핵심 기질, 즉 내가 생각하는 나 자신은 내가 개라는 것이다. 누군가가 나를 향해 계속 공을 던지면 나는 공을 쫓을 것이고, 그렇게 공을 쫓는 동안 꼬리를 흔들면서 행복해 할 것이다. 오늘은 몇 차례 긴 랠리를 벌였다가 컨디션을 회복하는 데 어려움을 겪었다. 한 번은 내가 위닝샷을 쳐서 끝났지만 이후 벌어진 두세 번의 랠리에서는 맥을 못 추었다.

집에 돌아와 죽은 듯 낮잠을 자고 일어난 뒤에야 완전히 되살아났다. 침대에서 나와 소파에 드러누워서, 발을 올리고 저녁 내내 TV를 본 다음 다시 침대로 기어 들어갈 수 있을 정도로는 말이다. 아무 일도 할 수가 없었다.

나는 차츰 이런 사람이 되어 가고 있었다.

25

사고와 부상을 당하는 경우가 아니라면, 우리의 얼굴과 몸은 이를테면 실시간으로 일어나는 변화를 알아차리지 못할 정도로 아주 서서히 변한다. 어쩌면 이렇게 말하는 게 더 정확할지도 모르겠다. 애초에 '시간'이란 몸의 여러 가지 변화를 지각하는 경험을 의미한다고 말이다. 일단 육체적 시간의 영역에서 벗어나면, 우리는 시간이 아닌 역사 속에, 말하자면 일종의 비인격적 차원에 놓이게 된다. 나에게 1958년은 역사 속 날짜일 뿐이다. 시간은 몇 년 뒤 내가 서서히 무언가를 인식하기 시작하던 1960년대에야 비로소 시작되었다.

우리는 점차 강해지고, 키가 커지며, 더 논리 정연해진다. 그러다가 한참 뒤에, 더한층 서서히, 우리는 더 약해지고, 더 느려지고, 더 쉽게 다치고, 외출하길 꺼리는 자기 자신을 인식하게 된다. 그러나 이런 전환이 발생하는 순간을 파악하는 것은 불가능하다. 애초에 정확한 전환점 같은 것은 존재하지 않기 때문이다. 어떤 면에서는 모든 것이 전과 다를 바 없이 똑같은데도 불구하고 어쩐지 전과 같지 않다는 감각이 아주 서서히 느껴질 뿐이다. 애초에 단 한 번의 정점이라는 기준이 있고, 그 정점 이전에는 모든 것이 성장하고 더 강해지다가 정점 이후 모든 것이 악화되어 가는 것이 아니다. 육체와 뇌의 일부가 점점 더 강해지는 동안 다른 부분들은 이미 쇠퇴의 길을 간다. 전반적으로 성장이 완전히 멈춘 뒤라 해도 쇠퇴의 속도가 일률적이지 않기 때문에, 어떤 부위들은 사실상 아주 느리게 쇠퇴한다는 이유만으로 다른 부위에 비해 오히려 강해지고 있는 듯한 착각을 선사하기도 한다.

몇 년 전부터 나는 뜨거운 욕조에 너무 오래 누워 있으면—목욕할 때마다 그러는데—욕조에서 나올 때 현기증이 나서 가끔 무릎 사이에 머리를 묻은 채 변기에 앉아 있어야 한다. 의식은 여전히 있는 채로 기절한 것 같은 상태다. 특이하거나 걱정할 만한 일은 아니다. 그저 오랜 시간 몸을 담근 대가를 치르는 것뿐이며, 그러고 나면 어쨌든 활력을 되찾게 된다. 비록 그 활력은 대개 완전한 탈진이라는 형식으로 표출되지만 말이다.

소파에 누워 있다가 일어날 때도 이따금 그와 비슷한,

다만 좀 더 경미한 현기증 증상을 느끼기 시작했다. 가끔은 책상에서 일어날 때 잠깐 어지러움을 느끼기도 한다. 나는 라킨이 예순두 번째 생일(그의 마지막에서 두 번째 생일)을 맞아 킹슬리에게 보낸 편지에서 자신의 '어지럼증'에 대해 이야기했다는 것을 떠올리며, 나 역시 예순이니 의사에게 증상을 말할 만하다고 생각한다. 하지만 나는 코로나가 잠잠해질 때까지 기다릴 생각이다. 어쩌면 그때쯤엔 일어나기 전에 혹은 앉거나 누워 있는 동안에도 어지럼증을 느끼기 시작할지도 모른다. 다시 말해 언젠가 나는 줄곧 어지럼증을 느끼기 시작할 테지만, 어지럼증이 내 기본 상태가 되면 어떤 면에서는 더 이상 특별한 어지러움을 느낀다는 의식이 없어질 것이다. 그때 어지러움은 차츰 내 의식 전체에 드리운 배경음이 될 것이다.

그러나 서서히 전개되는 이런 경험 안에는 갑작스러운 요소가 내포되어 있다. 설터의 『올 댓 이즈』의 마지막 페이지에서 보먼은 아주 서서히 진행되어 지금까지 전혀 주의를 끌지 못했던 어떤 일을 불현듯 의식하게 된다. 정원에서 잡초를 뽑던 그는 "자신의 테니스용 반바지 아래, 노인의 것처럼 보이는 두 다리"를 내려다본다.

26

최근 무릎 문제로 한 달을 쉬고 다시 테니스를 쳤을 때 나는 마치 보먼이 된 것 같았다. 늦은 오후였다. 이토록 파란 하늘은 지구 어디에서도 본 적이 없었다. 많은 고민 끝에 나는 무릎 보호대 두 개를 구입했다. 보호대가 무릎을 어찌나 단단히 조이던지, 처음 몇 발자국을 뗐을 때 내 나이보다 절반은 어린, 신체의 반은 가젤이 아닐까 싶은 운동선수 기증자로부터 두 다리를 이식받은 기분이 들 정도였다. 내 무릎은 부드럽고 유연하며 탄력 있고 튼튼한 새 나이키 베이퍼플라이 러닝화가 된 듯했고, 심지어 몇 겹의 강화된 근육에 감싸인 것 같았다. 테니스 코트에서 이보다 더 행복했던 적은 없는 것 같다. 해가 바다 너머로 축 처지기 시작해 하늘은 분홍색으로 물들었지만, 나는 조금도 지치지 않았다.

"보호대가 놀랄 만큼 좋더라." 나중에 나는 감격에 겨워 말했다. 이런 보호 장치의 위력이 무척 만족스러워서 다음 날 아침에 더 열심히 조사해 보았다. 신체 모든 부위를 위한 지지대와 보호 장치들이 많았다. 심지어 고관절 굴근을 위한 장치도 있었다. 아직 존재하지 않는 것이 있다면 전신을 지지하는 장치, 그러니까 모든 관절과 압력이 가해지는 지점을 지지하는 잠수복처럼 생긴 무언가다. 그런 장치가 있다면 삶의 질이 놀랍도록 향상될 것이다. 한데 그런 옷이 있기는 한 것 같다. 바로 요가 혹은 필라테스라고 불리는 옷인데, 이것은 부상을 입기 쉬운 골격을 탄력 있고 유연한 근육으로 이루어진 얇은 막과 윤기 있는(또한 성적 매력을 배가한) 피부로 덮어 준다. 캘리포니아에서 널리, 거의 어디서나 구할 수 있는 이런 보호복은 클릭 한 번으로 즉시 구입할 수는 없다. 인내심을 갖고 몇 년에 걸쳐 습득해서 얻어야 하는 것이다.

이번에 산 무릎 보호대는 더 큰 프로젝트의 일부다. 단지 테니스를 계속 치고 싶다는 바람 때문만은 아니다. 나는 장비와 액세서리―공, 오버그립, 신발(아식스), 양말(팔케), 라켓―를 비축함으로써 테니스에 투자하고 있다. 이렇게 하는 이유는, 내 유전적 유산 중 상당 부분이 아버지의 무한한 구두쇠 정신으로 이루어져 있기 때문이다. 이 모든 장비들이 사용되지 않고 방치된다고 생각하면 비루한 몸뚱어리가 자극을 받아서, 날이 갈수록 코트에 서기가 꺼려지더라도 어떻게든 코트 위에서 버틸지 모르니까.

27

윌리엄 바신스키의 〈해체의 순환들Disintegration Loops〉보다 서서히 혹은 미묘하게 변화를 들려주는 음악이 또 있을까. 이 연작의 첫 번째 곡에서는 6초쯤 되는 매우 단순한 멜로디가 반복해서 순환한다. 마치 옛날 금관 악단의 구슬픈 연주를 녹음한 것처럼 들리는데, 그 녹음에서 발굴된 과거의 일부가 여전히 들러붙어 있는 듯하다. 약간의 잔향殘響과 아주 작고 미묘한 다른 변화들이 더해지면서 순환이 계속 이어지지만, 그 과정에서 음질은 서서히 그리고 알아차리지 못할 정도로 약해진다. 50분쯤 지나면 멜로디는 우리 귀에 가닿으려 안간힘을 쓰고 우리는 그 아름다운 잔향을 놓지 못해 집요하게 소리에 매달린다. 마지막에 잔향은 거의 사라져,

그때 우리는 지금 듣는 게 앞의 50분 동안 우리의 의식에 깊이 각인된 기억일지도 모른다고 생각하게 된다.

이 순환 선율은 바신스키가 오래된 뮤잭*의 테이프 루프들을 디지털화하던 중에 우연히 만들어졌다. 테이프는 재생되는 동안 금속 입자들이 떨어지기 시작했고, 테이프 헤드를 통과할 때마다 물리적으로 더욱 손상되었다. 이 순환들은 이 손상 과정에 대한 청각적 기억이자 다큐멘터리적 기록이다. "마치 이 핵심 멜로디가 끝까지 버티려 애쓰는 것만 같다"고 바신스키는 말했다. 몇 초간의 멜로디를 끊임없이 반복 재생하는 행위는 음질을 손상시키고 저하시키지만, 한편으로는 이 손실 과정을 시간 속에서 계속 확장해 나가도록 허용함으로써 그 손상을 상쇄한다. 다시 말해 이 폐쇄 순환 선율이 지닌 서사는 자기(서사) 자신을 능동적/수동적으로 소멸시키는 과정을 통해 비로소 서사성을 획득하는 것이다. 아도르노는 베토벤의 후기 양식에서 이와 유사한 점을 발견했다. "분리·쇠락·해체의 경향이 있지만, 작곡 과정에서 이러한 요소들이 더 이상 결속을 이루지 않는다는 의미가 아니다. 분리와 해체가 그 자체로 예술적 수단이 된다는 의미다."

테이프가 살아남은 시간이 길어질수록 파멸의 가능성

· Muzak, 식당이나 공항 등 공공장소에서 배경 음악처럼 내보내는 녹음된 음악.

이 높아진다. 작품의 마지막 순간이 첫 순간에 이미 잠재되어 있고, 이 첫 순간의 잔재는 작품이 거의 완전히 소멸된 상태에서도 여전히 남아 있다. 내가 착각하는 게 아니라면, 끝을 향할수록 테이프의 조각이 더 빨리 떨어져 쇠락이 점차 가속화된다. 이것은 두루마리 화장지가 끝으로 갈수록 더 빨리 줄어드는 이치와 같다(두루마리가 작아져 빈 종이심의 좁은 둘레에 가까워질수록 한 바퀴 전체를 구성하는 종이는 점점 줄어들어, 처음엔 두 장이었다면 마지막엔 반 장에 불과하게 된다).• 혹은 좀 더 고상하게 표현하면, 이것은 나이가 들수록 시간이 점점 빨리 가는 것을 경험하는 것과 유사하다. 새로운 한해가 인생에서 차지하는 비율은 해가 갈수록 점점 줄어들기 때문이다. 〈해체의 순환들〉에서 쇠락의 속도는 가속화하는 반면, 시간 자체—이 곡의 거의 감지할 수 없는 리듬, 그리고 매 순환의 지속 시간—는 일정하게 유지된다. 늘

• 화장실에 들어갔는데 티슈 몇 장이 달랑 매달려 있을 뿐 마분지 심이 훤히 드러나 있는 광경을 보는 것은 이만저만 참담한 일이 아니다. 그게 꼭 현실적인 문제를 불러일으키지 않더라도(여기 휴지 좀 갖다줘!), 심지어 욕실 찬장에 (잔뜩 비축해 둔 샴푸와 함께) 새 휴지 한 통이 있다는 것을 안다 해도, 이런 광경을 보는 것만으로도 끔찍하다. 마치 삶 자체가 고갈되어 간다는 것을, 삶이 결국엔 이렇게 축소되리라는 것을 예고하는 것만 같다. 어쩌면 이것은 부드러운 흰 종이와 따따한 갈색 마분지의 대비와 관련이 있는지도 모른다. 다시 말해, 집안일의 관점에서 소멸과 소진을 바라보게 되는 것이다. 이 점을 크게 부각하고 싶지는 않지만, 그 충격이 실질적으로나 미학적으로 현실을 훨씬 뛰어넘는다는 것은 강조하고 싶다.

어나는 것은 음악이라고 인식할 수 있는 소리들 사이의 빈 공간이다.

이 순환 음악은 제작 직후 서사적 의미가 더해졌는데, 바신스키와 친구들이 브루클린에 있는 그의 아파트 건물 옥상에 앉아서 이 음악을 틀어 놓은 채 빌딩들이 불에 타 무너지는 장면을 지켜보고 또 촬영했기 때문이다. 불타는 빌딩들을 담은 스틸 사진 한 장이 앨범 커버로 사용되었고, 9·11 10주기를 맞아 오케스트라가 앨범에 수록된 작품 하나를 연주했다.

28

우리는 런던에서 연중 가장 더운 낮 그리고 밤을 보내며 테라스에 앉아서 〈해체의 순환들〉 첫 번째 곡을 듣고 있었다. 하늘은 여전히 황혼의 어스름한 빛으로 물들었고, 밤이 너무 짧아서 이 어스름이 첫 동이 틀 무렵까지 머물 것만 같았다. 동쪽으로 보이는 트렐릭 타워는 몇 주 전 그렌펠 타워 화재 참사를 추모하기 위해 온통 초록빛으로 물들었던 서비스 타워(서남쪽에 있는 이 탑은 다른 집들의 지붕 너머로 볼 수 있었다)만큼 황홀하지는 않았지만, 나름의 조명을 환하게 밝힌 그 모습 역시 놀랍도록 아름다웠다. 어둑한 하늘에는 비행운의 흔적이 남아 있었다. 초승달 주변에 달무리가 졌다. 굴뚝 위에는 우리가 걸어 놓은 빨간 꼬마전구들이 희미하게 반짝이며 마법 같은 효과를 자아냈다. 몇 년 전 나는 히피

풍의 보라색으로 굴뚝을 칠했는데, 꼬마전구의 빛을 받으니 짙은 와인색이 되었다. 전체적인 분위기가 마치 나이트클럽이나 바 같았지만 매우 차분했고, 알코올 음료는 없었으며, 손님이자 직원 단 두 사람만 있었다. 밤이 짙어질수록 꼬마전구의 붉은 빛이 더욱 환하게, 그러면서도 한결같이 부드럽게 빛났다. 음악은 반복되며 계속 이어졌고, 스스로를 소진하는 가운데 지속적으로 약해져 갔다. 60대 초반의 나는 티셔츠와 반바지를 입고 있었다.

이것은 과거에 내가 서정적이고 낭만적인 방식으로 글로 쓰거나, 창작하거나, 재현했던 바로 그런 장면이다. 그러나 시간은 흘렀고, 그런 장면은 희박해졌고, 부서졌으며, 실제 경험과 그것을 표현하는 내 능력 역시 그런 식으로 변해 갔다. 남은 것은 사실들뿐이다. 별들은 없었다.

29

토스카나 들판의 벤치에 등을 대고 누워, 별을 올려다보면서, 베토벤 현악사중주 A단조 op. 132를 들었다…….

우리는 빈에서 야간 침대 열차를 타고 이곳에 왔다. 빈에 있을 때 나눈 이야기, 긴즈버그와 딜런이 무덤에 대해 나누었던 대화에 관한 이야기의 여운이 아직 남아서였는지, 우리는 트램을 타고 중앙 묘지에 있는 베토벤의 무덤으로 향했다. 무덤 표식으로 커다란 오벨리스크 같은 것이 세워져 있었는데, 그걸 보자 이 무덤을 보러 온 것이 아무런 의미

없는 행동이었음이 즉시 확연해졌다. 바로 옆에 슈베르트의 무덤이 붙어 있었는데도 이곳에서는 아무런 매력을 느낄 수 없었다. 예전에 나는 무덤을 즐겨 찾아다녔다. 빈에 있는 조지프 브로드스키의 무덤, 페르 라셰즈에 있는 짐 모리슨의 무덤, 데번에 있는 진 리스의 무덤. 나에게 큰 의미가 있는 삶이나 작품을 남긴 누군가의 무덤이 우연히 근처에 있다면 당연히 찾아가서 경의를 표할 테지만, 특별히 그런 노력을 기울이는 것은 단연코 이번이 마지막일 터였다. 우리는 5분도 채 머물지 않고 다시 트램을 탔고, 며칠 뒤 키우시행 침대열차에 올랐지만 제때 내리지 못했다. 가방도 많았고, 우리 객차에는 승객을 담당하는 승무원이 전혀 보이지 않았으며, 나는 문을 어떻게 열어야 하는지 도무지 알 수가 없었다. 기차가 멈췄다고 할 수도 없을 만큼 몇 초간 잠깐 정차했다가 다시 출발하는 바람에 우리는 오르비에토까지 계속 가야 했다. 오르비에토는 불과 20분 거리였지만 키우시로 돌아가는 기차를 타려면 두 시간 반을 기다려야 했다. 일요일 아침 8시였고, 택시는 없었으며, 나는 세상에 대한 분노로 잔뜩 열이 받아서, 이러다간 내 머리로 이 진절머리 나는 역 카페 창문을 처박고 유리 파편으로 내 목을 찢어 버릴 것 같다고 아내에게 말할 정도였다. 진심으로 한 말이었지만, 어쨌든 시간은 (아주 빨리) 지나갔고, 우리는 모든 짐을 끌고 키우시행 기차에 다시 올랐다. 키우시에는 택시가 많았고, 30분 뒤에 우리는 12년 전에 한번 묵은 적 있는 토스카나 시골의 부티크 호텔에서 3시간 전에 먹었어야 했을 아침을 먹었다. 그리고 이곳에서 마침내 이렇게 들판에 누워 op. 132의 느린 악장을 듣게 되었다.

30

현악사중주 A단조는 1825년 2~7월에 작곡되었고, 베토벤이 심한 복통을 앓던 4월 한 달간은 잠시 중단되었다. 니체식으로 이 중단은 일종의 축복이었는데, 덕분에 "Heiliger Dankgesang eines Genesenen an die Gottheit, in der lydischen Tonart(회복 중인 환자가 신에게 바치는 거룩한 감사의 노래, 리디언 선법으로)"라는 길고 설명적인 부제가 붙은 느린 악장이 만들어졌기 때문이다. 앨범 커버의 홍보 문구는 이런 내용을 그대로 쓸지 모르지만 내 귀에는 그렇게 들리지 않는다. "내면을 향하여, 마치 먼 곳을 응시하듯이." 이것은 루 살로메가 니체의 독특한 시선을 표현하기 위해 자주 사용하던 말이었는데, 내게는 내면적인 동시에 우주적 광활함을 표현하는 듯한 그런 작별의 말처럼 다가온다.

31

1825년 후반에 작곡된 현악사중주의 또 다른 느린 악장, 즉 작품 130의 카바티나는 1977년에 보이저 우주 탐사선이 발사될 때 '골든 레코드'*에 수록된 작품 중 하나였다. 2012년에 보이저 1호가 성간 공간으로 진입한 것이 확인되었을 때

무척 감격했던 기억이 난다. 이 임무를 다룬 다큐멘터리 〈더 파디스트The Farthest〉에서 나사의 팀원 한 명은 인간이 만든 이 물체가 태양권을 벗어날 때 눈물을 터뜨렸다고 말한다. 내 친구 존 레이는 앞으로 보이저호와 관련된 흥미로운 일은 하나도 생기지 않을 텐데 왜들 이렇게 호들갑이냐며 이해하지 못했다. 하지만 아마도 바로 그렇기 때문에 많은 사람들이 그토록 강렬한 느낌을 받았는지도 모른다.

32

모든 것을 뒤로 하고 떠나는 보이저호의 이미지와 베토벤이 건강을 회복한 경험을 바탕 삼아 내놓은 op. 132의 느린 악장 사이에는 어떤 관계가 있을까?

건강을 되찾았다는 벅찬 자각 속에서, 회복기의 환자는 차츰 기력을 찾은 것에 기뻐한다. 그리고 "자신에게 내일과 모레가 있다는 되살아난 믿음과, 미래와, 곧 다가올 모험과, 다시 펼쳐진 바다"에 대한 갑작스러운 감각과 기대로 가득 차게 된다. 이 구절은 니체가 한 말로, 그는 잦은 건강 악화로 인해 로런스와 마찬가지로 회복과 재발을 끊임없이 반복하면서 생을 보냈다.•• 건강을 회복하는 것이 목전의 모험에

• 외계 생명체에게 지구와 인류의 존재를 알리기 위해 만들어 우주선에 실었던 금속 레코드판.

대한 서곡으로 여겨진다면, 이 감사의 노래는 어째서 이토록 비가처럼 들리는 것일까? 작곡가가 질병의 경험을 애틋하게 되돌아보고 있는 것이 아니라고 가정한다면, 이 작품은 베토벤이 자주 조목조목 불평했던 '살아 있다는 것의, 지상에 존재한다는 것의 무수한 괴로움'으로부터의 궁극적인 해방과 이탈을 앞두고 미리 울리는 비가가 될 것이다. 베토벤의 '감사'가 다시는 아무런 흥미로운 일이 일어나지 않길 바라는 기대와 열망 속에서 태어났다고 볼 수 있을까? 음악은 그 자체의 중력 법칙으로부터 벗어나 무중력 상태에 도달하기 위해 몸부림친다. 이때 그 중력의 일부는 바로 이런 몸부림에 의해 만들어진 것이다.

〈거룩한 감사〉에는 두 가지 요소가 번갈아 등장한다. 느린 찬가, 즉 코랄과 'Neue Kraft fuhlend(새로운 힘을 느낌)'으로 표시된 경쾌한 춤곡이 그것이다. 코랄은 반복될수록 점점 희미하게 그러면서도 더욱 집요하게 들려와서, 마지막에 이르면 그것이 어떻게 시작되고 어디에서 비롯되었는지에

•• (원주) 가장 한심한 회복 사례로는 당연히 라킨이 빠지지 않는다. "집에서 회복하는 동안 『시간의 음악에 맞추어 춤을』을 읽고 또 읽으며 최근 활기를 얻고 있습니다. 나는 이 책을 정말 열심히 읽고 있는데, 단 하나 아쉬운 점은 책이 너무 짧다는 것입니다." 그는 1985년 8월 7일에 피 월에게 이렇게 말했다. 그러나 사흘 뒤 존 웨인에게 보낸 편지에서는, 이 책을 다시 읽으면서 "전쟁 부분을 다룬 권들 이후로는 내용이 방향을 잃더니, 마지막엔 아예 정신줄을 놓아 버린 것 같다는 내 예전의 확신이 더욱 확고해졌다"고 썼다.

대한 기억과 비슷한 것으로 변한다. 춤곡 역시 번갈아 연주되며 반복해서 들리지만, 반복될 때마다 우리의 주의를 향한 요구는 줄어든다. 선율을 지탱하는 힘이 약해지는 것이다. 코랄 속의 기억들, 일어난 모든 것들에 대한 기억들은 희미해질지언정 놓아 버리기는 점점 어려워진다. 이 감사의 노래는 지나온 모든 것들에 대한 곡이다.

33

이 음악을 이런 식으로 듣는 사람이 (이 책의 샴푸와 타월 이야기에서 했던 표현을 반복하자면) '나뿐만은 아니다.' "베토벤의 감사는 언제나 이별과 관련이 있다"고 아도르노는 베토벤에 관해 쓴 미완성 저서에서 언급한다. 리베카 웨스트는 베토벤은 "어떤 일이 일어난 후에 벌어지는 일들, 즉 삶이 살아진 후 그것이 어디에 이르게 되는지를 기록했다"고 썼다. 그리고 『새로운 세대를 위한 베토벤』을 쓴 타카치 콰르텟의 제1 바이올린 연주자 에드워드 듀슨베리는 〈거룩한 감사〉에서 'Neue Kraft(새로운 힘)' 즉 춤곡 부분이 자체적으로 약화하는 이유는 반복에 의해 "더 이상 새로운 힘이 발견되지 않기" 때문이라고 언급한다. 곡이 진행될수록 각 부분의 성격은 "점점 더 잠정적인 느낌을 주며, 회복과 새로운 힘에 대한 수사적 기교는 의문을 불러일으킨다."

이렇듯 여러 음악 전문가의 지지를 받고 흡족했던 나는 몇 페이지 뒤에서 듀슨베리가 작가 올더스 헉슬리의 지지를 받는 장면을 발견하고 더욱 반가웠다. 헉슬리의 1928년 소설 『연애 대위법』에서 모리스 스팬드럴은 마크 램피언(로런스를 꼭 닮은 인물)과 그의 아내를 초대해 op. 132의 음반을 듣는다. 전형적인 로런스식 완고함을 지닌 램피언은 유혹과 음악이 주는 위로를 거부하기로 결심하지만, 자기 인생의 마지막 순간을 위한 서곡으로서 이 일을 계획한 스팬드럴은

> 열병에서 깨어나 아름다움의 세계에 새롭게 태어난 기분으로 회복기의 평온함을 듣는다. 그러나 열병은 '산 자의 열병'이었으되 회복은 이 세상에 속한 것이 아니었다. 아름다움은 이 세상 것이 아니었으며 회복기의 평온함은 신이 주는 평화였다. 조화로운 리디언 선법은 천국을 떠올리게 했다.

찬가의 마지막 사라짐조차 또다시 회귀의 가능성을 내포할 정도로 집요한 사라짐과 회귀의 반복 속에서, 나는 다시금 로런스의 「죽음의 배」로 돌아오게 된다.

> 그리고 모든 것이 사라진다, 몸이 완전히
> 잠기어, 사라져, 아무것도 보이지 않는다.
> 상층의 암흑이 하층을 무겁게 내리누르고,
> 그 사이의 작은 배는 사라진다
> 그녀가 사라진다.

이것은 끝, 이것은 망각이다.

우리는 이 시가 여기에서 끝나지 않고 "망각에서 벗어나 / 다시 살아나는 잔인한 새벽"으로 이어진다는 것을 기억한다.

이 모든 긴장이 아다지오의 평온함 속에서 느껴진다. 결국 평온함 속 긴장, 긴장 속 평온함보다 더 베토벤다운 게 있을까?

34

이것이 내가 토스카나의 벤치에 누워, 하늘에 흩뿌려진 별들을 올려다보면서, 헤드폰을 쓰고 아다지오를 듣게 된 경험의 배경이다. 빛 공해로 인해 약간 가려진 시야와 약간 희부연 구름과 이렇게 여기 누워 있는 상황이 가져다주는 약간의 불편함과 약간 쌀쌀한 날씨를, 그리고 집에 가서 익숙한 후드 티와 베개를 가져와 별 보기에 방해가 되는 자아, 즉 육체적 의식이라는 장애물을 걷어내고 싶다는 산만한 유혹을 의식하면서. 한편 나는 로런스가 쓴 「이탈리아의 황혼 Twilight in Italy」의 다른 구절들도 의식한다. "우리는 마음속에 별을 품는다. 별은 다른 세계라고들 한다. 그러나 별은 우리 세계의 밤하늘에 무리지어 빛나는 하나의 빛이다."

저 위, 우주에서 바라보아도 별들은 여전히 그렇게 보일 수 있을까. 그 자신의 죽은 기억이 아닌 우리 세계의 살아 있는 기억으로?

35

신이 있을 리 없다고, 니체는 『차라투스트라는 이렇게 말했다』에서 농담처럼 말했다. 만일 신들이 존재한다면 자신이 그 신들 중의 하나가 아니라는 상황을 그가 어떻게 견뎠겠는가? 신앙이 있었던 베토벤 역시 "신을 동등한 존재로 대했다." 1798년에 그는 아직 서른이 되지 않은 사람이 드러낼 법한 원형적인 니체식 거만함으로 이렇게 주장했다. "강인함은 자기 자신을 다른 이들과 구별 짓는 자들의 도덕률이다."

이런 유사성의 흔적들을 고려하면 니체가 베토벤에 대해 거의 언급하지 않았다는 점, 니체의 의식 속에 베토벤이 차지하는 비중이 크지 않았다는 점이 의아하다. 한 가지 가능한 설명은 니체가 오랫동안 바그너에게 푹 빠진 나머지 다른 작곡가를 생각할 여유가 없었으리라는 것이다. 여기에서 '오랫동안'이란 그의 성인기 전체를 의미한다고 볼 수 있는데, 둘이 험악한 언쟁을 퍼부으며 결별한 뒤에도 니체는 자신의 가장 행복한 시절은 트리브셴에서, 이후 아주 잠시 바이로이트에서 이 작곡가의 측근으로 환영받던 때였음을 믿어 의심치 않았기 때문이다. 그 시절은 갔지만 니체는 불화의 이유들을 다각도로 곱씹으며 부정적으로나마 그들의 기억을 간직할 수 있었다. (하지만 이때 니체는 가장 중요했을 수도 있는 기억은 언급하지 않았다. 과거 바그너는 니체의 만성적인 눈 질환이 강박적인 자위행위의 결과라고 확신했고, 니체는 이를 "치명적인 모욕"으로 여겼던 바 있었다.) 이것은 딜런이 어느 이름 모를 여인과의 이별을 극복한 수많은 방법들을 몇 번이고 되풀이해 나열하면서, 그녀에 대해 "대부분의 시간은most of the time" 생각조차 나지 않는다고 말했던 노래를 연상시킨다. 이렇듯 니체는 자신의 삶을 극복의 과정으로 간주해야 했다. 그의 철학은 이것에 기반을 둔다. 그는 『바그너의 경우』서문에 이렇게 쓴다. "바그너에게 등을 돌린 것은 나의 운명이었고, 그 이후 무엇이라도 좋아하게 된 것은 나의 승리였다." 이때 그가 좋아하게 된 것은 비제, 특히 〈카르멘〉이었다. 비록 그 문장에는 바그너를 겨냥한 농담의 뉘앙스가 묻어 있지만, 그는 그 주장 혹은 농담이 "단순히 순수한 악의만은 아니었다"고 말한다. 그는 강박적으로 정신없이 바그너에게 몰두하던 시기가 끝난 후에도 여전히 자신에게 음악과 삶이 있음을 보여 주기 위해 계속 앞으로 나가야 했다. 그는 바그너뿐만 아니라 바그너에게 매우 취약했던 자신의 일부마저 버리고 떠나야 했다. 그러려면 모든 철학자에게 요구되는 특별한 자기 수양, 즉 "내 안의 모든 병든 것들과 맞서 싸우는 일"이 필요했다. "자기 안에서 자신의 시간을 극복하고, 시간을 초월하기 위해서" 말이다. 이런 관점에서 바그너는 니체에게 "그저 내 질병들 중 하나"에 불과했다. 니체에게 바그너는 회복이라는 "가장 위대한 경험"을 하기 위한 서곡이었다.✱

여기에는 베토벤의 〈거룩한 감사〉에 담긴 회복과 이별의 정서가 잠시 드러나며, 사라진 행복의 힘은 단호히 부정됨으로써 더욱 강렬하게 느껴진다. 그러나 베토벤은 신에게 감사를 드린 반면 니체에게 그것은 더 큰 질병의 징후—해방이 아닌 더 교활한 속박—에 불과했을 것이다. 니체에게 남겨진 것은 자기 자신뿐이었고, 그가 감사해야 할 대상은 창조주가 아니라 그의 삶 자체, 그의 삶이 경험해 온 모든 면모였다. 바그너와 얽힌 경험 역시 감사할 사례에 속했다. 왜냐하면 바그너의 음악을 충분히 주의 깊게, 심지어 헌신적으로 들어 보면 그 음악 안에 이미 그것으로부터 벗어나야 할 필요성이 암시되어 있음을 알아차릴 수 있기 때문이다. 물론 바그너의 음악 말고도 그와 비슷한 것들은 수없이 많았다.

니체 사상에서 구원과 해방의 가능성을 완전히 거부하는 것보다 더 중요한 것은 없다. 역설적이게도 그의 영원회귀 사상은 끝없는 반복의 반대 개념으로 가장 잘 이해될 수 있다. 이 사상은 가석방, 경감, 변화의 가능성을 철저히 배제함으로써 우리가 이 한 번의 삶을 아무런 변주 없이 반복해서 산다는 것을 강조한다. 실제로 이 사상은 오랜 세월 동안 이어지는 방황과 거의 완전한 고독을 의미했다. 만성적인

- (원주) 슈테판 츠바이크는 니체의 대의에는 전적으로 동의하면서도, 바그너가 니체에게 "결코 완전히 치유되지 않을 거의 치명적인 (……) 상처"를 입혔다고 보았기 때문에 이 주장에 동의하지 않았다.

질병 문제, 사랑을 향한 좌절된 희망들, 가족과의 갈등과 불화가 그의 삶의 토대가 되었다. 이런 상황은 베토벤도 다르지 않다. 조카 카를과의 괴로운 관계는 니체와 그의 누이와의 관계보다 더 무거운 일상적 불안으로 그를 짓눌렀다. (영원회귀가 우주론적으로는 방대하다고 여겨지지만, 그와 동시에 개인의 일상생활과 사소한 습관들에 대한 일종의 시험이기도 하다는 점을 강조할 필요가 있겠다.) 물론 이 둘 사이에는 다른 점들도 있었다. 베토벤은 친구들과 술에 취해 거친 농담을 주고받으며 소란을 피우기를 즐겼다. 귀가 들리지 않아 친구들의 농담은 종이에 적어야 했으니 일방적으로 혼자서 떠들었을 테지만 말이다. 맥주에 취한 독일인이 선보이는 모든 추잡한 행동에 반감을 가졌던 니체는 행복한 트리브셴 시절에도 그런 모습을 다소 거북하게 여겼다. "니체는 신이에요!" 코지마*는 리하르트 슈트라우스가 〈차라투스트라는 이렇게 말했다〉를 작곡하여 니체에게 경의를 표한 지 5년이 지난 1901년에 그에게 이렇게 말했다. "당신이 그를 알았더라면 좋았을 텐데요. 그는 결코 웃는 법이 없고, 우리가 농담을 하면 늘 당황하는 모습을 보였지요. 시력도 몹시 약해서 거의 눈이 안 보일 정도였어요. 한밤의 새처럼 어둠 속에서 이리저리 부딪치는 불쌍한 사람이었죠. 그런데도 그가 웃음을 옹호하는 사람임을 볼 때면 묘하게 감동적이었답

---

* 바그너의 부인이며 니체와 친구처럼 지냈다.

니다."

　니체의 근시는 청력을 상실한 베토벤의 고통에 비하면 아무것도 아니었다. 『이 사람을 보라』에서 니체는 책을 읽지 못하는 상황이 자신을 철학자에서 작가로 전환하게 해준 여러 요인 가운데 하나였다고, 따라서 시력 감퇴는 안타까워할 일이 아닌 감사할 일이었다고 주장했다. "몇 년 동안 단 한 번도 어떠한 글도 읽지 않았다. 지금까지 나 자신에게 베푼 최고의 호의였다!" 반면에 청력을 상실한 베토벤이 찾은 위안과 구원이라고는 그 엄청난 고요 속에서 자기 귀가 멀쩡할 때보다 더 복잡한 음악을 구상할 수 있을지도 모른다는 가능성뿐이었다.

　그럼에도 니체의 상황은 베토벤의 상황보다 훨씬 견디기 힘들었는데, 여기에는 매우 중요한 이유가 한 가지 있었다. 베토벤은 빈은 물론이고 더 나아가 유럽과 전 세계에서 위대한 작곡가로 환영받고, 인정받고, 추앙받았다. 반면에 니체는 정신적으로 건강했던 시기의 마지막까지 작가이자 사상가로서 비평적으로나 상업적으로 완전히 실패했다. 그는 세계와, 자신의 시대와, 자기 자신에 대해 대단히 많은 것을 이해했지만—프로이트는 니체에 대해 "지금까지 살아 온 혹은 앞으로 살게 될 그 어떤 인물보다 자기 자신에 대한 통찰력과 지식이 뛰어난 인물"이라고 말했다—『반시대적 고찰』 이후로 자신의 모든 책들이 판매뿐만 아니라 화제성에서도 번번이 실패한 상황은 이해하지 못했다. 『반시대적 고찰』에 소개된 네 편의 고찰 가운데 마지막 주제였던 바그녀는 "사람들은 니체가 우리의 입장을 지지하는 한에서만 그를 읽는다"고 말했고, 이 비아냥에 가까운 주장은 틀리지 않았다(심지어 바그너가 이런 주장을 펼친 때는 니체가 그를 깎아내리려 시도한 이후였다. 니체는 바로 그 시도, 즉 토마스 만이 "역설적인 찬사"라고 일컬었던 『바그너의 경우』가 출간된 뒤에야 비로소 그가 그토록 바라던 주목을 조금이나마 얻었다). 『차라투스트라』를 통해 "인류에게 역사상 가장 위대한 선물을 선사했다"고 생각했던 니체는 출판 후 맞이한 침묵에 대해 이렇게 썼다. "제아무리 강한 사람조차 파괴할 수 있는 처참한 경험이다. 이 일은 살아 있는 것들과의 모든 인연으로부터 나를 해방했다." 베토벤 역시 (자신의 행동거지를 자각한 순간부터) 음악 외의 모든 면에서 자신이 서툴고 어리석게 행동했음을 인정했지만, 니체와는 달리 그의 음악은 그 모든 것을 만회했다.

니체가 작품을 새로 발표할 때마다 그와 세계 사이의 간극은 점점 커져 갔다. 그는 세계를 다시 만들겠노라 주장했지만, 어떻게 보면 자신을 위한 글쓰기에만 몰두하는 것처럼 보이기도 했다. 그는 『안티크리스트』 서문에 이렇게 썼다. "이 책은 극소수의 사람들을 위한 것이다. 아마도 그들 중 아직 살아 있는 사람은 단 한 명도 없을 것이다." 바이올리니스트 펠릭스 라디카티는 베토벤에게 그의 현악사중주 op. 59가 정말 음악이라고 생각하느냐고 물은 적이 있었는데, 그때 베토벤은 경쾌하게 대답했다. "오, 당신을 위한 음악이 아니라, 다음 세대를 위한 음악이오!" 전적으로 그럴

듯하고 타당한 주장 같다. 1888년에 니체는 "삶에 대한 주요 사상 중 하나인 미래에 대한 사상이 내 안에서 소멸하고 있음"을 자각하게 되었다면서도 그 "미래, 내가 탐색하는 미래의 파편들 사이를 걷듯 사람들 사이를 걷는다(혹은 걸었다)." 그런 점에서 그는 베토벤과 비슷한 성격의 엄밀함을 지니고 있었지만, 많은 사람들은 니체의 그러한 면모를 일종의 망상으로 취급했다. 아무도 귀 기울여 듣지 않았다. 만일 베토벤이 자서전을 써서 '내가 이토록 훌륭한 교향곡들을 작곡하는 이유'라는 제목의 장을 포함했다면 그것은 전적으로 타당하며 간절히 기다려 온 설명으로 보였을 것이다. 그러나 한발 더 나아가 '나는 왜 하나의 운명인가'*를 썼던 니체의 경우 이는 농담—광인의 농담—에 불과해 보였다. 그의 정신 이상을 유발한 신체적 원인들(오랫동안 매독으로 추정돼 왔지만, 최근에는 오른쪽 눈에 생긴 시신경 수막종으로 추정되고 있다)을 제외한다 하더라도, 이미 그가 처한 모든 상황이 그를 광인으로 만들기 위해 공모하고 있었다. 그는 자신의 작품에 스스로 부여한 가치와 세상 전반이 그것을 인식하는 방식—의미의 거의 완전한 부재—사이의 간극을 고통스럽게 인식했다. 종류를 막론하고 모든 작가나 예술가는 작업을 지속하기 위해 어느 정도 자신감을 유지할 필요가 있지만, 이처럼 가치를 둘러싸고 간극이 생기면 자

---

* 니체의 저작 『이 사람을 보라』 가운데 한 장의 제목이다.

신이 과대망상증 환자나 정신병자가 아닐지 걱정하게 된다. 니체의 경우, 그는 자신의 책들이 주목받지 못하는 이유를 설명하기 위해 자기 책들이 전례 없이 중요한 가치를 지닌다는 기존의 관념을 더욱 강화하고 과장해 갔다. 이 전략은 나름대로 이성적인 결론이었지만, 밖에서 보기에 그 결론은 광기의 또 다른 발현일 뿐이었다. 이는 관심을 필요로 하는 그의 상황이 병리적인 단계에 접어들었음을 보여 주는 하나의 징후였다.

36

몇 년 전에 나는 세 인물에 관한 책을 구상했다. 슈테판 츠바이크가 '위대한 사상가들Master Builders' 3부작(이중 두 번째 권에서 니체를 다루었다)에서 세 인물을 다루는 방식과 유사하게 하고 싶었다. 세 인물 중 둘은 베토벤과 터너가 될 예정이었다. 시간적으로 그들은 거의 동시대 인물로, 활동 시기까지 서로 겹쳐 있었다(1827년에 베토벤이 56세의 나이로 사망했을 때 터너는 51세였다). 게다가 그때 나는 이 화가의 이야기가 작곡가에게 고스란히 적용되고 그 반대의 경우도 마찬가지라는 사실을 발견하고는 놀라움에 빠져 있었다. "삶이라고 불리는 모든 것은 숭고한 예술에 희생되어야 한다!" 베토벤은 1815년에 이렇게 결심했다. 프래니 모이얼Franny Moyle은 터너의 전기에서 "그래서 그는 단순한 선택을 했다"고 썼다. "그는 자신의 **예술**을 삶의 유일한 목표로 선택했다.

이제부터 가정생활은 그를 정의하는 데 아무런 영향을 미칠 수 없었다." 더 일반적으로 말하면 나는 미숙한 인격을 지닌 천재의 출현이라는 아이디어에, 그리고 광범위한 사회경제적 역사가 그들의 삶 속에서 압축 구현되는 모습에 매료되었다. 그들의 자기 자신에 대한 믿음은 절대적이고 완전무결했다. 그들은 귀족 후원자들―예술가들은 자신들이 후원자들보다 더 우월하다고 여겼다―을 찾아내 그들과 자연스레 어울렸지만, 그 계층의 세련된 사교적 태도는 익히지 못했다. "공작님!" 베토벤은 그의 오랜 후원자인 리히노프스키 공작에게 이렇게 썼다. "당신은 환경과 출신에 의해 당신으로서 존재합니다. 나는 나 자신을 통해 나로서 존재합니다. 공작은 과거에도 미래에도 수천 명쯤 존재할 것입니다. 베토벤은 오직 한 사람뿐입니다." 터너는 동시대 사람 중 한 명(토머스 콜•)에게 "작고 인상이 험상궂은 남자", "이상하고 작은 인간", "인색하고 성질 더러운" 사람으로 묘사되었으며, 여러 마부, 선원, 그리고 외젠 들라크루아는 그를 '영국 농부'와 비교했다. 터너와 베토벤 둘 다 신체적 매력이 없는데도 불리한 첫인상을 만회할 수 있도록 예절을 익히려고 크게 노력하지도 않았다. 그들은 자신들을 숭배하고 좋아하고 자금을 지원하는 많은 사람들의 눈에도 거칠고 무례하고 종종 고마워할 줄 모르는 사람으로 남아 있었다. 그들의

• Thomas Cole, 미국의 화가로 풍경화와 역사화를 주로 그렸다.

천재성에 그다지 설득되지 않은 사람들은 그 인물의 성격과 관련된 특성들을 작품에 반영하기가 쉬웠기에, 예를 들어 터너의 「라인 폭포Fall of the Rhine」는 "부주의하고 거친 특성이 두드러진" 작품으로 평가받기도 했다. 그러나 이러한 평가는 양방향으로 이루어졌다. 자신의 능력에 대한 믿음, 의심의 여지없는 성공, 그리고 업다이크가 (터너를 언급하며) 묘사한 "거친 야망"이 합해져서, 그들의 후기 작품은 자기 장르의 관습은 물론이고 기존의 사회적 지위에 대한 척도에까지 압력을 가했다. 한 동시대 인물이 베토벤에 대해 말한 것처럼 그에게는 "전반적으로 어떠한 범주에도 들어맞지 않는 무언가가 있었다." 그래서인지 베토벤과 터너에 관한 무수한 증언 속에는 서로 모순되는 인상들이 한데 얽혀 있다. 터너를 만난 직후 컨스터블은 그가 자신이 예상했던 그대로임을 확인했다. "그는 세련되진 않지만 놀라운 정신세계를 지니고 있다."•

괴테는 베토벤이 그 어떤 예술가보다 "더 집중력이 강하고, 더 활기차다"고 봤다. "그의 재능은 나를 놀라게 하지만, 그의 인격은 안타깝게도 전혀 길들지 않았다." 다시 말하지만, 이 화가와 작곡가의 이야기는 때때로 서로의 거울 이미지로 읽힌다. 1811년에 "베토벤과 친분을 갖게 된" 오

• (원주) 진 리스의 친구들 역시 그녀에 대해 "교육을 거의 받지 못했지만 놀라운 정신을 지녔다"고 말했다.

스트리아의 외교관이자 작가는 "야만적이고 무뚝뚝하다고 알려진 이 남자가 실은 황금의 마음, 빛나는 정신, 상냥한 기질을 지닌 가장 훌륭한 예술가임을 알게 되었다. 그는 공작들에게는 거절했던 것을 우리에게는 첫 만남에 허락해, 우리에게 포르테피아노를 연주해 주었다." 러스킨은 "의심할 여지없는 당대 최고의 인물"을 만나기 전에 일기에 이렇게 썼다. "모두가 나에게 그를 거칠고 상스럽고 무식하고 천박한 사람이라고 말했다." 그럴 리 없다고 확신한 러스킨은 터너가 "다소 괴팍하지만 대단히 예의바르며, 솔직하고, 영국인의 기질을 지닌 신사"임을 알게 되어 기뻤다. "그는 확실히 선량하고, 확실히 다혈질이며, 모든 종류의 가식을 혐오하고, 예리한 데다 어쩌면 다소 이기적이다. 지적 수준이 대단히 높지만 그 지적 능력을 드러내려 하거나 과시하려는 의도는 전혀 보이지 않았다. 간혹 말 한마디, 스치는 표정에 불쑥 드러났을 뿐이다."

작품으로 상당한 돈을 벌어들인 뒤에도 그들의 습관은 여전히 검박했다. 재능의 가치에 대한 인식이 높아짐에 따라 이 재능이 가져다주는 경제적 이득을 누가 취할지에 대한 의혹도 동시에 커져 갔다. 월터 스콧 경은 터너가 "돈이나 대가 없이는 작품을 그리려 하지 않는다"는 사실에 불쾌해 했다. "그는 지금까지 내가 알던 사람들 중 거의 유일하게 천재적이지만 이런 문제에서는 탐욕스럽다." 확실히 스콧은 베토벤을 만난 적이 없는 게 분명했다! 이 작곡가의 고결함과 관대한 정신에 대한 온갖 감동적인 이야기도 있지만, 그의 표리부동한 언행이나 노골적인 부정직함에 대한 이야기도 있다(심지어 아주 많다). 한 지인은 터너에 대해 "천성적으로 의심 많은 사람이었다"고 회상한다. 베토벤은 "탐욕스럽고 매사에 불신으로 가득 찬 사람"으로 기억되었다.* 두 사람이 성공을 거둔 건 자기 내면의 비루함과 숭고함, 서사시적 옹졸함과 시적 웅장함을 서로 친밀하게(좀 불안하긴 했지만) 맺어 주었기 때문이다. 한 미술 판매상은 터너의 "거칠고 억센 모습, 무거운 표정, 천박한 태도가 연필로 그린 그의 작품들에 (……) 표현된 놀라운 아름다움, 우아함과 묘하게 대조를 이루는 것"에 매료되었다. 베토벤의 하숙을 찾아간 한 방문객은 "아주 못생긴 남자가 잔뜩 언짢은 표정으로" 문을 열어 주었다고 회상한다. 안으로 들어선 그는 작곡가의 피아노를 보고 당연히 기뻤지만, 그 아래에 놓인 "비워지지 않은 요강"을 보았을 땐 마찬가지로 당연히 썩 기뻐할 수 없었다. 이 대조는 베토벤을 비할 데 없는 독보

• (원주) 터너가 의심 많은 사람이라는 이 이야기에는 다음과 같은 설명도 포함되어 있다. "오! 그의 위대한 정신에서 비롯한 선량하고 친절한 감정들이 모두 행동으로 옮겨졌다면 터너는 전혀 다른 사람이 되었으련만. 하지만 그런 감정들은 깊이 잠복한 채 극히 소수에게만 알려져 있었다." 한편, 아도르노는 베토벤에 대해 이렇게 지적한다. "사적 개인으로서 베토벤에 대해 우리가 아는 바에 따르면, 그의 음울하고 불쾌한 성격적 측면은 수치심 및 거절당한 사랑과 관련이 있으리라 추측할 수 있다. (……) 그의 상스러운 태도와 함께 따라오는 것은 후한 관대함이기도, 불신이기도 하다."

적인 존재로 만든 요소와, 그가 지구상의 모든 사람들과 공유했던 요소를 극명하게 드러내고 있다. ("내 똥이 당신이 생각한 그 무엇보다 훨씬 낫소." 이 말은 관현악곡 〈웰링턴의 승리〉에 대한 어느 비평가의 혹평에 베토벤이 던진 유명한 대답이다.) 아마도 터너는 피터 애크로이드가 자신을 "런던 토박이 공상가"라고 칭한 것을 흡족하게 여겼을 것 같다. 이런 점에서 그는 블레이크의 직계 후손이지만, 그의 재능이 인정받은 속도와 그에게 유리한 방식으로 급격히 변화한 사회적 분위기는 1960년대 런던의 전형적인 인물들, 데이비드 베일리*와 마이클 케인**을 예견하게 한다. 말할 필요도 없이, 이 모든 우호적인 변화를 경험한 터너는 달라지지 않을 수 없었다. '터너 경'이라는 농담이 퍼진 것처럼 그는 오만하고, 우쭐대며, 거만한 모습을 보이기도 했다.

베토벤은 훨씬 더 복잡하고 모순적이었다. 1811년에 그에게 크게 호감을 가졌던 외교관은 1814년에 "상스러워진 데다, 우리 유명 인사들을 유독 경멸하고 격하게 분노하며 혐오감을 드러내는" 그의 태도에 충격을 받았다. 이렇게 혁명을 지지하고 귀족들의 태생적 권리에 경멸을 표하던 베토벤은, 그와 동시에 귀족적 용어(훗날 니체가 이 용어를 차용

- David Bailey, 영국 런던 출신의 패션 및 인물 사진작가. 1960년대의 시대정신을 반영한 작품들로 명성을 얻었다.
- Michael Caine, 영국 런던 출신의 배우. 1960년대 영국 남성의 거친 모습을 담은 영화에 출연하여 인기를 얻었다.

한다)를 이용해 자신의 지위를 설명하는 일에도 열성을 쏟았다. 전기 작가 잰 스워퍼드Jan Swafford는 베토벤에 대해 "정신과 재능, 그리고 영혼의 귀족"이라고 일컬었으며, 베토벤 또한 자신이 그런 인물이라고 믿을 법했다. 그러나 조카 카를의 양육권을 둘러싼 법적 분쟁 과정에서 자신의 이름 앞에 붙은 네덜란드어 접두사 'van'이 독일의 귀족 지위를 나타내는 'von'과 전혀 관련이 없다는 것을 인정해야 했을 때, 귀족성에 관한 그의 믿음은 아무런 도움도 주지 못했다.

바그너는 베토벤의 음악에 대해 "게르만적 행동, 게르만적 예술, 게르만적 목표를 향한 게르만적 노력"이라고 고했다. 니체는 베토벤의 고결함과 장엄한 정신에 대해 여러 차례 언급했지만, 그에게 '게르만'이란 곧 베토벤이 일상생활에서 너무도 자주 드러낸 천박함 및 난폭함─유감스럽게도 니체가 추구했던 이상, 즉 '범유럽적이고 귀족주의적인 우수성'과는 양립할 수 없는 특성들─과 동의어였다.* 1812년 테플리츠에서는 신하들을 거느리고 지나가던 황비와 베토벤이 우연히 마주친 사건이 있었다고 하는데, 니체는 이

• (원주) "후고 폰 호프만스탈(Hugo Von Hofmannsthal, 오스트리아의 시인, 극작가─옮긴이)은 어딘가에서 나폴레옹에 대해, 그는 자신이 왕처럼 걸을 수 없는 사람임을 알고 있었다고 말했다. 니체에 대해서도 마찬가지라고 말할 수 있겠다."라고 자가예프스키는 『열정의 방어 *A Defense of Ardor*』에서 언급한다. "그는 귀족적인 행동, 권력, 우아함을 끝없이 찬양하지만, 결국 세습 귀족보다는 나폴레옹에 더 가까운 사람임을 감출 수 없다."

사건 속 베토벤의 행동을 괴테의 그것과 비교하며 부정적으로 평가했다. "그들이 비켜서야 한다, 우리가 아니라."라는 베토벤의 주장에도 불구하고 괴테는 옆으로 비켜서서 모자를 벗은 반면, 베토벤은 공작들과 왕족들 무리 한가운데로 성큼성큼 걸어갔다. 니체에게 두 사람의 서로 다른 반응은 "문화[괴테]와 대비되는 반$\ast$야만성[베토벤]"을 상징했다. 내 마음속에서 이 사건은 나중에 니체가 토리노에서 말을 끌어안은 사건과 여러모로 닮아 있다. 테플리츠에서의 일 역시 그 일이 실제로 일어났음을 입증할 증거가 부족하며(이 일화를 처음 확산시킨 인물은 베토벤에게 완전히 빠져 있던 젊은이 베티나 브렌타노였다), 그와 동시에 시대를 초월하는 듯한 신화적 울림을 지니고 있다.

그와 유사한 것이 더 있다. 비록 별 근거 없이 머릿속에 떠오른 생각이긴 하지만, 어쩐지 이 연상은 적절한 것처럼 여겨진다. 그 내용은 다음과 같다. 앞에서 나는 카를로 알베르토 광장의 동상을 설명하면서, 니체는 말을 위로하려 했지만 정작 위로가 필요한 사람은 철학자 니체였다고 농담처럼 말했다. 니체는 베토벤과 괴테를 구분하는 첫 번째 기준으로 '반야만성과 문화'라는 대립쌍을 제시했는데, 우연히도—그러나 말 사건 직전에 "더 이상 우연은 없다"고 했던 니체의 주장을 기억하자—테플리츠에 있던 그 '반야만인' 베토벤은 "위로받는 사람 옆에서 위로를 필요로 하는 사람"처럼 보인다. 니체는 베토벤에게 적용될 수 있는 사소한 혐의들을 정리하는 도중에 그와 자신 사이의 유사성과 공통된 결핍을 보여 주는 증거를 제시한 것이다. 비록 전해 들은 이야기와 상당한 추측에 근거한 내용이지만.

37

나는 영국 화가, 독일 작곡가와 함께 다룰 작가 한 사람이 필요했다. 프랑스인이면 이상적이겠지만 미국인이어도 괜찮았고, 앞선 두 인물과 어느 정도 비슷한 면모가 입증되며, 활동 시기가 조금이나마 겹쳐야 했다. 월트 휘트먼은 한참 뒤 세대 인물이었고(베토벤이 사망했을 때 그는 일곱 살이었다), "거친 사람들 중 하나"라는 유명하고도 내 목적에도 완벽하게 부합하는 자기 묘사에도 불구하고 완벽하게 적합한 인물은 아니었으며, 심지어 어떤 면에서는 베토벤과 터너와 대척점에 있다고도 볼 수 있었다.•

물론 베토벤과 터너, 두 인물에만 집중할 수도 있었지만, 삼인조 즉 삼각 구도가 자칫 허술할 수 있는 구조에 안정감을 줄 것 같았다. 문제는 세 번째 인물의 부재만이 아니었

• (원주) W. D. 하우얼스William Dean Howells(미국의 소설가, 평론가—옮긴이)는 일찍이 휘트먼의 작품을 마뜩잖게 읽었지만 휘트먼을 만난 후 "거친 자들, 무례한 자들의 사도는 사실상 가장 온화한 사람이었다. 그의 야만적인 외침을 사회적 만남의 맥락에서 번역하면 독특한 고요함을 지닌 연설이 되었고, 그것은 매력적이고 사랑스러우며 친근한 목소리로 전달되었다"고 밝혔다.

다. 베토벤과 터너의 작품 중에서 내가 진심으로 관심을 기울인 대상은 그들이 말년(각각 1814년과 1835년 이후)에 내놓은 것들뿐이었다는 점도 문제가 되었다. 가령 둘 중 한쪽이 "모든 신중함을 과감히 버리고 자유를 향한 마지막 탐구에 착수했다"거나, 아도르노의 엄격한 표현에 따르면 "해방된 정신의 도도한 명령하에 감각적인 매력"을 거부한다는 식으로, 이 둘의 마지막 단계는 여러 기록에서 거의 동일한 표현으로 묘사된다. 빌럼 더코닝의 전기 작가 마크 스티븐스와 애널린 스완의 말에 따르면, 늙어 가는 예술가는 예정된 삶의 궤적을 따르게 된다. "일종의 두려움 없는 분방함으로 자신을 드러내기 시작하고", "물질을 빛과 교환하는" 삶을.

이처럼 더 제한된 관심 주제에 집중하기로 하자, 제3의 인물(휘트먼이 해당되지 않는 또 다른 이유로서, 앞에서 말한 요건들 외에도 인생의 마지막 단계에서 뚜렷한 작품 활동을 한 작가)을 탐색하는 작업은 중단되었다.

이제 내 관심 분야는 다른 쪽으로 옮겨졌다. 나는 더 이상 쓸 수 없고 쓰지 않을 책들에 대해, 그중에서도 자신이 해온 일이나 이미 성취한 일에 대한 어떤 소회 때문이 아니라(신도 알 수 없을 만큼 많은 책을 쓴 필립 로스, 단 한 권의 책으로 철학의 모든 문제를 해결한 비트겐슈타인은 극단적인 사례다), 자신의 앞길에 놓인 장애물을 도저히 넘어설 수 없어 작품 활동을 끝내게 된 방식에 대해 다루고 싶었다. (메이저 대회에서 열한 번이나 우승했지만 1981년 윔블던과 US 오픈에서 매켄로에게 패한 보리의 경우가 그랬듯이, 장애물과 끝은 종종 함께 온다.) 이 부분은 나에게 많은 관심을 불러일으켰고, 그 결과 앞으로 향할 새로운 방향이 분명하게 정해졌다. 장애물이 길이 된 것이다.

쓰이지 않고 쓰일 수 없는 책들은 쓸 수 있는 책의 일부가 되어 그 안에 포함된다. 바로 이 책에 말이다.

38

베토벤에 관해서는 또 다른 어려움이 있었다. 음악이나 음악 용어에 대해 전혀 아는 것이 없고, 음악 언어—내가 배운 적 없는 다른 세계의 언어—를 접한 적도 없는 나로서는 음악 비평에서 "작품(또는 그 연주)은 가장 열악한 언어적 범주인 형용사로만 번역된다"는 바르트의 날카로운 주장에 특히 취약하다. 하지만 달리 어떻게 표현할 수 있겠는가?

흐음, C샤프 단조, A마이너, B플랫 장조······•

• (원주) 클래식 음악 세계가 진입 장벽이 높고 위압적으로 느껴지는 이유 중 하나는 주어진 작품의 구성 및 다양한 부분들을 지칭하는 단순한 방식 때문이다. 가령 'opus 132'라고 말하면 약간 허세 부리는 것처럼 들린다. 'A단조'라는 설명을 추가하면 훨씬 더 허세 부리는 것처럼 들린다. 여기에 '안단테'니 '아다지오'니 같은 베토벤이 "우스꽝스러운 용어들"로 여겼던 단어까지 투척하면—'토스카나'가 어쩌구 하는 재수 없는 말을 덧붙이는 것은 말할 것도 없고—변함없이 완벽하고 깐깐한 영국 공학이 이뤄 낸 위업, 즉 예부터 내려오는 신뢰할 수 있는 허세 측정기의 바늘이

나는 이 말이 무슨 의미인지 전혀 모르겠다. 그렇기에 찰스 밍거스가 앨범 《블루스 앤드 루츠Blues and Roots》에 수록된 곡에서 〈E도 플랫이고 Ah도 플랫E's Flat Ah's Flat Too〉이라고 시인하며 안심시켜 준 것에 크게 감사하면서도, 결국엔 아득히 멀리 떨어진 보이저호*에 도움을 요청할 수밖에 없었다.

음악을 들으면 결코 알 수 없는 것들을 이해할 수 있을까? 그럴 수는 없을 거라고 말하는 음악가들에게 나는 고개를 끄덕이며 동의한다. 내가 할 수 있는 최선은 나 자신을 여기, 음악에 맡기는 것이다. 어쩌면 이렇게 증명할 수 없고 말로 표현할 수도 없는 내 음악적 역량은 한 편의 영화를 통해 설명될 수 있을지도 모르겠다.

39

"베토벤에게서 인간에 대한 표현은

빨간색으로 급격하게 떨어진다. 그리고 뇌는 숫자를 기억하도록 설정되어 있지 않기 때문에, op. 132에 A단조니 D장조니 하는 이해할 수 없는 코드가 따라붙으면 도대체 이 사중주가 어느 사중주인지 식별하고 기억하는 데 애를 먹기 마련인 반면, 피아노 소나타 〈월광〉이라거나 〈대공 트리오〉라고 말하면 어떤 곡을 가리키는지 바로 알게 된다.

- 앞서 언급한 보이저호에 탑재된 골든 디스크에는 음악 외에도 인류와 지구를 가장 직관적인 방식으로 소개하는 비언어적 시각 정보들이 기재돼 있다.

어떤 식으로 드러나는가? 나는 그의 음악이
시각적 능력을 담고 있다는 사실에서
그 답을 찾을 수 있다고 말하고 싶다."

론 프릭크 감독의 다큐멘터리 영화〈바라카〉(1992)는 네팔의 눈 덮인 히말라야산맥을 촬영한 장면으로 시작한다. 산꼭대기 어딘가, 혹은 우리가 그렇게 믿는 곳에서 일본원숭이 한 마리가 꽁꽁 언 물웅덩이 안에서 조용히 경련하듯 몸을 떨고 있다. 실제로 이 원숭이는 일본의 나가노 온천에 있지만, 영화는 고도로 발달한 우리의 영화 읽기 습관에 의지해 서사의 연속성이라는 환상을 암시하고 유지한다. 분홍색 얼굴로 수심 가득한 표정을 짓는 원숭이는 먼 친척이긴 해도 우리의 친척임을 한눈에 알아볼 수 있다. 그는 사중주곡의 구조와 작품 번호는 고사하고 사중주를 듣는 데에도 관심이 없으며, 영화를 구성하는 문법에 대해서도 마찬가지다. 하지만 영화 편집 언어에 능통한 우리 인간에게 이 암시는 거부할 수 없을 정도로 강렬하다. 우리는 원숭이가 눈을 깜빡이고, 고개를 돌린 다음, 다시 우리를 향해 시선을 돌리는 모습을 바라본다. 이어서 별이 가득한 우주로 전환되어 갑자기 주위가 환하게 밝아지는 다음 장면은 주관적인 시점 샷이다. 이 장면은 "의문을 품은 듯, 갈망하는 듯 무한한 공간을" 바라보는 원숭이의 내면세계나 의식을 엑스레이처럼 외부로 드러내 보여 주는 궁극의 장면이기도 하다. "맑은 별들이 하늘을 환하게 비추던" 어느 밤에, 바이올리니스트 카를 홀츠가 라주모프스키 사중주 2악장 아다지오에 대한 영감을 떠올리며 베토벤을 회상할 때도 그랬다. 또한 그것은 내가 토스카나에서 딱딱하고 약간 차가운 벤치에 누운 채 op. 132의 소리를 머릿속에 가득 채울 때 마음속에 그리던 장면이기도 하다.

40

베토벤에 관한 니체의 글이 전반적으로 부족한 가운데 『인간적인, 너무나 인간적인』의 한 구절이 이 논의에 중요한 역할을 한다. 니체가 염두에 둔 것은 교향곡 9번의 한 악절이지만, 이 글은 op. 132의 아다지오가 불러일으키는 감정들뿐만 아니라 내가 이 감정들을 표현하기 위해 의지해 온 형용사들과 심상까지 미리 예견한다.

> 그는 불멸의 꿈을 가슴에 품고, 별들로 가득한 돔 안에서 지구 위를 맴돈다. 모든 별이 그를 둘러싸며 반짝이는 것 같고 지구는 점점 더 깊이 가라앉는 것 같다. 자신이 이런 상태에 있다는 것을 깨닫는다면 그는 가슴 깊이 날카로운 아픔을 느끼고, 자신을 잃어버린 사랑—그녀를 종교라고 부르든 형이상학이라고 부르든—에게로 다시 인도해 줄 이를 갈망하며 한숨을 쉴 것이다.

이 감상은 베토벤과 무관하다.『인간적인, 너무나 인간적인』은 니체와 바그너의 관계가 소원해지던 시기에 완성되었고, 그들의 결별에 중요한 역할을 했다. 1878년 1월에 바그너는 니체에게 〈파르지팔〉의 작품 개요가 담긴 사인본 한 권을 보냈고, 니체는 그 보답으로 4월에 바그너와 코지마에게『인간적인, 너무나 인간적인』두 권을 보냈다. 니체는 나중에『이 사람을 보라』에서 각자 조용히 서로의 선물을 주고받았다고 주장했지만, 누이동생에게 찬사의 편지를 보내게 하는 한편으로 〈파르지팔〉에 대한 부정적인 감상은 혼자 속으로 생각하거나 다른 이들과의 사적인 서신에서만 언급했다. 작곡가는『인간적인, 너무나 인간적인』을 단 몇 줄 읽다가 한쪽으로 치워 놓았는데, 그가 친구에게 정중하게 말했던 것처럼 니체의 이전 저서들로부터 받은 인상을 망치지 않기 위해서였다. 둘의 관계는 니체의 브람스에 대한 찬사, 바그너의 반유대주의, "심각한 모욕" 등 여러 가지 이유로 회복할 수 없을 정도로 악화되었고, 니체의 경우 엄청난 상실감까지 동반하게 되었다.

　앞서 인용한 글에서 '잃어버린 사랑'을 바그너로 대체한다면,『인간적인, 너무나 인간적인』의 이 구절은 니체가 트리브센에서 친구들과 함께했던 들뜬 나날들과 1872년 5월 첫 번째 바이로이트 방문 당시 느꼈던 강렬한 끌림을 예언적으로 묘사한 것으로 해석할 수 있다. 바이로이트 페스티벌은 망가져 버렸지만, 그는 축제의 초석이 놓였던 첫 방문에 대해 이렇게 썼다. "내 생애 가장 행복한 나날들이다.

어디에서도 경험하지 못한 어떤 분위기가, 딱히 표현할 수는 없지만 희망으로 가득한 무언가가 있었다." 덕분에 토리노에서 혼자 지내며 바그너를 향해 집중적으로 경멸을 퍼부을 때조차 니체는 이 작곡가가 "내 삶의 위대한 은인"이었다고 선언할 수 있었다.

바그너의 전기 작가 중 한 명인 마르틴 그레고어델린은 니체에게 바그너와의 관계는 일생의 결정적인 사건이었던 반면 바그너에게 "니체와의 만남은 하나의 에피소드에 불과했다"고 강조한다. 이것은 의심할 여지없이 정확한 사실이지만, 니체가 바그너를 "세부적인 내용 가운데 가장 사소한 것을 뽑아내는 일"의 대가라고 여겼다는 점을 상기해야 한다. 바그너는 전체 이야기 가운데 가장 범상하고 심드렁한 부분만 언급하곤 했던 것이다. 바그너는 친구의 책을 읽지 않는 것으로 친구에게 호의를 베풀었다고 주장하지만, 로저 홀린레이크는 어느 상세한 연대표에 이렇게 썼다. "그럼에도 불구하고 코지마의 일기에 따르면 바그너는 5월과 6월 대부분의 날들을 [그] 연구에 바쳤다."

니체는 바그너 — "내가 아는 단연코 가장 완전한 인간" — 의 사망 소식을 들었을 때 "크나큰 안도감"을 느꼈다고 고백했다. 그는 이렇게 썼다. "6년 동안 다른 누구보다 존경받는 인물의 적대자로 지낸다는 것은 힘든 일이었고, 나는 그런 일을 감당할 만큼 거칠게 만들어지지 않았다. 나는 상당한 부분에서 그의 후계자가 될 것이다." 니체가 바그너에 대해 곱씹었던 것만큼 바그너는 니체에 대해 골몰하지는 않았지만, 이 철학자는 바그너의 뇌리 속에 마지막까지 성가실 정도로 남아 있었다. 그러나 바그너에게는 젊은 남자의 격한 절교 선언을 받아들일 만한 이해심이나 호의 따위는 없었던 것으로 보인다. "우리―바그너와 나―는 기본적으로 함께 비극을 경험했다." 남편이 사망하기 열흘 전인 1883년 2월 3일 베네치아에서 코지마는 바그너가 한 말을 일기에 그대로 옮겨 적었다. "그 남자[니체]의 모든 것이 그이를 역겹게 했다." 그리고 다음 날, "마침내 R이 내게 말했다. 니체는 자기만의 생각이 없고, 자기만의 피가 없다고. 그에게 흘러 들어온 것은 다른 사람들의 피라고."

이처럼 적의와 무시―심리학자로서 니체는 이런 종류의 매듭을 매우 능숙하게 풀었다―로 일관한 바그너의 태도를 보면, 반대의 상황이 올 수도 있었다는 것을, 다시 말해 이 지독한 근시에 시달리던 철학자가 자신의 작품에 필적하거나 심지어 능가하는 작품들을 만들어 낼 수도 있었다는 점을 바그너가 어느 정도 짐작하고 있었음을 시사한다. 아마도 바그너가 최종적인 진실, 즉 니체의 사상이 20세기의 사고를 관통하는 생명의 피가 되리라는 사실을 알게 되었다면 훨씬 더 괴로워했을 것이다. 한편, 20세기가 되면서 이 둘은 생명의 피가 아니라 진짜 피를 흘리게 되는 역사적 상황과 비극적인 관련을 맺게 된다. 니체 자신의 표현에 따르면 "지구상의 그 어떤 위기와도 비교할 수 없는, 끔찍한 어떤 일에 대한 기억"과 함께.

41

올리비아 매닝의 '발칸 삼부작' 마지막 권인 『친구와 영웅 *Friends and Heroes*』에서 여자 주인공 해리엇과 그녀의 친구 앨런은 그리스에 의해 독일 선전국이 파괴된 1941년에 아테네를 걷고 있다. 히틀러의 초상화가 위층 창문에서 내던져지고, 산발적으로 쌓여 있는 책더미들은 이제 곧 불—"반反문화의 모닥불"—에 태워질 참이다. 표지가 벗겨진 책 한 권이 책더미에서 해리엇의 발밑으로 떨어진다.

> "어디 봐봐!" 앨런이 책을 보고 웃었다. "『군주 도덕과 노예 도덕 *Herrenmoral und Sklavenmoral*』이네. 불쌍한 노인네, 니체! 뭐가 뭔지 구분할 줄은 알았나 몰라?" 그는 뒷주머니에 책을 집어넣었다. "기념으로." 그가 말했다.
> "뭐에 대한?"
> "인간의 자기혐오."

1944년 6월 9일, 스물네 살의 나이에 노르망디에서 전사한 키스 더글러스는 『알라메인에서 젬젬까지 *Alamein to Zem Zem*』에서 이렇게 쓴다. "나는 적의 차량과 진지에서 주워 온 독일 소설책 한두 권과 잡지들을 가지고 있었는데, 『차라투스트라는 이렇게 말했다』는 책 주인이 나치 사상에 해당하는 인용문 대부분에 연필로 표시를 해 놓았다."

42

『차라투스트라』는 니체의 가장 유명한 책이 되었다. 또한 이 책은 그가 펴낸 가장 바그너적인—최악의 방식으로—책이기도 했다. 그는 무대 설치, 연기와 의상(첫 번째 바이로이트 페스티벌을 덮친 제작 문제들) 등으로 인해 〈파르지팔〉이 제대로 공연되지 못할 것이라고 주장했다. 『차라투스트라』에 대해서도 비슷한 말을 할 수 있었다. 막대한 예산이 투입된 독백 형식의 우화, 한 사람이 연주하는 관현악 모음곡과도 같은 『차라투스트라』는 화려한 의상, 확성기를 통해 전달되는 신화적-예언자적 수사로 이루어져 있었고, 이러한 구조는 아이러니하게도 니체의 세계관을—그의 인간성, 지극히 인간적인 취약성, 심리적 민감성을—잘 표현하기에는 적합하지 않았다. 니체는 아직 형성 과정에 있는 정신과 존재의 상태들을 미리 내다보았다는 점에서 예언자적인 작가였다. 그의 글은 이런 상태들을 드러내 보이는데 일정 부분 기여했다. 비방, 자랑, 방백, 고백, 논평, 정신적-철학적 탐구 등 다양한 형태를 띤 『차라투스트라』 속 글들은 경쾌함·탁월함·재치·미묘함·경멸·다정함·유희성·생동감 등의 여러 성격적 특성을 지니고 있었지만, 이런 특성들은 소리를 증폭시키는 차라투스트라 가면을 통해 발화되면서 왜곡되었다. 니체는 차라투스트라와 다른 인간이었다. 심지어 가장 크게 세상을 뒤흔드는 그의 글들을 떠올려 보더라도 '니체는 이렇게 말했다'라고 덧붙이고 싶은 생각은 들지 않을 것이다. 토마스 만은 『마지막 에세이 *Last Essays*』에서 니체가 "그의 시대에 대해 대담한 모욕"을 가한 것에 거의 찬탄에 가까운 글을 쓰는 한편 『차라투스트라』가 거의 "우스꽝스러울" 지경이라고 말하기도 했는데, 그 말 또한 정확한 지적이다. 나는 니체는 아무리 읽어도 질리는 법이 없지만 『차라투스트라』만큼은 너무도 지루하다. 거기서 니체는 자신이 다이너마이트라고, 벼락을 내리치고 있다고, 수천 년의 과업을 이루었다고 주장하지만, 원래부터 그는 철학자를 위한 대형 실황 공연 무대 같은 곳과는 어울리지 않았다. 『안티크리스트』가 "7개 언어로 번역되고, 각 언어의 초판이 약 백만 부씩 발행"될 것이라고 상상하면서 그는 아무도 모르게 방에서 계속 글을 끼적였다. 그가 자신의 자존심에 대해 이야기한다면, 그것은 자존심이 얼마나 깊이 상처 입었는지를 드러내는 신호였다. 그가 휘트먼적으로 치료하고자 애썼던 정신적 상처는 또한 그 자신의 것이기도 했다. 세상을 뒤흔들 만큼 충격적인 그의 문장들 속에는 그의 가장 내밀한 성향들이 내재해 있다. 그의 야망들은 겸손하고, 방대하며, 사적이다. "나는 인간 존재에게서 가슴을 아프게 하는 잔혹한 성격의 일부를 제거하고 싶다"고 그는 1882년 어느 편지에 썼다. "하지만 여기에서 계속할 수 있으려면, 아직 누구에게도 결코 드러낸 적 없는 것을 당신에게 공개해야 할 것이다. 내 앞에 놓인 과제, 바로 내 인생의 과제를 말이다."

43

예술가나 작가, 음악가에게는 작품을 완성하고 마무리해 후대에 가지런히 전달하는 경우보다 미완성으로 남겨 두는 경우가 훨씬 일반적이다. 그렇다면 미완성임에도 불구하고 출판하기에 적합한지 여부를 결정하는 것은 전적으로 유작의 상태에 달려 있다 하겠다. 그러나 미완성 작품(슈베르트의 교향곡, 카뮈의 『최초의 인간 The First Man』, 리스의 자서전 『웃어보세요 Smile Please』, 아도르노의 베토벤에 관한 저서, 에드워드 사이드가 말년의 양식에 관해 쓴 저서•)과 애초에 결코 완성하지 않을 예정으로 시작한 프로젝트에 해당하는 작품들—빌라마따스가 "불가능한" 책들이라고 일컬은 작품들—의 차이에 대해 잠시 생각해 보자. 제인 오스틴의 『샌디턴』은 그녀의 사망 당시 미완성으로 남았다. 조지 엘리엇의 『미들마치』는 저자가 온 생애를 다 바친다 해도 결코 완성되지 않을 작품의 원형이 되어 캐소본 목사의 저서 『모든 신화를 여는 열쇠』의 기반이 되었다. 발터 벤야민의 『아케이드 프로젝트』 영어 번역자들은 "이 작업의 범위와 수집된 자료의 양은 방대한 서사시적 규모였는데, 이 과제가 도무지 끝이 보이지 않는 점 또한 마찬가지로 서사시적이었다"고 밝힌다.

• 정확한 제목은 『말년의 양식에 관하여 On Late Style』이다.

터너는 "어떤 어처구니없는 생각이 새롭게 떠오르면 아마도 결코 끝내지 못할 일을 시작하게 된다"고 설명했다. 당시 그의 나이가 66세였으니 충분히 이해할 만했다. 내가 이 글을 쓰고 있는 현재 84세인 로버트 카로는 린든 존슨의 생애에 대한 다섯 번째이자 마지막 권을 완성하기 위해 부지런히 시간과의 싸움을 벌이고 있다. 그가 오랫동안 건강을 유지한다면 충분히 해낼 수 있으리라 확신한다. 제임스 터렐의 〈로덴 분화구Roden Crater〉 프로젝트는 좀 더 불확실한 사례다. 설치 미술과 대지 예술land art의 이 거대한 조합은 수년 전부터 거의 완성 단계에 이른 것처럼 보였다. 언론인들과 후원자들은 애리조나주 북부에 위치한 현장 방문이 허용되었지만, 최종 공정이 임박할 것으로 여겨질 때마다 터렐은 새로운 건설 단계를 발표했다. 작업을 마무리하면 겨우 그 장소를 유지할 정도로만 자금 지원이 줄어들 터이므로, 여러 가지 측면에서 작업을 '완성'해야 할 실질적인 유인이 없었던 것이다. 아니, 이런 말은 너무 냉소적인지도 모르겠다. 어쩌면 대지와 빛, 인간의 지각과 초월의 정점에 도달하려는 시도는 언제나 애초에 상상했던 것보다, 혹은 상상할 수 있었던 것보다 훨씬 더 오랜 시간을 필요로 하는 운명인지도 모른다.

물론 터렐이 유일무이한 사례는 아니다. 건축가 로버트 하비슨은 많은 건축가들이 아직은 지어지지 않았지만 현실화될 가능성이 있는 건축물의 설계도를 그린 반면(베토벤과 동시대를 살던 사람들이 그의 피아노 소나타 29번 op. 106, 〈하머클라비어)를 연주할 수 없는 곡으로 간주했던 것과 같은 방식으로*) 또 다른 건축가들은 기술적으로 실현 가능성이 거의 없을 뿐만 아니라 그의 책 『완성된 건축, 미완성된 건축, 완성할 수 없는 건축 The Built, The Unbuilt, and the Unbuildable』에서 세 번째 범주에 속하는 건축물들 즉 결코 지을 수 없는 건물들에 대한 환상에 빠지길 즐겼다고 지적한다.

44

완성된 작품과 미완성된 작품, 완성할 수 없는 작품 사이의 관계는 낭만주의에서 매우 중요한데, 특히 작품 세계가 충분히 구현되기 전에 단명한 인물, 셸리, 키츠, 채터턴(워즈워스는 그를 "놀라운 소년"이라고 불렀다) 등에게서 가장 분명하게 드러난다. 낭만주의 시인들이 남긴 미완성 작품이나 단편적인 작품—콜리지의 유명한 미완성 작품 『쿠빌라이 칸 Kubla Khan』과 같은—들은 완성되어 완전해진 작품보다 더 높은 가치를 인정받곤 했다. 주제 측면에서는 폐허

---

* (원주) 베토벤은 더욱 조심스럽게, 이 곡이 향후 50년 동안 피아니스트들을 바쁘게 만들 것이라고 예측했다. 그리고 토마스 만의 『파우스트 박사』에서 크레치마르는 베토벤의 후기 소나타들, 특히 단 두 개 악장으로 이루어진 마지막 작품 op. 111에서 미완성된 느낌을 받는다고 말한다. op. 111에 왜 3악장이 없는지에 대한 크레치마르의 뛰어난 강의는 만이 이 소설을 쓸 때 '음악적 조언자' 역할을 했던 아도르노에게서 비롯한 것이 거의 분명하다.

가 된 광경만큼 영감을 불러일으키는 광경은 거의 없었다. 과거 다양한 시점으로 완성된 「폐허가 된 오두막The Ruined Cottage」, 「마이클Michael」, 혹은 가장 극적인 작품 「오지만디아스Ozymandias」에서 다루는 장소들은 쇠락 속에서 더욱 완전히 구현되었고, 폐허 속에서 의미를 완성했다.* 이상적인 것은 당연하게도, 완성되기 전에 폐허가 되어 버린 것이었다. 이것을 시적으로 발현시키면 어떻게 되는가. 본질적으로 완성될 수 없는 작품, 미완성되거나 포기됨으로써 오히려 이상적인 형태를 이루는 작품이 된다.

45

니체는 서문과 머리말을 쓰는 데 광적으로 집착했고, 이전에 발표한 책들의 새로운 판본에 서문을 덧붙이지 않고는 견디지 못했다. 그는 이전 책들을 아직 발표되지 않은 책들의 서문으로 여겼다. 심지어 인류에게 선사한 가장 위대한 선물이라고 공표했던 『차라투스트라』 자체조차 "입구, 입문서, 서문"으로, "일관된 철학적 작업에 이르는 관문일 뿐" 등으로 다양하게 묘사되었다. 한때 이 작품은 『권력에의 의지』라고 불릴 예정이었으나, '모든 가치의 전도'라는 네 부

• 「폐허가 된 오두막」과 「마이클」은 윌리엄 워즈워스의 작품이고 「오지만디아스」는 퍼시 비시 셸리의 작품이다

분으로 계획된 과제를 위해 이 제목을 넘겨주었다. 1888년 9월 3일, 니체는 이 '가치 전도'의 서문을 쓰고 "아마도 지금까지 쓰인 가장 인상적인 서문"이리라고 생각했다. '가치 전도' 과제의 네 부분 중에서 완성된 것은 첫 번째 부분인 『안티크리스트』뿐이었다. 하지만 이 원대한 계획의 나머지 부분들은 각각 해체된 뒤 독립적인(그러면서도 서로 연결돼 있는) 증보판 작업에 흡수되었으며, 그에 따라 '가치 전도'는 단 한 권의 별도 저서만 출간한 뒤 완성된 것으로 간주되었다. 『이 사람을 보라』는 니체 초기 저작들의 탄생 배경에 대한 일종의 개론서로, "가장 높은 수준의 준비 작업"이자 "'모든 가치의 전도'에 대한 서곡"이기도 했다. 니체는 1888년 10월 15일, 자신의 마흔네 번째 생일에 '사람은 어떻게 자기 자신이 되는가'에 대한 이야기에 돌입해 3주 만에 급히 완성했다. 이 책은 1908년 그의 사후에 누이동생에 의해 출간되었다.

원래는 『은둔자 The Recluse』라는 매우 긴 시—장편 시 『소요 The Excursion』(제1권에 「폐허가 된 오두막」의 한 가지 버전이 포함되어 있다)까지 통합시킨—의 일부로 계획했던 워즈워스의 『서곡 The Prelude』은 '어느 시인의 마음의 성장'이라는 주제를 중심으로 확장되었다. 시는 1805년 5월에 '완성'되었지만, 워즈워스는 시를 출판하는 대신 1839년까지 간격을 두고 계속 수정했다. 심지어 최종 수정 단계에서조차 제목이 "정해지지 않았다." 1799년 10월에 워즈워스는 콜리지에게 이 시를 『은둔자』의 마지막에 추가하자고 제안했고 콜리지는 이를 마음에 들어 했다.* 시인의 여동생 도로시는 1804년에 이 시를 "『은둔자』의 부록"이라고 칭했지만, 훗날 워즈워스 부인은 이 시의 확장판에 '부록'이나 '추가 내용'과는 정반대의 의미를 담은 제목(『서곡』)을 선사한 뒤 따로 출간했다. 때는 1850년, 시인이 세상을 떠난 뒤였다.

그리하여 워즈워스가 어떻게 시인이 되었는가에 대한 이야기는 최종적으로 확정되거나 고정된 형태를 갖추지 못하고, 영원히 형성되어 가는 상태로 남게 된다. 이것은 부분적으로는 그 과정이 계속 진행 중이었기 때문이고, 부분적으로는 해당 이야기—결국 『서곡』이 무언가의 서곡이 된 이야기—를 그 자신이 만족할 만큼 명확히 표현하거나 결론짓지 못했기 때문이다. 『옥스퍼드 영문학 선집: 낭만주의 시와 산문 The Oxford Anthology of English Literature: Romantic Poetry and Prose』도 이 시를 소개하면서 방금 내가 지적한 부분을 단호하게 설명한다. "아마도 그는 자신이 얼마나 많은 것을 잃었는지 스스로 떠올리고 싶지 않았을 것이며, 또한 다른 사람들이 떠올리는 것 역시 원치 않았을 것이다." 여전히 가끔씩 시를 계속 쓰는 동안에는, 혹은 시를 완성하고 출간하기 전까지는, 그는 여전히 시인이었다. 시집이 완성되면—텍사스 공연이 끝

---

* 워즈워스는 『은둔자』를 구상하면서 자신의 자전적 시 『서곡』을 포함하고자 했다. 시의 제목을 『서곡』으로 정하기 전, 워즈워스는 이 시를 평소 자신의 작업을 독려한 "콜리지에게 바치는 시"라고 불렀고, 콜리지에게 『은둔자』의 마지막 부분에 추가하자고 제안했다.

난 후 내 친구가 딜런에 대해 했던 말로—그는 끝날 터였다.

딜런이 자신의 노래를 끊임없이 수정한 것과 마찬가지로 워즈워스 역시 매우 꾸준하게 『서곡』을 수정했다. 나는 대학 시절 펭귄출판사의 병렬 텍스트 판본(카스파 다비트 프리드리히의 「무지개가 있는 산 풍경Mountain Landscape with Rainbow」이 표지에 실린)으로 『서곡』의 두 가지 버전을 공부했다. 옥스퍼드 선집은 1850년 버전이 "수사적으로 우수하다"고 평가한 반면, 다른 출판사들은 1805년 버전이 더 직접성이 있으며 1850년의 워즈워스는 이전 버전에서 더 쉽게 얻을 수 있었던 효과를 얻기 위해 무리하게 애썼다고 주장했다. 나는 귀가 얇은 편이지만 둘 중 어느 버전에서도 강렬한 느낌을 받지 못했다. 지금도 마찬가지다. 어떤 부분은 이 버전이 다른 부분은 저 버전이 약간 더 강렬할 뿐이며, 전체적으로는 두 버전 모두 거의 마찬가지다.

1805년판 11권이나 1850년판 12권의 핵심 구절은 몇 군데에서 약간 차이 날 뿐이다. 1805년 버전은 다음과 같다.

> 지나간 날들,
> 나에게 돌아온다 거의 인생의 새벽부터;
> 내 힘의 은신처들이
> 열린 듯하여, 나는 다가가지만, 이내 닫히고 만다;
> 나는 지금 어렴풋이 보이지만, 노년이 다가오면
> 거의 아무것도 볼 수 없을지 모른다; 그러므로 나는
> 기꺼이 주리라

아직 우리가 가능할 때, 단어가 줄 수 있는 만큼,
내가 느끼는 것에 실체와 생명을:
나는 과거의 마음을 소중히 안치하려 한다
미래의 회복을 위하여.

　1850년에는 "내 힘"이 "인간의 힘"이 된다. 다시 말해 개인적인 의견(시인의 모든 불안을 수반한)에서 선언(선언들이 독자에게 일으키는 모든 혐오감을 수반하는)으로 바뀐 것이다. 어느 시인의 마음의 성장이라는 부제에도 불구하고, 『서곡』은 점진적으로 증가하면서 어느새 확연히 눈에 띄고 마는 마음의 약화에 대한 이야기이기도 하다. 자신이 축하하고자 했던 바로 그 힘이 쇠퇴하고 있음을 워즈워스가 암묵적으로 인정했다고도 볼 수 있을까. 그렇다면 이 시는 그 예견된 쇠락을 실현하는 동시에 무기한 연기하는 이중의 위업을 성취할 것이다. 마지막 수정 작업이 한창이던 1839년, 그는 이 무렵이면 책을 전혀 볼 수 없을지도 모른다는 예전의 두려움에도 불구하고 여전히 '어렴풋이' 볼 수 있었다. 덕분에 그는 "과거의 정신을 소중히 안치하려 한다 / 미래의 복원을 위하여"라는 행 속에 이 프로젝트의 주제 혹은 그의 의지를 심을 수 있었고, 그렇게 그의 복원 작업은 성사될 수 있었다. 어쩌면 미래의 "유해 발굴"을 위한다는 표현이 더 정확했을지도 모르지만, 그 표현이 주는 섬뜩한 함의들은 너무 섬뜩했을 것이다. 하지만 몇 행 뒤에 바로 그런 달갑지 않은 암시가 슬그머니 다가온다. 그의 어린 시절 사건들에 대한 묘사가 다시 시작되고, 1805년에 "나에게 영향을 미친 이런 사건들"은 1850년에 이르러 "이런 기념물들"이 된다. 시는 그 시 자체를 위한 하나의 기념물이 된 것이다. 워즈워스는 중재 혹은 해석 과정을 거치지 않은 본래의 경험/과거에 다시는 가까이 갈 수 없을 터였다. 그 경험을 언어적으로 재배치할 수는 있었지만(때로는 더 경쾌하게, 때로는 더 절제된 리듬을 통해), 그 경험 자체를 재고하거나 재구성할 수는 없었다. 그가 1805년 버전에서 묘사했듯, 과거/경험은 이미 '안치'된 상태였던 것이다. 1805년 버전은 그와 과거-경험들 사이의 장벽이 된 것에 그치지 않고, 그 경험들 자체가 되었다.

이것은 사진의 등장으로 시간 속 순간을 기술적으로 창조하고 보존하며 재생산할 수 있게 된 이후부터 일반화된 무언가의 한 가지 버전 혹은 서곡이다. 다시 말해, 어린 시절 기억이 경험 자체가 아니라 경험을 담은 사진에 대한 기억으로 이루어지는 것과 같은 방식인 것이다. 이것은 워즈워스가 묘사하고 나열한 "시간의 점들spots of time"의 주요 요소 중 하나와 일치한다. 즉 한 사람의 일생 동안 "생기를 불러일으키는 미덕"을 간직하고 있는 순간들 말이다. 살인자가 교수형에 처해진 "장소spot"—1805년 버전에서 워즈워스는 장소를 지칭하기 위해 spot이라고 언급하지만, 1850년 버전에서는 이 말장난이 삭제되었다—가 기억에 남는 이유는 그곳에서 일어난 일 때문만이 아니라 거기 세워져 있는 "기념비적인 글"에 살인자의 이름이 새겨졌기 때문이며, 마을의 미신에 따라 그 주변의 풀이 모두 제거되어 "지금까지도 / 모든 글자들이 선명하게 보이기" 때문이다. "먼 과거의 시간"에 "알려지지 않은 손"에 의해 먼저 새겨진 말들을 숙고한 워즈워스는 (1805년에) 자신의 손으로 그 말들을 다시 새겼고, 그 과정에서 저 먼 과거의 말들을 재구성하거나 수정할 가능성을 지니게 된다.

    나는 그와 비슷한 과정이 여기에서도 반복되고 있음을 인식하고 있다. 예전에 쓴 책 『지속의 순간들』에서 이미 그 구절들을 인용한 적 있었기 때문이다. 나는 그런 구절들을 향해 자꾸만 되돌아가곤 한다. 왜냐하면 작가들이 (자기) 마음에 관해 쓴 모든 이야기들—계속 진행 중인 서곡이자 일종의 반주, 부록, 혹은 후일담이기도 한—은 그 작가가 일종의 독자로서 성장하는 모습을 담고 있기 때문이다(주의를 기울이지 않으면 이 성장은 금방 수축하고 만다). 이런 이유로 나에게 『서곡』은 그 자체로 시간의 점이라 할 수 있지만, 내가 "자꾸만 되돌아가게 된다"고 말할 때 그 말은 아주 정확한 표현은 아니다. 열여덟 살에 나는 이 책의 많은 부분을 외웠다. 내가 이 책을 따로 떠올릴 필요가 없는 이유는 (지금처럼 간혹 정확한지 확인하는 경우를 제외하면) 애초에 결코 떠난 적이 없기 때문이다.

46

독자로서 이런 시간의 점들은 시각 예술에 대한 내 감상이 각성된 것과도 밀접한 관련이 있다. 『서곡』 본문에 대한 감상은 펭귄 판 표지에 실린 그림에 대한 매혹과 호기심으로 이어졌다. 프리드리히는 내가 단박에 알아볼 수 있었던 화가 중 한 명으로, 나는 『서곡』뿐만 아니라 헤르만 헤세의 『나르치스와 골드문트』(「오크 숲속 수도원 Abbey in an Oak Forest」의 안개 속 황폐한 나무들과 으스스한 폐허), 『니체 독본 A Nietzsche Reader』(언덕 위에 서 있는 벌거벗은 나무), 그리고 『이 사람을 보라』(「안개 낀 바다 위의 방랑자 Wanderer over the Sea of Fog」의 고독한 모습)의 표지에도 그의 그림이 실린 것을 알아보았다.

47

"인간과 시간을 벗어난 6000피트 저편"의 한 점 위에 서 있는 프리드리히의 방랑자가 경험하는 풍경. **영원회귀**에 대해 처음 어렴풋이 알게 된 순간은 그와 같은 절정의 경험으로 묘사될 수 있을 것이다. 세상 모든 가치를 재평가하겠다는 시도는 어떤 기준으로 보더라도 엄청난 미완으로 남겨질 확률이 매우 높다. 하지만 니체가 그런 시도를 하는 과정 중에 제시했던 소박한 제안들을 기억하자. 신의 죽음을 선포한 것으로 유명한 자칭 안티크리스트는 아침에 기도를 드리는 종교적 예식 대신에, "깨어 눈을 뜨자마자 오늘 하루 적어도 한 사람에게라도 기쁨을 줄 수 있을지 생각하라"고 권고한다. 얼마나 멋진 생각인가! 이른바 "마음의 예의"를 옹호한 니체는 이후 쉽게 조롱의 대상이 된 캘리포니아 문화의 미덕인 습관적인 친절을 극찬했다.

> 과학이 크고 귀한 것들보다 더 주목해야 할 것은, 작지만 무한히 빈번하게 일어나고 따라서 매우 유효한 것들 가운데 선의로 간주되는 것들이다. 교류 안에서 드러나는 친절한 기질, 그 미소 짓는 눈, 그 맞잡은 손, 거의 모든 인간 행동에 흔히 수반되는 그 쾌활함 같은 것들 말이다. (……) 그러므로 오직 바르게 생각하고, 아무리 괴로운 인간의 삶에서조차 매일 풍요롭게 주어지는 모든 위로의 순간들을 잊지 않는다면, 슬픈 눈으로 바라볼 때보다 훨씬 더 많은 행복을 세상에서 발견할 것이다.

48

니체가 토리노에서 보낸 시간은 사소한 것들에 의해 밝게 빛났다. 혹은 그에게만큼은 정말 그렇게 보였다. 그가 상점에 들어섰을 때 사람들의 환한 얼굴이라든가, 그를 위해 최고의(한 편지에서는 "찬란한", 다른 편지에서는 "가장 달콤한") 포도를 남겨둔 시장의 할머니들이라든가. 하지만 동시에 그의 이름에는 '이루 말할 수 없는 무수한 비운'이 따라붙었다.

바그너와 고통스럽게 결별한 후, 음악이 어떤 것이어

야 하는가에 대한 니체의 생각은 필연적으로 변화를 겪었다. 그는 음악이 가벼운 발걸음으로 움직이는 것, "경쾌하고도 심오한 것", 독일적인 것이 전혀 없는 보다 "남부적인 것"이 되길 바랐다(독일인이 음악이 무엇인지 알 수 있다는 주장을 나는 결코 인정하지 않겠다). 바그너는 베토벤 현악사중주 op. 131의 느린 첫 악장에 대해 음표로 쓰인 가장 슬픈 것이라는 유명한 말을 했다. 나에게 가장 슬픈 것은 니체가 토리노에서 이 음표, 이 음악을 접하지 못했다는 사실이다.『바그너의 경우』를 완성한 후, 니체는 계속 추신을 덧붙이고 후기까지 추가했다. 바그너가 도무지 놓아지지 않았던 모양이다! 두 번째 추신에서 그는 자신이 바그너와 전쟁을 벌였다고 해서 "다른 음악가들"에게 찬사를 보내고 싶지는 않았다고 강조한다. 하지만 어차피 베토벤은 누구의 찬사도 필요로 하지 않았기에 개의치 않았을 것이다. 나는 토리노에서의 활기차고 외롭고 우스꽝스러운 니체의 모습―간혹 어딘가에 독자가 있다는 소식이라도 들었다 하면 도처에 무수한 독자들이 있을 거라고 믿으며, 결국엔 인정받게 되리라는 망상을 날마다 더욱 단단히 움켜쥐는―을 떠올리면 베토벤의 후기 현악사중주들이 그에게 안겨 주었을 위로를 떠올리지 않을 수 없다.

49

방금 내가 했던 말은 어쩌면 감상적이고 부적절할지 모른다. 그 선율이 아무리 아름답다 해도 결코 감상적으로 연주될 수 없는 작품들을 논하기에는 말이다. 감상주의를 부당하게 얻어진 감정이라고 정의한 사람이 조이스였던가? 그 의견에 따라 말하자면, 비록 연주 자체가 서투르다 해도, 후기 현악사중주들을 연주한다는 것은 그 감정이 정당하게 얻어졌음을 보장하는 것이다(음표 하나 연주할 줄도 읽을 줄도 모르는 사람이 이렇게 써도 좋을지 모르겠다). 감상적으로는 이 곡들을 듣는 것조차 불가능하다.

이 주제에 대해, 감상주의에 대한 이런 작은 주제에 대해 이야기하는 김에, 팔로스 베르데스에서 있었던 어느 저녁 식사 자리에 대해 언급해야겠다. 캘리포니아에서는 으레 있을 수 있는 일로, 나는 우연히 한 천체물리학자 옆에 앉게 되었다. 우리는 베토벤에 대해서는 이야기하지 않았지만 나는 자연스럽게 보이저호에 대해, 그리고 보이저호가 성간 공간에 진입한 것에 대해 그녀에게 물었다. 그녀는 이 생각에 냉담했을 뿐만 아니라 상당히 경멸스럽다는 태도를 보였다. 어떤 전환 같은 것은 없다고, 그녀는 단언했다. 단지 같은 일이 계속 이어질 뿐이라고 했는데, 내가 제대로 이해했다면, 이 말은 같은 일이 계속 이어질수록 그 '같음'이 점점 줄어든다는 의미 같았다.

50

니체와 베토벤 사이에서 특별한 연관성을 발견한 사람이 나뿐만은 아니다. 『참을 수 없는 존재의 가벼움』은 영원회귀에 대한 논의와, 니체가 이 사상을 "가장 무거운 짐das schwerste Gewicht"이라고 생각했다는 이야기로 시작한다. 잠시 뒤에 등장인물 한 명이 "그래야만 한다Es muss sein"라는 말로 자신이 내린 중요한 결정을 뒷받침한다. 밀란 쿤데라는 이것이 베토벤의 마지막 현악사중주 마지막 악장에 대한 "암시였다"고 설명한다. 쿤데라는 베토벤과 자기 자신, 두 사람이 의도한 바를 분명하게 하려고 작곡가가 "Der schwer gefasste Entschluss"라는 문구로 이 악장을 소개했다고 설명한다. 일반적으로 '어려운 결심'이라고 번역되는 이 문구는 "'무거운 결심' 혹은 '중대한 결심'으로 해석될 수도 있다."

쿤데라는 특유의 경쾌하고 재치 있는 말장난과 사유를 통해(베토벤의 저 엄숙한 문구가 그의 음악을 숭배한 어느 부유한 이를 겨냥한, 야말로 대가를 치른 농담이었을 수도 있다는 사실은 언급하지 않았으나) 베토벤의 마지막 현악사중주 마지막 악장과 니체의 영원회귀 사상이 잠시 서로 가까워지도록 허용하지만, 그들의 이름을 같은 페이지 안에 등장시키지는 않는다. 하지만 『배신당한 유언들』에서는 둘의 연관성이 분명하게 드러나는데, 형식적으로 그들이 동일한 생활 공간을 공유하는 것으로 여겨지기 때문이다. 쿤데라는 니체의 저서들에 담긴 '구성적' 특성을 설명한 다음, 이 저서들에 담긴 사상은 그 형식 및 문체와 분리될 수 없다고 지적한다. 그런가 하면 음악에서 하이든 같은 작곡가들이 그처럼 다작을 할 수 있었던 한 가지 이유는 그들이 하나의 형식, 즉 "기존에 존재하는 틀" 안에 자신들의 발명품을 채워 넣었기 때문이라고 말한다. 베토벤은 피아노 소나타 작품들에서 이런 확립된 형식들에 기꺼이 의지했지만, 결국 형식 자체를 "근본적으로 개별적"인 것으로 만든다. 후기에 해당하는 소나타 작품들은 각각 "독특하고 전례 없는 방식으로 작곡"되었다. 이것은 모든 예술가들에게 "작품 자체가 하나의 발명품, 다시 말해 저자의 독창성을 한껏 끌어낸 발명품이어야 한다"는 더 넓은 함의를 지닌다. 그러므로 미래의 철학자—니체 이후의 철학자—는 '실험가'가 될 것이다.

독특한 문체적 특징, 형식의 혁신, "일반적으로 받아들이는 사고 체계"를 거부하기, 다양한 철학 분야 간 장벽을 받아들이지 않기 등 니체가 시도한 모든 것이 가져올 또 다른 결과는 "철학이 소설에 더욱 가까워질" 정도로 주제의 폭이 매우 광범위해진다는 것이다. 처음으로 철학자는 소설가처럼, 그리고 위대한 작곡가처럼 "인간의 모든 것"을 숙고할 수 있게 되었다. 쿤데라는 니체 이후로 철학의 과제는 "미지의 것으로 나아가기 위해 균열을 만드는 것"이 되리라고 결론을 내린다.

아이러니하게도 쿤데라는 이런 독창적인 계산과 공식을 논픽션 형식으로 제시함으로써 소설을 넘어서는 모험의 가능성을 열어 놓았다.

51

1967년 2월 22일에 드럼 연주자 라시드 알리와 함께 제작한 존 콜트레인의 마지막 스튜디오 음반은 그의 사후에 《인터스텔라 스페이스Interstellar Space》라는 제목으로 발매되었다. 콜트레인은 음반 제작 후 5개월이 채 안 되어 1967년 7월 17일에 마흔 살의 나이로 사망했다. 다른 활동 분야에서라면 너무도 짧은 삶이었을 것이다. 그러나 재즈 분야에서만큼은 보험 통계 기준과 대체로 일치한다. 그가 너무 갑작스럽게 병으로 세상을 떠났기에, 우리는 그의 작품에 대해 후기가 아니라ー그러기엔 너무 이른 시기였다ー최근 작품이라고 부를 수 있을 따름이다. 콜트레인의 경우 베토벤이 후기 양식에 도달하면서 갖게 된 의미 즉 일반적으로 통용되는 의미에서 후기 시기를 맞은 것이 아니었다. 그냥 끊임없이 퍼붓던 소리가 갑자기 뚝 멈춘 것이었다. 마찬가지로 개리 위노그랜드*도 갑작스러운 질병으로 1984년 쉰여섯의 나이에 사망해, 그가 가까스로 엿보았던 무수한 이미지들ー일부 추정에 의하면 약 3백만 장에 달하는ー을 남기고 떠났다.

    콜트레인의 마지막 시기에 발매된 음반들이 흥미로운 이유는 그 안에 보존된 음악 때문이기도 하지만, 이후로 그가 어디로 향했을지에 대한 암시를 얻을 수 있기 때문이기

• Garry Winogrand, 미국의 사진작가.

도 하다. 이 마지막 세션의 곡 제목들—'화성', '금성', '목성', '토성'—을 고려하면, 이 이상 더 어디로 갈 수 있었을까? 하는 의문이 들 법도 하다. 이 수사적 질문에 트럼펫 연주자 찰스 톨리버의 대답만큼 멋진 대답은 없을 것이다. 그는 콜트레인은 "우주"로 떠났다고 말했다.

콜트레인이 남긴 녹음에 대한 고고학적 발굴 작업이 진행되는 가운데 최근에 발견된—공연 중 일부가 조악하게 녹음된 해적판으로 유통된 적이 있었기 때문에 복원되었다는 표현이 더 정확할 것이다—녹음 중 하나는 1966년 11월 11일 필라델피아 템플대학교 공연 실황이었다. 절규, 비명, 야생성—격렬한 반反 침묵—으로 가득한 이 음악이 전통적으로 1분간 묵념의 시간을 갖는 정전 기념일에 연주되었다는 사실은 다소 아이러니하다. 당시 재즈계는—특히 콜트레인에게는—상황이 매우 빠르게 변하고 있었다. 이 템플대학교 실황은 1965년 9월 2일 클래식 콰르텟(매코이 타이너, 엘빈 존스, 지미 개리슨)과의 (몇몇 부분은 훌륭했던) 마지막 녹음이 이루어진 지 불과 14개월 뒤에 이뤄진 것이었다.

템플대학교 녹음 앨범을 듣고 난 후 《첫 번째 명상(사중주 용)First Meditations (for Quartet)》 앨범을 들어 보니, 그런 일이 가능하다면, 1980년대에 꾸준히 들었을 때보다 훨씬 압도적인 느낌이 들었다.* 내가 "몇몇 부분은 훌륭하다"고 말한

• (원주) 내가 《첫 번째 명상》을 처음 들은 때는 1980년대 중반, 브릭스턴

이유는 처음 두 곡인 〈사랑Love〉과 〈연민Compassion〉 이후로는 여전히 나를 사로잡지 못하기 때문이다. 이 콰르텟은 조용히 과거 속에 묻혀 있던 곡들을 다시 불러냈다(앨범 《라이브 앳 더 빌리지 뱅가드Live at the Village Vanguard》에 수록된 〈영가Spiritual〉, 앨범 《라이브 앳 버드랜드Live at Birdland》에 수록된 〈앨라배마Alabama〉 등). 〈사랑〉과 〈연민〉 사이를 가로지르는 것은 그러한 마지막 부활의 에너지인데, 그 에너지가 더욱 기적적인 위력을 지니는 이유는 〈사랑〉에서 콜트레인이 절규하는 갈망이 체념에 의해 강화되기 때문이다. 그리고 이 체념은 응답받지 못하리라는 사실에 대한 인정(《러브 수프림 A Love Supreme》에 수록된 곡 〈인정Acknowledge〉에서 한 단계 더 나아간 모습)이다. 콜트레인에게는 후기라는 시기가 없었을지 모르지만 그의 콰르텟에는 확실히 그런 시기가 있었다고 볼 수 있겠다.

타이너와 존스는 한동안 콰르텟을 지켰는데, 11월 23일에 녹음된 수정된 버전의 《명상Meditations》 앨범에 파로아 샌더스와 함께 라시드 알리가 등장하면서 존스의 기여는 희석되었다. 버닝맨 페스티벌에서 프리 재즈 세미나가 열렸

에 사는 친구 크리스의 방에서였지만, 내 기억에 각인된 때는 몇 달 뒤 두 번째로 들었을 때였다. 나는 어느 하우스 파티의 복도에 있었는데, 거실에서 흐르는 펑크 음악 위로 콜트레인의 곡인 것 같은 소리가 들렸다. 소리를 따라 이층 침실에 들어가 보니, 서너 명의 남자들이 볼륨을 크게 틀어 놓고 약에 잔뜩 취해서 넋을 놓은 채 몰입해서 앨범을 듣고 있었다.

을 때 내가 아무도 청한 사람 없고 분명 아무도 반기지 않은 내 견해를 늘어놓는 동안 재즈 카페에서 흐르던 음악이 바로 이 앨범이었고, 나는 참석자들에게 이 콰르텟의 원곡 버전을 들어 봐야 한다고 강력하게 권했다. 존스와 타이너가 떠난 후 콰르텟의 구성원 가운데 콜트레인의 마지막 밴드에 남은 사람은 베이시스트 지미 개리슨뿐이었고(템플 공연에서는 그가 빠지고 대신 소니 존슨이 참여했지만), 샌더스, 알리, 그리고 콜트레인의 부인 앨리스가 피아노를 맡았다.

한편으로는 이미 엘빈이 드럼을 맡고 있는 상황에서 또 다른 드러머를 추가한다는 것은 매우 놀라운 발상이다. 아마도 콜트레인은 자신이 결정한 바들을 더 명확히 설명하기 위해 뮤지션들을 추가해야 한다는 강박을 느꼈던 것 같다. 다른 한편으로는《첫 번째 명상》을 듣고 있으면 그와 반대되는 느낌, 즉 콰르텟이 점점 제한되어 가는 느낌, 스스로에게서 벗어날 방법을 모색하는 과정에 있다는, 그러나 동시에 그러한 시도가 필연적으로 좌절되고 있다는 느낌을 받기도 한다. 추가로 합류한 뮤지션들은 이런 문제와 정면에서 부딪힌다. 그들은 타이너와 존스가 일으킨 엄청난 중력의 이끌림에 굴하지 않고, 치러야 할 대가나 향하고 있는 방향조차 개의치 않고—돌이켜보았을 때 그 방향이 필연적이었음을 받아들인다 하더라도—음악을 확장한다. 이 마지막 단계에서 테너 색소폰의 변함없는 동반자인 파로아는 템플 공연에서 젊은 색소폰 연주자 스티브 노블락, 아널드 조이너와 잠시 함께했다. 추가된 네 명의 타악기 연주자들도 참여할 기회를 얻었다. 사람들은 그 민주적인 포용성에 박수를 보내면서도 결과에 납득할 수 없다는 반응을 보인다. 그날 밤 그곳에 있었다는 것은 분명 엄청나게 흥분된 일이었을 테지만(상황적인 이유들로 인해 공연장은 만석이 아니었더라도), 프리 재즈가 흔히 그렇듯이, 공연 이후 녹음으로 들으면 이 흥분은 시들해지기 마련이다. 아니, 어쩌면 그 순간의 도취된 광란 속에서는 파악하기 어려웠던 것이 녹음을 통해 분명하게 드러나는지도 모른다. 즉 프리 재즈가 여전히 제 길을 달리면서 한계를 부수는 동안에도, 이미 그것은 제명을 다했고 한계에 부딪쳤다는 것을. 그러나 한계에 부딪친다고 해서 계속할 수 없다는 의미는 아니며, 특히나 이 단계에서 음악이 짊어져야 했던 역사의 거대한 짐을 감안하면 더욱 그렇다. 이와 관련하여, 가장 선한 이들은 확신을 잃어버렸고 가장 악한 이들은 강렬한 격정으로 가득 차 있다고 한 예이츠의 주장에 의문을 갖게 된다. 콜트레인은 그 어느 때보다 강렬하게 격정적이다. 그는 확신을 잃었을까? 어쩌면 예이츠의 주장이 틀렸을 수도 있고, 아니면 콜트레인이 강렬한 격정을 이용해서 더 깊은 확신의 부재를 은폐하거나 위장한 것일 수도 있다.

콜트레인은 〈리오Leo〉와 〈마이 페이버릿 싱스My Favorite Things〉를 연주하면서 노래를 부르거나, 웅얼거리거나, 소음을 내고 가슴을 치는 식의 행동으로 템플 공연에서 색다르고도 독특한 흥미를 유발한다. 열렬히 고대하던 이런 순간들은 사실 약간 광적으로 들리기도 하는데, 그렇다고 해서 이런 순간들이 가치가 없다는 의미는 아니다. 어쩌면 이런 순간들, 혹은 콜트레인의 장례식에서 아일러가 비슷한 방식으로 연주하던 순간들이 파로아의 마음에 남아서 1982년 1월 23일 그가 키스톤 코너에서 콜트레인의 〈올레〉를 격정적으로 연주하는 동안 입에서 색소폰을 떼고 괴성을 지르는 순간에 영감을 부여했는지도 모른다. 이 괴성은 파로아의 강렬한 솔로 연주와 힘찬 리듬 섹션으로 이미 활활 타오르던 불길에 기름을 부었다. 콜트레인의 클래식 콰르텟이 처음 활용했던 요소들로 가득 찬 그 추진력은 콜트레인의 마지막 단계에 다다랐을 때는 희미하게 어른거리는 음향 속에서 차츰 약해진 것이었다. 어쩌면 그는 더 이상 그것이 필요하지 않다고 느꼈거나, 심지어 자신의 탐구에 방해가 된다고 여겼을 수도 있다.

이 여정은 흔히 영적인 것으로 여겨지지만, 나는 지도(그가 어디로 향하고 있는지에 대한)이자 기록(그가 어떤 흔적을 남겼는지에 대한)이기도 했던 그의 음악에서 과연 '영적'으로 들을 수 있는 무언가가 있는지 의문을 제기하고 싶다. 만일 그런 것이 있다 해도 나는 그것을 들을 수 없고, 이를—내가 『소리와 분노』를 이해할 능력이 없는 것과 마찬가지로—패배로 경험하지 않는다. 내가 콜트레인의 마지막 단계에서 듣는 것은 그가 막다른 길로 밀어붙여졌다는 느낌이다. 그가 이전까지 밟아 왔던 행적과 그의 창작열을 가속화한 주위 상황이 그를 종착점, 넘기 어려운 장벽을 향해 몰아세운 것이다. 이 막다른 길은 엘빈이 탈퇴 이유를 설명하면서 언급한 "너무 많은 소음"을 특징으로 한다. 이것이 내가 팔로스 베르데스에서 만난 천체물리학자 지인에게서 듣고 싶었던 내용이다. 이론 물리학의 헤아릴 수 없고 심원한 역설들 속에서는 별과 별 사이의 무한한 공간도 막다른 길일 수 있을까?

그런 불가피한 느낌은 그와 가깝고 그에 못지않게 강력한 인물인 마일스 데이비스에 의해 완화될 수 있다. 깐깐하기로 유명한 리더였던 그가 자신의 모든 멤버를 연주에 참여하도록 허락한다든지—다른 사람 공연에서 그들의 연주를 듣고 그들 중 한 명을 고용했을 수는 있어도—혹은 자신의 음악적 여정을 누군가가 '영적인' 용어로 묘사하도록 내버려둔다는 것은 상상하기 어렵다. 수많은 이유, 음악적, 기질적, 그리고 결정적으로는 상업적인 이유로 그는 프리 재즈의 함정을 피하는 한편 그 휘몰아치는 에너지를 최대한 활용했다. 콜트레인이 템플대학교에서 공연하던 당시 마일스는 그의 두 번째 위대한 오중주단(론 카터, 허비 행콕, 웨인 쇼터, 토니 윌리엄스로 구성된)을 이끌고 있었고 조만간 《인 어 사일런트 웨이In a Silent Way》의 우주적 미니멀리즘, 《비치스 브루Bitches Brew》의 소용돌이치는 전자 음악, 그리고 그 이상으로 나아갈 터였다(그가 자신의 초록색 람보르기니에서 눈처럼 새하얀 코카인 더미에 파묻힌 순간, 거의 자멸하기 직전의 그 순간은 막다른 길로서의 우주 공간을 지구상에서 체험한 희귀 사례일지도 모른다).

데이비스는 살아남았고, 오랜 기간 은퇴 생활을 한 후에 복귀했고, 전보다는 쇠약해졌지만 생의 마지막까지 활동을 이어 나갔다. 콜트레인에 대해서는 알려진 바가 없다. 나머지 곡들은 아마도 소음으로만 남지는 않았을 것이다. 재즈 레이블 임펄스에서 녹음한 첫 번째 쾨르텟 앨범에서 〈더 인치 웜The Inch Worm〉을 녹음한 그는, 어쩌면 마지막 순간 놀라운 발견들을 할 수 있는 웜홀wormhole을 향해 조금씩 나아가고 있었는지도 모른다. 살아 있었다면, 아마도 더 많은 단계들을 밟아 가며 웜홀을 향해 나아갈 방법을 모색했을 것이다. 그가 남긴 최후의 녹음들을 듣고 있노라면 말년의 양식에 대한 아도르노의 명쾌한 분석 몇 가지가 떠오른다. 아도르노에 따르면 베토벤 말년의 양식에 대한 일반적인 통념은 다음과 같다. 그가 관습에서 벗어나 순수한 표현의 영역까지 돌파했다는 것이다. 이런 기존의 관습적인 평가에 대해 아도르노는, 후기 작품에서 이 예술가의 개성은 "형식이라는 외피를 뚫고 더 나은 표현을 향하며, 해방된 정신의 독립적 자기 확신을 통해 감각적 매력을 거부한다"고 요약한다. 여기에서도 그렇게 볼 수 있을까? 프리 재즈가 바로 그런 것일까?

물론 콜트레인은 예전 형식과 오래된 명곡들로 계속해서 되돌아온다. 템플 공연의 시작은 〈나이마Naima〉로 열었고, 마지막은 고동치는 심장 외에는 모든 걸 발라내 버린 〈마이 페이버릿 싱스〉였다.(이 공연과 비교하면 약 3개월 전 일본에서 녹음한 버전은 확실히 주목을 끈다.) 이 녹음에서 로저스와 해머스타인이 작곡한 원곡의 흔적은 거의 남아 있지 않지만, 아도르노가 베토벤의 말년 작품에 대해 말한 것처럼, 모든 잔해 속에서 "전통적인 형식과 악절들이 곳곳에 흩어져 있음을 발견하게 될 것이다." 그리고 그 아름다움은 언제나 이들을 집어삼킬 듯 위협하는 황폐한 풍경에 의해 잠시 돋보일 것이다.

52

아도르노의 「베토벤 말년의 양식Late Style in Beethoven」은, 일부는 늦게 찾아온 반면 일부는 지나치게 일찍 찾아온 마지막들에 대해 다루는 이 책의 초기 구상 단계에서 중요한 참고 자료가 되어 주었다. 이 책을 마지막들, 즉 일반적으로 말하는 마지막에 대한 포괄적인 연구서로 만들려는 의도는 전혀 없었다. 이 책은 여러 가지 이유로 내 인생의 한 시기에 내 주변에 모여 거친 별자리 모양을 이룬 경험들, 사물들, 문화적 산물들의 집적에 대한 것이다. 이 단계가 내 마지막이 아니길 바라지만, 다음 단계는 정말 마지막일지 모른다는 인식이 날로 강해져 간다. 그 단계가 내 생각보다 빨리 다가올 경우에 대비해서, 혹은 언제가 될지 모르지만 마지막 단계가 다가왔는데도 내가 그것을 인식하거나 표현할 수 없는 상태가 되어 있을 경우에 대비해서, 바로 지금 이 작업을 마무리해야 한다고 느낄 정도로 말이다.

53

2018년 7월 5일, 나는 로니 스콧 재즈 클럽에서 열리는 파로아 샌더스 공연 시간에 맞추기 위해 윔블던에서 소호로 향하는 지하철을 탔다. 그날의 두 일정 사이에는 서로 어울리는 연관성이 있는 것 같았다. 수염을 기른 브누아 페르는 한쪽 다리에 붕대를 잔뜩 감은 채 경기를 해서, 첫 세트를 6-0으로 내준 뒤 우승을 차지했을 땐 복귀라기보다 운동 신경이 상당히 뛰어난 미라가 부활한 것 같았다.

나는 전에도 파로아를 여러 번 보았지만, 이번에는 정말로 마지막이 될 터였다. 이번 공연은 명목상 그의 공연이었지만, 실은 색소폰 카메오들이 함께 하는 트리오 공연이었다. 파로아는 무척 쇠약해져 있어서 20년 전에 한껏 발휘하던 힘의 극히 일부만으로 연주했다. 그래도 그 힘이 어찌나 대단하던지! 우리는 지혜, 깊이, 영혼의 울림 같은 다른 자질들이 잃어버린 힘과 에너지를 대신할 수 있다고 믿고 싶어 하지만, 파로아의 경우 그가 지닌 에너지와 힘이 바로 그 지혜, 깊이, 그 밖에 우리가 생각할 수 있는 모든 것에서 (이미) 비롯된 것이었다. 그러므로 이제 남은 것은 소멸뿐이었다.

그는 공연 시간 대부분을 의자에서 쉬었다. 흰 수염을 하고, 그 자리에 앉아, 눈을 감은 채, 마치 영원히 존재하는 것처럼, 심지어 거의 혼수상태처럼 보이는 그의 모습은 거의 파라오와 같았다. 리듬 섹션은 〈창조자에게는 전체적인 계획이 있지 The Creator Has a Master Plan〉의 멜로디를 연주했지만, 이 곡의 창작자는 거기에 맞춰 그저 런던에서의 아름다운 날을 노래할 뿐이었다. 그랬다, 정말 아름다운 날이긴 했다. 하지만 이제 나일강변에 짙게 땅거미가 내려앉고 있었다. 그는 거대한 전화기인 양 색소폰의 벨에다 입을 대고 말했다. 마치 카이로에 사는 누군가가 희미하게 기억하는 전화번호로 전화를 잘못 건 것 같았다. 공연은 전체적으로 우스꽝스러웠고 계약상 의무를 간신히 이행하는 듯 보였다(이런 양상은 전설적인 인물들의 말년을 언급할 때 대체로 생략된다). 그가 의자에서 일어나는 모습을 보는 것은 마치 고고학적 발굴의 정점을 목격하는 것과도 같았고, 그가 무대 뒤 분장실로 향하는 모습은 마치 자신의 무덤으로 비틀거리며 돌아가는 것 같았다.

나는 친구 크리스와 함께 그곳에 있었다. 크리스는 나에게 재즈를 소개해 주었고, 나는 그의 스테레오를 통해 처음으로 수많은 명곡들을 접했다. 1987년 11월 어느 늦은 아침, 우리는 브릭스턴의 프랑코 피자집에서 만났다. 그런 다음 시장에 있는 레코드 가판대에서 각자 앨범 한 장씩을 샀다. 나는 아치 셰프의 《파이어 뮤직Fire Music》을, 크리스는 파로아의 《타우히드Tauhid》를. 우리는 다시 에프라 로드를 걸어 크라운스톤 코트에 있는 내 아파트에 가서 음반을 들었지만, 날이 너무나 맑고 아름다웠기 때문에 20대 끝자락으로 향하는 지식인의 식욕을 달래기 위해 버섯을 조금 먹은 뒤 다시 밖으로 나가기로 했다. 마침내 우리는 클래팜 커먼 공원에 도착했고, 얼마 전 불어닥친 허리케인으로 쓰러진 나무들을 쌓아 만든 거대한 모닥불들에 둘러싸였다. 이 광경은 내 첫 소설 『기억의 색채 The Colour of Memory』의 마지막 장면이 되었다.

54

결국 끝은 반복되었다! 나는 2019년 10월 12일에 다시 파로아를 보기 위해 산타모니카로 향했다. 이번엔 그의 몸 상태가 훨씬 안 좋았고, 피아노 연주자 한 명(이번 공연에서 가장 많은 부분을 담당해야 했다) 하고만 연주했기 때문에 그의 노쇠함이 더욱 적나라하게 드러났다. 또한 그는 쓰러진 후 회복 중이었기 때문에 부축을 받아 무대에 오른 뒤에는 발을 질질 끌면서 미끄러지듯 걸어야 했다. 그는 연주를 조금 했고, 〈창조자에게는 전체적인 계획이 있지〉를 어설프게 따라 불렀다. 이따금 지난날의 영광이 희미하게 스쳐 지나가고 빛바랜 위엄이 들리기도 했지만, 진실을 피할 수는 없었다. 다시 말해, 이것은 요양원에서나 공연될 법한 어느 날 저녁의 재즈 연주였다.

파로아는 프리 재즈 연주자로 두각을 나타냈지만, 아일러와 마찬가지로 R&B에 뿌리를 두고 있다. 콜트레인 사망 후 광란의 울부짖음과 깊고 리드미컬한 울림은 서로를 강화하는 요소가 되었다. 마침내 《타우히드》에 수록된 곡 〈상이집트와 하이집트 Upper Egypt and Lower Egypt〉가 시작되면 그는 울부짖는 소리를 내다가 그에 반응하여 춤을 추도록 부추기는데, 그 춤이 바로 그가 울부짖기 시작한 이유이자 그의 절규가 간절히 가고자 했던 방향이었다. 이제 그 울부짖음은 거의 사라졌다.

물론 전통 역시 거기에 있었다. 모두가 그것을 보고 들을 수 있기까지는 얼마간 시간이 걸렸지만 말이다. 전통은 줄곧 거기에 있었고, 심지어 그의 이름 안에도 있었다. 킹 올리버, 듀크 엘링턴, 카운트 베이시……•

아, 파로아, 당신의 유골을 어디에 뿌려야 할까? 이집트나 아칸소주에? 리틀록이나 룩소르에?•• 그곳이 어디든 그는 왕가의 계곡에서 영원한 안식을 누릴 권리를 얻었다.

55

2019년 10월에 아내와 나는 LA필 단원들이 연주하는 op. 132를 듣기 위해 디즈니 홀에 갔다. 이런 식으로 표현한 이유는 기존의 사중주단이 연주하는 것이 아니라 오케스트라 단원 중 네 명이 연주했기 때문이다. 연주는 좋았다. 다시 말해, 별로 마음에 들지 않았다는 뜻이기도 하다. 그들은 〈거룩한 감사〉에서 모든 것을 뒤에 남겨두고 떠나야 하는 영혼

• 킹, 듀크, 카운트는 왕, 공작, 백작을 가리킨다. 저자는 파로아의 이름에도 재즈의 왕족이라는 의미가, 그러한 이름의 전통이 드러난다는 말을 하는 것이다('Pharoah'라는 영어 단어는 '파라오'를 뜻한다).
•• 아칸소주 리틀록은 파로아 샌더스가 태어난 곳이다.

이 느끼는 저항을 충분히 표현하지 못했다. 떠남의 아쉬움과 미련은 떠남의 성취를 강조하기 위해 그만큼 거대해야 했다. 그러므로 이 곡은 훨씬 훌륭하게 연주되어야 했음에도, 그저 정교하게 연주된 감탄스러운 곡에 그치고 말았다. 어떤 면에서는 이 작품이 말하고자 하는 메시지가 바로 이것이다. 심지어 음악 자체조차 뒤에 남겨두고 떠나는 것……이 후기 사중주곡들이 베토벤의 동시대 사람들에게 깊은 인상을 남긴 건 분명 그 특징 때문이었을 것이다. 그들 중 누군가는 마치 고장 난 망원경으로 다른 세상을 희미하게 들여다본 것처럼 말했다. 저기에 무언가가 있다고. 하지만 우리는 무엇인지 모른다고.

음악을 뒤에 남기고 떠난다는 위의 표현도 완벽하지 못했다. 이 음악의 목표는 여전히 음악인 채로 음악을 떠나는 것이었다. (아도르노는 우리에게 "초월할 대상 없이는 그 무엇도 초월할 수 없다"고 일깨운다.) 베토벤에게 이보다 더한 안식이 있었을까?

56

이런 생각들이 콘서트 내내 머릿속을 맴돌았다는 건 콘서트에 완전히 빠져들지 못했다는 확실한 신호였고, 그랬던 이유는 조슈아 트리 국립공원에 있는 친구 타오의 집에서 주말을 보냈기 때문이었다. 나는 어깨가 여유롭고 떡 벌어진 서퍼, 제이미와 함께 공연장을 빠져나왔다. 남부 캘리포니아의 인구 절반이 서핑을 하지만 제이미는 프로였다. 50대 중반이었던 그와 나는 함께 어울려 다녔다. 그는 클리프 부스를, 나는 릭 달튼을 맡았다.* 나는 그와 함께 시간을 보내는 것이 좋았을 뿐만 아니라 그런 멋진 친구가 있다는 사실에 자부심 같은 것도 느꼈다. 그와 친하게 지내면 내가 더 근사해진 기분이 들었달까. 우리는 거의 똑같은 복장을 하고 다녔고—스케이트보드 신발, 청바지, 체크무늬 플란넬 셔츠—나는 낡아빠진 그의 스테이션왜건을 타고 나란히 앉으면 내가 근사해 보이기는커녕 그의 여유롭게 떡 벌어진 어깨 때문에 오히려 평소보다 훨씬 왜소하고 경직되어 보인다는 사실을 쉽게 잊곤 했다.

코로나 이전의 캘리포니아는 금요일 오후면 차가 어찌나 막히는지, 토요일 오전까지 꼼짝 없이 갇혀 있어야 할 것 같은 기분이 들 때가 많았다. 우리는 LA에서 몇 시간, 리버사이드에서 또 몇 시간을 교통 체증에 갇혀 차 안에서 오랜 시간을 보내야 했다. 다행히 타오의 집에 도착했지만, 사람들은 벌써 수영장 주변에서 한가롭게 빈둥거리거나 온수 욕조에 몸을 담그고 있었다. 그 안에 발을 들이려니 겁이 났다. 특히나 모두들 아무것도 걸치지 않은 데다 몇몇은 벌써 약에 취해 있고, 일광욕 의자 위에 하이데거에 대한 휴버트 드

---

* 클리프 부스와 릭 달튼은 쿠엔틴 타란티노 감독의 영화 〈원스 어폰 어 타임 인 할리우스〉의 주인공으로, 릭 달튼은 잊혀져 가는 액션 스타이고 클리프 부스는 그의 스턴트 배우 겸 매니저다.

레이퍼스의 해설서 『세계 내 존재*Being in the World*』가 물에 젖어 쭈글쭈글해진 채로 펼쳐져 있다면 더더욱.

나는 제이미에게 이런 상황에 대해, 이 집이 초반에 내보이는 위협적인 요소에 대해 경고했었다. 물론 타오의 집에서 맞는 모든 주말이 굉장한 수준을 넘어서 매번 특이하고 예측할 수 없는 멋진 일들로만 가득 채워져 있다는 말도 했었지만 말이다. 지난번에 왔을 땐 어쩌다 보니 내 두 손 안에 인간의 뇌가 들려 있기도 했다(그의 집을 방문한 한 신경과학자의 차 트렁크 안에 마침 뇌가 있었다). 이번 주말은 DMT*로 정의될 수 있었는데, DMT는 20년 전 내 환각 실험의 마지막 단계에서 정말 해 보고 싶었던 것이었다.

어떻게 흡입하는 것이 가장 좋을지 약간 의문이 들었다. 우리가 가진 것이라곤 작은 대마초 파이프가 전부였다. 타오는 DMT에 담배를 혼합해야 한다고 말했지만, 대마에 담배를 넣어 피워 본 적이 있었던 나는 그러면 속이 메스꺼워진다는 것을 알았다. 결국 우리는 담배 대신 세이지로 만족했다. 그 밖에 모든 면에서 우리의 준비는 치밀했다. 거실의 편안한 의자 맞은편에는 부탄에서 가져온 탁한 갈색의 만다라가 걸려 있었고, 타오의 최상급 매킨토시 음향 장치도 설치되었다. 아무나 한 사람이 DMT를 제조하면 다른 사람이 그를 위해 파이프를 들고 있고, 잠시 후 주방에서 기다리던 누

---

* dimethyltryptamine, 디메틸트립타민.

군가가 그와 교대하는 식으로 진행할 예정이었다. 금요일 밤, 나는 만다라를 마주보고 의자에 편안하게 앉았다. 스테레오에서 흐르는 곡은 SUSS였다. 엠비언트 컨트리 스타일, 탁 트인 하늘을 떠올리게 하는 음악적 풍경. 나는 파이프를 세게 한 모금 빨고, 연기를 머금고 있다가, 다시 한 모금 빨고는 아주 잠깐 참았다가 기침을 했다. 잠시 내면이 들끓는 느낌이 들더니 만다라가 찬란한 금빛으로 빛났고 끝도 없이 계속 입체적으로 변했다. 그래도 나는 줄곧 내가 어디에 있는지, 내가 누구인지 정확히 알았고, 시간의 흐름을 완벽하게 인식했다. 다른 사람들도 모두 비슷한 경험을 했다.

토요일 아침에 다시 한번 시도했는데 전날 밤보다 효과가 약해서 우리 셋ㅡ제이미, 나, 그리고 우리의 친구 대니ㅡ은 제대로 된 도구를 사러 나갔다. 굳이 자세히 설명하자면, 코카인 파이프를 사러 나갔다는 말이다. 조슈아 트리에서는 예의를 갖추어 요청하기만 하면 유리 파이프를 쉽게 구할 수 있었다. 우리는 유리 파이프를, 아니 실은 코카인 파이프를, 아니 실은 DMT 파이프를 산 다음 크로스로즈 카페에서 푸짐하게 아침을 먹었다. 카페에서 자리가 마련되길 기다리는 동안 나는 더블린에 사는 친구에게서 문자 메시지를 받았다. "가장 중요한 점: 최대 용량으로 끝까지 갈 것. 안 그러면 개만의 독특한 맛을 절대 느낄 수 없을걸."

왜 그랬는지 모르겠지만, 우리는 각자 커다란 계란까지 얹어 든든하게 아침을 먹었으면서도 어마어마한 양의 팬케이크를 추가로 주문했고, 대니가 자기 포크로 그것을 나누기 시작했다. 하지만 대니의 입술에 발진 같은 것이 (말하자면 팬케이크 크기만 하게) 나 있었기 때문에, 제이미도 나도 대니가 나누어 준 우리 몫의 팬케이크를 먹고 싶지 않았고, 그래서 대니가 차례대로 전부 먹어 치우기 시작했다. 워낙 엄청난 양이라, 제이미가 "먹기 대회에 나간 적이 있냐?"고 물어볼 정도였다. 이것은 아마도 내가 누군가로부터 들어 본 가장 특이한 질문이었을 것이다. 타오의 집에서 멋진 주말을 보내기 위해 준비한 내 할 일 목록 안에는 질문 같은 건 포함돼 있지 않았지만, 이 질문은 이 특별한 주말을 근사하게 만들어 준 세부 사항 중 하나였다. 우리가 대니를 늘 크롭탑 대니라고 부른다는 사실을 언급하는 것도 중요하겠다. 그가 자신의 인상적인 복부 근육을 과시하기 위해 이런 크롭 탑을 즐겨 입기 때문인데, 제 몫의 아침 식사에 다른 사람 몫의 팬케이크까지 추가로 먹어 치우고도 배는 조금도 나올 기미가 보이지 않았다.

우리는 대니의 차, 1980년대 형 뷰익 르사브레를 타고 타오의 집으로 돌아갔다. 차는 비포장도로에 파인 홈이며 웅덩이, 돌덩이 위를 놀랍도록 빠른 속도로 달렸다. 굉장한 서스펜션이었다. 하지만 내가 한 달 후에 다시 왔을 땐 그 서스펜션에 문제가 생겨 차가 움직이지 않았다. 어쩌면 대니가 엄청나게 먹어 댄 음식 때문에 한층 더 압력을 받았을지도 모른다.

모든 것을 제대로 진행할 수 있도록, 우리는 유튜브에서 대중을 위해 제작된 교육적인 DMT 제조 영상을 시청했다. 많은 영상들이 올라와 있었는데, 10대들이 자기 침실에서 찍은 영상이 좀 있었고, 나머지 대부분은 나이가 좀 있고 더 경험 많은 사람들이 올린 거였다. 이들 중 최소한 한 명 이상은 제리 가르시아*의 죽음으로 인한 트라우마에서 아직 회복 중인 것처럼 보였다. 한 꼼꼼한 전도사는 50밀리그램의 양을 측정하려면 저울이 있어야 한다고 말했다. 우리에게는 저울이 없었기 때문에, 우리는 대략 50밀리그램이 어느 정도인지 알아보기 위해 200밀리그램짜리 이부프로펜 알약을 솜씨 좋게 부순 다음 네 무더기로 나누었다. 남은 오후 시간은 근처 언덕에 올라갔다가 다시 달려 내려온 다음—다행히도 발목을 접질리지 않고 무사히 내려올 수 있었다—수영장과 온수 욕조에서 시간을 보냈다. 나는 세도나의 자전거 카페에서 구입한 반바지와 색 바랜 티셔츠를 입고 있었다. 새로운 커플이 전날 우리가 도착한 시간에 도착했다. 약간 남의 시선을 의식하는 그들의 태도를 보면서 앞으로의 반응을 구경해야겠다고 생각했지만, 그들은 곧장 편안한 모습을 보였고 도착한 지 몇 분도 안 돼서 알몸으로 온수 욕조에 들어갔다. 나는 티셔츠와 반바지 차림인 내 모습을 너무 의식한 나머지 한 글자도 이해하지 못할 걸 알면서도 『세계 내 존재』를 '읽다가' 결국 자리에서 일어나 음향

---

* Jerry Garcia, 미국의 기타리스트. 약물 소지 혐의로 수차례 체포되었고 결국 약물 중독으로 재활 병원에서 사망했다.

장치를 만지작거렸다.

토요일 밤의 DMT 세션을 위해 거실은 더욱 아름답게 준비되었다. 만다라 한쪽에는 무성한 식물들이 놓였고, 그 곁에는 사랑스러운 장난감 하나가 기대어져 있었다.『천체의 사냥꾼 Celestial Hunter』에서 로베르토 칼라소는 우리가 보는 동물이 신인지 아닌지 결코 알 수 없던 시대를 다룬다. 돌이켜 보면 이 사랑스러운 장난감이 어떤 동물인지는 기억나지 않지만 신이었음은 분명한 것 같다. 타오의 이웃에 사는 멋진 친구가 저녁 식사에 초대되었다. 30대 중반의 음악가였는데, 헷갈리게도 이름이 제이니였다. 이 이웃하는 자음들로 세워진 정체성의 경계는 제 기능을 다하기엔 너무나 허술했다. 길어진 저녁 시간 내내 나는 몇 번이나 제이미를 말하려다 제이니를 말하고 제이니를 말하려다 제이미를 말했는데, 당시 일어나고 있는 다른 모든 일들이 그랬듯 그들도 서로 뒤섞이고 있는 것 같았다. 제이니가 제대로 준비된 DMT를 맨 처음 흡입하더니 효과가 아주 약하다고 보고했다. 다음은 내 차례였다. 아침보다 훨씬 농도가 약했다(아침에도 전날 밤에 비해 효과가 감소했었다). 다음은 서퍼 제이미, 이하동문이었다. DMT 효과가 사라진 것일까? 다음으로 얼굴에 딱지가 앉은 대니가 파이프에 직접 불을 붙였다. 전에 여러 번 끝내주는 경험을 해 봤던 대니는 확실한 판단을 내릴 자격이 있었다. 주방으로 돌아온 그는 효과는 있지만 전에 해 본 것들만큼 강력하지는 않다고 말했다. 그는 효과를 더 얻어 내기 위해 숨을 들이마셔야 했다.

이런 식으로 온갖 실패와 실수를 거친 후, 이제 각자 딱 한 번 다시 할 수 있는 양만 남았다. 나는 더는 하고 싶지 않았고 제이미도 마찬가지였다. 우리의 이탈은 대니의 입술 발진과는 아무런 관련이 없었고, 또 그게 입술 발진이 아니라는 것도 알고 있었다. 그러다 보니 부족하던 양이 갑자기 남아돌게 되었다. 제이니는 제대로 두 번째 시도를 하기 위해 앞으로 나왔고, 타오가 그녀를 위해 파이프에 불을 붙였다. 열린 주방문으로 살짝 들여다보니, 그녀는 작고 사랑스러운 장난감-신이 지켜보는 가운데, 원래 그러기로 한 것처럼 자기 의자에 털썩 주저앉는 것이었다. 그러더니 곧이어 그녀의 신음소리가 들렸다.

"완전 맛이 갔는데." 타오가 말했다.

신음소리와 앓는 소리가 계속되었다. 우리는 약간 걱정이 됐다가 나중에는 무서워졌다. 나는 안도감('내가 아니라서 천만다행이다')과 후회('나도 저렇게 될 수 있었는데') 사이에서 균형을 유지하는 완전히 전형적인 마음 상태에 그 상태는 지난날 내가 여러 차례 경험했던 '존재하지 않는 듯 존재하기'를 고도로 압축해서 선보이고 있었다.

20분 뒤 제이니는 몇 시간, 심지어 몇 년 동안 자신의 인생에서, 어쩌면 어느 누구의 인생에서든 최고의 섹스를 경험한 사람 같은 표정을 지으며 꿈꾸듯 주방으로 돌아왔다. 게다가 그녀는 전혀 무서워하지도 않았는데, 대부분의 설명에 DMT는 무섭다고 나와 있어서 상당히 인상적이었다. DMT는 어딘가 사람을 맛이 가게 만들기 때문에 경험 많은 사용자들조차 겁을 먹는다. 여러분들이 DMT를 경험한 적이 있는지 모르겠지만, 그 이상한 세계에 압도당하게 된다. 경험할 때마다 처음 해 보는 것 같다. 흔히 전해지는 바에 따르면, 고향으로 돌아오는 것 같은 느낌이 들기도 한다. 고향을 향해 돌진하는 데 실패한 나는 집으로 돌아온 후 며칠 동안 내내 테런스 매케나*의 동영상을 보면서 많은 시간을 보냈다. 어느 동영상에서 그는 DMT가 위험한 이유는 황홀감에 빠지다가 죽을 수도 있기 때문이라고 말한다. 그러니 제정신이라면 시도하지 않을 수 없다. 우리는 갈라파고스에 가느라 많은 시간과 돈을 쓴다. 우리는 나미비아의 소금 평원 소서스블레이를 여행하면서 온갖 불편과 고통을 견딘다. 그런데 여기에, 안락의자에서 벗어나지 않고도 대략 15달러만 들이면, 15초 만에 도착해 15분 뒤에 돌아올 수 있는 전혀 딴 세상이 있다. 또 다른 동영상에서 매케나는 만일 비행접시가 백악관 잔디에 착륙한다면, DMT는 지구를 넘어 우주적으로도 놀라운 물질이 될 것이라고 말한다. 설사 끔찍하게 잘못된다 해도 15분은 아무것도 아니다. 특히 온갖 예기치 못한 위험들이 도사리는, 끔찍하게 긴 LSD 환각 여행에 비하면 말이다. 문제는 주방에서 기다리는 사람들의 관점에서야 당신은 캐모마일 차 한 잔 마시는 데 걸리는 시간

---

* Terence McKenna, 자연에서 얻을 수 있는 환각 식물에 대해 책임감 있는 사용을 옹호한 미국의 민속식물학자이자 신비주의자.

만큼만 사라지지만, DMT 세계 속 사람에게는 시간이 존재하지 않는다는 것이다. 당신은 영원 속에 갇힌다. 그리고 잠깐의 영원이 아주 오래 지속된다. 당신은 15분의 영원 동안 어딘지 모르는 곳에, 자신이 누군지 모르는 채로 갇혀 있다. 타오는 또 다른 친구인 하이데거 연구자가 DMT를 시도했다가(타오의 지도하에) 아주 무시무시한 경험을 했다는 말도 전해 주었다. 미지의 세계로 떠나는 이 여정에 함께 하기 위해 그가 선택한 음악은 마음을 차분하게 하는 은은한 곡이 아니라 베토벤 후기 사중주였다(안타깝게도 어떤 곡인지는 구체적으로 밝히지 않았다). 이것은 여러모로 문제를 자초하는 일이었다. 이런 경우 집중을 요하는 음악을 피해야 한다. 편안한 환경을 만들어야 하는 이유는 LSD를 할 때처럼 그 환경에 더 완벽하게 몰입하기 위해서가 아니라, 신경을 안정시킨 뒤에 그 세계로 뛰어들기 위해서다.

어쨌든 모두가 말하듯이, 걱정되고 불안하고 두려워하는 것은 당연하다. 중요한 것은 호흡을 유지하고, 침착함을 잃지 않으며, 이 상황에 따르는 것이다. 저항하려 애쓰는 것은 좋지 않다. 뜨거운 연기를 두세 차례 들이마시고 나면 무슨 일이 일어나든 어차피 일어나게 되어 있기 때문이다. 명상에 익숙하고 호흡 조절에 능숙하다면, 손에 땀을 쥐게 하는 공포의 경험이 다른 세상으로 향하는 매끄러운 고속 활공으로 바뀔 가능성이 높아질 수 있다. 이 캘리포니아 사람들은 호흡의 전문가들이다. 이들은 호흡 전문가, 다자간 연애주의 명상가, 요가 수행자들인 반면 나는 평범하고 정식으로 배운 적 없다는 의미에서 그저 숨 쉬는 사람, 생각이나 훈련 없이 60년 넘도록 계속 그냥 숨을 쉬어 온 사람일 뿐이었다. 내가 어렸을 때, 어머니는 친척들에게 내가 숨을 참는다고 말하곤 했다. 당시엔 아이들 사이에서 아주 흔한 일이었는데, 그건 세상에 존재한다는 것의 조건과 제약에 대한 단순하고도 본능적인 저항의 표현이었다.

가장 크게 망설인 두 사람, 제이미와 내가 가장 나이가 많은 사람이기도 했다는 사실은 의미심장하다. 내가 마흔 살이었다면 거리낌 없이 덤볐을 테고, 바로 그런 거리낌 없는 태도가 모든 일이 다 잘 풀릴 가능성을 높였을 것이다. 나이를 먹을수록 신체의 유연성만 잃는 것이 아니다. 정신의 유연성도 잃는다. 나에게 문자 메시지로 '가장 중요한 점'을 알려준 친구는 서른다섯 살이었다. 40년 동안 늙은 뱃사람의 긴 중얼거림을 들어 온 사람처럼, 나는 20대 초반에 LSD를 처음 시도했을 때보다 지금이 더 현명하지만, 지혜가 다 무슨 소용이고, 1천1백 페이지에 달하는 『검은 양과 회색 매』를 두 번이나 정독한들 무슨 소용이 있겠는가, 그것이 DMT로 인해 얻을 수 있는, 일상을 돌파할 경험을 단 한 번이라도 줄인다면? 그것이야말로 지혜와 정반대가 아닌가, 그것이야말로 특유의 어리석음이 아닌가? 특히나 내가 알아본 바에 의하면 DMT에 빠져서 좀 지루한 사람이 되는 것을 제외하면, LSD와 달리 DMT는 영구적인 정신적 손상이나 정신 착란을 일으킬 위험이 없다(영원이라는 궁극적인 영속성에서 다시 빠져나오기만 한다면). 그리고 나는 뇌가

할 수 있는 일의 대부분을 이미 해 놓았기 때문에 이제 잃을 것도 별로 없다. 나는 70세 이후까지 살 것으로 예상하지만, 만일 과거의 기대 수명 70세를 요일 단위로 환산한다면 지금은 일요일 이른 아침일 것이다. 아니면 요즘의 80세를 과거의 70세로 친다면, 일요일에 공휴일인 월요일이 보너스처럼 추가된 셈일 것이다. 1970년대 영국처럼 모든 가게가 닫혀서 아무 할 일도 없는 공휴일 말이다. 사람들은 일요일 밤을 토요일처럼 지내다가 추가로 얻은 휴일인 월요일엔 심한 숙취로 무기력하게 집안을 뒹굴거리며 보내기 일쑤였다.

어떤 면에서 DMT를 경험하는 것은 일종의 시험이다. 자기 자신에 대한 이 시험의 결과는 자기 자신을 잃을 수 있는 능력, 10분 동안 그리고―부득이 니체를 상기하게 되는데―영원히 자아를 뒤에 남겨둘 수 있는 능력에 달려 있다.

DMT의 세계는 그것이 그곳에서 "미리 형성된" 상태로 기다리고 있음을 아는 것이다. 내 더블린 친구가 또 다른 문자 메시지에서 설명한 것처럼 그곳은 "완전히 견고하고 온전하며 독립적인 차원"이다. 그것이 당장 어디로 사라지지 않으리라는 것을, 아직 시간이 있다는 것을 알면 안심이 된다. 바로 그렇기에 우리는 그곳에 가길 미루고, 거기로 돌파해 들어갈 또 다른 기회를 기다릴 수 있는 것이다.

57

마침내 시작했던 지점으로 돌아왔다(적어도 암시적으로는).

고백하자면 내가 처음 접한 〈끝〉이라는 노래 제목은 캘리포니아의 짐 모리슨이 아니라 영국의 피터 해밀이 만든 것이었다. 그것은 반데그라프 제너레이터Van der Graaf Generator 해체 이후 그의 첫 번째 솔로 앨범 《밤 그림자 속 카멜레온 Chameleon in the Shadow of the Night》에 수록된 마지막 트랙이다. 정확한 제목은 '마지막에는In the End'이고, 해밀이 스물세 살이던 1972년에 작곡했으며, 내가 열네 살이던 1973년 5월에 발매되었다. 긴 피아노 도입부가 끝나면 그가 노래한다.

> 약속할게요, 아무런 단서도 남기지 않겠다고.
> 숨길 수 없는 언급도, 내 신발 자국도 남기지
> 않겠다고.

흐음, 그렇지만 이 노래 자체는 유럽을 투어하는 프로그레시브 록 스타의 삶을 포기하는 것에 대한 기나긴 단서이자 해명이다. 물론 스타라고는 해도 그가 데이비드 보위처럼 눈부시게 빛나는 스타로 여겨진 적은 없었지만. 그리고 도입부의 이미지는 그가 잠재적인 범죄 현장을 떠나는 모습을 떠올리게 하지만, 실제로 그가 작별을 고하는 삶은 키스 문*이나 머틀리 크루**의 도를 넘는 행위에 비하면 평온한

---

* Keith Moon, 록 밴드 더후The Who의 드러머. 투어 중에 묵는 호텔마다 기물을 파손하고 난장판을 만들어 호텔 측으로부터 출입 금지를 당하고, 드럼에 다이너마이트를 넣어 폭파하는 등의 기행으로 유명하다.

편이다. "더 이상 분주히 돌아다니지 않고, 더 이상 이동하면서 체스를 두지 않는." 그럼에도 불구하고 그는 결론을 내린다. 실물 크기의 체스와(앨범 뒷면에 팔꿈치가 찢어지고 가슴이 깊게 팬 셔츠를 입고 체스를 두는 모습이 수채화로 표현되어 있다) 잉글랜드 시골 황무지에서 긴 머리를 풀어 헤친 모습(앨범 속지 사진)을 담은 앨범 표지가 암시하듯, 이제는 체스를 두고 산책하는 "삶을 위해 침착하고 평온하게 / 게임에서 물러날 때"라고. 다만 1970년대에는 시골이 은퇴의 장소가 아닌 재충전과 휴식의 장소였음을 기억하자. 잉글랜드의 울창한 숲속 깊은 곳에 사는 누군가의 집에서 자전거를 타고 갈 수 있는 거리에, 엄청난 성공을 거두어 전 세계 대형 경기장을 가득 메운 인파와 함께 일 년의 절반을 보내는 록 스타들의 호화로운 대저택이 존재할 가능성이 있다. 광란의 모임이나 녹음 작업이 이루어질지도 모르는 그런 곳 말이다.

나는 반데그라프를 너무 늦게 아는 바람에 그들의 첫 밴드 결성 당시 라이브 공연을 못 봤고, 이후 재결성한 뒤에도 공연을 접하지 못했으며, 피터 해밀의 피아노 솔로 공연을 본 적도 없었다. 2017년 3월 런던의 카페 오토에서 열린 3박 4일 레지던시 공연에 가고 싶었지만 당시 나는 LA에 살고

•• Motley Crue, 미국의 헤비메탈 밴드로 거의 모든 멤버가 데뷔 초부터 폭행, 약물 중독, 성매매 등 각종 사건 사고를 일으켰다.

있었고, 어차피 예매가 시작되자마자 사흘 밤 모두 티켓이 매진되었다. 유튜브를 통해 2010년 1월 암스테르담 라이브 공연에서 그가 피아노 앞에 앉아 〈마지막에는〉을 노래하는 모습을 본 적이 있는데, 당시 그의 나이는 예순한 살로 지금 그에 대해 이 글을 쓰고 있는 내 나이와 같았다. 부분적으로는 코로나 봉쇄 때문에 내 머리 모양은 그와 비슷해졌다. 반데그라프를 처음 들었을 때 나는 그의 절반쯤되는 나이였지만, 지금은 그 차이가 약 7분의 6 정도로 줄었다.

58

"내 목은 고칠 수 없습니다…… 이상이 없거든요. 하하."

한 달 전 왼쪽 측면이 거의 마비되는 증상을 겪었다. 왼쪽 무릎, 왼쪽 목, 왼쪽 허리, 왼쪽 팔꿈치…… 3년 전 테니스 엘보가 심해졌을 때 코리아타운의 린 박사에게 진료를 받았다. 린 박사는 자신을 기술자라고 칭하며 뉴에이지 식 허세를 기피하던 백인 노인이었다. 그의 병원에는 로런스 올리비에(리어 왕 역을 맡았던)와 캔드 히트의 멤버를 비롯해 다양한 고객들로부터 감사의 표시로 받은 서명된 사진들이 걸려 있었다. 이 사진들이 그의 전성기가 이미 지나갔음을 암시했다면, 내가 팔꿈치에 문제가 있다고 말했는데도 잘못 알아들은 그가 쇠약해진 힘으로 내 손목뼈를 움직이는 데 집중하는 모습을 보게 되면서 이 의심은 확신으로 바뀌었다.

그런데 이틀 후 테니스 엘보가 마법처럼 사라졌고(이후로 3년 동안 한 번도 재발하지 않았다), 그래서 나는 기꺼이 내 사진에 서명해서 그에게 보내기로 했다. 그런데 이번에 린은 지팡이를 짚고 발을 끌면서 그의 사무실을 돌아다니고 있었고, 기계적이고 현실적인 그의 마법은 효험이 사라졌다. 내 팔꿈치는 여전히 나를 괴롭히고 있다. 이것은 단순한 테니스 엘보가 아닌 엘보 엘보, 그러니까 정확히 관절 부위에 생긴 통증으로, 보리스 베커의 음낭 엘보에 대한 농담의 대가로 얻은 끔찍한 업보다.

미친 듯이 아프고, 자칫 눌리기라도 하면 밤에 자다가도 깨게 된다. 사용하지 않는 손(내 오른손)으로 라켓을 잡는 습관을 들이려고 오랜 시간 노력했고, 지금은 잠결에도 오른팔로 왼쪽 팔꿈치를 풀어 준다. 나는 이것이 휴식을 취할수록 더 악화하는, 새로운 부상 단계의 첫 번째 국면—늦은 시기에 찾아오는 신체적 쇠퇴의 시작—일까 봐 걱정이다. 코로나가 급증하는 상황에서—그리고 '연이은 급증' 경고가 계속되는 속에서—물리치료사를 찾아가기도 꺼려져 치료 전망은 밝지 않다. 이제 다 끝난 것처럼 느껴지지만, 나는 앞에서 했던 이야기, 기병 돌격대에 대한 농담이 아니었던 이야기를 떠올리며 힘을 얻는다. 마지막 임무가 매번 끝에서 두 번째 임무로 바뀌는 순간을 떠올리면서 말이다. 또한 나는 〈우울 속에 뒤얽혀〉 초기 버전에서 딜런의 연인이 한 말에서, 끊임없이 찾아오는 여러 가지 문제들—회전근개 파열, 고관절 굴근, 손목, 목 근육의 경련, 허리, 무릎 통증

(양쪽 다)—로 인해 수없이 마지막처럼 느꼈던 순간들에서, 그 밖에 모든 것에서 위안을 얻는다. 그리고 나는 여전히 공을 치고 있다. 정확히 말하면, 최근 왼손과 왼쪽 측면의 통증 때문에 그만두어야 하기 전까지 계속 공을 치고 있었다. 심지어 공을 치고 있을 때조차 서브를 넣는다는 의미에서 공을 친 것은 아니었다. 이 이야기는 앞에서도 했을 것이다. 나는 어깨를 보호하기 위해(아마도 서브 후에?) 몇 년 전에 진즉 서브 넣기를 중단해야 했다. 그랬다 해도 별로 손해될 일은 아니었을 것이다. 큰 키에도 불구하고 내 서브는 항상 무기라기보다는 오히려 약점이었고, 사실상 양날이 전부 무딘, 독특하게 엉망진창인 검이었으니까. 10년 전의 나였다면 서브를 넣지 못한다는 것은 곧 테니스를 칠 수 없다는 의미라고 생각했겠지만, 지금은 그것을 기꺼이 포기할 수 있었다. 이제 그것은 서브가 포함된 테니스(즉 흔히들 '테니스'라고 부르는 것)를 칠 수 없다는 것을 의미하며, 이것은 인생의 퇴보와 강인한 회복력이 동시에 드러나는 상황을 완벽하게 보여준다. 학생들—코로나로 인해 이른바 '대학 경험'을 박탈당한 학생들—의 관점에서 보면 내가 사는 삶은 너무도 너절해서, 나는 이미 파로아의 요양원 재즈(그래도 사람들은 그의 연주를 보기 위해 기꺼이 돈을 냈지만)보다 훨씬 형편없는 테니스를 치는 처지가 되어 버렸다. 이제는 그냥 서브를 제외하면 뭐든지 할 수 있다는 사실, 그러니까 테니스를 칠 수만 있다면 서브를 제외하고 뭐든지 할 수 있다는 사실이 기쁠 뿐이다. 어느 정도는 여기가 끝인 듯한 느낌이 든다. 하지

만 그와 정확히 같은 정도로 분명한 사실은, 세 과목 A 등급 시험*에서 완전무결한 최고 등급을 받았다는 더할 나위 없는 영광을 성취한 이후로 나는 인생이 나를 향해 덤벼들거나 나에게 빼앗아 간 모든 것들로부터 회복해 가면서 40년간 살아왔다는 것이다. 나를 둘러싼 사실들이 이를 뒷받침한다. 무릎 보호대가 이것을 뒷받침한다. 나는 상처를 입고 물러선다. 절뚝거리며 집으로 돌아온다. 상처를 핥는다. 패배에도 굴하지 않고, 휴식을 취하고, 얼음찜질을 하고, 몸을 일으키고, 하루 두 번 200밀리그램의 이부프로펜을 복용한다. 원래 상태로 다시 회복될 때까지, 다음 신체 부위에 이상이 생기거나 같은 부위에 다시 이상이 생길 때까지 믿을 수 없을 정도로 지루한 스트레칭과 물리치료를 한다. 나를 다시 자전거에 태워 줘. 1967년에 톰 심프슨은 투르 드 프랑스 경기 도중 높은 산악 지대에서 심장이 파열되었을 때 미소를 지으며 이렇게 말했다(당시 그는 다량의 암페타민을 소지하고 있었다). 심프슨이라는 성과 산에 어떤 관련이라도 있는 것일까? 기자들이 이라크의 개방된 도로에서 아군의 포격을 받았을 때 존 심프슨**의 상황은 어땠을까? 방탄조끼

---

* 영국에서 대입 준비를 위해 치르는 과목별 시험.
** John Simpson, BBC의 국제 뉴스 편집자. 2003년 이라크 전쟁 당시 이라크에서 보도하던 중 미군 전투기의 포격을 받았고 이 공격 상황을 필름에 담았다. 전장에 파견되었을 때조차 흰색 정장을 곧잘 차려 입는 것으로도 유명했다.

대신 그 유명한 흰색 재킷을 입었다면 어떻게 됐을지 걱정하며 구덩이에 누워 있었을까? 물론 그랬을 것이다. 하지만 그는 일단 의식을 되찾자 몸에 묻은 먼지를 털어내고 피 묻은 카메라 앞에서 즉흥적으로 기사를 작성했으며, 그날 밤 TV에 나오는 그를 보고 사색이 되어있을 제러미 보엔*과 케이트 에이디**를 생각하며 더욱 힘을 냈다. 그리고 잊어서는 안 된다. 백신 접종이라는 지원군이 오고 있다는 것을. 기병대가 오더라도, 앤서니 파우치***가 TV에서 말했듯이, 기병대가 오고 있다는 이유만으로 발포를 멈추어서는 안 된다. 망가진 팔꿈치가 화살에라도 맞은 것처럼 아파서 총을 잡을 수 없다 해도 탄약이 떨어질 때까지 쉬지 않고 총을 쏘아야 하고, 샴푸가 떨어지면 나가서 더 사와야 한다. 어떤가, 정신이 번쩍 들지 않는가. 이제 결론으로 향하면서—"시 두 편만 더 읽어 드리겠습겠다"—나는 내 말이 테니슨의 율리시스처럼, 아쟁쿠르 전투의 로런스 올리비에처럼****, 보스턴 폭탄 테러범에 의해 한쪽 다리가 날아간 마라톤 선수처

- Jeremy Bowen, BBC의 중동 특파원이자 국제 뉴스 편집자.
- ** Kate Adie, BBC의 수석 뉴스 특파원이자 종군 기자.
- *** Anthony Fauci, 미국 국립보건원 전염병 연구소 소장으로 코로나19 관련 미국 내 최고 권위자였다.
- **** 로런스 올리비에는 영화 〈헨리 5세〉의 제작, 감독, 주연을 맡았다. 잉글랜드의 왕 헨리 5세는 1415년 프랑스 아쟁쿠르 지역에서 벌인 전투에서 열악한 조건에도 불구하고 승리했다.

럼 들리지 않을지 의식하고 있다. 어쩌면 두 다리 전부 날아 갔는지 모르지만, 누가 그걸 세겠는가? 누가 상관한단 말인 가? 이것이 바로 내가 하려는 말이다. 오션뷰 테니스 코트에 서 내가 긴 팔다리를 허우적거리는 모습을 다시 보게 될지 신경 쓰는 사람은 아무도 없겠지만, 아마도 그들은 다시 보게 될 것이다. 설령 점점 어두워질지라도, 너무 어두워서 볼 수 없다 해도, 나는 당장은 천국의 문을 두드리지 않을 것이다.* 나는 어디에도 가지 않겠지만, 만약 간다면 내 방패를 들고 갈 것이다. 나에게 방패는 책상이지만. 그리고 그 점은 책상을 침대로 바꾼다 해도 여전히 유효할 것이다. 많은 것을 잃었지만, 여전히 많은 것이 남아 있다. 긴 하루가 저물고, 느린 달이 떠오른다.** 만일 내가 테니스 코트로 돌아가지 못한다면 동기부여 강사로 큰돈을 벌면 되겠다고 생각하는 것은 자기 패배적일까?

59

돌이켜 보면, 조슈아 트리 국립공원에 있는 타오의 집에서 모종의 돌파구를 찾았던 것 같다. 내가 지금까지 경험한 가

---

* 밥 딜런의 〈노킹 온 헤븐스 도어 Knockin' on Heaven's Door〉 가사를 인용한 것이다.
** 테니슨의 시 『율리시스』의 구절이다.

장 순수한 후회라는 상태를 향한 돌파구를. 지금 그곳으로 돌아갈 수만 있다면, 혹은 타오와 타오의 그 사랑스러운 장난감-신이 신선한 DMT를 잔뜩 가지고 여기 내 아파트에 와 준다면 좋겠다. 그러면 나는 당장 시작해서 제대로 덤벼 볼 것이다. 우주선처럼 생긴 내 소파에 불안하게 널브러져서 원뿔 모양 스피커에서 흘러나오는 사운드로 바신스키의 최신 앨범 《비가Lamentations》를 들으면서(끝에서 두 번째 트랙인 〈제발, 이 망할 짓은 멈춰야 해Please, This Shit Has Got to Stop〉는 빼고). 사실 엘리안 라디그Éliane Radigue의 앨범 《죽음 삼부작Trilogie de la Mort》이 더 안전한 선택일지 모른다. 시간 개념이 완전히 배제되어 거의 음악처럼 느껴지지 않는 음악이지만. 그 안에 담긴 맥박, 즉 리듬 때문에 한 친구는 이 곡이 피가 몸속을 흐르는 소리를 듣는 것 같다고 비유했는데, 적절한 비유인 것 같았지만 그렇게 느껴진 건 잠시뿐이었다. 오히려 뇌의 소리에 더 가깝다고 생각되지만, 그 표현도 썩 마음에 들지는 않는다. 로런스의 멋진 표현처럼, 그것은 영혼의 소리, 그러니까 '소심한 영혼'이 육체를 떠나는 소리다.

60

지난밤엔 일 년에 두 번 꾸는 축구하는 꿈의 최신판을 꾸었다. 이번 꿈에서 공은 진짜 공이 아니라 초록색 나뭇잎 뭉치여서 경기장 잔디와 구분하기 어려웠다. 공은 발로 찰수록 모양이 흐트러져 결국 제 기능을 완수하기가 불가능해졌다.

제 기능이랄 것도 없었지만. 이 꿈은 모든 목표의 무의미함, 대체로 인간이 하는 모든 노력의 무의미함에 대한 순수한 비유를 보여 주는 개념적인 진전이었을까? 그렇다면 다음에 어떤 일이 일어날지 쉽게 상상할 수 있겠다. 공의 흔적도, 공을 차는 사람의 흔적도 없을 것이다. 꿈의 흔적도, 꿈을 꾸는 사람의 흔적도 없을 것이다. 그저 죽음처럼 펼쳐진 텅 빈 잔디뿐.

몹시 불쾌하다! 같은 이야기를 또 반복한단 말인가!
집을 다 지었을 때에야
깨닫게 된다.
집을 짓는 동안 자신도 모르게 배우게 된 것들이
집을 짓기 전에, 짓기 시작하기 전에
반드시 알아야 했던 것임을.
"너무 늦었다!"라는 영원히 되풀이되는 가련한 탄식,
모든 것이 끝나 버렸다는 쓸쓸함!

— 니체

후기

『바그너의 경우』에 두 개의 추신과 하나의 후기까지 덧붙이고도, 그리고 이 부분을 지적한 편집자에게 "모든 경박함을 담아, 추신"이라고 답한 뒤에도 니체는 여전히 자신의 옛 우상을 놓지 못했다.* 『바그너의 경우』 출판본을 받고 불과 몇 달 후 그가 거의 마지막으로 한 일은 자신의 모든 저작들에서 바그너에 관한 구절들을 모아 선집 『니체 대 바그너』를 만드는 것이었다. 그는 또 다른 서문에서 이렇게 설명했다. "차근차근 읽어 보라. 리하르트 바그너에 대해, 그리고 나 자신에 대해 의심의 여지없는 사실만을 보게 될 것이다. 우리가 서로 대척점에 있다는 것을." 가장 이른 시기의 발췌문은 1877년부터 시작되지만, 아마도 시간이 더 있었다면 니체는 훨씬 이전으로 거슬러 올라갔을 것이다. 바그너를 완벽히

---

* (원주) 추신과 후기를 덧붙이려는 니체의 강박은 더 깊고도 자기 파괴적인 충동, 영원회귀라는 폐쇄적인 순환에서 벗어나려는 충동의 형식적인 표현이 아닐까.

우상화하던 시기에도 자신이 그에 대해 무비판적이지 않았으며, 그의 음악을 한 음도 듣기 전부터 사실상 이미 바그너에게 등을 돌리기 시작했음을 보여 주기 위해서 말이다.

    2019년 호주 오픈 대회에서 조코비치와의 준결승전은 결국 로저의 마지막 경기가 되지 않았다. 그는 2021년에 불안정한 모습으로 복귀해 카타르 오픈 첫 경기에서 댄 에반스를 이기고 두 번째 경기에서는 매치 포인트를 놓쳐 니콜로즈 바실라쉬빌리에게 패했다. (로저는 자신의 많은 기록들 가운데 매치 포인트를 잡고도 패한 경기가 다른 어떤 선수들보다 많다는 원치 않은 기록까지 가치 있게 여길까?) 롤랑 가로스 대회에서는 도미니크 쾨퍼와의 진 빠지는 3라운드 경기를 간신히 이겼지만, 다가올 잔디 코트 시즌에 대비해 무릎을 보호하기 위해 마테오 베레티니와의 다음 경기를 앞두고 기권했다. 할레에서 열린 잔디 코트 시즌에서는 1라운드를 시작했다가 이내 시합을 중단했다. 그렇게 로저는 윔블던을 떠났고, 그의 시간과 점수는 2019년 조코비치와의 결승전에서 정지되었다. 아드리앙 마나리노가 미끄러져 크게 넘어지지 않았다면 로저는 틀림없이 1라운드에서 탈락했을 것이다. 코트마다 모든 선수들이 미끄럽고 번들거리는 잔디 위에서 미끄러지고 있었고, 대부분은 팔다리를 풀고 몸을 일으켜 경기를 이어 갔다. 세레나 윌리엄스(발목)처럼, 마나리노(무릎)도 은퇴할 수밖에 없었다. 간신히 은퇴를 면한 뒤 로저는 자신의 최고 기량에 근접한 실력을 되찾는 듯 보였지만—그의 잊힌 최고 기량인지 기억 속의 최고 기량인지는 알기 어렵지만—돌풍이 부는 두 번째 수요일, 후베르트 후르카츠를 상대로 별로 대담하지 못한 경기를 치르고는 3세트 이후 사라졌다. 나중에 밝혀진 바로는 또 한 번 무릎 수술을 받기 위해서였다.

한편 앤디 머리는 얻을 것이 점점 줄어드는 와중에도 더 많은 것을 얻기 위해 계속 복귀를 시도했다. 그가 윔블던 대회 3라운드에서 데니스 샤포발로프에게 세트 스코어 3 대 0으로 패했을 때, 자신의 빛이 꺼져 가는 것에 분노하는 태도는 치하할 만한 것이라 할 수 있다. 하지만 코트에서의 중얼거림, 고함, 경쟁을 향한 집념을 부추기는 그 모든 거친 행동에 대해 관중들 사이에서는 거의 진절머리가 난다는 공감대가 형성되고 있었다. 더 버티기보다는, 어쩌면 이제 그는 황혼 속으로 물러설 때가 된 것일지도 몰랐다.

어쨌든 영국의 관심은 이미 서서히 이동하고 있었다. 센터 코트에 어둠이 내려앉는 동안 에마 라두카누가 활약하는 1번 코트 위로는 태양이 무서운 속도로 떠오르고 있었다. 이제 겨우 18세인—제프리 웰럼이 전투기 조종사로 나선 때와 같은 나이—그녀는 던블레인 출신의 찌푸린 표정 대신 경쾌한 발놀림, 환한 미소로 경기를 펼쳤다. 니체가 〈카르멘〉에 대해 말했던 것처럼, "가벼운 발걸음"으로 "찡그린 표정 없이" 에마는 경기장에 빛을 비추었다! 두 달 뒤 US 오픈 경기에서 그 빛은 전 세계를 환하게 밝혔다. 그리고 전혀 예상하지 못한 일이, 심지어 라두카누의 우승보다 더 예상 못했던 일이 일어났다. 나는 로저를 잊기 시작했다.

나는 딜런의 최근 음악으로 전향한 적은 없지만 〈키 웨스트Key West〉의 파도와도 같은 신비에 몸을 맡기며 많은 시간을 보내기는 했다. 이 곡은 마치 익사 중인 사람의 고백을 듣는 것 같다. 과거(언제나 공유돼 왔던 과거)의 망령에 사로잡힌 그의 눈앞에 지나간 인생이 펼쳐지고, 역사는 연대기의 잔해로부터 서서히 멀어진다. 어쩌면 '익사 중'이 아니라 이미 '익사한'이라고 표현해야 할지 모른다. 노래는 측정할 수 없는 무한한 시간 속을, 경계에 해당하는 공간 속을 흐른다. 미세하면서도 광활한 바닷속을, 삶이 끝나고 다시 시작하기까지의 사이를, "평지 아래, 키웨스트 깊숙한 곳"이라는 명확한 지리적 위치와 수평선 사이를 부유하면서.

앨범 《거칠고 소란스러운 길들Rough and Rowdy Ways》에 수록된 다른 곡들은 나에게 별로 와 닿지 않았다. 적어도 코로나로 인한 오랜 공백으로 딜런의 목소리가 회복되었으므로 이제 '원래 상태로 돌아왔다'고 많은 사람들이 입을 모았던 《그림자 왕국Shadow Kingdom》의 리허설 공연도 안타깝지만 다르지 않았다. 나는 구독 기한이 만료되어 이 공연의 실시간 방송 시청을 놓쳤지만, 한 가지 놀라운 사실을 알게 되었다. 내가 아는 사람이 딜런과 함께 공연을 한 것이다. 잘하면 조슈아 트리 국립공원에 있는 타오의 집 주방에서 마지막으로 보았던 타오의 이웃 제이니가 베이스를 연주하는 모습을 볼 수도 있었던 것이다. 그러니까, 공연 전체를 더 이상 볼 수도 찾을 수도 없게 되기 전에는 볼 수 있었을 것이다. 니체의 사상과 달리 한번 지나간 것이 항상 다시 돌아오지는 않는다.

언젠가 존 버거가 관객과의 대화를 했을 때, 나는 그에게 창작 활동을 오래 지속한 비결에 대해, 그처럼 오랜 기간 그토록 많은 책을 쓸 수 있었던 방법에 대해 물었다. 그는 (대화가 끝난 것처럼 느껴질 만큼 긴 침묵이 이어진 후) 비결은 매번 책을 쓸 때마다 마지막이라고 믿은 덕분이라고 말했다.

아내는 나를 격려하기 위해, 우리가 만난 20여 년 전부터 내가 작가로서 끝났다는 말을 입에 달고 살았다고 지적한다. 그 시기 동안 나는 많은 책을 썼다. 존 버거 식으로 말하면, 내가 끝났다는 믿음이 바로 나를 계속하게 만든 힘이었다. 하지만 내 질문에 대한 그의 진지한 대답은 나와는 전혀 어울리지 않는 듯하다. 그러니 내가 선호하는 방식으로 설명하자면, 내가 쓴 각각의 책은 마치 시간 종료 전에 추가로 한 라운드를 더 얻는 것 같은 느낌을 안겨 주었다. 언젠가 시간이 종료되면 그때 내 말이 옳았음이 증명될 것이다. 이 책의 첫 페이지에서, 그러니까 이 책을 구성하는 8만 6천4백 개 단어* 중 처음으로 쓴 단어를 집어넣어 "이번이 끝이다."

---

* (원주) 제사題詞를 모두 포함하되 제목과 각주, 미주, 각 장의 번호는 제외하고.

라고 말하다 보면, 그것도 충분히 자주 말하다 보면—"더 이상 우연은 없다"는 니체의 말은 옳았다—결국엔 정말 마지막으로 그 말을 하게 되는 날이 올 것이다. 이것이 계속 이야기해야 할, 멈추지 않고 나아가야 할 이유다.

"30대에 나는 스포츠 센터에 가기 싫었지만 꼬박꼬박 다녔다. 스포츠 센터에 가는 목적은 더 이상 가지 않을 그날을 늦추기 위해서였다. 나에게 글쓰기가 바로 그런 의미다. 글쓰기는 더 이상 글을 쓰지 않게 될 날, 너무도 깊은 우울 속으로 빠져든 나머지 그것을 완벽한 행복과 구별할 수 없게 될 날을 늦추는 한 가지 방법이다."

이 글은 10년 전에 내가 『가디언』지에 게재한 글쓰기에 관한 열 가지 조언 중 일부다. 나는 지금도 이 조언을 지킨다.

"책을 끝냈다!"고 친구에게 썼다. 거의 아무것도 하지 않고 6개월을 보낸 후 지금 생각해 보니, 말을 거꾸로 한 게 아닌가 싶다. 내가 책을 끝낸 것이 아니라, 책이 나를 끝낸 것이 아닐까?

흔히 작가들은 일관되게 다루는 한두 가지 주제로 계속 돌아간다고들 말한다. 그것을 다룰 새로운 방법들을 모색하고, 그것을 탐색할 새로운 허구적 상황들을 찾아내면서 말이다. 내가 다루는 주제는 말할 나위 없이 중단하기다. 이것이 나를 계속 나아가게 만든 주제다.

약간, 니체가 그랬던 것처럼, 지금까지 내가 쓴 책들을 훑어보면서 그만두기, 끝내기, 중단하기, 포기하기, 더 이상 하지 않기에 관한 모든 구절을 수집하고 싶은 유혹이 든다. 하지만 그 일은 비가 아주 많이 오는 날을 위해 남겨두겠다. 그래야 고대할 무언가가 생길 테니까. 지금은 1937년 콜로라도 사막의 메마른 황무지에서 에드워드 웨스턴과 그의 아내 채리스가 우연히 죽은 사람을 발견한 이야기에 대해 『지속의 순간들』에서 다룬 글로 만족하겠다.

전에는 한 번도 죽은 사람을 본 적 없던 채리스는 죽은 사람이 더 극적인 모습을 하고 있으리라고 예상했다. 그러나 미동도 없이 누워 있는 사람을 보자 그녀는 그가 대단히 평화로워 보인다고 생각했고,

"그가 정말로 죽었다고는 믿기지가 않았다." (……) 채리스는 그의 주머니에서 공책 한 권을 찾아냈고—그는 테네시 출신이었다—캘리포니아가 그에게 어떤 상징이었는지를 알고 나서 놀라워했다. 아마도 그는 여전히 "더 좋은 때가 올 것이라고 믿고 있었던 것이리라. '지인들에게 전해 주시오……'라는 말을 쓰고 있을 때조차도." 채리스는 그가 전하고자 했던 말을 우리에게 들려주지는 않는다. 우리에게 전해지는 유일한 메시지는 사진 (……) 속에 존재한다. 이 사람은 인생의 연료가 바닥난 사람이고, 다음 계단을 밟을 수 없었던 사람이며, 가까스로 한 계단 정도는 밟을 수 있었을지 몰라도 세 개, 네 개, 혹은 백 개의 계단을 더 밟아 나갈 수는 없으리라는 사실을 알았던 사람이다. 사천 개나 오천 개의 계단을 밟고 올라갈 수 없다면, 그에게는 단 한 개의 계단조차 밟고 올라갈 필요가 없었을 것이다. 그리고 그는 마지막으로 누운 이 지점에서, 채리스가 믿은 대로, 분명 평화로운 기분을 느꼈을 것이다. 그에게 한 가지 바람이 있다면 그것은 눈으로 쏟아지는 햇빛을 가려 줄 모자를 하나 갖는 것이었으리라. 그것만 제외하면, 그가 있는 이곳은 그가 언젠가 도착했을 그 어디만큼 좋았다. 일단 그런 결론에 이르고 나면, 필요한 베개는 오직 단단한 땅 그 자체뿐이다. 그래서 그는 그저 눈을 파고드는 햇빛을 견디며, 귓

가에서 들려오는 벌레들의 소리와 얼굴 위를 맴도는 파리의 날갯짓 소리를 들으며, 자신의 턱 가까이 자라난 잡풀들이 언제 자신의 얼굴을 뒤덮을지 모르는 채로, 그곳에 누워 있다.

이쯤에서 당신과 작별하려 합니다. 완벽한 끝은 없겠지요.
사실, 끝은 무한합니다.
아니 어쩌면, 일단 시작하고 나면,
오직 끝만 있을 뿐인지도 모릅니다.

―루이즈 글릭

감사의 말

다음 분들에게 감사의 인사를 전합니다. 원고의 초기 형태를 검토한 크리스 미첼, 원고의 개선 방법을 제안한 알렉스 스타와 프랜시스 빅모어, 원고를 꼼꼼하고 세심하게 검수한 로건 힐, 원고가 한 권의 책이 되어 나오기까지 전문가로서 인내심을 갖고 감독한(그리고 툭하면 바뀌는 단어 수를 꼬박꼬박 계산해 준) 이언 밴 와이와 해나 굿윈, 출간과 관련된 제반 사항을 처리해 준 와일리 에이전시의 앤드루 와일리, 세라 찰펀트, 루크 잉그럼, 앨버 지글러-베일리, 케이티 캐커리스, 그리고 해나 타운센드, 열여덟 살에 도어즈를 보았고 이후 평생 젊음을 유지하는 USC의 훌륭한 영문학과 교수 데이비드 세인트 존, 평생 내 곁에서 함께 한 리베카 윌슨.

참고문헌

Adam Zagajewski, *A Defense of Ardor* (New York: Farrar, Straus and Giroux, 2004).

Adam Zagajewski, *Slight Exaggeration* (New York: Farrar, Straus and Giroux, 2017).

Adrian Stokes, *The Image in Form*, ed ited by Richard Wollheim (Harmondsworth: Pelican, 1972).

Al Alvarez, *Risky Business* (London: Bloomsbury, 2007).

Alan Hollinghurst, *The Swimming-Pool Library* (London: Chatto & Windus, 1988).

Albert Bierstadt, *Chicago Tribune*, 18 May 1889.

Albert Camus, *Selected Essays and Notebooks* (Harmondsworth: Penguin, 1970).

Alex Hunt, *Panhandle-Plains Historical Review LXXVII* (2004).

Alfred, Lord Tennyson, *Morte d'Arthur*.

Andreas Urs Sommer, afterword to Friedrich Nietzsche, *Complete Works*, vol. 9.

Andrew Motion, *Philip Larkin: A Writer's Life* (London: Faber, 1993).

Anne Hollander, *Moving Pictures* (Cambridge: Harvard University Press, 1991).

Annie Dillard, *Holy the Firm* (New York: Harper Perennial, 1988).
Annie Dillard, *Teaching a Stone to Talk* (New York: Harper Perennial, 2008).
Annie Dillard, *The Abundance* (New York: Ecco, 2016).
Annie Dillard, *The Maytrees* (New York: HarperCollins, 2007).
Annie Ernaux, *A Girl's Story* (London: Fitzcarraldo Editions, 2020).
Ara H. Merjian, *Giorgio de Chirico and the Metaphysical City* (New Haven: Yale University Press, 2014).
Arthur Schopenhauer, *The World as Will and Idea*, edited by David Berman (London: Dover, 1995).
Ben Ratliff, *Coltrane: The Story of a Sound* (London: Faber, 2007).
Billy Collins, 'Tension,' *Aimless Love: New and Selected Poems* (New York: Random House, 2013).
Billy Collins, 'The Last Shepherd,' 미출간.
Carol Ann Duffy, *New Selected Poems: 1984~2004* (London: Picador, 2011).
Christopher Hitchens, *Mortality* (New York: Twelve, 2012).
Christopher Ricks, *Tennyson* (London: Macmillan, 1978).
Clinton Heylin, *Behind the Shades* (London: Viking, 1991)
Curtis Cate, *Friedrich Nietzsche* (London: Hutchinson, 2003).
Cynthia Ozick, *What Henry James Knew and Other Essays on Writers* (London: Jonathan Cape, 1993).
Cyril Connolly, *Enemies of Promise* (London: André Deutsch, 1973).
D. H. Lawrence, *Complete Poems*, edited by Vivian de Sola Pinto and F. Warren Roberts (Harmondsworth: Penguin, 1977).
D. H. Lawrence, *Study of Thomas Hardy, in Life with a Capital L*, edited by Geoff Dyer (London: Penguin, 2019).
D. H. Lawrence, *The Letters of D. H. Lawrence*, vol. 3, 1916~1921, edited by James T. Boulton and Andrew Robertson (Cambridge: Cambridge University Press, 1984).

D. H. Lawrence, *The Letters of D. H. Lawrence*, vol. 4, 1921~1924, edited by Warren Roberts, James T. Boulton, and Elizabeth Mansfield (Cambridge: Cambridge University Press, 1987).

D. H. Lawrence, *The Letters of D. H. Lawrence*, vol. 6, 1927~1928, edited by James T. Boulton, Margaret H. Boulton, and Gerald M. Lacy (Cambridge: Cambridge University Press, 1991).

D. H. Lawrence, *The Letters of D. H. Lawrence*, vol. 7, 1928~1930, edited by Keith Sagar and James T. Boulton (Cambridge: Cambridge University Press, 1993).

D. H. Lawrence, *Twilight in Italy and Other Essays*, edited by Paul Eggert (Harmondsworth: Penguin, 1997).

David Foster Wallace, *A Supposedly Fun Thing I'll Never Do Again* (New York: Little, Brown, 1997).

David Thomson, *The New Biographical Dictionary of Film*, 6th ed. (New York: Knopf, 2014).

Diana Saverin, 'The Thoreau of the Suburbs,' *The Atlantic*, 5 February 2015.

Don DeLillo, *Mao II* (New York: Viking, 1991).

Don DeLillo, *The Silence* (London: Picador, 2020).

Don Paterson, *The Blind Eye* (London: Faber, 2007).

Don Paterson, *The Book of Shadows* (London: Picador, 2004).

Don Paterson, *The White Lie* (Minneapolis: Graywolf, 2001)

E. M. Cioran, *The Trouble with Being Born* (London: Quartet, 1993).

Edward Dusinberre, *Beethoven for a Later Age* (London: Faber, 2016).

Elizabeth Cowling and Jennifer Mundy, *On Classic Ground* (London: Tate Gallery Publishing, 1990).

Elizabeth Taylor, *A Game of Hide and Seek* (London: Virago, 1986).

Enrique Vila-Matas, *Bartleby & Co.* (New York: New Directions, 2004).

Enrique Vila-Matas, interview in *Tin House*, December 2018.

Eric Griffiths, *The Printed Voice of Victorian Poetry* (Oxford: Clarendon Press, 1989).

Ernest Hemingway, *Men Without Women* (London: Granada, 1977).

Ernest Hemingway, *The Garden of Eden* (London: Hamish Hamilton, 1987).

Ernest Jones, *The Life and Work of Sigmund Freud*, vol. 2 (London: Hogarth Press, 1955).

Eugène Delacroix, *The Journal of Eugene Delacroix* (London: Phaidon, 1995).

Eve Babitz, *I Used to Be Charming* (New York: NYRB, 2019).

Eve Babitz, *Slow Days, Fast Company* (New York: NYRB Classics, 2016).

F. R. Leavis, *The Great Tradition* (Harmondsworth: Pelican, 1972).

Francis Haskell, 'Titian and the Perils of International Exhibition,' *The New York Review of Books* 37, no. 13 (August 1990).

Franny Moyle, *The Extraordinary Life and Momentous Times of J.M.W. Turner* (London: Viking, 2016).

Frederick W. Dupee, introduction to Henry James, *Autobiography* (New York: Criterion, 1956).

Friedrich Nietzsche, *Ecce Homo*, in The Complete Works of Friedrich Nietzsche, vol. 9.

Friedrich Nietzsche, *Ecce Homo*, translated by R. J. Hollingdale (Harmondsworth: Penguin, 1979).

Friedrich Nietzsche, *Human, All Too Human* (Cambridge: Cambridge University Press, 1986).

Friedrich Nietzsche, *Selected Letters*, edited by Christopher Middleton (Indianapolis: Hackett, 1996).

Friedrich Nietzsche, *The Antichrist*, in Complete Works, vol. 9.

Friedrich Nietzsche, *The Birth of Tragedy and The Case of Wagner* (New York: Vintage, 1967).

Friedrich Nietzsche, *The Gay Science* (New York: Vintage, 1974).

Friedrich Nietzsche, *The Gay Science*, edited by Bernard Williams (Cambridge: Cambridge University Press, 2001).

Friedrich Nietzsche, *The Portable Nietzsche*, edited by Walter Kaufmann (New York: Penguin, 1954).

Friedrich Nietzsche, *Twilight of the Idols*, in The Complete Works of Friedrich Nietzsche, vol. 9 (Stanford, CA: Stanford University Press, 2021).

Geoffrey Wellum, *First Light* (London: Penguin, 2020).

George Eliot, *Middlemarch* (Harmondsworth: Penguin, 1965).

George Gissing, *New Grub Street* (Harmondsworth: Penguin, 1985).

Giorgio de Chirico: The Changing Face of Metaphysical Art, edited by Victoria Noel-Johnson (Milan: Skira, 2019).

Goethe, *Selected Verse*, edited by David Luke (Harmondsworth: Penguin, 1986).

Henry James, *The Portable Henry James*, edited by John Auchard (London: Penguin, 2004).

Henry Miller, *The Colossus of Maroussi* (London: Penguin, 2016).

Herbert Lottman, *Albert Camus* (London: Axis, 1997).

Howard Eiland and Kevin McLaughlin, foreword to Walter Benjamin, *The Arcades Project* (Cambridge: Belknap Press of Harvard University, 2002).

I Once Met...Chance Encounters with the Famous and Infamous, edited by Richard Ingrams (London: Oldie Publications, 2008).

Ian Bell, *Time Out of Mind* (New York: Pegasus, 2014).

Ian Warrell, Franklin Kelly, in *J.M.W. Turner*, edited by Ian Warrell (London: Tate Publishing, 2007).

J. C. Maxwell, introduction to William Wordsworth, *The Prelude: A Parallel Text* (Harmondsworth: Penguin, 1972).

Jack Kerouac, *Selected Letters: 1940~1956*, edited by Ann Charters

(London: Viking, 1995).

Jack Kerouac, *Selected Letters: 1957~1969*, edited by Ann Charters (London: Viking, 2000).

James Hamilton, *Turner: A Life* (London: Sceptre, 1997).

James Joyce, *A Portrait of the Artist as a Young Man*, in *The Essential James Joyce*, edited by Harry Levin (Harmondsworth: Penguin, 1963).

James Joyce, *Ulysses* (Harmondsworth: Penguin, 1969).

James Salter, *All That Is* (London: Picador, 2013).

James Thrall Soby, *Giorgio de Chirico* (New York: Museum of Modern Art, 1955).

Jan Swafford, *Beethoven: Anguish and Triumph* (London: Faber, 2014).

Jean Rhys, *The Paris Review Interviews*, vol. 3, edited by Philip Gourevitch (Edinburgh: Canongate, 2008).

Jeannette Haien, *The All of It* (London: Faber, 1987).

Joan Didion, *Slouching Towards Bethlehem* (New York: Touchstone, 1979).

John Berger, *Cataract* (London: Notting Hill Editions, 2011).

John Berger, *Selected Essays*, edited by Geoff Dyer (London: Bloomsbury, 2001).

John Constable, *Memoirs of the Life of John Constable*, edited by C. R. Leslie (London: Phaidon, 1995).

John Gage, *J.M.W. Turner: A Wonderful Range of Mind* (New Haven: Yale University Press, 1987).

John Gage, *Turner: Rain, Steam and Speed* (London: Allen Lane, 1972).

John Graves, *Goodbye to a River* (New York: Vintage, 2002).

John Milton, Sonnet 19, 'On His Blindness.'

John Ruskin, in *Ruskin Today*, edited by Kenneth Clark (Harmondsworth: Penguin, 1988).

John Updike, *Higher Gossip* (New York: Knopf, 2011).

John Updike, *Still Looking* (New York: Knopf, 2005).

John Worthen, *D. H. Lawrence: The Life of an Outsider* (London: Allen Lane, 2005).

Joy Williams, *The Visiting Privilege* (New York: Knopf, 2015).

Julius S. Held, 'Commentary,' *Art Journal* 46, no. 2 (Summer 1987).

Keith Douglas, *Alamein to Zem Zem* (Harmondsworth: Penguin, 1969).

Kingsley Amis, *The Letters of Kingsley Amis*, edited by Zachary Leader (New York: Talk Miramax Books, 2001).

Larry McMurtry, 'How the West Was Won or Lost,' *The New Republic*, 22 October 1990.

Late Turner: Painting Set Free, edited by David Blayney Brown, Amy Concannon, and Sam Smiles (London: Tate Publishing, 2014).

Laura Tunbridge, *Beethoven: A Life in Nine Pieces* (London: Viking, 2020).

Lesley Chamberlain, *Nietzsche in Turin* (London: Quartet, 1996).

Lewis Lockwood, *Beethoven: The Music and the Life* (New York: Norton, 2005).

Louise Glück, *Poems 1962~2012* (New York: Farrar, Straus and Giroux / Ecco, 2012).

Ludwig van Beethoven, *Beethoven: Letters, Journals and Conversations*, edited by Michael Hamburger (New York: Anchor, 1960).

Mark Stevens and Annalyn Swan, *De Kooning: An American Master* (New York: Knopf, 2004).

Martin Amis, *Inside Story* (London: Jonathan Cape, 2020).

Martin Amis, *The Pregnant Widow* (London: Jonathan Cape, 2010).

Martin Amis, *The Second Plane* (London: Jonathan Cape, 2008).

Martin Amis, *Time's Arrow* (London: Jonathan Cape, 1991).

Martin Gregor-Dellin, *Richard Wagner: His Life, His Work, His Century* (London: HarperCollins, 1983).

Maynard Solomon, *Late Beethoven* (Berkeley: University of California Press, 2003).

Michael Gray, *The Bob Dylan Encyclopedia* (New York: Continuum, 2006).

Michael Ondaatje, *The English Patient* (London: Bloomsbury, 1992).

Michael Powell, *A Life in Movies* (London: Faber, 2000).

Michael Reynolds, *Hemingway: The Final Years* (New York: Norton, 1999).

Milan Kundera, *Testaments Betrayed* (London: Faber, 1995).

Milan Kundera, *The Unbearable Lightness of Being* (London: Faber, 1984).

Nathaniel Philbrick, *The Last Stand* (New York: Penguin, 2011).

Norman Mailer, 'Ego,' in *I'm a Little Special: A Muhammad Ali Reader*, edited by Gerald Early (London: Yellow Jersey, 1998).

Olivia Manning, *The Balkan Trilogy* (Harmondsworth: Penguin, 1981).

Paul Auster, *The Invention of Solitude* (London: Faber, 1988).

Paul Auster, *The Paris Review Interviews*, vol. 4, edited by Philip Gourevitch (Edinburgh: Canongate, 2009).

Penelope Fitzgerald, introduction to J. L. Carr, *A Month in the Country* (London: Penguin, 2000).

Peter Ackroyd, *Turner* (London: Chatto & Windus, 2005).

Peter Reading, *Last Poems* (London: Chatto & Windus, 1994).

Philip Larkin, *Collected Poems*, edited by Anthony Thwaite (London: Faber, 1990).

Philip Larkin, *Selected Letters of Philip Larkin, 1940~1985*, edited by Anthony Thwaite (London: Faber, 1988).

Rachel Cusk, *The Paris Review*, Spring 2020.

Raymond Williams, *The Country and the City* (London: Chatto & Windus, 1973).

Rebecca West, *The Essential Rebecca West* (Harmondsworth: Penguin, 1983).

Richard Ford, *The Sportswriter* (New York: Vintage 1995).

Richard Hollinrake, *Nietzsche, Wagner, and the Philosophy of Pessimism* (London: George Allen & Unwin, 1982).

Richard Wolin, *The Seduction of Unreason*, 2nd ed. (Princeton, NJ: Princeton University Press, 2019).

Robert Hughes, *American Visions* (New York: Knopf, 1997).

Robert Hughes, *Nothing If Not Critical* (London: Collins Harvill, 1990).

Roberto Calasso, *The Marriage of Cadmus and Harmony* (London: Jonathan Cape, 1993).

Roland Barthes, *Image-Music-Text* (Glasgow: Fontana, 1977).

Ronald Hayman, *Nietzsche: A Critical Life* (London: Weidenfeld and Nicolson, 1980).

S. C. Gwynne, *Empire of the Summer Moon* (New York: Scribner, 2010).

Stefan Zweig, *Nietzsche* (London: Pushkin Press, 2020).

Stephen Harrigan, *Big Wonderful Thing: A History of Texas* (Austin: Texas University Press, 2019).

Sue Prideaux, *I Am Dynamite!: A Life of Friedrich Nietzsche* (London: Faber, 2018).

T. C. Boyle, *Budding Prospects* (London: Gollancz, 1984).

The Oxford Anthology of English Literature: Romantic Poetry and Prose, edited by Harold Bloom and Lionel Trilling (Oxford: Oxford University Press, 1973).

Theodor Adorno, *Beethoven* (Stanford: Stanford University Press, 1998).

Theodor Adorno, *Essays on Music*, edited by Richard Leppert (Berkeley: University of California Press, 2002).

Theodor Adorno, *Introduction to the Sociology of Music* (New York: Continuum, 1988).

Theories of Modern Art, edited by Herschel B. Chipp (Berkeley: University of California Press, 1968).

Thom Jones, *The Pugilist at Rest* (London: Faber, 1994).

Thomas Mann, *Last Essays* (London: Secker and Warburg, 1959).

Thomas Mann, *Pro and Contra Wagner* (London: Faber, 1985).

Tom Wolfe, *The Right Stuff* (London: Picador, 1991).

Tomas Tranströmer, *The Half-Finished Heaven* (Minneapolis: Graywolf, 2001).

Ulrich Raulff, *Farewell to the Horse* (London: Allen Lane, 2017).

V. S. Naipaul, *A Writer's People* (London: Picador, 2007).

V. S. Naipaul, *The Enigma of Arrival* (London: Viking, 1987).

Vivian Gornick, *The Odd Woman and the City* (New York: Farrar, Straus and Giroux, 2015).

Volker Weidermann, *Summer Before the Dark* (London: Pushkin Press, 2016).

W. D. Howells, *Literary Friends and Acquaintances* (Bloomington: University of Indiana Press, 1968).

Wallace Stevens, 'An Ordinary Evening in New Haven,' *The Collected Poems* (New York: Vintage, 1990).

William Faulkner, *Selected Letters*, edited by Joseph Blotner (New York: Random House, 1977).

William Hazlitt, *Selected Writings*, edited by Ronald Blythe (Harmondsworth: Penguin, 1970).

이미지 출처

39쪽 John Cohen, *Jack Kerouac on the Radio*: Getty Images.
68쪽 *Erotic Figure Studies: A Nymph and Satyr*, c. 1805~15. Joseph Mallord William Turner. Accepted by the nation as part of the Turner Bequest 1856. Photo: Tate.
75쪽 *Regulus*, 1828 reworked 1837, Joseph Mallord William Turner. Accepted by the nation as part of the Turner Bequest 1856. Photo: Tate.
87쪽 *Piccadilly Circus, London*. Tuesday 7th April 2020 © Chris Dorley-Brown.
118쪽 © *Giorgio de Chirico / by SIAE - SACK, Seoul, 2025*
180쪽 Albert Bierstadt, *The Last of the Buffalo*: The National Gallery of Art / Corcoran Collection / Gift of Mary Stewart Bierstadt.
447쪽 Edward Weston, *Dead Man*: Collection Center for Creative Photography / © Center for Creative Photography, Arizona Board of Regents.